# 부산의 로컬리티
## 언어로 읽다

우리시대
질문총서
24

# 부산의 로컬리티

## 언어로 읽다

차윤정 저

부산대학교출판문화원

# 차 례

# 발간사

우리는 지금까지와는 다른 '격변'의 시대를 살고 있다. '변화'는 시간의 흐름에 따르는 자연스러운 결과지만, 이 시대의 '변화'는 과거와는 전혀 다른 양상을 보이고 있다. 과거의 변화가 기존의 패러다임 내에서 일어나는 크고 작은 변화들이었다면, 지금의 변화는 가히 '패러다임의 전환'이라고 일컬을 만하다. 기존의 패러다임은 인간 중심적 인식의 틀 속에서 과학기술 문명의 발전과 자본주의적 체제의 구축, 명확히 경계 지어진 세계 속에서 전문성을 강조한다는 점에서, 어쩌면 여전히 근대성의 틀을 벗어나지 못했다고 할 수 있다.

지금 이런 패러다임으로 우리 시대를 판단하고 예견하는 데는 한계가 있다. 우리 시대는 지나간 시대로부터의 위기와 예측할 수 없는 미래에 대한 불안감, 그리고 도래할 시대에 대한 희망이 공존한다는 데 그 독특함이 있다. 새로운 패러다임은 기존의 패러다임에서 잉태된 위기로부터의 출구를 모색하는 과정이자 다가올 시내의 새로운 지향과도 관련되어 있다. 그래서 우리 앞의 복잡다기한 상황에 맞서, <우리시대 질문총서>는 '환경 변화와 인류의 미래', '신자유주의의 팽창과 연대', '휴머니즘에 대한 재성찰과 대안적 삶', '첨단기술혁명과 융복합', '글로벌/로컬의 관계 속에서 인간 삶의 변화'라는 주제를 통해 지금 이 시대를 성찰하고자 한다.

인간이 세계를 지배하는 시대, 인간이 환경의 전반적 흐름에 영향을 행사하는 이른바 인류세의 시대는 역설적이게도 인간의 무력함과 한계를 절감하게 한다. 인간이 누린 풍요의 대가가 되어버린 기후 변화와 생태계 변화는 우리 시대 초미의 관심사이지만 이런 변화는 사람들을 삶의 '지속 가능함'을 확신하기 어려운 상황으로 내몰고 있다. 그럼에도 불구하고 이런 불확실한 상황은 그동안 우리의 삶 자체를 성찰하는 한편 진정한 대안들을 새롭게 모색할 것을 촉구하고 있다.

4차 산업혁명으로 인한 자본주의의 급변과 인간과 기술의 포스트휴먼적 융합 시대의 도래는 인간의 존재적 위기와 함께 전통적인 인간상의 유효성에 의문을 제기하고 있다. 기계는 인간에게 어떤 영향을 끼칠 것인가, 인간은 기계의 문제에서 주도적일 수 있는가, 혹은 이런 변화는 인간과 기계의 대립을 넘어 새로운 가능성을 제시해줄 수 있는가. 최근 포스트휴먼의 가능성은 이런 질문들과 연결되어 있다. 포스트휴먼 시대에 인간의 자리를 묻고 기술의 변화가 인간과 사회에 어떤 변화를 줄지 성찰하는 노력들이 필요하다.

한편 우리 시대는 근대 국민국가의 경계를 뛰어넘는 문화적 현상을 수없이 목격하고 있다. 국민과 난민의 경계가 모호해지면서 수많은 이질적인 문화들이 접촉하고 갈등하고 섞이는 혼종의 시대, 바로 이 시대에 우리는 민족문화의 중심성을 넘어서 글로벌과 로컬이 보다 긴밀해지는 문화적 관계 속으로 편입되고 있다. 그 결과 그동안 민족문화의 틀과 프리즘 밖에 존재하던 문화들이 새로운 관심사로 부각되고 있으며, 근대, 자본, 민족의 구조를 넘어서는 대안적 사고들이 곳곳에서 출현하고 있다. 전 지구화와 함께 등장한 전 지구적 자본과 문화의 압도적 힘 앞에서 무기

력해진 개인, 신자유주의의 팽창으로 인한 경쟁의 격화와 인간 소외는 '관계 맺는 존재로서의 인간'의 가능성에 대해 되묻고 다양한 방식의 '소통과 연대'를 제안하고 있다.

이러한 변화들은 우리의 기존 사고로 담아낼 수 없는 우리 시대의 현상들이다. 이런 현상들 앞에서 우리는 '왜?', '어떻게?'라는 질문을 던지고, 그 답을 찾아가는 비판적 사유의 여정을 시작하고자 한다. 이러한 비판적 사유의 여정은 분과학문으로 나누어져 전문성만을 강조해온 기존의 학문구조의 틀을 벗어나, 각 학문의 내적 융합뿐만 아니라 인문학, 사회과학, 자연과학 같은 학문 간의 융합을 전제로 한다.

<우리시대 질문총서>는 우리 앞에 놓인 이러한 현상들에 대한 성찰을 제공하고 대안을 모색하는 데에 그 취지가 있다. 이 총서는 우리 세계의 변화를 미시적이고 거시적으로 살펴볼 수 있는 학문적 시각을 제공하는 한편, 도래할 세계(the world to come)와 지나간 미래(future past)의 쌍방향적 대화와 성찰을 통해 우리시대를 비판적으로 반성하고 예견하는 우리 시대의 문제적 활동들을 기획, 소개하고자 한다. <우리시대 질문총서>를 통한 사유와 성찰이 우리시대의 성숙한 집단 지성을 형성하는 마중물이 되었으면 한다.

그리고 <우리시대 질문총서>의 출판을 위해 도움을 주신 많은 분들께 감사드린다.

**우리시대 질문총서 제작위원회**

# 저자 서문

로컬리티 연구는 인간과 삶터에 대한 인문학적 성찰이라는 의미를 담고 있다. 인간 삶터로서의 지역(로컬)은 인간과의 관계 속에서 저마다의 의미와 가치를 가진다. 하지만 급속한 근대화와 함께 불균등한 공간적 발전이 이루어진 한국적 상황에서, 그동안 지역은 국가나 자본의 논리에 따라 가치평가되어 왔다. 이 과정에서 지역은, 글로벌, 국가, 중심의 대척점에 자리한 국가의 하위 단위, 부분, 주변, 변두리로 의미 규정되고 있다.

국가를 구성하는 하위 단위로서의 지역은 국가가 추구하고 동원하는 논리를 모사하고, 이에 수렴되는 정도에 따라 위계화됨으로써 가치가 결정된다. 이런 관계 속에서 지역은 고유의 가치를 지닌 대체 불가능한 장소가 아닌 언제나 다른 것으로 대체 가능한 공간이 된다. 이때 지역은 그곳에 거주하는 인간들의 삶터나, 인간·시공간·사회 문화 등의 상호작용을 통해 구성되는 관계의 장이 아니라, 국가의 하위 단위라는 텅 빈 공간으로 의미화된다. 이러한 이유에서 로컬리티 연구에서는 지역이 고유한 가치를 상실하고 자본이나 국가, 글로벌 같은 중심의 보편성으로 환원되는 현실에 대한 비판적 논의와 함께, 인간의 삶이 이루어지는 삶터로서의 지역이 지닌 고유한 가치와 자율성을 찾고자 하는 연구를 지향한다.

로컬리티는 '지역의 속성'으로 정의된다. 지역의 속성은 지역이라는 장소를 기반으로 지역 내외부의 자연환경, 역사, 문화, 언어, 사회적 환경 등 다양한 요소들이 상호작용함으로써 구성된다. 지역 내외부 요소들의 상호작용 양상은 매우 복잡 다양하여, 지역의 속성이 구성되는 양상을 파악하기가 쉽지 않다. 이런 이유로 로컬리티 연구에서는 지역의 속성이 구성되는 양상을 살피기 위해, 편의상 조작적 접근을 시도한다. 로컬리티의 구성이 주로 지역 내부적 요소와 관련되는지 아니면 주로 지역 외부와 관련되는지를 구분하여 접근하는 것도 이러한 방법 가운데 하나다.

지역의 속성을 보여주는 대표적인 것들로는 지역/장소 정체성, 지역인의 인식/세계관, 지역의 사회 문화적 특성 등이 있다. 그런데 지역의 속성인 로컬리티는 단일하거나 고정되어 있지 않고 끊임없이 변화한다는 점에서 다층성, 역동성, 잠재성 등의 특성을 지닌다.

이 책은 부산 지역의 로컬리티를 살펴보는 것을 목적으로 한다. 그동안 부산을 대상으로 한 로컬리티 연구는 각 학문 분야에서 산발적으로 이루어져 왔다. 하지만 특정 학문 분야를 기반으로 한 연구서는 문학작품을 대상으로 한 경우 외에는 찾아볼 수 없다. 부산의 로컬리티에 대한 이해를 높이기 위해서는, 로컬리티를 구성하는 다양한 요소들을 중심으로 한 연구들이 선행되어야 한다. 부산의 지역어를 통해 로컬리티 연구를 수행하는 것도 이러한 기반 작업의 일환이 될 수 있을 것이다. 따라서 여기에서는 지역을 구분 짓는 대표적인 표상체계인 언어, 즉 부산 지역어를 대상으로 부산의 로컬리티를 살펴보고자 한다.

1장 '로컬리티란 무엇인가?'에서는 지역의 개념과 인문학적 이해, 로컬리티의 개념과 유형를 다룬다. 1절 지역의 개념과 인문학적 이해에서는 지역의 개념에 대해 인문학적으로 살핌으로써 로컬리티 연구의 기본 단위로서의 지역의 특성과 의미를 이해한다.

2절 로컬리티의 개념과 유형에서는 지역의 의미를 기반으로 로컬리티의 개념을 정의하고, 복잡하고 총체적인 특성을 지닌 로컬리티를 이해하기 위한 방법으로 로컬리티를 유형화한다.

2장 '언어와 로컬리티 연구'에서 1절은 지역어와 관련되는 용어들의 개념을 정리한다. 흔히 지역어를 사투리나 방언과 같은 개념으로 오해하는 경우가 많다. 이러한 오해는 지역어의 가치에 대한 올바른 이해를 저해하여 언어공동체 내에서 지역어와 이를 사용하는 지역인에 대한 인식과 태도에 중요한 영향을 끼친다. 이러한 언어공동체의 인식을 지역어 사용자 역시 내면화함으로써 언어를 통한 로컬리티를 형성하는 데 영향을 받는다. 따라서 표준어, 이와 대비되는 개념으로서의 사투리, 그리고 방언과 지역어의 개념과 차이를 밝히는 작업은 지역어를 통한 로컬리티 연구의 가장 기초적인 작업이 된다.

2절에서는 언어가 환경과 분리되어 독립적으로 사용되지 않는다는 점에서 언어 사용 환경과 언어 지위, 언어 태도, 언어 위상의 문제를 밝힌다. 여기에서는 언어 환경의 개념을 문맥으로서의 환경과 언어 사용 배경으로서의 언어 사용 환경으로 분리하여 다루고자 한다. 언어 사용 환경은 사회·문화적 환경, 정치·경제적 환경, 기술적 환경으로 분류할 수 있다. 언어 사용 환경은 언어의 지위나 언어 태도, 언어 위상에 영향을 끼치며, 이것이 결과적으로는 언어의 확산, 변화, 소멸 등에 영향을 끼친다. 언어 사용 환경은 지역어의 변화와 밀접한 관련이 있다는 점에서 고찰이 필요하다.

3절에서는 지역어의 위상과 표준어의 신화에 대해 다룬다. 현재 우리 사회에서의 지역어의 위상, 지역어에 대한 인식과 태도를 살피고, 지역어에 대한 태도가 지역어 사용자에 대한 태도로 전이되어 나타난다는 것을 자료를 통해 살핀다. 그리고 지역어가 이러한 위상을 가지게 된 배경으로 표준어의 신화에 대해 다룬다. 표준어의 신화에서는 우리 사회에서 어떻게 현재와 같은 강력한 표준어 중심주의가 자리잡게 되었는지를 정치·경제적 환경(정치, 교육), 사회·문화적 환경(방송매체)을 중심으로 살피고, 그것이 지역어에 어떠한 영향을 끼치는지를 살핀다.

4절 지역어와 로컬리티에서는 지역어를 통한 로컬리티 연구의 대상과 방법에 대해 알아본다. 일상생활에서 사용되는 지역어와 문학, 방송, 간판 등 매체 속에 나타나는 언어들이 연구대상에 포함될 수 있으며, 로컬리티를 구성하는 지역 내부적 요소와 지역 외부적 요소를 구분하여 지역어와의 관련성을 논의하는 연구방법이 활용될 수 있음을 밝힌다. 언어를 통한 로컬리티 연구에는 언어학 이론뿐만 아니라 사회와 문화, 인간의 사유를 읽어내거나 설명할 수 있는 이론이 함께 적용되어야 함을 설명하고, 이런 점에서 학제적 연구의 필요성을 제기한다.

3장 '언어와 부산의 로컬리티'에서는 부산 지역어를 통해 부산의 로컬리티를 읽어내고자 한다. 1절 부산 지역어의 특성과 부산 (사람)에서는 부산 지역어의 언어적 특성을 살피고, 그것이 부산의 자연환경과 역사, 부산 사람들의 사고와 의식을 어떻게 반영하고 있는지를 살펴본다.

2절 대중매체 속의 부산 지역어와 로컬리티에서는 영화와 TV 드라마, 개그 프로그램 같은 대중매체 속에 반영된 부산 지역어를 살펴봄으로써, 우리 사회에서 부산이나 부산 사람들이 어떻게 인식되고 있는지, 로컬리티가 어떻게 외부로부터 만들어지는지를 살펴볼 것이다.

3절 언어경관과 로컬리티에서는 부산대학교 주변 지역과 복산동 지역의 언어경관을 조사하여, 이에 반영된 지역적 특성에 대해 살피고, 부산의 아파트 명칭에 나타난 기호 '센텀'의 확산 현상을 통해 부산 지역 사회의 특징과 부산 사람들의 의식에 대해 살필 것이다.

4장 '언어를 통한 대안적 상상'에서는 문화다양성과 언어 생태, 언어 권리와 지역어에 대해 살펴본다. 1절 문화다양성과 언어 생태에서는 문화다양성에 관한 논의의 등장 배경과 문제의식에 대해 살펴보고, 문화다양성과 생태학적 사고의 관련성, 언어생태학과 지역어에 대해서 알아본다.

2절 언어 권리와 지역어에서는 인간이 태어날 때부터 부여받은 자연적 권리로서의 언어 권리에 대해 살펴보고, 언어 주체의 개념과 지역어 사용자들의 언어 주체 형성에 대해 살펴볼 것이다.

# 제 1 장

## 로컬리티란 무엇인가?

### 1.1 지역의 개념과 인문학적 이해

#### 1) 지역과 로컬리티 연구

1990년대 이후 지방자치제도의 시행과 함께 각 지역에서는 지역과 지역인에 대한 이해를 기반으로 지역 문화와 지역의 경제 부흥을 꾀하고자 하는 노력들이 나타나기 시작하였다. 지역인의 정체성을 파악하고 지역의 역사와 문화적 특징을 밝혀 지역의 가치를 창출하기 위해 지역에 관한 연구의 필요성이 대두된 것이다.

지역에 관한 연구는 지역이라는 지표면의 일정한 공간을 토대로 역사적인 시간의 흐름 속에서 살아왔던 사람들의 생각과, 이들이 이루어 놓은 유무형의 자취들을 종합적으로 분석하고 고찰하여 지역의 로컬리티를 밝힌다. 그리고 이를 바탕으로 지역을 더 나은 삶의 공간으로 만드는 데 기여하고자 하는 목적이 있다.

지역 관련 연구에서 논의되는 로컬리티는 지역이 가진 속성을 의미하는데 일반적으로 지역성이라고도 불린다. 지역을 구분할 때 행정 구역에 따른 구분을 논외로 한다면, 특정 지역은 로컬리티에 의해 다른 지역과 구별될 수 있다.[1] 그런 점에서 지역의 로컬리티를 밝히는 연구는 지역에 관한 연구의 가장 기초적인 성격을 띤다고 할 수 있다.

로컬리티 연구는 지역이라는 공간을 토대로 역사적인 시간의 흐름 속에서 살아왔던 사람들의 생각과 이들이 이루어놓은 유무형의 자취들을 종합적으로 분석·고찰함으로써 이루어진다. 이런 점에서 로컬리티에 관한 연구는 지역인들의 사유, 지역의 자연환경, 역사, 문화, 언어, 사회, 정치, 경제 등을 연구하는 다양한 분과학문 분야에서 이루어질 수 있다. 하지만 로컬리티가 복합적이고 다층적인 특성을 갖는다는 점을 생각할 때, 로컬리티 연구는 여러 분과학문의 학제적 연구를 통해 이루어질 때 더욱 효과적일 수 있다.

지역의 로컬리티를 밝히고 이를 통해 지역을 더 나은 삶의 공간으로 만드는 데 기여하고자 하는 목적을 위하여, 로컬리티 연구는 현실의 지역에 대한 인식을 비판적으로 사유하는 데에서 출발한다. 현실 세계에서 지역은 다양한 의미의 변이를 갖는다. 일차적인 의미에서 지역은 인간이 거주하는 삶의 터를 가리키는 말이다. 이때 지역의 의미에는 긍정이나 부정의 어떠한 가치 판단도 개입되어 있지 않다. 그러나 현실 세계에서 지역은 가치중립적인 의미를 지니지 않는다. 특히 한국적 상황에서 지역은 근대의 이분법적 사고에 따라 글로벌, 국가, 중앙(중심)의 대척점에 자리한 국가의 하위 단위, 지방, 주변, 변두리라는 의미로 규정된다. 한국 사회에서 지역의 다른 표현으로 일반화된 '지방'은 이러한 이분법적 분할에 따라 타자화된 지역을 대표적으로 보여주는 표현이다.

국가를 구성하는 하위 단위로서의 지역은 지도나 조직표 속에 하나의 자리로 존재한다. 지도나 조직표 속의 지역은 국가가 추구하고 동원하는 논리와 가치를 추종하고, 그 논리와 가치에 수렴되는 정도에 따라 위계화됨으로써, 그에 따라 가치가 결정된다. 이러한 관계 속에서 지역은 국가의 보편성, 동일성으로 환원됨으로써, 고유의 가치를 지닌 대체 불가능한 차이의 공간이 아닌 언제나 다른 것으로 대체 가능한 공간이 된다. 이때 지역은 그곳에 거주하는 인간들의 삶터, 인간과 그를 둘러싼 주변의 다양한 것들의 상호작용을 통해 구성되는 관계의 장으로 의미화되기보다는, 국가의 하위 단위라는 텅 빈 표층적 공간으로 의미화된다.

이러한 이유에서 로컬리티 연구에서는 지역이 고유한 가치를 상실하고 자본이나 국가, 글로벌을 포함한 중심의 보편성으로 환원되는 현실에 대한 비판적 시각을 담아, 지역에 작동하고 있는 '중심-주변, 전체-부분'의 관계 양상을 드러내고, 그 권력 관계를 해체하고자 한다. 또 한편으로는 대체 불가능한 차이의 공간으로서 지역의 고유한 가치와 자율성을 찾고자 하는 연구의 지향점을 지닌다.

### 2) 지역의 개념

학문을 연구할 때 연구 분야의 기초 개념을 명확히 정립하는 것은 매우 중요한 문제이다. 만약 핵심 용어의 개념이 불명확하거나 용어 사용이 부정확하면 연구의 토대가 흔들릴 수 있으며, 그에 따라 체계적인 연구가 이루어질 수 없기 때문이다. 그런 점에서 로컬리티 연구에서도 가장 기본적인 용어이자 핵심 용어인 '지역'과 '로컬리티'의 개념에 대한 이해가 필수적이다. 그럼에도 불구하고 이 두 개념은 상당히 애매하거나 불명확하여 종종 오해를 불러일으키기도 한다. 따라서 부산의 로컬리티에 대한 구체적인 논의를 전개하기 전에, 이 두 개념에 대해 살펴볼 필요가 있다.

지역은 일반적으로 널리 사용되는 용어이기도 하지만 다양한 학문 분야와 사용되는 맥락에 따라 그 개념이 다르게 정의될 수 있다. 지역의 개념에 대해 오랫동안 논의해 온 지역 관련 연구 분야에서는 지역을 다음과 같이 정의한다.

첫째, 지역을 '동질적, 상호의존적이며 응집력을 지니며 다른 곳과는 구별되는 일정한 지리적 공간 범위'로 보는 관점이다. 이러한 관점에서는 지역이 다양한 자연환경과 인문 환경으로 구성되며 그곳만의 고유한 성격인 지역성을 갖는다고 본다. 그리고 각각의 지역은 인접한 다른 지역과 상호작용을 하게 되며, 이러한 상호작용을 통해 두 지역의 지역성이 공통적으로 나타나는 공간적 범위가 두 지역의 경계 부근에 나타나기도 한다고 본다.[2] 이러한 정의는 지역을 타 지역과 구분될 뿐만 아니라 내적인 공통성과 연계성을 가진 사회적 실체로 보는 관점이라고 할 수 있다.

둘째, 지역을 국가와 도시의 중간적 단위로 파악하는 관점도 있다. '지리적 공간 단위를 지방, 지역, 국가, 국제 등으로 구분하면서 지역이 지방보다 크고 국가보다 작은 단위'라고 규정하는 것이다. 그리고 '지역의 개념을 전체 중의 어떤 부분이라고 보고, 국가를 전체로 한다면 지역은 그 하부 단위가 된다고 보는 관점[3]이다.

셋째, 지역을 공통의 역사성을 갖고 있으며 구조에 있어서 포괄적이고 독자적으로 기능할 수 있는 국가의 한 영역으로 보는 관점이다.[4] 이러한 관점은 앞의 두 가지 관점을 종합적으로 파악하여 지역을 이해하는 것이다. 이 관점에서 지역은 같은 자연환경과 공통의 역사성을 가진 곳으로 다른 곳과 구별이 되는 공간이자, 국가의 하부 단위이면서 독자적으로도 기능할 수 있는 공간이다.

여기에서는 세 번째 관점의 지역에 대한 정의를 인문학적으로 활용하여 연구를 진행하고자 한다. 그런데 두 번째 연구와 세 번째 연구에서는 '지역'과 '지방'을 규모의 차이에 따라 구분하여, 지역이 지방을 포함하는 관계로 보고 있다. 하지만 여기에서는 두 개념을 규모에 따라 구별하지 않고, 문맥에 따라 '지역'을 '지방'으로 교체하여 사용하기도 할 것이다. 따라서 여기에서는 우선적으로 지역을 국가(중앙)의 하부 단위로서 포괄적이고 자율적인 기능을 수행할 수 있는 공간으로 본다. 그리고 인간의 삶터로서 동일한 역사성을 가지며 다양한 인문, 사회, 자연환경을 통해, 그곳만의 고유한 지역적 속성을 갖는 공간이자, 지역 외부인 국가나 중앙 그리고 다른 지역과의 관계 속에서 생성되는 지역적 속성을 갖는 공간, 즉 로컬리티가 발현되는 장으로 정의할 것이다.

하지만 이러한 정의만으로는 인간의 삶을 영위하는 공간으로서의 지역의 특성이 명확하게 드러나지 않는다. 따라서 여기에서는 지역의 개념을 인문학적으로 재사유해 봄으로써, 인간이 살아가는 공간으로서의 지역에 대한 이해를 돕고자 한다.

### 3) 지역에 대한 인문학적 이해

#### (1) 장소, 삶의 공간으로서의 지역

지역이란 인간이 삶을 영위하는 공간이다. 이는 곧 지역이 단순히 물리적인 공간으로서 텅 빈 공간이 아닌, 인간이란 존재가 '거처하는 곳'이자 '살아가는 곳'이라는 의미이다. 이런 공간을 우리는 장소라고 부른다. 다시 말해 공간이 단순히 물리적 범주나 환경을 의미한다면, 장소는 물리적 공간을 기반으로 살아가는 인간이 그곳에 대한 애착이나 정서적 감정, 의미 등을 갖게 된 공간이다.[5]

인문학적으로 볼 때 지역은 장소이다. 인간이 존재하기 위해서는 반드시 어떤 특정한 공간을 점유해야 하며 그 공간 안에 있어야 한다. 그리고 그 공간을 기반으로 활동하며 다양한 경험을 하고 사회적 관계를 맺어야 한다. 그 과정에서 인간은 그 공간은 물론, 그 공간 안에 존재하는 다른 인간, 사물 등에 대한 애착을 형성하고 거기에 의미를 부여하게 된다. 이러한 과정을 통해 공간은 비로소 인간에게 장소가 된다.

인간에게 자신이 살아가는 지역은 장소이다. 장소로서의 지역은 그곳에 거주하는 지역인들의 거주처이자 삶터이며, 경험의 공간이다. 지역인들에게 지역은 의미가 가득한 공간으로 다른 지역과 구별되는 장소이다. 곧 지역은 지역인들이 공간에 의미를 부여한 장소인 것이다.

같은 장소를 기반으로 살아가는 인간들은 그 장소와 관련된 자연적, 역사적, 사회·문화적 환경의 영향을 받으면서 다양한 경험을 한다. 그런데 이런 다양한 경험들은 경험자에 따른 개별성을 띠는 동시에, 기본적으로 같은 지역에서 살아가면서 그곳의 영향을 받는다는 점에서 공통성을 띠게 된다. 즉 공시적으로 동일한 물리적 환경, 사회·문화적 환경을 공유하며, 통시적으로 역사적 배경을 공유함으로써 공통의 경험을 하게 된다. 공통의 경험을 통해 인간들은 유사한 정서를 공유하기도 하고 유사한 인식을 공유하기도 한다. 이런 점에서 장소로서의 지역을 기반으로 지역인들이 공유하는 인식은 지역의 속성인 로컬리티 가운데 하나가 될 수 있다.

### (2) 지역의 자율성과 고유성[6]

국가는 여러 지역들이 모여서 이루어진다. 따라서 범주적 측면에서 보자면 지역은 국가의 한 부분이자 하부 단위가 된다. 국가를 이루는 하부 단위로서의 지역들은 국가가 추구하는 목적이나 방향, 요구를 수렴한다는 점에서 서로 유사한 기능을 가지기도 한다. 하지만 지역은 개별 지역만이 가지고 있는 자연환경적, 역사적, 사회 문화적 특성을 지니고 있어 다른 지역들과 구별되기도 하며, 이를 바탕으로 개별적 기능들을 수행하기도 한다. 이런 점에서 각 지역들이 서로 간의 차이를 보이기도 한다.

이렇게 볼 때 지역은 국가의 하부 단위로서의 기능과 함께 하나의 단위로서 개별적인 기능을 수행할 수 있다는 특성을 가지고 있다. 지역이 하나의 단위로 개별적인 기능을 한다는 것은 지역이 하나의 주체로서 포괄적이고 자율적인 기능을 수행한다는 것이다. 이런 관점에서 지역을 바라보는 마루타 하지메는 지역을 주체로 보고, 주체로서의 지역사회는 전체 사회의 일부분이면서 자치적인 시스템을 내재하고 있으며, 국가, 기업, 가정 등과 마찬가지로 자율적인 사회적 주체라고 보고 있다.[7] 즉 지역은 국가의 하부 단위로서의 기능을 수행할 뿐만 아니라 개별적이며 자율적 기능을 수행할 수 있는 자율적 사회적 주체이기도 하다는 것이다.

그런데 현실의 지역은 어떠한가? 현실의 지역은 국가의 하부 단위로서의 기능 수행은 온전히 수행하고 있으나, 주체로서의 자율적 기능의 수행에 대해서는 다소 이론의 여지가 있어 보인다. 예를 들어 부산, 서울, 광주, 대구, 대전, 제주는 모두 하나의 개별 지역이다. 이 지역들은 각각 국가의 하부 단위로서 충실한 기능을 수행하고 있다. 하지만 이 지역들이 그 기능을 넘어 다른 어떤 지역들과 대체 불가능한 그 지역만이 가진 고유성과 독자성을 바탕으로 자율적 기능을 수행하고 있는지에 대해서는 자신 있게 말하기 어렵다. 왜냐하면 현재 우리 사회를 통해 보면, 지역은 국가를 이루는 하나의 부분으로서 국가의 필요에 따라 언제든지 또 다른 지역으로 대체될 수 있는 공간들일 뿐이기 때문이다. 이러한 현상은 우리 사회에서 지역을 호명하는 다른 이름인 '지방'이나 '시골'을 통해서도 드러난다. 국가 혹은 중앙에서는 부산이나 대구, 광주, 대전, 제주는 모두 '지방'이나 '시골'로 통칭되고 있다. 이러한 호명은 개별 지역들이 지역적 특성을 가지고 있는 차이의 장소 혹은 공간이라는 점을 인정하지 않는 것이다. 뿐만 아니라 하나의 주체로서 기능할 수 있다는 점도 인정하지 않는 것이다. 이러한 시각으로 볼 때 지역은 고유성도 독자성도 자율성도 가질 수 없는 공간이다.

현실의 지역에 대한 비판적 인식은, 지역이 고유의 가치와 차이의 장소이자 주체로서 대체 불가능한 존재라는 사유에 기반한다. 이러한 사유는 자율성을 지니며 대체 불가능한 존재인 '개체'의 개념에 맞닿아 있다. 개체란 여러 구성요소들로 이루어진 것이지만, 스스로는 다른 것의 온전한 구성요소가 되기를 거부하는 존재이다. 다른 식으로 말해, 개체는 구성요소를 포함함으로써 전체가 되지만, 개체 자체는 어떤 전체에도 온전히 속하지 않는 존재이다. 이를 테면 인간은 개체의 전형이다.[8] 개체인 인간을 보편성으로 환원시킬 때, 고유명사로서의 인간은 사라지고 보통명사화하거나 전체 구조 속에서 하나의 점이 된다. 하지만 현실 세계 속의 인간들은 고유명사로서 특정한 삶을 살아가고 있다. 마찬가지로 지역은 국가를 구성하는 하위 단위로서 기능하지만, 단순히 지도나 조직의 한 자리가 아닌 보편성으로 환원시킬 수 없는 고유한 가치를 가지며 온전히 국가에 포섭되지 않는 독자적인 자율성도 가진다. 지역을 고유성(고유한 가치)와 자율성을 가진 공간으로 보는 관점에서는 지역을 '개체'로 이해하고자 한다는 것과 다르지 않다.

다만 지역이 고유성을 가진 차이의 장소라는 점이, 어떤 지역이 다른 지역과 공통점이 없다는 의미는 아니다. 지역들 사이에는 공통점도 있고 차이점도 있다. 이런 공통점과 차이점들을 종합적으로 볼 때, 지역은 차이의 장소가 된다. 인간이 다른 인간들과 공통점, 차이점을 갖지만, 이것들을 종합적으로 볼 때 개별성과 고유성을 가진 차이의 존재가 되는 것과 마찬가지이다.

또한 지역은 로컬리티가 발현되는 장으로 규정될 수 있다. 이는 지역을 인간과 자연환경, 역사, 문화, 언어, 사회·정치·경제 등 다양한 것들의 상호작용을 통해 로컬리티가 생성되는 관계의 장으로 보는 것이다. 로컬리티가 인간과 자연환경 같은 다양한 것들의 상호작용으로 구성된다는 것은, 그것들의 상호작용의 양상에 따라 지속적으로 변화한다는 것을 의미한다. 따라서 로컬리티의 발현의 장이 되는 지역은 정체되지 않고 변화한다. 이것은 개체가 다른 것들과의 상호작용에 의해 끊임없이 변화한다는 특성과도 닮아 있다. 로컬리티를 통해 지역을 인문학적으로 이해하고자 하는 이 연구에서는, 지역과 개체의 유사성을 바탕으로 '개체'에 대한 사유를 전유함으로써, '지역'에 대한 인문학적 이해의 폭을 넓히고자 한다.

### (3) 지역의 중층성과 복합성

개체의 특성을 이해하기 위해 다시 인간으로 돌아가 보자. 인간이라는 개체는, 기관이라는 상이한 구성요소들로 이루어졌다. 하지만 이 기관들은 각각의 자율성을 지니는 개체이며, 이것들 역시 세포 같은 또 다른 구성요소로 분할되는 연속적 관계를 이루고 있다. 주목해야 할 것은 이러한 개체의 구성에 관여하는 요소들은 서로 이질적이고 자율적이며 분할 가능하다는 것이다. 하지만 이 요소들은 다른 개체의 구성에 관여한다는 측면에서 하나로 묶일 수 있다. 이런 점에서 개체란 수많은 dividual들이 하나로 결합되는 '개체화'의 결과를 지칭한다는 스피노자의 말은 의미 있다. 모든 개체는 복수의 요소들이 모여서 개체화한 결과이고, 따라서 모든 개체는 복수의 분할 가능한 요소들의 집합체라는 것이다.[9] 이런 개체의 특성을 들뢰즈는 늑대인간처럼 여럿이 하나(여럿-하나)[10]가 되는 것에 비유하였다.

개체화와 그 결과인 개체의 생성에 대한 사유는 지역화와 지역의 생성에 대해 유의미한 시사점을 제공한다. 로컬리티는 다양한 구성요소들의 상호작용에 의해 생성된다. 그리고 이러한 로컬리티가 발현되는 장이 지역이다. 달리 표현하면 여러 구성요소의 상호작용을 통해 로컬리티가 생성되고, 이 생성된 로컬리티를 공유하는 하나의 장이 지역으로 분절되는 것이라고 해석할 수 있다. 따라서 상호작용하는 여러 구성요소들이 하나로 결합되어(연계되어) 로컬리티가 생성되는 과정은 지역화이며, 이것이 곧 지역이 생성되는 과정이자 통로이다. 따라서 상호작용하는 구성요소들이 어떻게 교차하며 접합되는지에 따라 다양한 차이를 지니는 로컬리티가 생성되고, 또 그에 따라 지역이 구성된다. 하지만 이러한 과정은 로컬리티를 읽어내는 연구로 전환될 때, 대체로 반대 방향의 작업 과정으로 진행된다. 즉 연구의 접근성이라는 편의를 위해, 대략적인 범주로서 특정 지역 단위를 먼저 설정하고, 이를 통해 로컬리티를 밝혀내는 과정으로 연구가 이루어진다.

개체의 개념을 전유해서 지역을 사유한다면, 지역화를 통해 하나의 범주로 생성된 지역은 본래 이질적으로 존재하는 것들이 다양한 방식으로 상호작용함으로써 구성된 것이다. 이는 지역의 복합적이고 중층적인 속성에 대한 해석의 실마리를 제공해 준다. 지역은 이질적인 '여럿'이 '하나'로 결합된 것이므로 단일성을 속성으로 하지 않는다. 특정 국면에서 '하나'로 결합되어 생성되었지만 지역 내부에는 항상 이질적인 '여럿'이 존재한다는 점에서, 지역은 복합적이며 중층적인 특성을 갖는다. 그리고 다른 지역과의 접속을 통해 늘 타자화를 경험하므로 단독자도 아니다. 지역은 단일성이 작동하는 고정된 실체로서 그 자체에 갇혀 있는 것이 아니며, 그렇다고 이질성과의 접촉을 통해 타자로 환원되는 것도 아니다. 다른 지역들과의 관계망을 형성함으로써 경계를 확장하기도 하며 또 다른 지역의 한 요소로서 변화해 나가려는 속성을 지니기도 하는, 경계가 열려 있는 존재이다.

지역의 이러한 속성은 다양체 개념과 연결된다. 다양체로서의 개체는 '여럿-하나'[11]되었지만 '하나'에 함몰되지 않고 경계를 열어, 타자와의 접촉을 통해 열린 개체로 확장되고 언제든지 타자와 자리바꿈할 수 있는 존재이다. 이러한 점에서 로컬리티 연구에서 지향하는 지역은 다양체로서의 속성을 갖는 지역이다. 물론 현실 세계의 모든 지역들이 로컬리티 연구에서 지향하는 이상적인 다양체의 속성을 보인다는 의미는 아니다. 오히려 현실 세계의 지역에서는 '여럿-하나'의 특성이 간과되고 오히려 '하나'로 부각되고 정형화되는 경우가 많다. 예를 들어 부산이 '바다'로 대표되는 것이 그러한 예이다. 바다는 부산의 물리적 공간이 가진 자연환경적 특징 중의 하나이다. 부산이라는 지역의 자연환경에는 바다와는 거리가 먼 곳도 있고 높은 산과 강도 있다. 따라서 바다와 관련 없는 환경에서 생활을 영위하는 사람들도 있다. 이런 곳에서 삶을 영위하던 사람들에게 '바다'는 자신들과 관계없는 곳이었다. 이들은 자신들을 '(바닷가의) 그들'과 구분했다. 이 사람들에게 '바다 사람, 갯가 사람'은 낮춤과 비천함을 의미했고 타자화의 대상이기도 했다.[12] 이처럼 지역은 단일한 특성을 지닌 공간이 아니며, 모두 공통된 의식을 갖는 것도 아니다. 여러 구성요소들이 느슨하게 하나로 묶여 지역을 형성하고 있으며, 이것이 지역이 가진 중층적인 특성이라고 할 수 있다. 로컬리티를 지역이 가진 속성이라고 한다면, 로컬리티는 지역이 가진 이러한 중층성을 반영한다.

단일성을 가진 것도 단독자도 아닌 지역은 양방향의 사유를 촉발시킨다. 특정 국면에서 지역화가 이루어지면 지역이 생성되고 지역의 내부와 외부[13]라는 경계, 좀 더 유동성을 강조하면 문턱이 생긴다. 전지역적인(pre-local) 장에서 지역이 생성되면서 그 지역의 외부가 생기게 되는데, 이로써 촉발되는 것이 지역의 외부에 대한 사유이다. 또 한편으로는 개체를 구성하는 이질적 요소들에 대한 사유, 즉 지역의 내부에 대한 사유이다.

현실의 지역은 지역 내부의 '여럿-하나'됨이 어떤 관계 양상을 보이는지에 따라, 그리고 지역 외부와 어떤 관계 양상을 보이는지에 따라 다양한 차이를 보이며 스펙트럼처럼 존재한다. 지역의 외부(밖)는 타자(성)로서 지역과 접촉하면서 지역 변화의 동인이 되어, 지역이 단단하고 고정된 '하나'를 깨고 타자(성)와 교섭하면서 차이의 존재로 거듭나게 한다. 이런 점에서 지역은 타자(성)와 어떻게 상호작용하는가에 따라, '단단한 하나'인 지역으로부터 끊임없이 차이의 존재로 거듭나는 '느슨하게 연계된 하나'까지 다양한 종류의 지역들로 생성된다. 따라서 현실의 지역은 이상적으로 경계가 열려 있지도(다양체) 않고 그렇다고 완전히 폐쇄되어 있지도 않다. 현실의 지역들은 경계의 굳건함에 질적인 차이를 가지고 다양한 모습으로 넓게 펼쳐져 있다.

지역의 외부는 접촉을 통해 지역의 변화를 추동함으로써, 지역이 '단단한 하나'로 정체되지 않도록 하는 존재이다. 하지만 현실에 존재하는 지역의 외부는 때로는 글로벌, 국가나 자본 같은 보편성의 얼굴을 하고 동일화의 원리를 작동시키며 지역과 접촉함으로써, 지역을 중심의 보편성으로 포획하고 타자화하기도 한다. 로컬리티 연구에서는 보편성의 권력을 가진 지역의 외부와 지역이 접촉하면서 나타나는 포섭과 갈등, 저항 등의 다양한 로컬리티를 드러내는 한편, 외부의 보편성이라는 권력을 해체시키는 시도를 한다. 이런 점에서 동일화의 원리를 작동시키는 외부와의 접촉에서 지역의 '여럿- 하나'는, 오히려 보편성이라는 외부의 권력에 저항하는 저항점이 되기도 한다.

'여럿-하나'된 지역의 내부에는 또 다른 타자(성)가 존재한다. 각 요소들은 특정 국면에서 '하나'로 결합되어 지역으로 구성되었지만, 각각이 개체로서의 특성을 지니고 있다. '하나'의 결합망(연계망)으로 보이는 표면 아래에는 이질적인 '여럿'이 겹쳐져 주름을 형성하고 있다. 지역 내부의 '여럿' 즉 타자성은 펼침을 통해 언제든지 '하나'를 변화시킬 수 있는 힘들이다. 현실의 지역은 내부의 '하나'와 '여럿' 사이의 관계 양상에 따라, '단단한 하나'를 유지하는 지역과 내부의 '여럿이' 언제든지 자리바꿈할 수 있는 변화하는 지역 사이에서 다양한 질적 차이를 보이며 존재한다.

### 1.2. 로컬리티의 개념과 유형

#### 1) 로컬리티의 개념

로컬리티의 개념에 관해서는 다양한 논의들이 있어 왔다. 로컬리티의 의미로 가장 일반적으로 사용되고 있는 것이 '지역성'이다. 로컬리티를 지역성으로 이해하는 논의는 지역학을 중심으로 전개되어 왔다. 하지만 국립국어원의 『표준국어대사전』에 따르면, '지역성'은 '한 지역의 특별한 성격'으로 정의된다. 따라서 로컬리티를 단순히 '지역성'이라는 개념으로 정의하게 되면 지역이 가진 고유한 특성만을 의미하게 될 위험성이 있다. 앞에서 살펴본 바와 같이 지역은 고유성과 함께 중층성과 복합성을 가지는데, 이에 대한 논의가 배제될 위험이 있는 것이다. 이러한 점에서 로컬리티를 '지역성'이라는 개념으로 정의하는 것은 새롭게 검토할 필요가 있다.

로컬리티는 '지역의 가치 혹은 속성'이라고 규정되기도 한다. 이러한 개념 규정은 로컬리티가 지역을 통해서 논의될 수 있다는 것을 함의한다. "지역은 텅 빈 공간이 아니라 그곳에 거주하는 인간과 다양한 정치, 경제·사회·문화적 구조가 교차하며 상호작용하는 공간"이라는 점에서, 로컬리티는 지역을 통해 드러나는 "인간들의 다양한 관계성의 총체라고 할 수 있으며, 복합적이고 중층적이고 유동적이며, 권력적이기도 하고 가치 지향적"[14]이라고 보는 것이다.

로컬리티가 갖는 복합적이고도 중층적인 특성은, 그간의 로컬리티 연구가 장소성(장소 정체성), 세계관, 사회적 관계 양상, 가치' 등에 대한 논의로 다양하게 펼쳐지게 된 배경이기도 하다. 일견 이런 다양한 논의들은 하나의 틀로 묶이지 않는 별개의 것처럼 보여 로컬리티를 모호함 속에 남겨놓는 것 같기도 하다. 하지만 이것은 오히려 로컬리티의 복합적이고도 중층적인 특성을 보여주는 것이다. 이것들 각각은 로컬리티의 켜를 갈라내어 각각의 단면을 보여준다. 로컬리티를 '세계관, 장소성(장소 정체성), 사회적 관계 양상, 가치' 등으로 해석하는 것은, 복합적이고도 중층적인 로컬리티를 무엇을 통해 바라보는가라는 '관점', 혹은 '분석 시각'의 문제이다.

하지만 로컬리티의 개념을 규정하는데 '가치'를 포함시키는 것은 다소 논란의 여지가 있다. '가치'는 그것 자체가 로컬리티의 의미라기보다는, 로컬리티에 대한 평가의 의미를 갖는다.

이 글에서는 로컬리티를 '지역의 속성'이라고 정의한다. 이때 속성이란 단순히 '사물의 고유한 성질'이라기보다는 '부단히 변화하는 물질이 가진 다양한 운동성의 총괄적 표현'[15]을 의미한다. 결론적으로 생성적 측면과 속성의 특성을 결합시켜 로컬리티를 재의미화하면, 로컬리티는 '인간을 포함한 다양한 구성요소들의 상호접촉을 통해 생성된 복합적이고 중층적이며 운동성을 지닌 지역의 속성'으로 정의된다.

### 2) 로컬리티의 생성과 구성요소

#### (1) 로컬리티의 생성

지역의 속성에 대해서는 두 가지 측면에서 논의가 가능하다. 하나는 개체적 측면에서의 지역 자체에 대한 접근을 통해 지역의 속성을 논의하는 것이다. 이러한 측면에서 말하는 지역의 속성은 '지역 자체'가 가진 속성의 총합이라고 할 수 있다. 지역의 속성을 총합적으로 볼 때, 지역의 속성에는 밖으로 드러나 우리가 인식할 수 있는 속성이 있는가 하면, 아직 발현되지 않아 우리가 인식할 수 없는 속성도 있다. 지역의 속성으로서 논의가 가능한 또 다른 측면은, 발현되어 현실화됨으로써 인식이 가능한 지역 속성에 대한 것이다. 인식적 측면에서 보면 지역의 속성은 밖으로 드러남으로써 인식될 수 있는 것이다. 이것이 인식되는 것으로서의 '지역의 속성'이다. 이런 점으로 볼 때 인식되는 지역의 속성은 결국 지역 자체가 가진 속성의 일부와 관련되는 것이다. 따라서 엄밀한 의미에서 로컬리티란 그것의 현실화 여부와 상관없이 존재하는 지역이 가진 속성의 전체를 말하는 것이다.

하지만 이 총합적인 로컬리티는 아직 인식되지 못하는 것들도 포함하고 있으므로, 로컬리티 연구에서 우선적으로 연구대상으로 삼는 것은 인식되는 로컬리티이다. 이것을 매개로 해서 총합적인 로컬리티에 접근 가능할 것이다. 따라서 로컬리티 연구는 이러한 총합적인 로컬리티를 전제한 가운데, 인식된 것들을 대상으로 연구를 수행하고 이를 통해 총합적인 로컬리티에 대한 이해를 시도하는 것이다.[16]

로컬리티를 인식되지 못한 잠재된 로컬리티와 인식될 수 있는 발현된 로컬리티로 구분하는 것은, 로컬리티의 생성 측면에서 유의미한 해석을 제공한다. 이러한 구분이 내포하는 의미는, 로컬리티라는 것이 존재하지 않다가 어느 순간 갑자기 나타나는 것이 아니라 어디엔가 존재하고 있다는 것이다. 그것은 항상 잠재적인 것으로 흐르다가 특정 국면 즉, 특정 장소와 시간, 사회구조, 인간의 상호작용, 외부와의 접촉 등에 의해 다양한 양상으로 발현된다는 의미이다. 이런 점에서 로컬리티는 고정된 실체가 아니라 특정 국면에서 생성되는 결과 혹은 효과라고 할 수 있다. 예를 들어 특정 지역인이 다른 지역인과 만나게 되었을 때, 특정 지역인으로서의 속성을 좀더 분명하게 인식하게 되는 것과 유사하다. 이러한 인식은 만남의 순간에 갑자기 생성되는 것이 아니다. 자신이 속한 지역의 속성이 내부에 늘 잠재해 있지만 평소에는 그것이 잘 드러나지 않는다. 그러다가 다른 지역인과의 만남을 통해 다른 지역의 속성을 접하게 됨으로써, 그것이 잠재된 상태를 뚫고 솟아올라 발현되는 것이다. 이처럼 로컬리티 역시 늘 잠재되어 있다가 특정 국면에서 발현됨으로써 밖으로 드러나는 것이다. 따라서 밖으로 드러나지 않는 잠재된 로컬리티의 존재는 발현된 로컬리티들을 통해서만 그 존재가 확인된다. 공간과 시간, 구조와 인간, 내외부의 상호작용이라는 접합 방식에 따라 다양하게 구성된 로컬리티들은 발현되어 구체화됨으로써 우리에게 인식된다.

잠재된 로컬리티와 발현된 로컬리티는 동일하지 않다. 잠재된 로컬리티는, 부정법으로 표현되는 들뢰즈의 순수 사건처럼 구체적인 형상을 갖지도 않고 일정한 정형성을 갖지도 않는다. 따라서 잠재된 로컬리티가 국면에 따라 다르게 발현된다면, 발현된 로컬리티는 아주 다양해질 수밖에 없다. 발현된 로컬리티가 다양하다는 것은 곧 잠재된 로컬리티가 그 다양성을 품고 있다는 의미이기도 하다.

그런데 발현된 로컬리티는 단순히 로컬리티를 드러내는 역할만을 하는 것이 아니다. 발현된 로컬리티는 표상되어 다시 잠재된 로컬리티에 영향을 끼쳐 로컬리티의 재구성에 관여한다. 발현된 로컬리티는 표상을 통해 인간과 사회에 영향을 끼침으로써 로컬리티의 재구성에 관여하는 것이다. 이것은 발현된 로컬리티가 다시 잠재된 로컬리티로 들어오면서, 잠재된 로컬리티의 내적 양상이 다양화되면서 외연이 확장되거나 내부에서 의미의 재구성이 생기는 것을 의미한다.

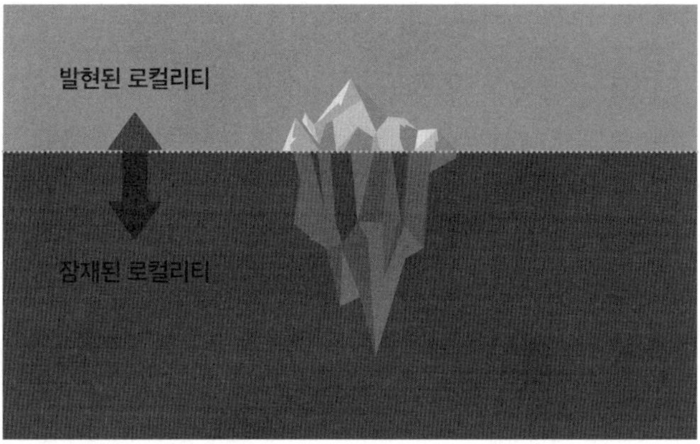


### (2) 로컬리티의 구성요소

부정형으로 잠재되어 있던 로컬리티가 특정한 국면에서 인식 가능한 로컬리티로 발현된다면, 이런 로컬리티의 생성에 관여하는 것은 무엇일까? 무엇이 특정 로컬리티를 다른 로컬리티로부터 구별 가능하게 할까?

로컬리티에 대한 이해는 '인간이 자신의 삶터(지역)에서 어떻게 사유하고 표상하고 문화를 형성하고 역사를 만들어 나가는가'에서 출발한다. 이를 구체화시켜 보면 인간이 삶을 살아가면서 접하는 자연적 환경요소에서, 공유 경험과 기억을 관류하는 역사에서, 공유되는 삶의 모습과 생활 양식의 총체로서의 문화에서, 재현과 소통의 체계로서의 언어에서, 그리고 사회 제도와 정치, 경제적 관계 같은 사회적 환경요소에서 로컬리티를 구성하는 요소들을 추출해 볼 수 있다.[17] 물론 이것이 로컬리티를 구성하는 절대적 구성요소가 될 수는 없다. 하지만 로컬리티를 구성하는 수많은 요소들을 모두 객관적으로 범주화하여 다룰 수 없다. 이런 점 때문에 대표적인 구성요소를 설정하여 로컬리티를 연구할 수 있다. 각각의 구성요소들은 상호접촉하고 연계되고 순환하며 공유되는 방식으로 로컬리티를 구성하며, 구성요소들은 지역 내부에 존재하는 것들만이 아니라 지역 외부에 존재하는 것들 역시 로컬리티를 구성하는 데 관여한다. 지역은 단절된 존재가 아니라 연속적인 관계 속에서 존재한다는 점 때문이다.

생성적 측면에서 볼 때, 각각의 구성요소들이 접촉하고 관계 맺는 양상에 따라 다른 로컬리티가 생성된다는 것은, 로컬리티가 고정된 실체가 아니라 하나의 결과이자 효과이며 경계를 고정할 수 없는 유동적인 것이라는 의미이다. 따라서 로컬리티 연구란 실체가 아닌 효과를, 그리고 경계가 유동적이어서 분절시키기 어려운 것을 하나의 대상으로 포착해서, 그것을 읽어내는 작업이다. 이런 점에서 로컬리티 연구는 구성적이고 담론적인 성격을 띤다.

로컬리티가 유동적이라는 것은 그것이 일정하고 고정된 어떤 원형을 상정할 수 없음을 의미한다. 일반적으로 개체와 개체 사이의 구별을 위해 우리는 특정 개체의 고유한 정체성, 즉 어떤 개체의 원형적인 특징을 상정한다. 그리고 이 고유한 정체성을 바탕으로 특정 개체를 다른 개체와 구별한다. 하지만 변하지 않는 고유한 정체성이 있다는 것은 세계를 바라보는 한 가지 방식이다. 마찬가지로 특정 지역의 속성에 대해, 고유성을 바탕으로 한 독특한 로컬리티의 원형이 존재할 것이라는 생각은, 우리가 고안해 낸 상상물이다.

이러한 상상은 플라톤 이래 근대적 표상의 원리가 추구해 온 동일성의 논리에 근거한다. 들뢰즈에 따르면, 존재하는 것이란 변화 속에서도 자기동일성을 유지하는 어떤 것이 아니라 변화에 의해 항상 달라지는 것, 즉 항상 '자기를 차이화해 가는(se différencier)' 것이다. 그래서 세계란 차이체들로 가득 차 있으며, 세계에서 일어나는 상호작용이란 모두 차이체들이 다른 차이체들과 직접 연결되어서 일어나는 것이다.[18] 로컬리티 역시 시공간을 포함한 다양한 구성요소들의 작동에 의해 항상 변화의 선상에서 고정된 자기동일성을 유지할 수 없는 존재이다.

발현된 로컬리티는 표상체계를 통해 표상된다. 대표적인 표상체계가 언어이다. 언어로 표상되는 로컬리티들은 잠재된 로컬리티가 현실화되고 구체화된 로컬리티이다. 그리고 언어를 통해 로컬리티의 의미는 존속된다. 결국 로컬리티 연구에서 언어 표상은 로컬리티가 드러나는 장소이다.

발현되어 구체화된 로컬리티는 다시 잠재된 로컬리티 속으로 들어와 잠재된 로컬리티에 영향을 끼친다. 이것은 로컬리티가 표상을 통해 구체적인 모습을 드러내기도 하지만, 역으로 그 표상이 다시 로컬리티의 재구성에 영향을 끼친다는 점과 관련이 있다. 잠재된 로컬리티 속으로 들어온 로컬리티들은 모두가 한 순간에 동시적으로 공존하므로 순차적인 관계가 아니라 동시적인 공존의 관계에 있게 되며, 모든 로컬리티들은 전체가 구분 없이 한꺼번에 새롭게 구성되는 로컬리티에 침투해 들어가게 된다. 그래서 새롭게 구성되는 로컬리티는 자신 안에 지나간 로컬리티 전체들이 함께 재구성되는 것이라고도 볼 수 있다.

이렇게 유동적이고 중층적이고 복합적인 성격을 띤 로컬리티는, 구체화되어 그것을 표상을 통해 담아놓는다 하더라도 발현되는 로컬리티의 다양성만큼 표상의 가능성도 다양해진다. 그래서 특정 지역은 다양한 로컬리티들의 표상을 가질 수 있다. 예를 들어 표상의 형식적인 측면[19]을 뒤로 하더라도, 부산의 로컬리티는 다양하게 표상될 수 있다. 어떤 국면에서 로컬리티가 발현되느냐에 따라 '자갈치 아지매, 부산 지역어, 해운대, 10.16항쟁' 등 다양한 것들이 부산의 표상으로 자리할 수 있다. 지역 부산의 속성이 어떤 국면에서 발현되느냐에 따라 '자갈치 아지매'를 통해 부산의 로컬리티를 말할 수도 있고, '부산 지역어'를 통해 그리고 '해운대'나 '10.16항쟁'을 통해서 부산의 로컬리티를 말할 수도 있다. 이 모든 것들의 총합으로 잠재되어 있는 부산의 로컬리티가 어떤 국면에서 발현되느냐에 따라 다른 표상으로 나타나기 때문이다. 공간과 시간, 문화와 인간과 내외부의 상호작용이 어떻게 이루어지느냐에 따라, 부산의 로컬리티는 다양하게 표상될 수 있다. 이런 점에서 '어떤 특정 표상이 부산의 로컬리티를 다 담아낼 수 있는가? 특정 로컬리티만 담아내고 있는 것이 아닌가?'라고 하는 물음은 성립될 수 없다. 그것은 로컬리티의 원형을 전제한 물음일 뿐만 아니라, 근대성의 병폐의 원인으로 지적받고 있는 동일성으로의 회귀를 전제한 물음이기 때문이다. 따라서 로컬리티 연구에서 표상이란 하나의 동일성으로 수렴되는 것이라기보다는, 공간과 시간, 문화와 인간, 내외부의 상호작용을 통해 다양하게 분화된 것이라는 의미를 가진다.

그런 점에서 발현된 로컬리티들은 로컬리티의 원형을 가정한 복사본이 아니다. 원형이 없는 각각의 독립성을 지닌 것들이다. 각 로컬리티는 독립적으로 존재하는 개체이며, 이것들 사이의 차이는 동일성을 전제하지 않는 개별적 차이일 뿐이다. '해운대'와 '10.16항쟁'이 부산 로컬리티의 표상이라면, 이것들이 가지는 차이는 부산의 로컬리티라는 원형을 중심에 둔 차이가 아니다. 각각 다른 국면, 예를 들면 관광과 관련된 상황이나 바다나 장소와 관련된 상황에서 부산의 로컬리티를 말할 때 '해운대'가 표상으로 드러나는 경우가 있다면, '10.16항쟁'은 부산 사람들의 정신이나 실천 등과 관련된 로컬리티를 말할 때 표상으로 드러나는 경우가 있다는 것이다.[20] 물론 각각의 국면에서 이것들이 항상 부산의 로컬리티를 표상한다는 의미는 더욱 아니다. 이런 점에서 각각이 발현된 로컬리티의 표상으로 존재하며 차이를 가지는 것이지, 부산의 로컬리티는 원형 L인데, 그것을 동일성의 근거로 해서 발현되는 양상이 l1 '해운대'와 l2 '10.16항쟁'이라는 것은 아니다.

그러므로 로컬리티의 표상 연구에서는 자기동일성을 가진 원형, 원형으로서의 로컬리티란 없다. 차이를 가지기 전의 '순수한, 본래의, 고유의, 자기동일성을 지닌' 원형으로서의 로컬리티는 존재하지 않는다. 개별 표상들은 완전히 동등한 가운데 오직 서로 차이를 지닐 뿐이다. 원형이 사라진 곳에서 각각의 표상들은 동등해지며, 그들 자체가 독립적인 개체로서 존재하게 된다. 그래서 이때 차이는 더 이상 그것보다 더 근원적으로 존재하는 동일성에 수렴되지 않는, 근본적이고 원초적인 차이가 된다. 그리고 이 차이는 동일성의 사유에서 동일성이 자리했던 근원적인 것의 자리를 대신하게 된다.[21] 즉 결코 자기동일적인 것이 아닌 이 차이가 발현되는 로컬리티의 표상들로 나타나는 것이다.

### 3) 로컬리티의 유형

복합적이고 중층적인 특성을 지닌 로컬리티를 구체적으로 이해하기 위해서는, 총체적 접근보다 기술적으로 분리하여 인식하는 것이 적절한 방법이 될 수 있다. 로컬리티를 기층적 로컬리티, 위계적 로컬리티, 인식 내지 가치의 로컬리티로 구분하여 이해하고자 한 것[22]도 이러한 방법의 한 가지이다. 물론 복합적이고 중층적으로 생성, 발현되는 로컬리티는 세 가지 속성만을 가지는 것도 아니고, 이들 또한 상호분리된 것이 아니라 교착적으로 얽혀 교섭, 충돌, 변화하고 있다. 그럼에도 불구하고 로컬리티를 세 가지로 분류한 것은, 끊임없는 변화의 연속체인 로컬리티를 연구대상으로 삼기 위해서는 분절이라는 기술적 장치가 필요하기 때문이다. 로컬리티의 생성요인(내외부적 생성요인)과 두 종류의 지역(물리적, 인식적 공간)이라는 이중적 기준을 통해, 로컬리티의 속성을 세 가지로 구별해 냄으로써 로컬리티를 구체화하고 체계화시키고자 한 것이다.

### (1) 기층적 로컬리티

기층적 로컬리티는 일상이 영위되는 삶터이자 다양한 관계적 공간으로서의 물리적 공간/장소과 구성요소들의 상호작용을 통해 드러나는 로컬리티로 규정된다. 로컬리티의 복잡한 생성요소 중, 지역 내부 구성요소의 작동을 생성요인으로 주목한 것이다. 내부의 구성요소들을 통한 생성이라는 점에서, 기층적 로컬리티는 주로 지역의 문화모형, 지역성, 장소성(장소 정체성), 차이(성), 지역의 다양성 등의 문제와 관련되어 논의되어 왔다.

로컬리티 연구에서 언어는 지역인들이 지역의 시공간, 문화적(정치, 경제, 사회 포함) 관계망 속에서 삶을 영위하며 경험하고 사유한 것들을 담은 표상체계이다. 지역의 언어 표상 속에는 다른 지역과 구별되는 지역의 특성이 반영되어 있다. 하지만 지역의 특성은 확정된 고정성을 지니거나, 언어 표상이 지역인 모두에게 획일화된 하나의 의미로 자리한다는 것은 아니다. 지역의 언어 표상과 의미도 내부적인 구성요소들의 상호작용 양상에 따라 변화하며, 동일한 언어 표상도 로컬 내부에서 다양한 의미적 변이들로 소통된다.

이런 점에서 언어 표상과 지역, 시간, 문화의 관계는 역동적이다. 언어 표상은 인간, 시간, 공간, 문화 등이 상호작용하여 강렬한 효과를 만들어 내고, 그 영향력이 문화적 의미를 가질 때, 즉 그 사회의 관심과 주의를 끌 때 생성으로 이어진다. 일단 특정 대상이나 행위에 대한 어휘가 생성되면, 그 대상이나 행위는 문화적으로 중요한 의미가 된다. 생성된 어휘와 그것의 사회 문화적 의미 사이에는 순환적 관계가 성립한다. 지역인들은 지역에서 사회 문화적으로 중요한 개체나 행위에 대해 명명 작업을 하는데, 일단 명명화가 이루어지면 그 개체와 행위는 문화적으로나 개인적으로 명확하게 인식되고 경험된다. 이와 같은 상호의존적 교류 과정을 통해 지역의 문화모형이 만들어지고 강화된다.[23]

언어 표상 중에 로컬리티를 생성하는 시공간, 문화, 인간(사유)이란 구성요소의 상호작용이 가장 잘 드러나는 부분이 어휘이다. 울릉도 지역어에는 눈, 벼랑, 소라, 오징어에 대한 어휘가 세분화되어 있다. 눈을 가리키는 어휘는 크기에 따라 '넙디기눈, 똥골눈, 진갈비' 등으로 세분화되며, 벼랑을 가리키는 어휘도 경사의 완만에 따라 '청석(완만), 절방(급경사), 뱅치(급경사), 산삐알/산빈달(보통)'로 세분화된다. '소라'를 가리키는 어휘는 크기에 따라 '뿔고디(대), 새고디(중), 비단고디(소)' 등으로 세분화되며, '오징어'를 가리키는 어휘는 잡는 시간에 따라 '이까(오징어를 통칭할 때), 아시이찌(아침에 잡은 것), 요이찌(저녁에 잡은 것), 낮바리(낮에 잡은 것) 등으로 세분화된다.[24]

이러한 어휘 분화는 어떤 로컬리티를 반영하는 것일까? 언표 주체가 특정 대상에 대한 어휘를 분화시킨다는 것은 대상을 구분하여 인식한다는 것이고, 이것은 구분의 필요성에 기인한다. 자연환경을 표상하는 어휘의 세분화는, 그것이 생활에 영향을 끼치는 정도가 높을수록, 즉 '생활 관여도'가 높을수록 어휘 분화로 나타난다. 눈과 벼랑에 관한 어휘의 세분화는 울릉도 지역인들의 공유인식 속에, 지역의 물리적 환경 중 눈과 벼랑의 '생활 관여도'를 높게 인식한다는 것을 보여준다. 울릉도는 강수량의 40%가 겨울에 집중되고, 대부분 눈으로 내려 전국 제일의 심설 지역이다. 눈은 주거 형태에도 영향을 끼쳐 우데기집이라는 특이한 울릉도의 가옥 형태를 낳았고, 주업인 어업에도 영향을 끼친다. 험준한 지형과 벼랑이 많은 자연환경적 조건은 벼랑의 경사도에 따라 밭농사를 지을 수 있는 곳과 없는 곳을 구별해야 할 필요성이 있었다. 이처럼 생활과 밀접한 관련이 있는 자연환경적 특성은 어휘 분화되어 표상되었다. 자연환경을 표상한 어휘 분화는, 울릉도 지역인들의 자연환경 인식에 대한 문화모형, 즉 생활 관여도가 높은 대상(눈과 벼랑)에 대해 그 차이를 인지하고 그것을 세분화한다는 것을 보여준다.

바다로 둘러싸인 울릉도의 지역인들은 어업을 주업으로 하는데, 주된 생산물이 소라와 오징어이다. 울릉도의 언어에서 소라와 오징어에 대한 어휘가 세분화되어 있다는 것은, 지역의 자연환경적 조건에 따른 지역인들의 생활을 반영하고 있다. 그런데 같은 어업 생산물이지만 소라와 오징어에 관한 어휘는, 어휘 분화 방식에서 차이를 보인다. 소라는 크기에 따라 어휘 분화되고 오징어는 잡히는 시간(신선도와 관련)에 따라 어휘가 분화된다. 소라와 오징어의 어휘 분화 방식은 표면적으로는 차이를 보이지만, 소라의 크기나 오징어의 조업 시간에 따른 구분은 모두 경제적 가치와 관련된다. 따라서 이들 어휘 분화의 기저에는 화폐 교환적 가치 즉 '경제적 가치'가 자리한다. 이러한 사실은 울릉도 지역어에서는 경제생활에 중요한 영향을 끼치는 것일수록 어휘 분화될 가능성이 높으며, 또 어휘 분화의 기준이 경제적 가치가 된다는 것을 알 수 있다. 생산물과 관련된 어휘 분화의 모습은 울릉도 지역인들이 대상에 대해 갖는 문화적 태도, 즉 경제적 가치가 생산물을 구분하여 인식하는 데 중요한 원리로 작용한다는 문화모형을 반영한다.

울릉도에는 나리분지 외에는 평지가 거의 없고, 나리분지도 화산 분화구이자 고산지대이기 때문에 논농사는 거의 지을 수 없다. 이런 자연환경적 조건에 맞추어 울릉도 사람들은 논농사보다 밭농사를 주로 짓고 있다. 논농사를 거의 짓지 않는 농경문화의 특징은 울릉도의 언어에도 반영되어 있다. 울릉도 사람들은 논농사와 관련된 어휘들에 대해서 모르거나 잘 쓰지 않는다.[25] 자연환경 때문에 벼농사를 거의 지을 수가 없다는 사실은, 벼농사 문화가 지역인들에게는 생활 관여도가 낮다는 것을 의미한다. 이는 어휘 분화 원리에 비추어 볼 때, 어휘 분화의 역방향에 있는 어휘 소멸 작용이 발생한 것이다. 즉 생활 관여도가 낮은 벼농사 관련 어휘가 어휘 소멸 또는 어휘 삭제 현상으로 나타난 것이다. 이로 보아 울릉도 언어의 어휘체계에서 어휘 삭제의 원리는, 생활의 관여도가 낮은 어휘일수록 어휘체계에서 소멸, 삭제될 가능성이 높다는 것으로 추론될 수 있다. 울릉도 지역인들의 공유인식 속에는 생활 관여도가 낮은 대상은 인식의 세계에서 소멸, 삭제되는 문화모형이 자리잡고 있음을 알 수 있다.

또한 울릉도 언어에는 '명이' 같은 지역에서의 생활경험을 통해 생성된 어휘가 존재한다. 개척 당시 울릉도에서는 벼농사를 거의 지을 수 없었을 뿐만 아니라, 어업 기술도 발달하지 못했던 상황이었다. 긴 겨울 동안 굶주림에 시달려야 했던 사람들은 눈이 녹기 시작하면 산에 올라가 눈을 헤치고 나물을 캐어 끼니를 이었는데, 이때 먹은 나물이 '명이'다. 이것을 먹고 생명을 이었다고 해서 붙여진 이름이다. '명이'의 학명은 산마늘이다. 중립적 의미를 지닌 산마늘과 비교해 볼 때, '생명을 이었다'라는 의미가 담긴 '명이'는, 명칭을 붙인 지역인들의 삶의 체험이 그대로 표상되었다. '명이'라는 명칭 붙이기와 지역에서의 사용은 울릉도 지역인들의 공유인식 속에 굶주림이라는 공동의 체험이 뿌리 깊게 각인되었다는 것을 알 수 있다. 대상을 인지하는 태도에 굶주림의 체험이 중요한 공유인식 즉 문화모형으로 자리한다는 것을 보여준다.

하지만 '명이'는 항상 '굶주림의 경험'을 표상하지는 않는다. 1960년대 울릉도와 2017년의 울릉도에서 '명이'의 내포적 의미는 같지 않다. 거칠게 말해 전자의 명이가 '굶주림의 경험'으로 표상된다면, 후자의 '명이'는 '울릉도의 특산품, 경제적 자원'으로 표상된다. 물론 이 두 가지 의미표상 아래에도 수많은 의미들이 구체적인 차이로 존재한다.

이렇게 지역 언어 표상은 기층적 로컬리티를 구성하는 내부 구성요소의 다양한 상호작용에 따라 생성되며, 그 표상은 수많은 차이를 가지는 의미들이 공유망을 형성함으로써 문화모형으로 자리한다. 이러한 공유망의 의미를 읽어내는 작업이, 기층적 로컬리티를 통해 로컬리티의 한 부분을 구체화하는 작업이다. 하지만 이 표상을 통해 읽어낸 문화모형은 고정된 것이 아니라, 구성요소의 다양한 상호작용에 따라 지속적으로 변화하며 재구성된다. 그리고 언어 표상의 의미 역시 지속적으로 의미 차이를 만들어내며 변화한다.

### (2) 위계적 로컬리티

로컬리티의 생성은 지역 내부만이 아니라 외부와도 다양하고 중층적인 관계를 맺고 있다. 공간에 구현되는 중심의 일원성과 통일성은 구체적 공간과 그곳에 사는 인간을 지배하는 삶의 틀로 작동하면서, 지역적인 것들을 위계적으로 배치한다. 지역이 중앙, 국가, 글로벌에 종속되는 위계 관계 속에서 규정되면서, 위계적인 것들은 로컬리티를 특징짓는 하나의 속성으로 자리잡았다. 위계적 로컬리티는 중심이 배치시킨 주변으로서의 지역이 보여주는, 동일성으로의 포섭과 저항, 갈등, 조정 등 다양한 양상으로 드러난다.

중앙, 국가, 글로벌과의 위계 관계 속에서 타자화되고 주변화된 지역의 의미는, 관계를 통해 지역적으로 인식되는 모든 것들로 의미 감염이 발생한다. 지역의 언어 역시 그 가운데 하나이다. 지역어는 서울말, 표준어, 영어라는 보편성, 중심성에 의해 타자화되고 포식되는데, 그 기저에는 인간과 실세계를 배제하고 언어의 자율적 체계를 기획한 구조주의가 자리한다. 학문적 주류인 구조주의가 언어정책을 매개로 현실에 개입함으로써 지역어의 타자화가 가속화된다. 구조주의는 언어 조직, 체계 형성과 관련하여, 역사, 지리적 환경, 문화, 정치, 경제 등을 외적 언어학이라 명명하고 연구에서 배제시켰다. 구조주의가 언어를 가치평가 한 것은 아니지만, 외적 언어학의 배제를 통해 과학적 객관성과 보편성을 중심으로 언어를 배치하면서, 결과적으로는 언어에 대한 가치평가의 기준을 제공한 것이 되었다. 체계적이고 조직적인 언어와 빈칸이 있는 언어, 과다한 언어, 보편성을 확보한 언어와 그렇지 못한 언어 사이에 위계 관계가 형성되었다.

자율적 체계로서의 언어는 언어 사용의 문제와 부딪히면서 비판이 제기된다. 언어는 자율적 독립적 존재가 아니라 언어 사용자를 포함한 실세계의 맥락에 따라 다양하게 차이를 보이기 때문이다. 인간, 공간, 시간, 문화(정치, 경제, 사회) 같은 맥락은 다양한 언어의 차이를 생성시키기도 하지만, 그 차이의 해석 지점이 될 수 있다. 그리고 인간, 공간, 시간, 문화 같은 맥락은 언어의 권력과 위계성 형성에 대한 해석의 계기를 제공하기도 한다. 이런 점에서 인간과 실세계의 복원은 언어에 투영된 보편성과 위계성의 시선을 다양성, 특수성으로 전환시킨다. 하나의 보편 표상체계의 외부 혹은 주변부에 자리하던 특수한 것, 다양한 것들이 의미를 찾는 계기가 된다.[26] 그리고 한편으로는 언어 권력 형성에 작동하는 요인들을 확인하고 이를 해체시키는 계기가 되기도 한다.

지역어와 외부(지배) 언어와의 역학 관계에서 형성된 위계적 구조는, 지역어의 타자화를 넘어 언어 포식 현상을 통해 언어적 동일화를 구축해 나가고 있다. 언어적 동일화의 배경에는 언어 외적인 정치, 경제 문화적 권력이 작동한다. 지배 언어의 포식 현상은 국내외적 현상인데, 국내 언어에서는 표준어의 지역어 포식 현상이 대표적이다. 이런 점에서 언어를 통한 위계적 로컬리티의 연구는, 언어의 보편성으로 작동하는 표준어의 권력에 대한 해체로부터 출발할 수 있다.

표준어는 "한 나라에서 공용어로 쓰는 규범으로서의 언어, 인위적이고 의식적인 방식에 의해 높은 수준의 규범화 및 표준화가 이루어진 언어"[27]라고 규정할 수 있다. 이에 따르면 표준어는 '공통어이자 규범이며, 표준화된 인공적 언어'로, 국가에 의해 보편성의 권력을 부여받은 언어이다. 그런데 표준어 권력의 또 다른 배경에는 탄생과 관련된 요인이 자리한다.

표준어 제정 작업은 일제강점기라는 시대적 상황 속에서 언어민족주의를 배경으로 이루어졌다. 이러한 시대적 상황은 지역어에 대한 오해와 함께 표준어에 대한 절대적 신화를 만드는 주요 원인이 되었다. 당시 현실 언어가 다양하고 순결하지 못하다는 진단과 함께, 통일되고 순화된 말인 표준어의 필요성이 제기되었기 때문이다.[28] 그 과정에서 구체적 삶을 배경으로 생성, 사용되는 현실 언어는, 인공적으로 구성되는 표준어와 대비되면서 통일성을 저해하고 순화되어야 할 언어로 재의미화된다. 의사소통이라는 기능을 가진 언어는 사용자의 구체적 삶과 밀접하게 관계된다는 측면은 간과되고, 일제강점기라는 시대적 조건에 의해 민족어의 통일과 민족의 독립, 민족문화의 부흥을 위해 현실 언어는 극복되어야 할 언어로 규정되었다. 지역어는 '민족' 개념을 앞세운 외부의 힘(일부 엘리트층)을 통해 강제로 위계화되면서 타자화된다. 1933년에 만들어진 표준어 규정은 이후 새로운 표준어 규정(1988년)으로 바뀔 때까지 오랜 기간 유지되어 왔고, 새로운 표준어 규정 역시 1933년의 규정을 거의 답습하고 있는 실정이다. 이처럼 표준어의 권력과 지역어에 대한 편견은 일제강점기라는 시대적 맥락과 '민족' 개념을 둘러싼 외부로부터의 힘이 상호작용하면서 만들어진 결과이기도 하다. 그 후로도 시간과 문화의 변화는 언어적 위계성의 변화나 해체로 작용하기보다는, 위계성을 더욱 공고히 하는 방식으로 작동해 왔다.

외부로부터 지역어에 강제적으로 부여된 부정적 의미가 지역어 타자화의 단초가 되었음을 알 수 있다. 언어가 구체적 삶을 배경으로 하는 표상체계이자 소통체계라는 점을 간과하고, 삶에 기반하지 않은 인공어, 추상적 언어를 기준으로 한 언어적 위계화는 언어로부터 인간을 소외시키고 타자화시키는 결과로 초래한다.

기층적 로컬리티에서 살펴본 바와 같이 울릉도의 지역어에 벼농사 관련 어휘가 삭제되어 빈칸이 생긴 것, 눈이나 벼랑, 소라, 오징어와 관련된 어휘가 과다한 것, 명이처럼 표준어와 다른 형태의 어휘가 존재하는 것은, 구체적 삶에서 그것들이 가진 의미의 강렬함이나 필요없음을 반영한 문화모형의 표상이지, 언어의 주변부적 위치를 나타내는 지표가 아니다. 오히려 지역의 삶에서 필요없는 표준어의 벼농사 어휘는 잉여적일 뿐이다. 이런 점에서 외부라는 생성요인의 작동으로 인한 위계적 로컬리티는, 지역어에 대한 언표주체적 시선의 회복을 요구한다.

### (3) 인식의 로컬리티

인식의 로컬리티는 로컬리티의 위계적인 속성이 물리적 공간을 넘어 인간의 인식이나 사고방식으로까지 확산될 수 있다는 데에 착안하여 설정되었다. 주체와 타자, 다수와 소수 사이의 인식의 위계로 확장된 인식의 로컬리티는, 근대의 중심성의 원리에 의해 배제되었던 소수성, 타자성, 일상성, 다양성 등의 가치들을 로컬리티 연구와 접맥시킨다.

중심성으로 작동하는 표준어와의 관계 속에서 타자화된 지역어는, 언어 사용자인 지역인들의 타자화로 이어진다. 언어의 위계적 구조가 인식의 위계적 구조로 확산된 것이다. 하지만 주변화와 타자화에 대한 지역인들의 의식은, 중심성으로의 포섭만이 아니라 갈등, 저항을 통해 위계적 구조의 해체를 기도하기도 한다. 언어가 매개된 중심과 주변, 주체와 타자의 관계 속에서 나타나는 인식의 양상은 지역인들의 행위를 통해서 확인된다. 지역인들의 인식이 반영된 행위 양상을 논의하는 데에는, 페쇠의 행위자 분류가 유용한 틀을 제공한다. 미셸 페쇠(Michel Pecheux)는 대주체(the Subject)와 행위자(the subject) 사이의 관계 양상에 따라, 행위자를 대주체와 동일시하는 행위자, 반동일시(counter-identification)하는[29] 행위자, 대주체에 역동일시(disidentification)하는 행위자로 구분했다.[30]

동일시하는 행위자는 자신을 지배적 사고 구성체와 동일시함으로써 자신이 속한 구성체가 생산하는 의미를 자명한 것으로 받아들인다. 우리의 의미에서 중심과 주변의 이분법적 분할을 내면화하고 표준어와 지역어의 구별짓기를 자명한 것으로 인식하는 행위자들이 여기에 속한다. 『국민의 언어 의식조사』에서 자신의 지역어를 부정적으로 인식하거나, 자녀들은 표준어를 사용했으면 한다는 바람이 80%를 넘는다는 것은, 표준어와 지역어 사이의 언어적 지배 관계를 정당한 것으로 인식하는 사고가 이미 보편화되어 있음을 보여준다. 이러한 행위자들은 표준어로의 자발적 포섭을 통해, 언어를 통한 욕망 실현을 꿈꾸기도 한다.

반동일시 행위자는 지배적 사고의 자명성에 반대하며 대주체를 거역한다. 그러나 지배적 사고를 생산하는 구성체에 실질적인 영향을 끼치지 못하고 어쩔 수 없이 받아들이는 냉소적 태도를 취한다. 표준어와 지역어의 구별짓기, 지역어의 타자화에 대해 불만은 있으나, 그러한 인식을 실천적 행위로 옮기지 못하는 부류들이 여기에 속한다. 동일시와 반동일시는 서로 다른 차이점에도 불구하고 대칭적 관계 속에서 지배 내 구조를 지속시킨다는 점에서 유사하다.

역동일시 행위자는 지배 내 구조를 변형하거나 치환하여 구성체들의 재편을 가져올 수 있는 새로운 형태의 대안적 행위자다. 즉 대안적 행위자는 지배적 사고의 재생산 과정에 개입하여 새로운 변혁을 창조하기 위한 가능성을 담지하고 있다. 표준어와 지역어의 구별짓기, 지역어의 타자화에 대한 문제점을 인식하고 실천적 행위를 통해, 언어적 지배 구조의 변혁을 꾀하는 부류들이 여기에 속한다. 제주인들의 지역어 부흥 운동과 탯말두레의 헌법소원 및 지역어 운동 사례가 이러한 예에 속할 수 있을 것이다.

국민통합을 강조하던 시기 '통일성을 위한, 또는 욕망 실현을 위한' 도구라는 기준에 따라 위계화되었던 언어는, 신자유주의의 확산과 함께 '욕망 실현을 위한' 도구로서 더 큰 보편성을 중심으로 위계화되고 있다. 언어를 통해 철저한 타자화를 경험했던, 제주인들의 언어의식의 변화 계기는 영어 공용화 문제였다. 제주사회는 언어 환경의 국제화에 대한 중요성을 인정하면서도, 언어에 대한 경제논리적 접근의 문제점과 문화정체성, 영어>표준어>제주어라는 언어 헤게모니 형성에 대한 위기감이 조성되었다. 이와 함께 중심의 시선에서 제주어의 '차이'가 '차별'로 치환되고 지역인들이 이를 내면화함으로써, 제주어가 소멸 위기에 처하게 된 것도 계기가 되었다. 제주어에 대한 인식 변화를 보여주는 가시적 현상이 제주어의 10대 상징물 선정, 제주어 부흥운동, 제주어 사용의 확산 등이다. 물론 인식 전환의 이면에는, 제주어를 문화유산 혹은 자본화 가능한 것으로 생각하는 부분도 존재한다.

지방자치 시대의 흐름 속에 언어 속의 정체성 문제가 크게 부각되었고, 민간 주도의 다각적인 노력과 논의가 수렴되어 지자체를 움직임으로써 제주어 부흥운동의 핵심인 「제주어 보전 및 육성 조례」가 제정되었다. 이 조례는 교육정책에 반영되어 학교에서도 부분적으로 제주어 교육을 실시하고 있으며, 민간단체와 개인에게까지 확산되어 다층적 차원에서 제주어 부흥운동을 전개하고 있다. 이는 아직 출발점이기는 하나 제주인들이 언어 권리를 인식하기 시작함으로써 언어를 통한 지역의 주체 형성으로 나아가고 있는 것으로 해석된다. 인간으로서 누려야 할 당연한 권리로서 언어 권리와 언어의 주체적 사용을 담보하는 언어 주체 형성은, 언어를 통한 타자화의 극복이라는 의식의 전환을 보여준다.

언어를 매개로 형성된 인식의 위계성은, 보편성의 논의와 밀접한 관련을 갖는다. 언어를 통한 보편성에 대한 이해는, 보편성에 대한 추상적 차원의 논의를 구체화시킴으로써 그 작동논리를 파악하는 데 기여한다. 표준어와 지역어 사이에 존재하는 보편성-특이성, 일반성-특수성의 관계는, 표준어를 중심으로 하는 위계 관계를 성립시킨다. 추상적, 거시적 차원의 사유에서는 보편성과 일반성을 확보한 것이 중심으로 작동할 것이라는 일반적 가정을 성립시킨다. 하지만 이러한 규모로서의 보편성과 일반성은, 구체적 장소와 만나게 될 때 항상 절대적인 진리로 작동하지는 않다. 예를 들어 언어 사용의 경우, 표준어가 국가적으로 보편화, 일반화되었다고 해서 특정 언어집단 내에서도 그와 비례해서 항상 일반성과 보편성을 획득한다고 보기 어렵다. 표준어가 일반성과 보편성을 획득하고 있기 때문에 의사소통 수단으로서 중요한 의미를 갖는다는 것은, 국가라는 거시적 차원에서 보았을 때의 문제이다. 지역 차원에서는 아직도 표준어보다는 지역어로 의사소통하고, 외부인과는 표준어로 소통하지만 지역인들끼리의 일상 대화에서는 지역어를 사용하는 경우도 있기 때문이다.[31] '지역어'와 '표준어'의 관계는, 관점의 차이에 따라 다른 양상으로 드러난다. 이와 같은 사실로부터 보편성과 일반성에 결합된 권력의 해체 가능성은 구체적 현장인 지역이라는 장을 개입시켰을 때 가능하다는 것이 확인된다.

# 제 2 장

## 언어와 로컬리티 연구

세계화의 흐름은 근대화 과정에서 배제되고 소외되었던 지역[32]에 대해 새롭게 사유하는 계기가 되었다. 세계화의 흐름 속에서 지역을 바라보는 관점은 세계성이 확대되고 심화됨에 따라 지역 간의 차이가 소멸될 것이라고 보는 견해와, 각 지역들이 가진 특성이 새롭게 부각될 것이라고 해석되는 견해로 나누어진다. 전자는 정보화에 따른 거리의 소멸과 함께 사회적 관계가 지구적 영역으로까지 확대됨으로써 세계가 동질성과 획일성을 띠는 방향으로 변화될 것이라고 보는 반면, 후자에서는 오히려 세계화를 이질성이 확대되는 과정으로 바라본다.[33]

정보통신의 발달로 지역이 국가를 거치지 않고 세계와 바로 연결될 수 있게 되고, 이를 통해 지역이 가진 고유성이나 차이성에 새로운 가치와 의미가 부여되면서, 지역적인 것이 세계적인 것으로 전환될 가능성이 높아졌다. 세계화 시대에 지역이 재등장하고 주목받게 되는 이유가 여기에 있다. 결국 세계화는 지역의 차이성이 소멸되는 동질화나 획일화의 과정이 아니라, 차이성이 가능성이라는 새로운 의미를 획득하게 되는 이질화의 과정이다. 이 지점에서 지역을 움직이는 원동력인 로컬리티 연구의 필요성이 제기된다.

그런데 언어적 측면에서 본 세계화는 이와는 다른 양상을 보인다. 즉 차이성에 새로운 가치와 의미가 부여된 이질화의 방향이 아니라 동질화나 획일화되는 방향으로 언어 변화가 전개되는 양상을 보인다. 정치, 경제, 문화적인 권력을 가진 언어가 그렇지 못한 언어를 지배하거나 소멸시키는 획일화의 방향으로 변화가 전개되는 것이다. 20세기 초 서구 유럽의 특정 국가 언어들이 아프리카와 오스트레일리아, 아메리카의 토착민들의 언어를 지배하고 포식(glottophagie)했던 것처럼, 지금은 세계화의 물결 속에 정치, 경제, 문화적으로 가장 강력한 영향력을 가진 영어가 전 세계의 국가나 민족으로 퍼져나가 그 지역의 언어들을 지배하려고 한다.

지배 언어가 피지배 언어를 포식하는 현상은 한 국가 내의 언어 관계에서도 나타난다. 우리나라의 언어적 상황에서 보면 표준어가 지역어를 포식하는 상황이 그것이다. 표준어에 의한 지역어의 포식은 지역어는 물론 지역의 고유성과 차이성을 삭제함으로써 지역어와 지역의 가치를 왜곡한다. 표준어에 대한 편견과 지역어에 대한 오해, 교육과 매체를 통한 표준어의 보급은 지역어를 급속도로 소멸의 길로 이끌고 있다. 지역어의 소멸은 곧 지역과 지역인들의 삶을 지우는 것과 다름없다. 왜냐하면 지역에서 사용하는 언어에는 지역을 기반으로 한 지역인들의 삶의 경험과 사유방식이 고스란히 담겨 있기 때문이다. 지역인들은 지역이라는 장소에서 살아가면서, 지역 내부와 외부와의 관계를 통해 경험하고 인식한 지역의 사회, 문화, 역사, 정치적인 특징 등을 다양한 방법을 통해 표상하고 소통하며, 그것을 통해 지역인으로서의 소속감을 갖는다. 이러한 표상과 소통, 소속감을 느낄 수 있게 하는 대표적인 수단이 언어이다. 이런 점에서 모든 지역어는 그 나름대로 고유한 가치와 의미를 가진다. 그리고 이런 점에서 지역어에 대한 연구는 지역과 로컬리티 연구의 중요한 논의 대상이 될 수 있다. 그럼에도 불구하고 지금까지 언어학 분야에서는 지역어와 지역/지역인, 지역어와 로컬리티에 관련된 논의는 거의 이루어지지 않고 있다.[34]

지역어를 통해 로컬리티를 읽어내는 논의를 전개하기 위해서는 먼저 지역어와 표준어, 방언과 사투리 같은 지역어를 둘러싸고 있는 관련 용어들에 대한 개념을 정확히 이해하는 것이 필요하다.

### 2.1. 표준어, 방언과 사투리, 그리고 지역어

#### 1) 표준어

『표준국어대사전』에 따르면, 표준어는 한 나라의 표준이 되는 말로 언어의 지역적, 사회적 다양성에 따른 방언의 차이로 말미암아 발생하는 의사소통의 불편을 덜기 위해 재정한 '공통어'이면서 '공용어'이다. 이상적으로 말하자면 표준어는 특정 언어의 모든 방언들로부터 독립되어 있는 중립적인 것이어야 한다. 하지만 이는 이상에 불과하고 이렇게 만들어진 언어는 실재하지 않는다. 이 때문에 대부분의 언어 사회에서는 정치, 경제, 사회 문화적, 경제적으로 핵심적인 역할을 하는 수도에서 사용하는 방언을 표준어로 정하고 있다.[35] 우리나라의 경우 역시 이에 해당한다. 우리나라에서는 표준어를 '교양 있는 사람들이 두루 쓰는 현대 서울말'로 정하고 있다.

특정한 방언이 표준어가 되기 위해서는 여러 단계의 과정이 필요하다. 방언이 표준어로 성립되어가는 과정을 표준화라고 한다. 하우겐(Haugen)에 따르면 표준화가 이루어지는 데에는 네 단계가 필요하다. 첫 번째 단계는 규범의 선택 단계라고 할 수 있는데, 지역적 혹은 사회적 변이어 가운데 하나를 표준화 과정의 바탕으로 삼는 단계이다. 두 번째 단계는 글말의 문법적인 언어 규범을 처방적으로 기술하고, 맞춤법을 규정하고 사전을 편찬하는 단계이다. 세 번째 단계는 이 규범을 언어공동체가 받아들이고 장려하는 단계로서 제도적 수행이 이루지는 단계라고 할 수 있다. 네 번째 단계는 표준어가 의사소통의 수단으로서 사회적으로 널리 통용되며 지속적인 발전을 꾀하는 단계라고 할 수 있다.[36]

우리말의 표준어 역시 이와 유사한 과정을 거쳤다. 표준어로 서울 지역의 말이 표준어로 선정되고 맞춤법을 규정하고 사전을 편찬하는 과정을 거쳐, 공용어로서 제도화되었다. 일반적으로 표준화 과정에서 표준어는 인위적이고 의식적인 방식에 의해 높은 수준의 규범화 및 표준화가 이루어진다. 다양한 변이형이 존재할 수밖에 없는 자연어가 공통어로 되는 과정에서는 지역적 특색의 삭제나 언어순화, 어휘의 현대화 등과 같은 인위적인 방식을 통한 표준화가 수반되기 때문이다.[37] 표준화되고 규범화된 표준어는 '교양 있는 사람들이 쓰는 말', '본보기가 되는 말'로서 이상화되면서 국가 차원의 표준어 정책의 시행을 통해 전국적인 사용 영역을 확보하게 됨으로써 일반화된다. 그 결과 표준어에 내재해 있는 언어체계와 언어 규칙은 국어의 보편적 언어체계와 언어 규칙이 된다. 표준어는 일반성과 보편성을 획득한 언어가 되는 것이다.

일반적으로 언어의 표준화는 크게 두 가지 방식으로 이루어진다. 하나는 영어처럼 특별한 조치 없이 자연스럽게 형성되어온 규범이 표준화되는 '역사적 표준화'이고 다른 하나는 우리나라처럼 역사적인 요인도 어느 정도 있으나, 특정한 시기에 특정한 세력에 의해서 의식적으로 만들어져서 성문화에 이르는 '제도적 표준화'이다.

언어의 표준화가 이루어지면 자연스럽게 그 언어를 사용하는 사회의 정체성이 강화되는 데에 도움이 된다. 우리나라의 경우도 이러한 대표적인 예에 해당한다. 우리나라의 경우 표준어 규정이 상세화 되고, 표준어 사정 작업이 진행된 1930년대는 일제강점기였다. 이 시기는 파리 평화회의에서 민족자결주의가 표방되고 3·1 운동이 발생하게 되면서, 일본이 문화정치를 실시하던 때였다.

하지만 언어적 상황에서 보면 당시 일본어는 국어가 되어 조선인들에게 가르쳐졌고, 조선어는 방언으로 전락하였다. 이러한 시대적 상황 속에서 우리말을 연구하던 학자들은 나라의 운명이 국어의 운명과 불가분의 관계에 있다는 인식하에 우리말 연구를 통해 민족문화를 창조하고 민족적 독립을 이룩하고자 하였다. 이에 조선어 연구 단체인 조선어학회는 사전 편찬을 목표로 삼고 한글 맞춤법 통일안 제정과 표준말 사정 작업을 시행한다. 이러한 일련의 작업들은 조선어와 조선의 근대화를 위해서 꼭 필요한 작업이었을 뿐만 아니라, 이러한 작업을 통해 국민들의 의식을 계몽시킬 수 있는 길이 빨리 열린다고 생각했기 때문이었다.[39]

### 2) 방언과 사투리

방언은 하나의 언어가 지리적 요인이나 사회적 요인에 의해 분화된 분화체로서 한 언어의 변이어라고 할 수 있다. 그런데 분화체인 방언은 그 자체로서 독립적인 언어체계, 즉 음운체계, 문법체계, 어휘체계를 갖는다. 다시 말하면 방언이란 특정 지역이나 특정 사회 계급과 같은 언어 집단에서 쓰이면서 다른 언어집단의 언어체계와는 구별되는 언어체계로서, 한 언어의 변이어라고 정의할 수 있다.

일반적으로 언어의 변이는 지리적 요인과 사회적 요인에 의해서 나타난다. 지역 사이에 산맥이나 강, 바다 같은 지리적 장애가 있는 경우, 지리적 요인으로 인해 방언이 분화되는데, 이를 지역 방언이라 한다. 또한 계급이나 직업, 성별, 인종이나 종교 같은 사회적 요인에 의해 방언이 분화되기도 하는데 이를 사회 방언이라고 한다. 전통적으로 방언이라고 하면 지역 방언을 일컫는 말로 쓰이는 것이 보통이다. 여기에서도 방언이라는 용어를 사용할 때, 지역 방언과 사회 방언은 중 지역 방언을 가리키는 말로 사용하고자 한다.

그런데 이 방언이라는 말이 우리나라에서는 종종 서로 다른 두 가지 의미로 사용되는 경우가 있다. 하나는 방언학 같은 학문 분야에서 사용되는 경우이다. 이때 방언은 위에서 살펴본 바와 같이 한 언어의 분화체이자 변이어, 하위 단위로서 그 자체로 독자적인 언어체계를 가지고 있는 언어를 가리키는 의미로 사용된다. 예를 들어 동남 방언, 서남 방언, 제주 방언, 중부 방언, 동북 방언, 서북 방언이라고 할 때 사용되는 방언의 의미, 또는 제주도 방언, 경상도 방언, 전라도 방언, 충청도 방언이라고 할 때 사용되는 방언의 의미가 그것이다. 이러한 방언의 의미는 품위가 없다거나 세련되지 못하다 같은 부정적 의미가 담겨 있지 않다. 이 경우 방언은 중립적 가치를 가진 용어로 사용된다고 할 수 있다.[40]

하지만 학문 용어로서의 방언은 일상생활에서 사용될 때 또 다른 의미를 갖기도 한다. 대체로 일반인들에 의해 사용되는 경우인데, 이 경우 방언은 엄밀하게 정의된 학문 용어가 아닌 또 다른 의미로 사용된다. 예를 들어 '방송에서 방언을 함부로 써서는 안 된다'라든가, '방언을 사용하면 교양이 없어 보인다'라고 말할 때 사용되는 방언이 이 경우에 해당한다. 이때 방언은 표준어가 아닌 말이라는 의미를 함의한다. 즉 방언을 표준어와 대립되는 관계로 파악하여 비표준어라는 관점으로 바라보고 사용한 것이다.

'방언'이라는 용어가 이러한 의미를 가질 때, '사투리'라는 말로 바뀌어 쓰이는 경우가 많다. 우리가 흔히 들을 수 있는 '경상도 사투리', '충청도 사투리', '전라도 사투리'라는 말이 여기에 해당된다. '방언'이라는 용어가 사용되어야 할 자리에 사투리가 대신 사용된 것이다. 이 경우 방언과 사투리는 같은 의미를 가진 말, 즉 동의어로 사용된 것이 된다. 이때의 방언이나 사투리는, 표준어가 아닌 그 지방의 고유한 말을 뜻하며, 나아가서는 표준어와 대비되어 표준어보다 열등한, 세련되지 못한, 품위 없는, 규범이 없어 문자로 표현되기 어려운 등과 같은 부정적인 의미들을 수반한다. 그리고 이때의 방언 내지 사투리는 대개 한 고장의 언어체계 전반을 가리키기보다는 그 고장의 말 가운데 표준어에는 없는, 그 고장 특유의 언어 요소만을 일컫는 것이 보통이다. "사투리 때문에 못 알아듣겠다."라고 할 때의 사투리가 바로 이러한 용법으로 쓰인 경우이다.

일반적으로 언어는 그것이 사용되는 사회를 반영한다고 한다. 이런 점에서 볼 때, 방언에 수반되는 부정적인 의미는 방언이 사용되고 있는 공간인 지방 혹은 지역에도 유사한 의미를 감염시키거나 덧씌운다. 그리고 이러한 의미는 지역이 가진 또 다른 조건들과 결합하여, 지역은 표준어가 사용되는 공간적 기반인 서울에 비해, 세련되지 못하고 주변적이며 열등하다는 부정적인 의미를 강화시킨다.

방언을 사투리로 보는 견해에는 방언과 표준어 사이의 관계를 규정하는 저변에 그 언어들이 사용되는 공간인 지방과 중앙의 수직적인 위계 관계에 대한 인식이 존재한다. 뿐만 아니라 방언의 기능과 가치에 대한 올바른 이해가 담겨있지 않다. 즉 특정 방언은 그것이 사용되는 공간인 지역의 공간적 특성과 역사적, 사회·문화적 특성, 지역인의 의식 등 지역과 관련된 다양한 요소들을 표상한다는 점, 그리고 그 지역의 의사소통 수단으로 기능한다는 점 등에 대한 이해가 담겨있지 않다.

### 3) 지역어

방언과 구별해서 사용해야 할 또 하나의 용어로 지역어가 있다. 지역어는 방언 구획이나 언어체계를 고려하지 않은 상태에서 특정 물리적 공간으로서의 지역을 기반으로 그 지역인들에 의해 사용되는 언어를 가리키는 말이다. 방언이 한 언어의 하위 단위로 언어체계의 차이에 따른 구분을 전제로 한다면, 지역어는 언어체계의 차이에 따른 구분을 전제하지 않고 지역에서 일반적으로 사용되는 언어를 가리킨다. 지역어는 연구를 통해, 그것이 한 언어의 분화체임이 밝혀지게 되면 방언의 지위를 획득할 수 있게 된다.

지역어는 표준어처럼 인위적으로 가공된 말이 아니다. 표준어는 특정 지역에서 사용되는 말이 가진 지역적 특색을 삭제하고 언어순화나 어휘의 현대화와 같은 인위적인 방식의 표준화가 이루어진 말이다. 하지만 지역어는 선정되고 다듬어지고 현대화되고 규범화되는 등의 인공적 변형을 거친 말이 아니다. 즉 표준어가 의사소통의 효율성을 높이기 위해 인공적으로 가공된 언어임에 비해, 지역어는 그러한 가공을 거치지 않은 언어다. 지역어는 인공적 변형을 거치지 않은 다양한 변이들로 구성되어 있다는 점에서 자연어로 분류할 수 있다.[42] 이렇게 개념적으로만 보면 표준어와 지역어는 서로 다른 영역에 속한 언어로 구분된다.

지역을 기반으로 한 지역어는 지역의 물리적 환경은 물론, 사회·문화·정치·경제적 상황이나 이를 통해 형성된 지역인들의 의식을 표상하는 기능을 한다. 이런 의미에서 지역어는 지역의 표상체계가 된다. 지역어는 한국어라는 범주 안에 소속된다는 점에서 한국어가 지닌 보편성과 함께, 지역의 표상체계로서 그 지역과 관련된 특이성을 동시에 지니고 있다.

지역어는 지역이라는 공간을 기반으로 해서 지역인들이 일상적인 의사소통을 위해 사용하는 언어 즉 지역의 생활언어로서 기능한다. 국가라는 거시적 차원에서 볼 때 표준어는 의사소통 수단으로서 보편성과 일반성을 갖는다. 하지만 지역의 차원에서 보면 그 지역의 의사소통 수단으로서 보편성과 일반성을 획득하는 것은 지역어이다. 언어 사용에 있어서 '일반성'과 '특수성', '보편성'과 '특이성'의 문제는 단순히 규모의 크기만으로 논의될 문제는 아니다. 언어의 사용이란 것이 국가적으로 일반화되었다고 해서 특정 언어집단 내에서도 그와 비례해서 항상 일반성과 보편성을 획득한다고 보기 어렵기 때문이다. 특정 지역에서 사용되는 언어를 관찰해 볼 때, 지역어가 표준어에 비해 '일반성'과 '보편성'을 획득한 경우가 얼마든지 있기 때문이다. 표준어가 일반성과 보편성을 획득하고 있기 때문에 의사소통 수단으로서 중요한 의미를 갖는다는 것은, 국가라는 거시적 차원에서 보았을 때의 문제이다. 지역의 관점에서는 아직도 표준어보다는 지역어로 의사소통하고, 외부인과는 표준어로 소통하지만 지역인들끼리의 일상대화에서는 지역어를 사용하는 경우도 있기 때문이다.[43] 이처럼 '지역어'와 '표준어'의 관계는, 국가라는 거대한 틀을 통하여 거시적 차원에서 보았을 때와 미시적 차원인 지역의 차원에서 보았을 때 다른 양상을 보일 수 있음을 알 수 있다.

## 2.2. 언어 사용 환경과 언어 위상

### 1) 언어 사용 환경

언어는 의사소통의 도구이다. 의사소통을 위해 사람들은 특정한 시간과 장소, 상황에서 상대방에게 자신의 생각과 의도를 전달하기 위한 목적으로 언어를 사용한다. 그런데 일반적인 의사소통에서 화자가 전달하고자 하는 의미는 단순히 화자가 사용한 언어만으로는 온전하게 해석되기 어려운 경우가 많다. 그것은 언어가 사용된 상황, 시간과 장소 같은 것들과 관련지어야 그 의미가 온전히 전달되는 경우들이 있기 때문이다. 이처럼 언어는 그것이 사용되는 환경과 필연적인 관계를 가지는데, 이러한 관계를 나타내는 말이 언어 환경이다.

언어 환경이란 말을 하거나 글을 쓸 때의 문맥은 물론 사회·문화적 환경, 정치·경제적 환경, 기술적 환경 등을 포괄하는 개념으로, 포괄적인 의미에서 언어문맥뿐만 아니라 언어 사용 행위의 배경인 언어 사용 환경을 포함한다.[44]

언어 환경은 언어적인 것과 비언어적인 것으로 나눌 수 있다. 언어적인 것은 앞뒤 문맥과 같은 언어적 환경과 몸짓, 표정, 성조 등의 보조 언어적 환경으로 나눌 수 있다. 비언어적인 환경은 의사소통이 이루어지는 시간이나 장소, 그 사회의 문화적 전통, 언어정책이나 경제적 상황, 정보통신 같은 기술적인 조건 등을 들 수 있다.

비언어적 환경은 다시 두 가지로 구분해 볼 수 있다. 하나는 언어의 의미를 해석하는 데 관여하는 배경으로서 문맥의 일종으로 볼 수 있다. 다른 하나는 언어를 선택하고 사용하는 데 영향을 끼치는 배경으로서의 언어적 환경이다. 후자는 언어의 의미 해석에 관여하는 것이 아니라 언어의 선택과 사용을 둘러싼 환경, 즉 특정 언어의 사용과 관련되는 언어공동체 내에서의 언어 지위나 언어에 대한 태도 등에 영향을 끼치는 정치·경제적 환경, 사회·

문화적 환경, 기술적 환경 같은 것을 말한다. 이러한 언어 환경을 언어 사용 환경이라고 부를 수 있을 것이다.

여기에서는 언어의 의미를 해석하는 문맥으로서의 환경에 대해 살피는 것이 아니라, 언어 환경 중에서 언어를 선택하고 사용하는 행위의 배경이 되는 언어 사용 환경에 대해 다루고자 한다. 다시 말하면 지역어의 사용과 관련한 우리 사회의 상황, 즉 언어가 사용되는 환경과 관련한 언어 사용자들의 태도와 언어의 지위, 언어의 위상 문제를 다루고자 한다.

언어 사용 환경이란 곧 특정 언어를 선택하고 사용하는 행위의 배경이 되는 사회·문화적, 정치·경제적, 기술적 조건과 배경이라고 할 수 있다. 언어의 선택과 사용에 관여적인 조건과 배경은 언어의 사용 양상은 물론 언어의 사용 범위에 영향을 끼치기도 하며, 나아가서는 언어의 변화를 포함하여 언어의 생성과 유지, 소멸에도 중요한 영향을 끼친다.

언어 사용 환경으로서 정치·경제적 환경이란 언어가 사용되고 있는 국가나 지방과 관련된 정치적 상황은 물론, 국가의 언어 정책이나 표준어 또는 공용어 지정, 국가와 지방의 언어 보호 및 진흥 정책 등과 같은 정치적 조건이나 배경, 그리고 국가나 지방의 경제 상황이나 경제적 조건이 언어 사용에 미치는 영향과 관련된다.

국가의 정치적 조건이나 환경은 언어 사용에 중요한 영향을 끼친다. 그 대표적인 예로 우리나라의 일제강점기라는 정치적 환경을 들 수 있다. 일제강점기에 우리나라에서는 조선어가 아닌 일본어가 국어로 지정되었다. 조선의 학교에서는 일본어가 국어 과목으로 지정되어, 정확한 일본어의 이해와 발표 능력을 기르고, 동시에 고전으로서의 일본문과 한문을 습득시켜 국민적 사고와 국민정신을 함양하고 일본 문화의 창조 발전에 기여하도록 교육이 이루어졌다.[45] 뿐만 아니라 일상생활에서도 일본어 사용이 강제되었다. 이처럼 일본어가 국어로 지정됨으로써 일본어의 사용이 강요되고, 조선의 사용이 위축되었다. 이러한 상황은 정치적 배경이 언어 사용에 영향을 끼친 극단적인 예이다.

정치적 환경으로서의 국가의 언어정책 또한 언어 사용에 강력한 영향을 끼친다. 정부가 특정 언어를 공용어나 표준어로 지정하면 그 언어의 사용이 장려될 수 있으며, 그렇지 못한 언어는 그 세력이 위축된다. 특히 국가의 교육정책과 관련되는 언어 교육 시스템 및 학교에서의 언어 교육 방식, 교육의 접근성 등은 중요한 언어 사용 환경이 된다. 학교에서 어떤 언어를 가르치느냐, 어떤 방식으로 가르치느냐에 따라 언어공동체의 언어에 대한 태도, 언어의 위상, 언어 사용과 유지 그리고 소멸에 영향을 끼칠 수 있기 때문이다.

또한 경제적 환경 역시 언어공동체의 언어 사용에 큰 영향을 끼친다. 경제적 환경이 언어 사용에 영향을 끼치는 경우는, 경제적 우위를 점하는 지역에서 사용되는 언어가 타 지역 언어보다 중요하게 여겨짐으로써 언어의 사용에 영향을 끼치는 것을 들 수 있다. 이는 대체로 특정 언어를 구사하는 것이 그 사회에서 경제적 기회를 얼마나 제공받을 수 있는지, 소득을 높이는 데 도움이 되는지 등과 관련된다. 예를 들어 현재 세계적으로 확산되는 영어 사용의 분위기를 들 수 있다. 세계화의 흐름과 함께 물적, 인적 자원의 교류가 활발해짐에 따라 외국과의 소통이 빈번해지게 되었다. 따라서 국제적 소통이 가능한 사람들이 필요하게 되었으며, 이는 곧 언어 사용이 일자리 창출의 중요한 조건으로 이어지게 되었다. 언어가 경제적 기회를 얻을 수 있는 중요한 조건이 된 것이다. 이러한 경제적 환경은 국제 공용어의 역할을 담당하고 있는 영어의 사용자를 증가시켰고 영어를 중시하는 언어 사용자들의 언어에 대한 태도를 강화시키게 되었다. 이처럼 경제적 환경 역시 언어의 사용과 언어의 확산, 언어에 대한 태도, 언어의 유지와 소멸 등에 영향을 끼칠 수 있다.

사회·문화적 환경이란 언어가 사용되는 사회의 인구 구성, 사회 계층, 사회의 구조 같은 사회적 조건과 특정 언어 사용자들이 가진 문화적 힘, 사회의 전통이나 관습, 가치관은 물론 매스컴의 영향 등 언어 사용에 영향을 미치는 문화적 조건 등을 말한다.

사회·문화적 환경으로서의 시대나 사회, 문화의 변화는 급속하게 또는 완만하게 언어 사용의 변화를 초래한다. 인간의 생활권역이 확대됨에 따라 사회·문화적 교류가 활발해지게 되자, 의사소통의 매체인 언어들 사이에도 빈번한 접촉이 발생하게 된다. 그 결과 언어 접촉에 따른 다양한 변이들이 만들어질 뿐만 아니라, 특정 공간 안에서 둘 이상의 언어들이 서로 우위를 점유하기 위해 경합을 벌이는 양상을 보이기도 한다. 예를 들어 다문화 사회 같은 경우에는 언어나 문화적 배경이 다른 사람들이 함께 어울려 살아가는 사회라는 점에서, 여러 언어가 공존할 수 있는 언어 사용 환경이 형성된다. 뿐만 아니라 문화적으로도 다양한 문화들이 서로 어울리게 된다. 그런 가운데 각 문화들을 반영하는 언어적 표현들이 사용에 변화를 겪거나 문화 간의 융합을 통해 새로운 언어적 변이들이 생성되기도 된다.

그 외에도 TV나 영화 등의 방송매체 또한 언어 사용에 영향을 끼치기도 한다.[46] TV나 영화 등의 매체는 언어 사용자들에게 새로운 언어를 접하는 창구로서의 역할을 하기도 하지만, 공간을 초월하여 동시에 많은 언어 사용자들과 접촉함으로써 짧은 시간 내에 광범위하게 언어를 확산시키는 역할을 한다. 뿐만 아니라 특정 언어에 대한 언어 태도를 형성하고 전파하는 등 언어 사용에 영향을 끼치기도 한다. 예를 들어 방송 프로그램에서 특정 언어를 희화화하거나 특정 언어를 특정 인물 유형이 사용하는 언어로 반복적으로 노출시키게 되면, 그것은 곧 그 언어에 대한 언어공동체의 인식으로 자리잡게 되고, 이것이 반복되면 그 언어에 대한 언어 태도를 형성시키는 것으로 이어지게 된다. 즉 방송 프로그램에서 특정 언어를 특정한 방식으로 사용하는 것이 언어공동체의 언어에 대한 인식과 태도, 나아가서는 그 언어의 사용에 영향을 끼친다는 점, 그리고 그 영향력이 빠르고 광범위하다는 점에서, 방송매체는 중요한 언어 사용 환경이라고 할 수 있다.

기술적 환경은 기술 발전과 정보 통신 기술이 언어 사용에 영향을 미치는 것과 관련된다. 오늘날 인터넷과 소셜 미디어의 발달은 과거에 비해 언어의 확산과 변화에 중요한 역할을 한다. 이러한 여러 조건과 배경들이 결합되어 특정 언어가 사용되는 환경을 형성하고, 이러한 환경은 언어의 학습과 유지, 생성과 확산, 소멸에 중요한 영향을 끼치게 된다.

### 2) 언어 지위와 언어 태도

언어 지위라는 말은 클로스(Kloss)가 언어 계획을 언어 지위 계획과 언어 자료 계획으로 구분하면서 사용되었다. 클로스는 언어의 법적 유형을 유일 공용어(Sole Official Language), 공동 공용어(Joint Official Language), 지역 공용어(Regional Official Language), 장려 언어(Promoted Language), 묵인 언어(Tolerated Language), 금지 언어(Discouraged Language)의 6단계로 구분하였다. 클로스가 언어 지위에 관한 법적 유형(Juridical Type)[47]으로 논의한 것이 벨(Bell)에 의해 수용되어 언어 지위(Language Status)가 된다.[48] 피쉬만(Fishman)은 언어 지위란 정책을 의미하며 일반적으로 다른 언어와의 관계에 있어서 어떤 언어의 지위를 규정하는 국가나 정부의 견해 같은 것이라고 했으며, 코바루비아스(Cobarrubias)는 언어 사회와 관련된 언어의 법적인 지위로서 설명하고 있다.[49] 곧 언어 지위란 특정 언어의 정책적 측면에서의 사회적 지위를 가리키는 것이라고 할 수 있다. 예를 들어 일제강점기에 일본은 일본어를 우리나라의 국어로 지정한다. 일본어는 국어로 지정됨으로써, 우리나라에서 유일 공용어로서의 지위를 얻게 된다. 그리고 이를 통해 공식적 상황에서 사용될 뿐만 아니라 학교 교육에서 국어로 가르쳐지고 중요한 시험에서 일본어 시험이 시행되게 된다. 이에 반해 우리나라에서 실질적으로 공영어의 역할을 해오던 조선어는 공용어로서의 지위를 잃게 된다.

언어 지위는 언어공동체 내에서 특정한 언어나 언어 변이형의 기능, 사용 범위 등과 관련이 있다. 예를 들면 다중 언어 사회에서 특정 언어를 공용어로 지정하게 되면 공용어가 된 언어는 공식적인 상황에 사용되는 등 다른 언어가 갖지 못하는 기능들을 수행하게 되며, 사용 범위 또한 언어공동체 내의 모든 언어 사용자들로 확장된다. 그리고 이와 함께 공용어에 비해 상대적으로 언어 기능이 적고 사용 범위가 좁은 언어와 비교하여, 언어 사용자들에게 높은 가치평가를 인정받게 되거나 긍정적인 특성을 지닌 언어로 인식되게 된다. 언어공동체 내에서 이러한 가치평가나 언어에 대한 인식이 형성되게 되면, 언어들 사이에 수직적인 위계 관계가 형성하게 된다. 언어들 간의 수직적 위계 관계 속에서, 공용어는 긍정적 가치를 가진 상위 언어에 자리하고 그렇지 못한 언어는 상대적으로 하위에 위치하는 언어가 되게 된다.

그런데 우리나라처럼 단일 언어 사회에서는 여러 언어들 사이의 지위와 관련된 문제는 발생하지 않는다. 하지만 한국어에는 국가에서 표준어로 지정한 표준어와 다양한 지역적, 계층적 변이형인 지역 방언과 사회 방언들이 존재한다. 표준어와 지역 방언, 사회 방언은 기능과 사용 범위에 있어서도 차이가 있지만, 표준어는 국가적 차원에서 공용어로서의 지위가 부여된 언어라는 점에서 방언들과는 차이가 있다. 공용어로 지정된 표준어는 공식적인 상황에서 사용되는 언어이자 교육 현장이나 방송 매체에서 사용되는 언어로서의 자격을 부여받게 된다. 또한 이러한 기능과 역할에 따라 언어 사용 범위가 확대되어 언어 사용자가 특정한 지역을 넘어 전 국민으로 확대된다. 계층 변이형인 사회 방언은 차치하더라도,[50] 지역 방언들은 특정 지역을 중심으로 사용된다는 점에서 그 사용 범위가 주로 국가 내의 특정 지역으로 제한되는 경향이 있다. 표준어와 지역 방언/지역어의 기능이나 사용 범위 등의 차이는, 이를 바라보는 언어공동체의 언어에 대한 인식에 영향을 끼치게 된다. 즉 국가가 정책적으로 공용어로서의 자격을 부여하고 전 국민이 언어 사용자가 됨으로써 표준어가 지역 방언에 비해 더 우월한 언어라고 인식하게 되는 것이다.

이처럼 정책적 측면에서 언어가 갖는 사회적 지위는 언어공동체 내 구성원들이 그 언어를 인식하고 바라보는 태도에 영향을 끼친다. 언어 태도란 언어공동체 내의 구성원들이 특정 언어 혹은 그 언어의 변이형이나 그 언어를 사용하는 사용자에 대해 가지는 가치평가나 태도를 말한다.[51] 언어공동체 내의 구성원들은 특정 언어에 대해 교양이 있다거나 품위가 있다, 혹은 그렇지 못하다 또는 아름답다거나 듣기 싫다거나 같은 가치평가를 하거나 특정한 태도를 보이기도 한다. 또 특정 언어를 사용하는 사람들에 대해서도 그와 유사한 생각을 갖거나 우호적 또는 비우호적인 태도를 취하기도 한다.

그런데 이러한 가치평가나 태도는 언어학적 분석에 따른 객관적 근거나 기준에 의한 것이 아니라 주관적인 평가라고 할 수 있다. 왜냐하면 어떤 언어든 언어는 그 자체만으로는 가치중립적이기 때문이다. 즉 어떤 언어든 그 언어는 그것을 사용하는 언어공동체를 가장 잘 반영하고 있으며, 그들의 의사소통에 가장 적합하게 만들어진 것이라는 점에서 각각 고유의 가치를 가지기 때문이다.

하지만 언어는 그것이 사용되는 환경과 분리되어 독립적으로 존재하지 않는다. 특정 언어는 그 언어가 사용되는 사회·문화적, 정치·경제적 환경과 밀접한 관련을 맺고 있으며, 그 안에서 사용되는 상황에 따라 구성원들의 언어에 대한 인식과 태도가 결정되기도 하고 가치평가를 부여받기도 한다. 그리고 이러한 언어에 대한 태도나 가치평가는 그 언어를 선택하고 사용하는 데 영향을 끼친다.

뿐만 아니라 특정 언어에 대한 가치평가는 그 언어를 사용하는 사람들에게도 영향을 끼친다. 즉 언어 사용자가 언어공동체 내에서 어떤 가치평가를 받는 언어를 사용하는가에 따라 그 언어 사용자 역시 동일한 가치평가를 받게 된다는 것이다. 예를 들어 우리나라에서 표준어를 사용하는 언어 사용자에 대한 인식과 태도는 부산 지역어를 사용하는 언어 사용자들에 대한 인식과 태도와 다르다. 일반적으로 표준어 사용자에 대해서는 교양 있고 세련되었다는 인식을 가지나, 부산 지역어 사용자에 대해서는 거칠거나 세련되지 못했다는 인식을 가지는 것이 그것이다. 우리 사회의 언어 사용자에 대한 이러한 인식과 태도는 언어 사용자 개인에 대한 인식과 태도가 아니라, 그가 사용하고 있는 언어에 대한 태도를 반영하는 것이다. 이는 언어에 대한 태도가 곧 언어 사용자에 대한 태도로 감염되거나 전이된다는 것을 보여준다.

언어공동체 내의 언어에 대한 태도를 인식하는 구성원들은 언어를 선택하고 사용하는 데 영향을 받는다. 즉 언어 사용자들은 보다 긍정적인 평가를 받는 언어를 사용하려는 경향을 보일 것이고 상대적으로 그렇지 못한 언어를 사용하는 것을 꺼려하게 될 것이기 때문이다. 이러한 상황은 상대적으로 부정적인 언어의 사용을 제한하게 됨으로써 결국은 언어의 쇠퇴나 소멸로 이어질 수 있다. 이처럼 언어와 언어 사용자에 대한 가치평가나 태도는 언어를 선택하거나 사용하는 데 영향을 끼칠 뿐만 아니라, 언어의 확산과 변화, 소멸에도 영향을 끼침을 알 수 있다.

언어공동체의 언어 태도는 그 언어가 사용되는 사회·문화적 환경이나 정치·경제적 환경 등과 밀접한 관련이 있다. 하지만 언어공동체의 언어 태도는 언어 사용 환경의 직접적인 영향에 의한 것이라기보다는, 언어 사용 환경을 받아들이고 해석하는 언어 사용자들의 견해나 의식에 영향을 받는다고 할 수 있다. 즉 언어 공동체 구성원들의 그 언어와 언어 사용에 대한 생각이나 의식이 언어 태도에 영향을 끼친다고 할 수 있다. 그런 점에서 언어와 언어 사용자에 대한 가치평가나 태도는, 단순히 한 개인의 평가나 태도라기보다는, 그가 속한 사회에서 일반적으로 통용되는 사회적인 것이라고 할 수 있다.

### 3) 언어 위상

표준어와 지역어의 기능이나 사용 범위 등의 차이는 이를 바라보는 언어공동체의 인식에 영향을 끼치게 된다. 즉 국가가 정책적으로 공용어로서의 자격을 부여하고 전 국민이 언어 사용자가 된 표준어가 지역 방언에 비해 더 우월한 언어로 인식하게 되는 것이다. 그 결과 언어공동체 내에서 표준어와 지역 방언 사이에 언어적 위계가 생기게 되는 것이다. 이처럼 지역 방언과 표준어 사이에 형성된 언어적 위계는 지역어에 그대로 옮겨지게 되며, 표준어와 지역어 사이에도 그러한 위계 관계가 형성되게 되는 것이다.

언어적 위계 관계 속에서 언어에 대한 가치평가가 반영된 것이 곧 언어의 위상이다. 언어 위상(linguistic prestige)은 특정 언어 또는 방언이 사회 내에서 가지는 상대적인 지위와 가치, 명성 등을 의미한다. 언어적 위상은 언어에 대한 가치평가를 통한 수직적 배치를 전제로 한다. 그런데 앞에서도 보았듯이 언어에 대한 가치평가나 태도는 사실 언어 자체에 대한 것이 아니라, 언어 외적인 것 즉 언어가 사용되는 환경에 따라 언어 사용자들이 언어에 대한 인식을 공유함으로써 형성된 것이다. 그리고 이것이 언어공동체 내에 특정 언어에 대한 위상으로 공유되어 문화코드로 자리잡게 되면, 이는 곧 그 언어를 사용하는 언어 사용자들의 위상과도 직결된다.

언어 위상은 언어의 사용 환경과 밀접한 관련을 맺고 있다. 언어 사용 환경으로서의 정치·경제적 환경, 사회·문화적 환경은 언어공동체 구성원들이 언어를 바라보는 태도에 영향을 끼치게 되고, 그에 따라 언어들 사이의 위상이 결정되기 때문이다.

앞에서 살펴본 것처럼 언어의 정치적 환경은 국가 및 공공 기관의 언어 정책, 교육 정책 등과 관련된다. 국가 및 공공 기관에서 사용되는 언어로서의 지위를 갖게 되거나 공용어로 지정된 언어는 높은 정치적 위상을 가지게 된다. 정치적 위상은 그 언어의 학습과 사용을 촉진하는 등의 영향을 끼친다. 교육 시스템에서 공용어의 지위를 가진 언어는 높은 위상을 가지며, 이 언어는 필수 과목으로 개설됨에 따라, 그 언어를 배우는 학생들의 수는 물론 언어 교육의 질에도 영향을 미친다. 예를 들어 정치적으로 식민지 시대를 경험했던 많은 아프리카 국가들에서는 영어와 프랑스어가 공용어로서 높은 위상을 가지는 경우가 많다.

경제적 환경은 특정 언어를 구사하는 것이 경제적 기회를 얼마나 제공하는지 등과 관련된 것으로 국제 공용어처럼 사용되고 있는 영어는 높은 경제적 위상을 가지고 있으며, 따라서 영어를 잘 구사하는 사람들은 더 많은 경제적 기회를 가질 수 있다. 정치적, 경제적 상황에서 높은 위상을 가지고 있는 영어는 우리나라뿐만 아니라 많은 나라에서 학생들에게 필수적으로 교육되고 있다.

사회의 인구 구성이나 사회 계층, 사회 구조 같은 사회적 환경은 특정 언어의 사용과 관계되는 경우가 많다. 특정 언어를 사용하는 사람들이 사회적으로 어떤 계층에 속하느냐에 따라 그 언어의 가치가 평가되고 이에 따라 언어의 위상이 결정되는 경향이 있다.

또한 특정 언어 사용자들이 가진 문화적 힘이나 사회의 전통과 관습, 가치관은 물론 매스컴에서 보여지는 언어에 대한 태도 같은 문화적 환경 또한 언어의 위상에 영향을 끼친다. 특정 언어가 문학, 예술, 학문 등에서 얼마나 중요한 역할을 하는지에 따라 그 언어의 문화적 위상이 달라질 수 있다. 예를 들어 라틴어는 높은 문화적 위상을 가졌다고 할 수 있다. 그래서 문화와 관련된 다양한 행사나 프로그램 등에서 라틴어를 활용하는 경우가 많을 뿐만 아니라, 학문적 용어나 문화적 용어를 새로 만들 때에도 라틴어 어원을 사용하여 새로운 용어를 만들어 내는 경우가 많다. 이러한 것도 라틴어의 문화적 위상을 반영하는 것이라고 할 수 있다.

그런데 이러한 언어의 위상은 고정되어 있지 않고 변화한다. 정치적 사건, 사회적 운동, 언어정책과 계획, 언어 교육의 변화, 국가나 지방의 경제적 위상 변화 같은 정치·경제적 환경의 변화나, 사회·문화적 변화가 언어 위상에 영향을 주어 특정 언어의 지위가 상승하거나 하락할 수 있다. 언어 위상은 개인과 언어공동체가 특정 언어를 학습하고 사용하는 동기에도 큰 영향을 끼치고, 이는 특정 언어를 사용하는 중요한 변인이 된다. 결과적으로 언어의 위상은 언어의 확산, 변화와 유지, 소멸 등에도 영향을 끼치게 된다.

## 2.3. 지역어의 위상과 표준어의 신화

### 1) 지역어의 위상

"사람은 태어나면 서울로 보내고 말은 태어나면 제주도로 보내라."는 말이 있다. 사람이든 말이든 모름지기 큰물에서 놀아야 한다는 뜻의 옛말이다. 그래서 그런지 말 그대로 서울의 인구는 지속적으로 늘어나고 있다. 특히 대학 입학을 위해, 그리고 대학을 졸업한 젊은이들은 취업을 위해 전국 각지에서 서울로 서울로 모여들고 있다. 그런데 취업을 위해 서울로 모여드는 지방 출신 젊은이들을 힘들게 하는 것은 팍팍한 인심과 낯선 서울살이뿐만이 아니다.

모 일간지에 "취업 위해 사투리 교정…500만원 썼습니다"라는 글이 보도 되었다.

> <중략>
> "취업 위해 사투리 교정…500만원 썼습니다"
> 부산의 한 국립대학에서는 취업 준비생들을 위해 '표준어 구사능력 향상과정'을 개설했는데, 이 강좌에서 표준어는 물론 개인별 억양과 정확한 발음, 표정관리 등을 교육한다. 특히 서울경기지역 취업을 원하는 학생들에게 인기다.
> 이밖에도 사투리를 교정하려 학원까지 찾는 지방 수강생이 상당히 많은 것으로 27일 조사됐다. 사투리가 취업에 불리하다는 인식이 여전히 강한 만큼 학생들은 터무니 없는 비싼 수강료도 감

당하고 있다.

최근 업계에 따르면 사투리를 고치려 말하기 '스피치' 강습을 듣는 수강생은 계속 늘어나는 추세다.

상경해 취업 준비한다는 A씨(27)는 "택시에서 사투리를 쓰면 기사님이 먼 길로 돌아간다는 말도 있다. 면접에서도 불리하게 작용할 것 같아 사투리 교정해주는 스피치 학원에 등록했다"고 말했다.

표준어 강습은 지역마다 다른 사투리 특성상 1대1 맞춤 수업으로 진행된다. 1회 10만원부터, 비싼 곳은 수십만원을 호가하는 곳도 있다. 비싼 곳은 6개월 종합 과정으로 500만원도 호가한다.

"안 그렇게 생겼는데 사투리 쓰네"

사투리는 촌스럽고 세련되지 못하다는 인식, 타고난 고향만으로도 차별하고 특권 여부가 갈리는 사회가 문제다. 사투리 교정학원까지 있는 나라. 대한민국 속 사투리의 현주소다.[52]

신문 기사에서는 취업을 위해 사투리 교정 학원을 다니는 지방의 취업 준비생들의 현실을 다루고 있다. 기사에 따르면 지방 출신 취업 준비생들은 지방에서 태어난 죄로 취업을 위한 전공 공부 외에도, 학원비를 들여가며 표준어를 배워야 하는 또 다른 어려움을 겪고 있는 것으로 나타났다. 태어나면서부터 배우고 사용해 온 자신의 말을 표준어로 교정하기 위해, 스피치 학원을 다니며 입가에 경련이 날 정도로 피나는 노력을 기울이는 것이 오늘의 현실이다.

게다가 지방의 한 대학에서는 취업 준비생들을 돕기 위해 '표준어 구사능력 향상 과정'을 개설하여 표준어는 물론 개인별 억양과 정확한 발음, 표정 관리 등을 교육한다고 한다. 이는 취업을 위한 표준어 열풍 현상이 학원가만이 아니라 대학가에도 영향을 끼치고 있다는 것을 보여주며, 출신지가 지방인 사람에게 "안 그렇게 생겼는데 사투리 쓰네"처럼 출신 지역의 말을 사용하는 것에 대해 비하적 발언을 아무렇지도 않게 하는 것이 우리 사회의 언어적 현실임을 보여주고 있다.

이러한 기사는 언어와 출신 지역이 차별의 원인이 되는 우리 사회의 병리적인 현상을 비판하기 위한 것이다. 그럼에도 불구하고 기자가 지역어의 낮은 위상과 그에 따른 언어적 차별을 보여주기 위해 선택한 '사투리'라는 단어 역시, 지역어에 대한 오해를 보여준다. 지역어와 사투리는 동의어가 아니다. 앞에서도 살펴보았듯이 사투리라는 개념은 표준어와 대립적인 개념으로, 표준어가 아닌 말을 가리키는 용어이다. 그런데 지역인들이 사용하는 지역어 속에는 표준어도 포함되어 있다는 점에서 지역어를 단순히 사투리라고 부르는 것은 옳지 않다. 따라서 기사에서는 사투리가 아닌 지역어라는 단어를 사용하는 것이 타당하다. 실제 취업을 위해 표준어를 배우는 취업 준비생들은 표준어 어휘를 배우는 것이 아니라 억양이나 발음을 배우는 것에 집중되어 있다. 이처럼 지역어를 사투리와 동일한 것으로 생각하는 것은, 지역어에 대한 부정적인 인식을 강화하고 지역어의 위상을 약화시키는 역할을 하며, 그 결과로 지역어의 사용을 위축시키는 결과를 초래한다.

우리 사회에서 지역어의 위상과 관련하여 발생하는 사회적 문제는 취업 준비에서만 나타나는 것이 아니다. 취업을 하여 직장생활을 하게 되어도 여전히 문제가 발생하는 경우가 있다. 만약 서울에서 취업을 하여 출신 지역의 말을 그대로 사용한다면 어떻게 될까? 한때 온라인을 뜨겁게 달구었다가 사라진 아래 글이 그 답을 보여주는 듯하다.

> 앱으로 보기 댓글 311 댓글쓰기 ···
>
> 저희 회사에 부산에서 올라온 사람이 있는데
> 1년넘게 사투리를 안고쳐서 좀 고민이에요
> 아무래도 부산사투리 너무 억양쎄고.. 좀 그렇잖아요
> 다른 거래처랑 만날때도 막 그 특유 억양이 나와서 거래처
> 사람들도 다들 웃고.. 그래서 입사초반에 좀 고쳐주실수있
> 나요? 라고했는데 열심히 노력하고있다 말로는 그러는데
> 참 안고치더라구요..
> 저희회사에 시골출신분들 꽤있어요 전북이라던가 충청이
> 라던가 청주에서 오신분도 사투리 아예 고쳤어요
> 근데 이 부산분만 꼭 안고치더라고요..
>
> 솔직히 미안해서 말은 안하고있지만 뒤에서 다들 욕해요 참
> 별로라고 원래 아무리 시골출신이여도 서울에 1년정도있
> 음 거의 없어지거든요
> 근데 이분은 참. 왜이러는걸까요 반항하는건가? 싶기도하
> 고 대놓고 좀 크게 충격요법으로 말을해야되는걸까요??

이 글에서는 직장인인 글쓴이가 부산 지역어를 쓰는 동료 직원이 말투를 고치지 않는 것에 대해 비판하고 있다. 물론 이 글은 개인이 작성한 글이라는 점에서 글에 나타나 있는 지역어나 지역인에 대한 인식을, 우리 사회의 보편적인 인식과 태도라고 보편화

하기에는 무리가 있다. 하지만 취업을 위해 학원에서 표준어를 배우는 세태와 연결지어 생각해 볼 때, 우리 사회가 지역어를 어떻게 바라보는지를 이 글을 통해 단편적으로 엿볼 수 있을 것 같다.

글쓴이는 직장 동료가 부산 사투리를 쓰는데 고쳐 달라고 해도 고치지 않는다는 점을 비판하면서, 부산 지역어에 대해서 "부산 사투리"가 "억양이 쎄고 좀 그렇다"라고 표현하고 있다. 뿐만 아니라 사실인지 확인할 수는 없지만 부산 지역어를 사용한다고 해서 "뒤에서 다들 욕하고 참 별로라고 한다"라고 표현하고 있다.

글을 통해 보면 글쓴이가 부산 지역어를 사용하는 동료의 말투에 대해 비판하는 부분은 특유의 억양 때문인 것으로 보인다. 하지만 자신이 태어나서 자라면서 배운 지역어의 억양을 바꾸는 것은 쉽지 않다. 더군다나 억양의 차이는 의사소통의 문제를 발생시키지 않을 뿐만 아니라 살아가면서 자연스럽게 그 지역의 억양으로 바뀔 수 있는 것인데, 굳이 1년 안에 바꾸라고 종용하는 것은 이해하기 어렵다. 이는 글쓴이가 동료가 사용하는 부산 지역어를 교정의 대상으로 보기 때문인 것으로 생각된다. 실제로 글쓴이는 억양의 차이를 가진 동료의 말을, 부산 사투리라고 칭하고 있다. 이처럼 우리 사회에서는 지역어를 사투리와 동일시하는 경우가 많으며, 이는 곧 지역어를 교정의 대상으로 바라보는 것과도 연결된다는 점에서 지역어의 낮은 위상을 보여준다. 뿐만 아니라 출신 지역어를 사용한다고 해서 그 사람을 뒤에서 욕하거나 별로라고 한다는 것은 그만큼 지역어에 대한 인식이 부정적이고 지역어의 위상이 낮다는 것을 보여준다. 그리고 지역어에 대한 인식이 지역어를 사용하는 지역인에게 그대로 전이된다는 것을 보여준다.

글쓴이의 지역어에 대한 이러한 생각은 공간에 대한 인식 부분에서도 나타나는데, 서울 이외의 지역을 시골이라고 칭하는 부분이다. 서울 이외의 타 지역을 시골로 칭하는 태도에는, 지역을 '세련되지 못한 공간'으로 인식하고 있음이 드러난다. 이는 부산 지역어를 부산 사투리와 동일시하는 태도와도 연결된다. 즉 부산 사투리는 표준어가 가진 '교양 있는', '세련된'과 대비되는, '교양 없는', '세련되지 못한', '촌스러운' 같은 이미지를 담고 있는 것이다.

그런데 지역어에 대한 이러한 인식은 다른 예에서도 찾아볼 수 있다. 다음은 서울 소재 대학에 진학한 부산 지역 출신 학생에게 사투리를 자제해 달라는 과대표의 카톡인데, 이 역시 온라인상에 공개되어 찬반 논란이 뜨거웠다.

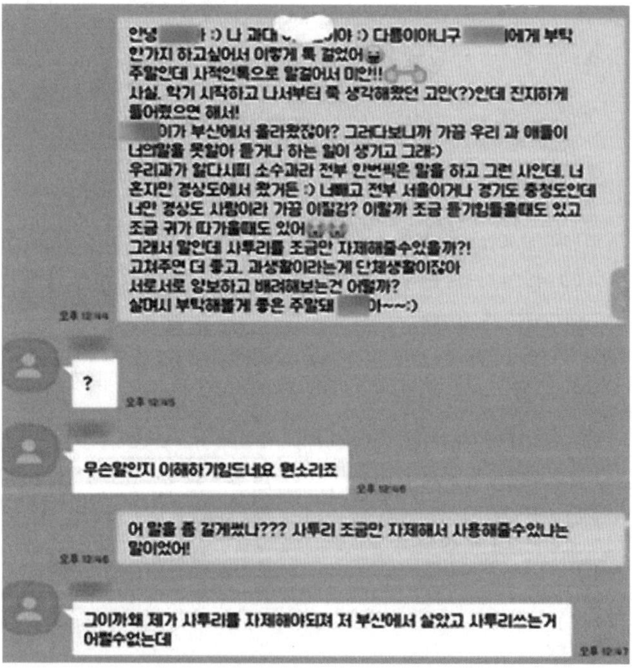

이 글의 작성자 역시 친구들이 가끔 말을 못 알아듣는다거나, 부산 사투리가 듣기 힘들다거나 귀가 따갑다는 등의 이유를 들어 부산 사투리를 자제해 줄 것을 부탁하고 있다. 이 글에서도 부산 지역어는 사투리로서 듣기가 힘든 말이고 귀가 따가울 정도로 시끄러운 말로 표현되어 있어, 부산 지역어에 대한 인식과 태도가 부정적임이 드러난다. 그리고 부산 지역어를 사용하는 사람은 이질감을 주는 존재로 표현되고 있다. 지역어에 대한 부정적인 인식과 태도가 지역어 사용자에게 그대로 옮겨짐을 알 수 있다.

모든 사람들이 이런 글을 올린 사람과 같은 생각을 가졌다고는 할 수 없다. 하지만 앞의 신문 기사에서처럼 사투리 교정학원에 다니는 사람들이 많다는 것은, 지역어/사투리를 사용하는 대부분의 사람들이 자신의 말, 즉 사투리라고 불리는 지역어를 사용하는 데 부담을 느끼고 있다는 사실을 보여준다. 이는 우리 사회에서 지역어의 위상을 단적으로 보여주는 것이다.

물론 앞의 글들에서 언어 교정을 요구 받은 사람들이 사용하는 말이 의사소통에 문제가 있으면 교정이 필요하다. 그런데 앞의 글들은 모두 우리 사회에서 지역어를 사용하는 젊은층과 관련된 것들이다. 그렇다면 지역어를 사용하는 우리 사회의 젊은층은 의사소통에 문제가 있을 정도로 사투리를 사용하는가? 그렇지 않다고 본다. 그들은 교육과 매스컴을 통해 표준어의 세례를 받고 자란 세대이기 때문이다. 기껏해야 그들이 사용하는 지역어는 억양과 발음 정도의 문제이다. 가끔 어휘 사용에 문제가 있다 하더라도 그것은 대화 상황에서 충분히 해결이 가능한 정도이며, 억양과 발음 역시 의사소통에서 문제를 초래할 정도는 아니다. 더구나 오늘날 우리들은 오히려 지역어의 소멸을 걱정하고 있을 정도이니 말이다.

그럼에도 불구하고 앞의 신문 기사의 내용이나 온라인상의 글에서처럼 우리 사회에서는 지역어가 '교정의 대상'으로 여겨지고 있는 것이 현실이다. 이처럼 의사소통이라는 언어 기능적 측면에서 특별한 문제가 없는데도 지역어를 사용한다는 이유만으로 취업에 불이익을 당하고, 발음부터 억양까지 교정을 받아야 한다는 것은 지역어에 대한 부정적인 인식과 태도의 문제라고 할 수 있다. 이러한 인식과 태도의 기저에는 앞의 예들에서 나타난 것처럼 지역어를 사투리와 동일시하는 태도가 자리한다.

그렇다면 부산 지역 사람들은 부산 지역어에 대해 어떤 생각을 가지고 있을까? 부산 지역 사람들이 가진 생각의 단편을 엿볼 수 있는 부산일보 기사가 있다. 부산일보[53]에서는 부산 지역어는 부산에서 어느 정도 사용되며, 어떻게 인식되고 있을까? 이를 알아보기 위해 젊은 엄마들이 많이 찾는 백화점 일대와 신세대들로 붐비는 대학가, 미래 부산 지역어/사투리 사용 세대가 모인 초등학교를 찾아 실태를 짚어 보고 속내도 들어 봤다고 한다.

이 기사에서는 "부산에서 서울말을 들었을 때 느낌이요? 아, 저 사람은 서울물 좀 먹은 사람이구나. 즉 서울에서 대학을 나왔거나, 아니면 서울에 있는 직장(대개는 대기업)에 다니다 (본인 혹은 남편이) 왔거나, 서울 출신이라고 생각하는 거죠. 계층으로 봤을 때 어느 정도 상류층에 속한다는 느낌?", "서울말, 서울 소재 대학… 한국에서 서울이 표상하는 모든 것들은 어느 정도 상류층을 의미하잖아요, 특히나 지방에서는."이라는 인터뷰를 인용하며, 같은 문화센터 강좌를 듣는 다른 엄마들의 말씨를 잣대로 계층 구분 짓기를 하고 있다고 했다. 뿐만 아니라 베이비시터를 구할 때도 아이가 서울말을 배울 수 있도록, '이왕이면' 서울 사람을 구했으면 좋겠다는 게 요즘 엄마들의 바람이라고 밝히고 있다.

이와 함께 학부모들은 자녀들이 서울말을 사용하기를 바라고 부산 사투리를 쓰는 것을 못마땅해 하는 것으로 나타났으며, 또 초등학생들 역시 부산 사투리를 쓰는 학생은 거의 없으며, "주로 기분이 좋거나 설명을 할 때는 서울말을 쓰고 화날 때는 사투리를 쓴다."라고 말해 '화가 났을 때' 같은 통제가 어려운 감정이 동반된 상황에서 부산 지역어를 사용하는 것으로 나타났다. 그리고 언제부터 서울말을 썼는지, 누구에게서 배운 말인지를 묻는 질문에는 "그냥 처음부터"라는 답변이 돌아왔다고 밝히고 있다. 실제 2013년 〈부산일보〉와 차윤정이 해운대구와 남구 지역 초등학생 4~6학년 476명에게 부산 지역에서 많이 사용되는 지역어 어휘의 뜻을 아는지 조사했는데, 그 결과 460명이 일상적으로 사용되는 어휘 66개 중 3분의 1도 알지 못하는 것으로 나타났다.

이런 현상은 학부모나 학생들뿐만 아니라 학교 현장에서도 나타난다. 학교 당국자는 "학부모들 사이에 가장 인기 있는 교사는 서울 출신 교사"라면서 "공개 수업을 하면 서울말을 쓰는 교사는 수업을 더 잘하는 것처럼 보이고 교실에서도 서울말을 쓰는 아이가 공부를 더 잘하는 것처럼 인식된다"라고 밝히면서, 사투리 교육의 필요성을 언급했다.

그런데 이 기사와 인터뷰에 참가한 사람들은 모두 부산 지역어를 사투리라고 부르는 공통점을 보이고 있다. 앞에서 살펴본 것처럼 '지역어'와 '사투리'는 동일한 개념이 아니다. 그럼에도 불구하고 부산에서 사용되는 말에 대한 인식을 조사할 때, 지역어와 사투리를 구분하지 않고 일률적으로 사투리로 사용하는 것은, 사투리에 대한 부정적 인식이 지역어에 그대로 옮겨가게 함으로써 지역어에 대한 인식에 부정적인 영향을 끼치게 된다.

이렇게 부산 지역어는 서울은 물론, 부산 지역 내에서도 부정적으로 가치평가되며 낮은 위상을 가진 언어로 인식되는 경향이 있으며. 그런 인식이 점점 확산되고 있다는 것을 알 수 있다. 또한 서울말을 포함한 표준어와 부산 지역어에 대한 인식이, 그 언어를 사용하는 사용자들에 대한 인식으로 감염되거나 전이되어 사회 계층을 구분 짓는 잣대로 활용되고 있음을 알 수 있다.

지금까지 살펴본 현상들을 통해 우리 사회에서 지역어가 갖는 낮은 위상을 확인할 수 있었다. 그런데 지역어를 표준어와 대립되는 개념인 사투리로 인식하게 되면, 지역어는 교정의 대상일 뿐 지역인들의 의사소통의 수단이자 일상의 생활어라는 의미는 담기지 않는다. 이는 지역인이 지역어를 표준어로 고쳐야 하는 것이 당연한 일이 되게 한다. 특히 거주지가 서울이 되었을 때 그 상황은 더욱 심각하여, 앞의 예에서처럼 빠른 시일 내에 지역어를 교정해야 하며 그렇지 않을 경우에는 충고를 들어야 하는 상황도 자연스러운 것이 된다. 지역어는 사투리로 촌스럽고 품위 없는 말이라는 인식이 지역어를 배제하고, 지역어를 사용하는 데 따르는 불이익을 정당화하는 논리를 만드는 데 이용된다. 그리고 이러한 논리는 언어에만 적용되는 것이 아니라 그것을 사용하는 사람들에게까지 전염되어, 지역어를 사용하는 사람들은 촌스럽고 품위 없는 사람이라고 은연중에 규정하게 된다.

지역어에 대한 이러한 인식은 강력한 표준어 중심의 언어정책과 맞물려 지역어의 위상을 하락시키는 중요한 요인이 되었다. 표준어와 지역어의 수직적 배치는 그 언어가 사용되는 기반으로서의 공간이 가진 사회적, 문화적, 경제적 힘과 어울려 더욱 공고해졌으며, 그 결과 열등하고 비표준적으로 인식된 지역어는 점차 소멸의 길을 걷고 있다.

### 2) 표준어의 신화

언어적 위상은 언어 공동체의 공유된 인식 속에서 수직으로 배치된 언어의 위계를 통해 드러나게 된다. 높은 위계에 속한 언어는 높은 위상을 가지며 상대적으로 낮은 위계에 속한 언어는 낮은 위상을 가진다. 그런데 이러한 위계나 위상의 차이는 독립적인 체계를 갖춘 언어들 사이에서만 나타나는 것이 아니라, 한 언어의 변이형으로서의 지역 방언이나 지역어 사이에서도 나타난다.

앞에서 살펴본 것처럼, 표준어는 지역어에 비해 높은 위상을 지닌다. 하지만 우리나라에서 표준어의 위상은 공용어로서의 위상을 넘어 지역인들의 일상적인 소통 수단으로서의 지역어의 가치를 훼손시킬 정도로 막대한 영향력을 행사하고 있다. 여기에서는 표준어가 이러한 언어적 위상을 갖게 된 배경을 언어 사용 환경과 관련지어 살펴보고자 한다.

언어를 통한 로컬리티 연구에서 언어적 위상을 살피는 것은, 언어의 수직적 위계 관계가 그 언어를 사용하는 언어 사용자들의 지역에 대한 인식에 영향을 끼치기 때문이다. 이러한 영향은 언어를 매개로 해서 로컬리티를 읽어낼 때, 언어적 위상이 지역어 사용자들이 지역을 인식하는 데에 어떤 방식으로 작동하는지를 보여주는 자료가 될 수 있다. 이는 지역과 중앙/중심과의 관계 속에서 형성되는 로컬리티, 즉 위계적 로컬리티를 보여주는 데 의미가 있다.

### (1) 정치·경제적 환경

언어 사용 환경으로서 정치·경제적 환경이란 언어가 사용되고 있는 국가나 지방과 관련된 정치적 상황은 물론, 국가의 언어 정책이나 표준어 또는 공용어 지정, 국가와 지방의 언어 보호 및 진흥 정책 등과 같은 정치적 조건이나 배경, 그리고 국가나 지방의 경제 상황이나 경제적 조건이 언어 사용에 미치는 영향과 관련된다.

정치·경제적 환경으로서 표준어와 지역어의 위상에 중요한 영향을 끼친 것은 표준어 제정과 언어 교육정책을 들 수 있다. 일반적으로 국민국가 시대에는 국민을 통합하고 국가의 정체성을 형성하는 것이 중요한 과제였다. 이런 점에서 국민국가 체제하에서는, 국가의 언어를 통일하는 것이 곧 국가 경쟁력을 강화하는 것이라는 인식이 보편화되어 왔다. 따라서 국민국가의 관점에서 언어의 다양성은 국가에 대한 귀속감이나 국가의 정체성을 형성하는 데 걸림돌로 간주되었다. 따라서 지역에 따라 다양한 변이형으로 나타나는 언어를 통일하여 국민을 하나로 통합하는 데 주력했다.

우리나라의 경우도 예외가 아니다. 게다가 우리나라의 경우는 표준어 제정과 관련된 남다른 역사적 배경이 있다. 우리나라의 표준어 제정은 일제강점기에 이루어졌다. 국가의 독립을 잃어버린 이 시기는 언어를 하나로 통합하여 민족문화의 발달을 꾀함으로써 독립을 획득할 수 있다고 믿었고, 그러한 바람 속에서 표준어 제정 작업이 이루어졌다. 이러한 믿음은 해방 후에도 이어져 국가 중심의 표준어 정책이 시행되었는데, 이는 단순히 언어의 통일성을 위한 공통어를 확립하는 차원이 아니었다. 표준어 중심의 관점에서 국어의 가치와 국어에 대한 바람직한 태도를 규정하면서, 지역어 사용을 통제하고 금지하는 방향으로 진행되어 왔다. 이러한 국가의 언어 정책은 표준어와 지역어의 언어적 지위를 결정하는 것은 물론, 언어적 위계와 그에 따른 언어공동체의 언어 태도에 강력한 영향을 끼쳐, 오늘날과 같은 지역어의 현실을 만들게 되었다.

다음에서는 표준어 제정과 국어 교육 정책의 변화 과정을 통해 표준어와 지역어 사이의 위계 관계가 형성된 배경을 구체적으로 살펴보겠다.

### 표준어 제정의 역사적 배경[54]

서구에서 표준어라는 용어가 등장한 것은 19세기 후반이다. 서구의 표준어는 일반적으로 15~16세기 봉건국가와 17~18세기 절대주의 국가 시기에 왕정이 존재했던 지역 및 그 주변 지역의 언어적 변종을 중심으로 언어표준(language standard)이 형성되고 이것이 수세기에 걸쳐 문어의 형태로 궁정 귀족들, 학자, 작가들에 의해 변화하고 발전되다가 국민국가 시기에 성립된 공교육의 체계를 통해 진정한 표준어의 지위를 얻게 된다. 표준어는 국민국가 형성기에 부르주아들이 사용하던 언어 변종에 기반을 두고 당시 가장 발달한 수도와 그 주변에서 노동력과 함께 이전해 온 여러 농촌 지역의 언어 변종들을 흡수 또는 동화시키면서 형성되었다. 이런 점 때문에 표준어 규정의 형식은 시대적, 계급

적, 지역적 기반으로 일반화되기도 한다.[55]

우리나라의 표준어 규정은 조선총독부 주재 아래 만든 『보통학교용 언문철자법』에서 처음으로 "경성어를 표준"으로 한다고 밝힌 이래, 1933년 『한글마춤법 통일안』에서 "표준말은 대체로 현재 중류 사회에서 쓰는 서울말로 한다."라고 상세화하였다. 또 1936년 공표된 『사정한 조선말 표준말 모음』에서의 표준어 사정 기준 역시 『한글마춤법 통일안』의 원칙에 의지하고 있다.[56]

표준어 규정이 상세화되고, 표준어 사정 작업이 진행된 1930년대는 일제강점기였다. 이 시기는 파리 평화회의에서 민족자결주의가 표방되고 3·1 운동이 발생하게 되면서, 일본이 일부 신문, 잡지 등의 발행을 허용하는 문화정치를 실시하던 때였다.

하지만 언어적 상황에서 보면 당시 일본어는 국어가 되어 조선인들에게 가르쳐졌고, 조선어는 방언으로 전락하였다. 이러한 시대적 상황 속에서 우리말을 연구하던 학자들은 나라의 운명이 국어의 운명과 불가분의 관계에 있다는 인식하에, 우리말과 글을 연구하고, 이것을 통하여 우리 겨레의 얼을 빛내어, 문화적 독립에서 민족적 독립을 쟁취하는 것을 사명으로 삼았다. 우리말의 연구를 통해 민족문화를 창조하고 민족적 독립을 이룩할 수 있다고 본 것이다. 이에 우리말 연구 단체인 조선어학회는 사전 편찬을 목표로 삼아 한글 맞춤법 통일안을 제정하고 표준말 사정 작업을 한다. 이러한 작업들은 조선어와 조선의 근대화를 위해서 꼭 필요한 작업이었을 뿐만 아니라, 이를 통해 국민들의 의식을 계몽시킬 수 있는 길이 빨리 열린다고 생각했기 때문이었다. 일제강점기라는 시대적 상황 속에서 이루어진 표준어 제정 작업은, 국가와 국어, 민족의 운명이 불가분의 관계에 있다고 보는 언어 민족주의를 내세운 일부 엘리트들의 의식적인 추진과 노력에 의해 이루어질 수밖에 없었다. 식민지 상황에서의 표준어 제정이 국어를 부흥시키고 국어 발전의 밑거름이 된 점은 명백한 사실이다.

그러나 또 한편에서 보면 표준어가 제정된 이러한 시대적 상황은 표준어에 대한 오해와 함께 표준어를 절대화하는 주요 원인이 되었다. 문화적 독립과 민족적 독립을 위해서는 조선어의 부흥과 발전이 필요하고 이를 위한 첫걸음이 표준어 제정이라는 점에서, 그 필요성과 시급성을 능가하는 어떤 중요한 것도 있을 수 없었다. 국가의 권위나 힘이 배경이 될 수 없었던 당시의 상황에서, 짧은 기간에, 특정 단체에 의해 표준어가 제정된다는 것이 절차적 문제가 될 수도 없었다. 그렇게 일제강점기라는 시대적 배경 아래 만들어진 표준어 규정은 절대적 신뢰를 받고 부분적 수정만 거쳐 지금까지 유지되고 있는 것이다. 서구의 표준어가 언어표준을 거쳐 근대국가 시기 국가에 의해 그 권위가 부여되었다면, 우리말의 표준어는 일제강점기라는 시대적 상황과 언어 민족주의가 결합되어 그 권위가 부여되었다고 할 수 있다.

### <표준어 제정과 조선어학회>

표준어에 대한 정확한 이해를 위해서는 당시 표준어의 기준을 마련하고 표준어 사정 작업을 한 조선어학회의 표준어에 대한 시각과 표준어 규정에 대한 태도에 대해 알아보는 것이 필요하다.

표준어 사정 작업 후, 조선어학회는 『한글』에 표준어 특집호를 마련하여 표준어와 시골말, 문학, 교육 등에 관한 논의를 전개한다. 이 가운데 이희승의 「표준어 이야기」에서는 표준어의 필요성에 대해 다음과 같이 언급하고 있다.

(1) 첫째, 언어의 통일입니다. 우리가 쓰는 말을 지방의 구별이 없이 계급의 차이가 없이 통일하자는 것입니다. ... 각 지방의 말이 다 각각 다르다면 우리의 실생활에 있어서 얼마나 불편하겠습니까? 언어가 통일이 없으면 따라서 글도 통일이 없고 모든 인사현상이 단일성이나 통제가 없게 될 것은 우리가 용이히 상상할 수 있습니다. 말이란 것이 사상 감정을 전달하는 표적인 만큼 언어가 단일하지 못하다면 여러 가지 착오가 생겨 도저히 원활한 사회생활을 기대할 수 없을 것은 명백한 사실입니다.
둘째 언어의 순화입니다. 현실사회에서 쓰는 말은 순결하지 못한 말이 많습니다.....우리는 고상한 말을 선택하여 표준어를 정해 놓으면 이번에는 다시 이 고상한 말을 쓰므로 말미암아 그 사람의 인격도 부지불식 중에 도야되어서 고상하여 질 것이라고 생각합니다.(이희승(1937), 「표준어 이야기」)

이희승(1937)은 현실의 언어가 지역적, 계층적으로 다양하기 때문에 발생하는 의사소통의 문제와 사회생활의 불편을 없애기 위해 통일된 언어를 만들어야 할 필요가 있으며, 또 현실의 언어에는 순결하지 못한 말들이 섞여 있으므로 이를 순화하기 위해 고상한 말을 선택해서 표준어를 정해야 한다고 하고 있다. 현실 언어의 부정적인 측면을 부각시키면서 그 부정적인 부분을 제거한 언어, 즉 단일성을 가지면서도 현실의 언어를 순화시킨 말로 표준어를 만들어야 한다는 것이다.

그러나 일면 타당하게 보이는 표준어의 필요성에 대한 논의는, 현실 언어가 가진 긍정적인 부분은 삭제시키고 부정적인 부분만 부각시킴으로써, 현실의 언어에 부정적인 이미지를 덧씌우고 한편으로는 표준어를 지나치게 이상화시킴으로써 표준어에 대해 절대적인 권위를 부여하는 방향으로 열려있다. 이상적 언어로서의 표준어의 필요성을 제기하는 과정에서 현실 언어에 대한 부정적 가치가 부각됨으로써 상대적으로 표준어의 가치가 높아졌기 때문이다.

이희승(1937)이 주장한 언어 통일의 필요성은 표준어의 통일의 기능과 관련된다. 통일의 기능은 다양한 지역어나 특수어 등을 일정한 기준에 따라 하나의 언어로 묶어주는 기능을 말한다. 언어의 통일은 의사소통의 효율성을 높인다는 측면에서 바람직하나 그 성격상 언어의 다양성을 소멸시킬 가능성이 있다. 표준어를 제정할 때 통일의 기능을 지나치게 강조하게 되면 언어의 지역성이나 특수성을 지나치게 배제할 수 있고, 언어 사용의 측면에서 지나친 단일화의 강조는 지역이나 계급에 따른 문화적 차이와 관련된 다양한 언어들을 배제시킬 수 있다.

순화된 언어라는 표준어의 이미지는, 이희승(1937)의 글에서 인용한 것처럼 표준어가 아닌 말을 순결하지 못하고 고상하지 못한 말로 왜곡해서 받아들이게 한다. 특히 표준어와 지역어를 대립적 의미로 파악하는 이들에게는 이러한 표준어의 필요성이 지역어를 폄하하는 방향으로 연결된다. 실제로 오늘날 일반 언중들은 표준어가 아닌 말, 특히 지역어를 세련되지 못한 말로 받아들이고 있다.

표준어의 우월의 기능에 대해서는, 현실의 언어를 순화시킨 표준어를 사용하게 되면 인격이 도야되고 고상해진다고 하고 있다. 이는 곧 표준어를 사용하는 사람은 고상한 사람이라는 의미가 된다. 이러한 표준어의 우월성에 대한 강조는 현실에서 사용되는 지역어에 대한 부정적 가치를 부각시킨다. 실제로 일반 언어 사용자들은 표준어가 아닌 말, 특히 지역어를 세련되지 못한 말로 받아들이고 순화해야 할 말로 생각한다.[58] 이상적 언어로서의 표준어의 높은 위상과 상대적으로 낮은 지역어의 위상은, 지역어 사용자들에게도 영향을 끼쳐 결과적으로 지역어 사용자들이 표준어 사용자로 전환되는 중요한 원인이 된다.

지역어와 관련된 또 다른 문제는, 표준어 규정의 지역적 조건이다. 표준어 규정은, 1933년 『한글마춤법통일안』에서 "대체로 현재 중류 사회에서 쓰는 서울말로 한다."라고 상세화한 이래, 1988년 "교양 있는 사람들이 쓰는 현대 서울말"로 약간 수정을 하는 수준에서 거의 답습되고 있다. 실제 우리의 표준어 사정 과정에서 이러한 문제점에 대한 지적도 이루어졌다.[59] 홍기문은 사설을 통해 표준어를 서울 지역의 말로 한정하는 데 대해 문제를 제기했다.

ㄱ. 조선어는 어디서 어디까지 현대 조선인이 일상으로 사용하는 꼭 그 말이다. 추상적 이상적 조선어는 한두 개인의 두뇌 속에서는 성립될지언정 실용상 일분의 가치가 없는 것이다. 물론 조선어라는 한 말에도 지방, 계급 또는 직업에 따라서 죄다 같다는 것은 아니나 병렬적으로 살아있는 그 말들은 생존의 권리를 가진다. 추상적 이상적인 한 말의 국한은 언어의 완전자가 아니라 한갓 그의 파괴이다. 말이 여기에 미치고 보니 자연 표준어에 관계된다마는 표준어란 요컨대 경제상, 정치상, 문화상 세력 있는 언

어란 말이니 그 세력의 변동에 따라 그것도 변동할 뿐만 아니라 그러타고 방언의 말살을 의미치 않는다.

ㄴ. 일즉이부터 조선서는 서울말 이외의 각지방말을 사투리라 하여 배척해 온 터로 이 일파의 의논을 추천하는 가장 좋은 역사적 근거를 가진다. 물론 수도가 나라의 정치중심지가 되는 만큼 상공업이 집중되고 ... 문화상 선진적 지위를 가지게 되기 쉬우며 거딜아 그 지방의 언어가 다른 어느 지방의 언어보담 더 발전되고 우세를 가질지 모르지만... 정치 중심지인 수도의 말이 국어가 되어야 할 필요는 없다. 수도는 이전될 수 있으며 수도어의 사용범위가 반드시 다른 지방어보다 광대할 수는 없으며 수도어의 모든 점이 반드시 지방어보다 우세할 것은 없다. ...중략...다수의 지방 다수의 인구가 사용하는 말을 표준어로 정하자는 일파의 논자들도 없지 않다. 지금 조선서도 이와 같은 의견을 가진 분들이 드물지 않다. 그러자면 먼저 표준어를 제정하기 이전에 각지방어의 지역분포도와 인구비례도를 준비하여야 할 것이로되 ... .각 지방어를 통하야 난잡한 요소를 버리고 순수아결의 요소를 뽑아 표준어를 맨들면 어떨까?[60]

홍기문이 <標準語 制定에 대하야>에서는 "정치 중심지인 수도의 말이 국어가 되어야 할 필요는 없으며, 다수의 지방 다수의 인구가 사용하는 말을 표준어로 정하자는 논자들도 없지 않다고 밝히고 있다. 이로 보아 표준어 사정 당시에 지역적 기준에 대한 비판들이 제기되고 있었음을 알 수 있다.

홍기문의 사설에서 "표준어란 요컨대 경제상, 정치상, 문화상 세력 있는 언어란 말이니", "조선서는 서울말 이외의 각지방말을 사투리라 하여 배척해 온 터로", "문화상 선진적 지위를 가지게 되기 쉬우며 거딜아 그 지방의 언어가 다른 어느 지방의 언어보담 더 발전되고 우세를 가질지 모르지만 보듯이"와 같은 기술들은 당시 수도의 말인 서울말과 다른 지역어들 사이에 이미 언어적 위계 관계가 형성되어 있었던 것으로 보인다. 이에 대해 홍기문은 인공적으로 가공한 언어인 표준어는 실생활에서 사용되는 언어가 아니라는 점에서 "실용상 일분의 가치가 없는"이라고 비판하며, "정치 중심지인 수도의 말이 국어가 되어야 할 필요는 없"으며, "각 지방어를 통하야 난잡한 요소를 버리고 순수아결의 요소를 뽑아 표준어를 맨들면 어떨까"라고 지역적 기준에 대해 비판하고 있다.

이처럼 표준어 제정 당시에도 표준어의 지역적 기준에 대한 비판과 함께 표준어에 대한 이상화와 지역어 말살에 대한 우려, 지역어의 생존 권리 같은 것에 대한 이해가 있었다는 것을 알 수 있다.

지금까지 표준어의 이상화와 절대적 권위의 형성 배경을 표준어 제정과 관련하여 살펴보았다. 일제강점기라는 역사적 배경하에 민족어와 민족문화의 통일과 발달을 통한 독립을 꿈꾸며, 그 일환으로 인공적 언어인 표준어를 제정하고 이를 이상화하였다. 하지만 이는 각 지역 사회에서 의사소통을 담당하던 현실 언어인 지역어를 상대적으로 부정적으로 평가하는 결과를 초래하게 된다. 특히 표준어의 통일의 기능에 대한 강조는 당시 언어 사용자들을 포섭하기에 가장 좋은 논리였다. 표준어 제정은 일제강점기라는 상황에서 이루어졌기 때문이다. 식민치하에서 자주국가의 강력한 힘을 염원하는 국민들에게 있어, 민족주의를 바탕으로 언어의 통일을 주장하는 것은 중요한 포섭의 논리가 될 수 있었다. 언어 통일은 의사소통의 효율성을 높인다는 측면에서 바람직하나, 그 성격상 언어의 다양성을 소멸시킬 수 있는 방향으로도 통한다. 표준어 제정 과정에서의 통일성에 대한 지나친 강조는, 언어의 지역성이나 특수성을 배제할 수 있고, 언어 사용 측면에서의 단일화의 강조는 지역이나 계급에 따른 문화적 차이를 담고 있는 다양한 언어들을 소멸시킬 수 있기 때문이다.

표준어 규정의 지역적 조건이 지역어를 표준어에서 배제함으로써, 지역인들은 지역어의 위상을 표준어와의 관계 속에서 파악하게 된다. 자신이 태어날 때부터 배우고 사용하던 언어, 일상생활에서 사용하는 언어로서의 가치를 인식하기보다는, 표준어에 포함되지 못한 비표준적인 언어로 인식하게 됨으로써 언어를 통한 소외를 경험하게 된다. 지역어 사용을 부끄러워하고 지역어 사용을 고쳐야 할 언어 습관으로 받아들임으로써, 지역에 대한 부정적 인식을 심어주는 데 영향을 끼치게 된다.

### 교육정책과 교육과정

표준어와 지역어의 위상에 강력한 영향을 끼치는 또 다른 환경은 교육정책이다. 학교에서의 언어 교육은 아직 언어에 대한 인식이 완전히 형성되지 않은 학생들에게 언어에 대한 인식과 태도를 심어주고, 그들의 언어 사용과 언어생활을 결정짓는 중요한 역할을 한다. 또한 학교 교육은 그 파급 효과가 전국적이며 급속하게 나타날 뿐만 아니라 지속적이라는 점에서도 중요하다.

현재 우리나라 학교 교육에서는 표준어를 중심으로 한 국어 교육이 이루어지고 있다. 국어와 관련한 교육정책의 방향이나 목표가 가장 잘 드러나는 것이 국어과 교육과정이다. 국어과 교육과정은 학교 현장에서의 국어 교육의 방향과 내용을 결정하는 중요한 지표가 된다.

우리나라 교육과정의 변천을 살펴보면 크게 두 부분으로 나누어 볼 수 있다. 먼저 1955년 제1차 교육과정부터 7차 교육과정[61]까지이다. 이 시기는 교육과정의 개정이 이루어질 때 전체적인 개정이 이루어졌다. 7차 교육과정 이후부터는 교육과정 개정이 수시 개정 체제로 바뀌었다. 수시 개정 체제란 아무 때나 교육과정을 전면적으로 바꾼다는 의미가 아니라, 개정이 필요한 경우에 수시로 부분적 개정을 한다는 의미이다. 이에 따라 국어과 교육과정은 2007년부터 2009년(2012), 2015년, 2022년 크게 네 번 정도 개정이 이루어졌다.

다음에서는 각 시기별 국어과 교육과정에서 언어에 대한 태도를 형성하는 데 영향을 줄 수 있는 부분, 특히 표준어와 지역어에 대한 태도에 영향을 줄 수 있는 부분을 중심으로 살펴보도록 하겠다.

먼저 1차부터 7차까지의 교육과정에 대해 살펴보겠다. 1, 2차 교육과정에서는 지역에서 사용되는 말을 가리키는 표현으로 '사투리'라는 용어를 사용하여, 바로잡아야 하는 말, 피해야 하는 말로 표현하고 있다. 이는 표준어와 지역어에 대해, 표준어만 맞는 말이고 지역어는 틀린 말, 버려야 하는 말로 인식하고 있다는 것을 보여준다. 이러한 인식이 반영된 국어과 교육과정에 따라 학교 현장에서는 국어 교육을 실시하였다. 따라서 1, 2차 교육과정에 따라 학교에서 표준어 교육을 받은 학생들은, 자신들이 일상생활에서 사용하는 방언을 틀린 말이자 사용해서는 안 되는 말

<1차-7차 국어과 교육과정과 방언>

| 구분 | 내용 |
|---|---|
| 1차 | 표준말에 주의하여 틀리는 점을 바로잡게 한다 |
| | 어법에 맞는 표준말을 쓰고, 속어와 사투리를 의식적으로 피할 수 있게 한다. |
| 2차 | 표준말과 비교하여 틀리는 점을 바로 잡도록 한다. |
| | 속어, 사투리, 야비한 말을 의식적으로 피하게 한다. |
| 3차 | 표준말과 사투리를 구별하고 정확한 발음으로 말하게 한다. |
| 4차 | 표준말과 사투리를 의식하며 말한다. |
| | 방언과 그 분포에 대해 안다. |
| 5차 | 표준어와 방언을 비교해 보고, 표준말의 필요성에 관하여 이야기한다. |
| 6차 | 표준어와 방언에 따른 언어의 차이를 알고, 국어의 다양성을 효과적으로 활용한다. |
| | 표준어와 방언에 대해 이해하고, 이를 상황에 따라 바르게 사용한다. |
| 7차 | 표준어와 방언의 개념을 안다. |
| | 상황에 따라 방언과 표준어를 구별해서 사용하려는 태도를 지닌다. |

로 인식하게 된다. 그리고 방언의 사용을 부끄러워하거나 잘못된 일로 인식하게 된다.

3차 교육과정에서는 표준어와 사투리의 구별에 대해서만 언급하고 있다. 하지만 여전히 방언을 '사투리'로 표현하고 있다는 점에서, 1,2차 교육과정에 나타났던 표준어와 지역어에 대한 인식이 그대로 유지되고 있다고 볼 수 있다.

4차 교육과정에서는 지역어에 대한 인식의 변화가 나타나기 시작한다. 지역에서 사용되는 말을 가리키는 표현으로 '사투리'와 '방언'이라는 말을 동시에 사용하고 있기 때문이다. 앞선 교육과정에서는 지역어를 가리키는 표현으로 바로잡아야 할 말을 뜻하는 '사투리'만을 사용하였지만, 4차 교육과정에서는 사투리에 비해 위상이 높고 가치중립적인 표현인 '방언'이라는 용어를 새롭게 사용하고 있다. 이러한 변화는 지역어에 대한 인식의 변화를 반영한다고 볼 수 있다.

5차 교육과정에서는 '사투리'라는 표현이 사라지고 '방언'이라는 표현만 나타난다. 그리고 방언과 표준어의 구별, 표준어의 필요성에 대해서만 언급하고 있다. 지역어에 대해서 특별한 지도 내용은 없지만, '사투리'라는 표현이 사라지고 '방언'이라는 표현만 사용된다는 점에서 지역어에 대한 부정적인 태도가 전환되고 있음을 알 수 있다. 학문적으로 볼 때 방언은 지역어를 나타낼 수 있는 가치중립적 표현이지만, 사투리는 표준어에 대해 지역어를 폄하하는 표현이기 때문이다. 하지만 이러한 교육과정 역시, 지역어에 대한 부정적인 인식을 제거하기에는 한계가 있다. 방언이라는 용어의 도입으로 사투리에 묻어있던 부정적 의미를 지우려는 시도는 하였지만, 여전히 표준어의 필요성만을 강조하고 있기 때문이다. 이러한 교육과정에 따라 교육받은 학생들의 의식 속에, 지역어는 여전히 표준어에 비해 열등한 언어로 자리잡게 된다.

6, 7차 교육과정에서는 '표준어'와 '방언'의 '차이를 이해하고', '상황에 따라' 사용하도록 지도하게 되어 있다. 이는 표준어와 지역어가 다른 특성을 가진 언어이며 지역어를 버려야 할 언어에서 사용할 수 있는 언어로, 지역어에 대한 인식이 전환되었음을 반영한다. 그러나 여전히 지역어에 대한 지도는 소극적인 몇 개의 항목에 불과하며, 지역어가 지역인들이 일상생활에서 사용하는 언어라는 점에서 가치가 있다는 인식을 심어주는 데에는 한계가 있다.

1차부터 7차까지의 교육과정에서 지역어에 대한 인식의 변화는 보이지만, 지역어가 가진 가장 중요한 부분인 지역 사람들이 일상생활에서 사용하는 현실의 언어라는 부분에 대한 인식은 부재하다. 1차부터 7차까지의 교육과정을 통해 보면, 지역어는 학교 교육을 통해 단 한번도 적극적으로 지도되지 못했다. 이는 지역어가 지역인들이 태어나면서부터 배워 온 말이라는 점, 지역인들이 서로 정감을 나누며 가장 자연스럽게 소통할 수 있는 말이라는 점, 지역의 문화와 역사, 지역인들의 정체성이 담겨 있는 말이라는 점에 대한 인식의 부재를 드러내는 것이다.[62]

다음으로 2007년 이후의 교육과정에 대해 살펴보겠다. 2007년 개정 교육과정에서는 지역에서 사용되는 말을 가리키는 표현으로 지역 방언이라는 용어를 사용하고 있다. 교육과정에서는 표준어와 지역 방언의 쓰임 구별, 지역 방언의 문화적 가치에 대한 이해, 지역 방언을 통한 소통의 의의 이해하기 등을 제시하고 있다. 지역 방언의 문화적 가치에 대한 이해는 2007년 교육과정에서 새롭게 강조된 부분이다. 그리고 앞선 7차 교육과정에서는 '상

<2007년- 현재 국어과 교육과정과 방언>

| 구분 | 내용 |
|---|---|
| 2007 개정 | 지역 방언을 듣고 언어의 다양성과 소통의 의미를 이해한다. |
| | ·표준어와 지역 방언의 쓰임 구별하기<br>·지역 방언의 문화적 가치 이해하기<br>·지역 방언을 통한 소통의 의의 이해하기 |
| 2009 개정<br>- 국어과<br>2012년(최종) | ·표준어와 방언의 가치를 알고 상황에 따라 효과적으로 사용한다.(초 3-4학년)<br>·화법의 다양성을 이해하고 서로 다른 집단 간의 소통의 중요성을 안다.(중 1-3학년)<br>·어휘의 체계와 양상을 이해하고 그것을 상황에 맞게 활용한다.(고 문법) |
| 2015개정 | ·어휘의 체계와 양상을 탐구하고 활용한다.[9국04-05]<br>·다양한 사회에서의 국어 자료의 차이를 이해하고 상황에 맞게 국어 자료를 생산한다.[12언매02-09]<br>·다양한 국어 자료를 통해 국어 규범을 이해하고 정확성, 적절성, 창의성을 갖춘 국어생활을 한다. [12언매02-11] |
| 2022개정 | 표준어와 방언의 기능을 파악하고 언어 공동체와 국어생활과의 관계를 이해한다.[6국04-02] |

황에 따라 방언과 표준어를 구별해서 사용하려는 태도를 지닌다'라고 표현했던 것에서 한 걸음 나아가, '지역 방언을 통한 소통의 의의 이해하기'라는 목표를 설정함으로써 소통 매체로서의 방언의 기능과 가치에 대한 이해도를 높이고 있다. 이러한 점들은 방언에 대한 긍정적 인식을 학생들에게 심어줌으로써, 방언에 대한 인식과 태도의 변화를 유도하는 데 기여할 수 있을 것이다.

2009년 개정 교육과정에서는 지역 방언 대신 다시 방언이라는 용어를 사용하고 있다. 특히 초·중·고등학교의 성취 기준 중 방언 교육에 관한 성취 기준을 직접적으로 언급한 부분은 "표준어와 방언의 가치를 알고 상황에 따라 효과적으로 사용한다."라는 초등학교 부분이다. 이에 비해 중학교과 고등학교 부분에서는 성취 기준에 방언이라는 용어를 직접적으로 사용하지는 않고, 화법의 다양성이나 국어 어휘 체계와 양상의 이해라는 큰 성취 기준 아래 녹여서 기술하고 있다. 그리고 이러한 성취 기준에 대한 '해설'이나 '지도를 위해 고려할 사항'에서 방언과 관련된 내용을 담고 있다. 이에 대해 구체적으로 살펴보면 다음과 같다.

교육과정에서는 단계별 성취 기준을 달성하기 위해 초등학교에서는 표준어와 함께 방언도 소중한 국어 문화 자산이므로 표준어와 방언의 효과적 사용 능력을 키워 국어 문화에 대한 이해와 의사소통 능력 향상에 기여할 수 있게 지도해야 하며, 표준어와 방언의 개념과 특성에 근거하여 각각의 의의와 가치를 인식시키고, 공적 또는 사적 상황에 따라 표준어와 방언을 효과적으로 사용할 수 있도록 지도해야 한다고 밝히고 있다. 또한 중학교에서는 화법 교육에서 지역 방언이나 사회 방언의 화법이 표준어나 표준 화법과 상호보완적 관계에 있음을 이해하고 다양한 화법과 소통 방식의 차이를 이해하고 수용함으로써 교양인으로서의 문제 해결 능력을 높일 수 있게 지도하도록 하고 있다. 고등학교에서는 문법 교육에서 어휘 체계와 양상 부분을 통해 지역 방언은 물론이고 세대, 성별, 사회 집단 등에 따라 분화되는 사회 방언을 통해 다양한 어휘의 양상을 이해하고 담화 상황에 맞게 적절한 어휘를 활용하도록 지도할 것을 안내하고 있다.[63]

2009년 개정 교육과정의 해설을 통해 보면 지역어로서의 방언의 특성과 기능 등에 대한 관심의 폭이 넓어졌다. 특히 방언이 문화 자산이라는 인식과 함께, 방언이 의사소통 수단으로서 기능한다는 데에 대한 인식을 구체적으로 반영하여, 방언의 화법이 표준어나 표준 화법과 상호보완적 관계에 있음을 지도하도록 하고 있다는 점이다. 또한 방언 어휘들이 국어 어휘 체계를 이루는 하나의 구성요소임을 이해하고 담화 상황에 맞게 사용할 수 있도록 지도할 것을 안내하고 있다. 이러한 점은 방언이 없어지거나 고쳐야 할 말이 아니라 그것 자체로 국어의 한 부분이라는 점을 구체적으로 드러내는 것이다. 즉 방언을 단순히 문화 자산으로서만 인식하는 것이 아니라, 현실 생활에서 사용하는 언어이며 표준어와 상호보완 관계에 있다는 것을 밝히고 있는 것이다. 이러한 방언 교육의 방향은 방언을 바라보는 학생들의 인식과 언어 태도에 긍정적인 영향을 끼칠 수 있다. 그리고 2009년 교육과정에서는 중·고등학교의 방언 교육에서 방언 자체에 주목하기보다는 국어의 한 부분으로서 그 기능과 특성을 다루고 있다는 점이 특징이다.

2015년 개정 교육과정에서는 방언 교육에 관한 성취 기준을 직접적으로 언급한 부분이 나타나지 않고, 어휘의 체계와 양상

탐구, 다양한 사회에서의 국어 자료의 차이를 이해하고 상황에 맞게 국어 자료를 생산하며, 다양한 국어 자료를 통해 국어 규범을 이해하고 정확성, 적절성, 창의성을 갖춘 국어생활을 한다라는 부분에 녹여 기술하고 있다. 이러한 기술은 2009년 교육과정의 중·고등학교 부분에서 방언을 다루는 것과 같은 방식이다. 그러나 2009년 교육과정에서는 초등학교 부분에서 방언 교육과 관련된 성취 기준을 제시한 후, 중·고등학교 부분에서 국어의 하위 분야로 다룬 데 비해, 2015 교육과정에서는 초등학교 부분에서 이러한 내용이 나타나지 않는다. 뿐만 아니라 국어생활에 대한 기술에서도 국어를 사용한 의사소통이라는 관점보다, '국어 자료', '국어 자료의 생산'이라는 표현을 사용하여 국어생활의 현장성에 대한 관심이 낮아진 태도를 반영하고 있다. 성취 기준에 나타나는 이러한 기술은 국어를 바라보는 관점의 차이에서 비롯된 것으로 보인다. 하지만 이러한 관점이 각 지역에서 실제 사용되는 현장성을 지닌 언어로서의 방언의 특성이나 기능에 대해서 명확하게 인식할 수 있도록 하는 데에는 부정적인 영향을 끼칠 수 있다는 점에서 아쉽다.

2015 교육과정에서는 성취 기준의 달성을 위한 '해설'이나 '고려 사항' 부분에서 다음과 같이 기술하고 있다. 먼저 중학교 문법 부분에서는 "어휘에 대해 체계를 세워 탐구하고 어휘의 특성이나 의미 관계에 따라 어휘의 양상을 이해하는 능력을 기르기 위해 설정"하였다고 기술하면서, "어휘의 체계는 고유어, 한자어, 외래어와 같은 어종(語種)에 따라 마련될 수 있으며, 어휘의 양상은 지역 방언, 사회 방언 등에 따라 다르게 나타날 수 있다." 그리고 "체계나 양상에 따라 어휘의 유형을 탐구하고 이를

바탕으로 하여 담화 상황에 맞는 어휘를 적절하게 사용하도록" 지도할 것을 안내하고 있다.

고등학교 부분에서는 언어와 매체 부분에서 "지역의 차이, 세대나 성별 또는 계층의 차이, 문화적인 차이 등에 따라 언어 사용 양상이 다름을 이해함으로써 상황에 맞는 국어 자료를 생산하는 능력을 기르기 위해 설정"하였다고 밝히고 있으며, "다양한 방언 자료, 해외에서 생산된 국어 자료, 국어로 번역된 외국 자료 등에 나타나는 언어적인 특성에 주목하도록 한다."고 기술하고 있다. 또 "국어생활을 영위하는 과정에서 지켜야 할 국어 규범에 대한 이해를 심화함으로써 정확한 국어를 사용하는 태도를 기르기 위해 설정"하였다고 밝히고 있다. "규범은 언어 사용에서 지켜야 할 기준이 된다는 점에서 정확성을 요구하지만 구어와 문어, 문학어와 일상어, 표준어와 방언, 현실공간과 가상공간 등에서 사용의 적절성 수준이 다르다. 규범에 대한 심화된 이해를 통해 언어의 정확성뿐만 아니라 적절성과 창의성에 주목하도록" 지도할 것을 밝히고 있다. 이러한 기술은 국어 사용 양상의 다양화를 반영한 것으로, 지역어로서의 방언도 국어 사용의 한 부분이라는 관점을 반영한 것이다.

2022년 개정 교육과정에서는 다시 초등학교 부분에서 방언 교육에 관한 성취 기준을 직접적으로 제시한다. "표준어와 방언의 기능을 파악하고 언어 공동체와 국어생활과의 관계를 이해한다."라는 성취 기준의 제시를 통해, 표준어와 방언의 기능을 이해하고 방언 역시 특정 언어 공동체에서 사용하는 말이라는 것을 이해하도록 하고 있다. 이것은 2015년 개정 교육과정의 초등학교 부분에서 사라졌던 것이 다시 들어온 것이다. 이는 언어에 대한 태도가 형성되기 시작하는 초등학교 단계에서 표준어와 방언의 기능 차이를 이해하면서 동시에 방언이 언어공동체의 실제적인 의사소통 수단이라는 점을 알려준다는 점에서 중요하다.

성취 기준에 대한 해설에서는 "이 성취기준은 국어 화자의 의사소통에서 표준어와 방언이 담당하는 기능이 다르다는 점을 알고, 자신이 속한 언어 공동체 특유의 한국어 변이형들로 인해 자신의 국어생활이 상황에 따라 다양하게 실현됨을 이해하도록 하기 위해 설정"하였다고 밝히고 있다. 또한 "방언의 형성과 존재 양상을 파악함으로써 지역적 요인에 따라 자연스럽게 한국어에 변이가 일어남을 이해하도록 하고, 이러한 다양성을 아우르는 언어 공동체 규준인 표준어의 개념과 필요성을 함께 다루도록"하고, "의사소통의 공적·사적 상황에 따라, 상대방과의 거리감 조절 등 화자의 의도에 따라 표준어와 방언을 선택함으로써 다양한 의사소통 기능이 실현된다는 점을 확인할 수 있도록" 가르칠 수 있게 안내하고 있다.

특히 성취 기준 적용 시 고려할 사항으로 "지역에 따른 언어 변이로서 방언을 지도할 때는, 지역 연계 학습을 도입, 활용하여 지역 방언을 자신이 속한 언어공동체의 언어로서 인식하고, 그러한 언어로 사고하고 소통하는 것의 의미를 자신의 삶의 맥락 및 정체성과 연계하여 이해할 수 있도록 한다."라고 밝히고 있어, 이전까지의 교육과정들에 비해 지역의 의사소통 수단이라는 방언의 가장 기본적 기능이자 실제적인 기능을 잘 제시하고 있다.

또한 "학습자들의 다양한 언어적 배경과 교실 맥락을 고려하여 특정 학습자가 소외되지 않고 적극적으로 참여할 수 있도록 학습 활동을 설계한다"라고 기술하여, 사용하는 언어가 매개가 되어 학생들 사이에 갈등과 소외의 문제가 유발될 수 있다는 점에 주목하고 교육 시, 이를 고려하도록 안내하고 있다. 이러한 부분은 다문화 가정 자녀의 언어 사용에 대한 인식과 태도에 관련된 문제이기도 하지만, 지역어로서의 방언에 대한 부정적 인식과 태도가 그 언어를 사용하는 학생들에 대한 인식과 태도에 영향을 끼칠 수 있음을 드러내는 것이라고도 볼 수 있다. 이에 따라 학교 교육에서 이러한 부문에 대한 지도가 필요함을 밝히고 있다. 이는 언어 사용과 관련한 우리 사회의 현실을 반영한 것으로 언어 교육 시 고려 사항이라고 할 수 있다. 지금까지의 교육과정에서 학생들의 언어 태도나 언어에 대한 인식 문제에 관심을 갖고, 이를 교육 부분에서 고려 사항으로 명시화하여 다룬 것은 2022년 개정 교육과정이 처음이다.

하지만 2022년 개정 교육과정에서는 중학교나 고등학교 부분에서 방언과 관련한 성취 기준이 나타나지 않을 뿐만 아니라, 교육과정 해설이나 지도 시 고려 사항에도 나타나지 않는다. 이러한 부분은 학년이 올라가면서 방언에 대한 교육적 관심이 지속적으로 유지되지 않고 있다는 것을 보여주는데, 이 점에서는 오히려 2015년 개정 교육과정에 비해 퇴보한 것이라고도 할 수 있다.

이처럼 교육정책과 교육과정을 통해 본 방언이나 지역어에 대한 인식과 태도는 전체적으로 긍정적인 방향으로 개선되어 가고 있다. 하지만 그러한 방향성이 꾸준히 이어지기보다는 때로는 퇴보하기도 하고 때로는 다시 긍정적인 방향으로 전환하여 한 걸음 더 나아가기도 한다. 따라서 교육정책과 교육과정을 통해, 지역어 및 방언의 중요성과 올바른 가치에 대한 교육이 이루어짐으로써 우리 사회의 지역어와 방언에 대한 부정적인 인식과 차별적인 태도가 개선될 수 있도록 지속적인 노력을 기울여야 할 것이다.

### (2) 사회·문화적 환경

우리나라는 중앙집중적인 근대화 과정을 겪으면서 지역의 불균등한 발전을 심화시켜 왔다. 그 결과 지역의 불균등한 발전 현상은 물리적 공간을 넘어 정치적, 사회적, 문화적 공간으로까지 확산되면서 중첩적으로 나타나고 있다. 발전의 중심에 있는 중앙은 정치적, 사회적 공간과 문화적 공간을 점유함으로써 주변인 지역을 타자화시키고, 때로는 동질화라는 방식을 통해 때로는 차별화라는 방식을 통해 지역을 포섭하거나 배제시켜 왔다.

그런데 이러한 중앙의 공간 점유, 특히 사회적 공간과 문화적 공간의 점유는 방송매체의 발달과 밀접한 관련이 있다. 방송매체를 통해 전파되는 사회 현상이나 문화 현상은 단시간에 전국적으로 확산된다. 그런 점에서 방송매체의 발달은 우리 사회나 문화에 커다란 영향을 끼친다.

문화의 한 분야라고 할 수 있는 언어 사용 역시 방송매체의 영향을 크게 받는다. 예를 들어 특정 유행어가 만들어지고, 그것이 방송매체를 통해 방송이 되면, 빠른 시간에 전국적으로 유행되는 현상을 자주 볼 수 있다. 이런 점에서 언어와 관련한 방송매체의 영향은 학교를 통해 이루어지는 언어 교육 정책에 비견될 정도로 영향력이 막대하다고 할 수 있다.

여기에서는 표준어와 방언으로서의 지역어 사이의 언어적 위계 관계에 영향을 끼치는 방송에서의 언어 사용 문제에 대해 알아보겠다.

### 방송매체와 방송언어[64]

방송은 직접성, 동시성, 광역성을 기반으로 급속한 파급력을 가지고 우리의 생활 곳곳에 자리잡고 있다. 그와 더불어 방송에서 사용하는 언어 역시 우리의 언어생활에 많은 영향을 끼치고 있다. 방송언어는 방송에서 사용되는 언어를 말한다. 이는 방송에서 사용되는 문자언어와 음성언어를 총칭하는 개념으로 정기적 또는 비정기적으로 출연하는 방송인들이 구사하는 언어를 가리킨다. 방송은 다양한 정보를 전달하는 기능을 수행하면서 사회, 문화적으로 강력한 영향력을 행사한다. 이런 전달 기능과 영향력의 행사는 많은 부분 방송언어를 통해 이루어진다. 따라서 방송에서 사용되는 언어는 일상에서의 언어 사용 이상의 중요한 의미를 갖는다. 방송에서 특정 언어를 어떤 방식으로 사용하는가에 따라 그 언어에 대한 사회적 인식에 영향을 끼치게 된다.

방송에서는 방송언어 사용에 관한 규범을 만들어, 방송언어의 사용을 제약하고 있다. 방송언어의 규범이란 방송에서 언어를 사용할 때 마땅히 따르고 지켜야 할 기준으로, 방송에서의 언어 사용의 틀이 된다. 방송언어 사용의 규범은 방송법과 방송위원회의 심의규정을 통해 제시되고 있다.[65]

방송법과 방송언어 규정은 시대의 흐름을 반영하며 지속적으로 변화해 왔다. 다음에서는 방송언어와 관련한 「방송법」과 「방송심의에 관한 규정」의 변화에 대해 살펴보고, 이를 통해 우리 사회의 지역어에 대한 인식이 어떻게 변화하고 있는지를 알아보겠다.

방송언어 사용과 관련해 「방송법」과 「방송심의에 관한 규정」에서 가장 강조하고 있는 것은, 표준어 사용과 언어순화의 문제이다. 2024년 개정 이전 「방송법」의 "방송은 표준말의 보급에 이바지하여야 하며"(1장 6조)와 2014년 개정 이전 「방송심의에 관한 규정」의 "방송언어는 원칙적으로 표준어를 사용하여야 한다. 특히 고정 진행자는 표준어를 사용하여야 한다."(51조 2항)라는 규정이 대표적인 예이다. 이 규정은 방송언어를 표준어로 한정하고 지역어의 사용을 배제한다. 이렇게 방송언어를 표준어로 제한하는 데에는 두 가지 전제가 깔려 있다. 기본적으로 방송은 소통이 목적이므로 전 국민이 공통으로 이해하는 표준어를 사용해야 한다는 논리와 함께, 표준어는 품위 있고 순화된 말이라는 전제가 깔려 있다. 그리고 이러한 전제에 따라 표준어가 아닌 말들은 방송에서 배제되어야 하는 것이다.

방송통신심의위원회가 한 방송사에 권고한 다음과 같은 사항[66]은 이러한 인식을 반영하는 대표적인 예이다.

① 아나운서, 기자, 리포터, 해설자 등 고정출연자와 진행자 등 모든 방송인은 표준말을 쓰고 방언을 쓰지 않도록 할 것
② 전문 방송인이 아닌 사람을 새로 고정 출연시키려 할 경우 표준말 연수과정을 거치도록 할 것
③ 어린이 시간과 어린이 대상 프로그램 및 광고방송에서는 방언을 쓰지 않도록 할 것

방송통신심의위원회는 국어순화나 국어교육적 측면에서 볼 때, 지역어가 방송언어로 적합하지 못하다고 인식하고, 나아가서

는 지역어 사용을 교육의 대상으로 간주하고 있음을 알 수 있다. 이러한 점은 모든 방송인은 표준말을 쓰고 지역어를 쓰지 않도록 해야 한다거나, 어린이 시간과 어린이 대상 프로그램에서 지역어를 쓰지 못하도록 한 데에서 분명히 드러난다.

최근 들어 지역어에 대한 이러한 태도는 다소 완화된 모습을 보이지만, 여전히 부정적인 의식이 바탕에 깔려 있다. 2010년에 발간된 방송통신심의위원회의 『올바른 방송언어 사용을 위한 길잡이』에서는 다음과 같이 기술하고 있다. "지방에서 자란 사람은 사투리 발음을 하기 쉬운데 몇몇 오락프로그램 진행자들은 지역적 특징이 드러나는 발음을 강하게 사용한다. 이런 발음은 시청자들에게 거부감을 주기 쉽고 의사소통에도 어려움이 따른다."라고 지적하고 있다. 하지만 오락프로그램은 뉴스와 같은 공적인 언어 사용이 반드시 담보되어야 할 프로그램이 아니다.[67] 따라서 소통의 문제가 발생하지 않는다면, 어느 정도 지역적 특성이 섞인 발음을 한다고 하더라도 무방하다고 할 수 있다. 더구나 여기서 예를 들고 있는 '좀[쫌], '음성[엄성], 나오잖아요[노오자나요]'는 의사소통에 어려움을 주는 정도라고 할 수 없다.[68] 또 이러한 발음들이 시청자들에게 거부감을 준다고 보는 것도 표준어 화자가 가진 편견이 아닌가 한번쯤 돌아보아야 할 부분이다.[69] 지역적 특성을 보인다고 해서 거부감을 느낀다는 것은 표준어가 아닌 지역어는 순화되어야 할, 교양 없는 말이라는 인식이 전제되었기 때문이다.

방송언어 규정에 전제된 지역어에 대한 인식은, 다양한 방식으로 재현되어 방송을 통해 지역어에 대한 불평등한 인식을 전파시킨다. 광역적인 방송망을 통해 전파된 언어에 대한 위계적

인식은, 지역인들이 자신들이 사용하는 언어를 촌스럽고 순화되어야 할 언어로 인식하기를 강요당한다.

뿐만 아니라 이러한 방송언어 규정은, 지역인들에게 자신들의 삶의 터인 지역에서조차 지역어로 전달되는 방송을 들을 수 있는 기회를 차단한다. "특히 고정 진행자는 표준어를 사용하여야 한다."라는 규정은 지역어로 진행되는 방송의 제작을 막기 때문이다. 그 결과 지역인들은 지역어로 진행되는 방송을 들을 수 있는 기회와 권리를 박탈당한다.

하지만 이러한 논의가 방송에서 지역어를 표준어와 동등하게 노출 시켜야 한다는 의미는 아니다. 지역어 역시 방송 장르에 따라 수용자가 수용할 수 있는 범위 내에서는 방송 언어로 사용될 수 있는 길이 열려야 한다는 것이다. 왜냐하면 지나친 표준어 중심의 언어 사용 규정에 따른 방송이, 수십 년 동안 전 국민들에게 방송됨으로써 표준어의 지역어 대체 현상을 가속화시켰기 때문이다. 그리고 이는 지역어의 급속한 소멸의 중요한 원인이 되고 있기 때문이다.

2024년에 개정된 「방송법」에서는 "방송은 표준말의 보급에 이바지하여야 하며 언어순화에 힘써야 한다."(1장 6조)라고 밝히고 있다. 2020년 개정되어 시행되고 있는 「방송심의에 관한 규정」의 제8절 51조 2항에서는 "방송언어는 원칙적으로 표준어를 사용하여야 한다. 다만, 프로그램의 특성이나 내용전개 또는 구성상 불가피한 경우에는 예외로 하되, 이 경우에도 특정 지역 또는 인물을 희화화하거나 부정적으로 묘사하여서는 아니 된다."라고 밝히고 있다. 이는 여전히 방송은 언어 사용의 측면에서 표준말의 보급과 언어순화에 이바지해야 한다는 것을 가장 중요한 목적으로 하고 있다는 것을 보여준다.

다만 「방송심의에 관한 규정」의 제8절 51조 2항은 원래 "방송언어는 원칙적으로 표준어를 사용하여야 한다. 특히 고정 진행자는 표준어를 사용하여야 한다."라고 하였으나, 2014년과 2015년에 규정이 개정되면서 "특히 고정 진행자는 표준어를 사용하여야 한다."가 삭제되고 "다만, 프로그램의 특성이나 내용전개 또는 구성상 불가피한 경우에는 예외로 하되, 이 경우에도 특정 지역 또는 인물을 희화화하거나 부정적으로 묘사하여서는 아니 된다."가 삽입되었다.

「방송심의에 관한 규정」의 이러한 변화는 지역어로서의 방언에 대한 인식과 태도의 변화를 반영하는 것으로 해석할 수 있다. 이는 두 가지 측면에서 살펴볼 수 있다. 첫째, 지역어로서의 방언을 방송언어로 사용할 수 있는가 하는 부분이다. "고정 진행자는 표준어를 사용하여야 한다"라는 부분을 삭제함으로써, 과거와 달리 프로그램의 특성이나 내용 전개나 구성상 필요한 경우에는 지역어를 사용할 수 있게 되었으며, 방송심의를 통해 수정 권고를 받지 않아도 되게 된 것이다. 이는 부분적으로라도 방송언어로 지역어를 사용할 수 있도록 하였다는 점에서, 과거의 「방송심의에 관한 규정」에 담겨 있던 지역어는 방송에서 사용하지 말아야 하는 말이라는 인식에 변화가 있음을 보여주는 것이다.

둘째, 지역어로서의 방언의 사용 방식에 관한 부분이다. 특정 지역을 희화하하거나 부정적으로 묘사하지 않도록 한 점은, 지역어를 사용하는 방식에 관한 것으로 지역어를 사용하는 것이 지역을 부정적으로 인식하게 하는 방식으로 사용하지 않도록 명시하고 있다. 실제로 그동안 일부 방송 프로그램에서는 특정 지역어를 사용함으로써, 그 지역을 희화화하거나 부정적으로 그려내어 지역에 대한 부정적 인식을 형성하는 데 영향을 끼치기도 했다. 따라서 개정된 조항은 이러한 문제점을 바로잡고자 한 조치로 볼 수 있다.

개정된 「방송법」과 「방송심의에 관한 규정」에서도 여전히 방송은 표준말 보급과 언어순화에 이바지해야 하는 것을 원칙으로 하고 있다. 하지만 과거와는 달리, 지역어를 방송언어로 사용할 수 있는 길을 열어놓고 있다는 점에서 지역어에 대한 인식이 다소 긍정적으로 변화하고 있다는 것을 보여준다. 그리고 방송에서 지역어를 사용하는 방식이 지역에 대한 부정적 인식이나 편견을 조성하는 것에 대해 경계하고 있음을 보여준다. 이는 방송에서의 지역어 사용이 우리 사회에서 지역에 대한 인식에 중요한 영향을 끼친다는 것을 확인시켜 주는 것이기도 하다.

### 2.4. 지역어와 로컬리티[71]

언어는 지역의 속성, 즉 로컬리티를 담고 있는 표상체계이다. 따라서 로컬리티 연구에서는 언어를 대상으로 로컬리티를 읽어내는 작업을 수행한다. 로컬리티 연구에서 언어를 대상으로 한 연구는, 언어학에서의 언어를 연구하는 방법과 항상 동일하지는 않다. 언어학은 언어의 규칙과 체계를 밝히고자 하는 것이 연구의 목적이지만, 로컬리티 연구는 특정 지역의 로컬리티를 밝히는 것이 연구의 목적이기 때문이다. 즉 동일하게 언어를 연구대상으로 삼지만 이를 통해 읽어내고자 하는 것이 다르기 때문이다. 따라서 이러한 각각의 연구목적에 도달하기 위해서는 연구방법이 달라질 수밖에 없다. 그 연구방법의 대표적인 것이 언어를 바라보는 관점과 언어의 작용을 해석하는 이론이다.

물론 언어를 대상으로 하는 로컬리티 연구에서도, 기본적으로 언어를 분석해야 한다는 점에서 언어학에서 사용되는 이론들이 적용된다. 하지만 언어학 이론을 적용하는 것만으로는 로컬리티를 읽어내거나 해석해 내기에 한계가 있다. 로컬리티 연구에서는 언어에 대해 논의하기 위해 언어학의 이론을 적용하는 것뿐만 아니라, 사회와 문화, 인간의 사유를 읽어내거나 설명할 수 있는 다른 이론들이 함께 적용되어야 한다. 이런 점에서 로컬리티 연구에서 언어를 연구대상으로 삼는 경우에는, 다른 학문과의 학제적 연구의 필요성이 제기된다. 언어 자체를 분석하는 단계에서는 언어학 이론이 적용되지만, 그것을 지역의 속성과 관련지어 설명하기 위해서는 많은 경우 철학이나, 역사학, 문화학이나 사회학 같은 타 학문의 이론이나 논의들을 접목시켜야 하기 때문이다.

로컬리티 연구에서 언어를 연구대상으로 삼을 경우, 주된 연구 대상은 지역어가 된다. 지역어는 지역인들이 지역의 시공간, 사회·문화적 관계망 속에서 삶을 영위하며 경험하고 사유한 것들을 담아낸 표상이다. 이런 점에서 로컬리티 연구에서 지역어는 로컬리티를 읽어내기 위한 연구대상이 될 수 있다.

지역어를 통해 로컬리티를 읽어낸다는 것은 연구방법의 문제뿐만 아니라, 연구대상의 문제에서도 단순하지 않다. 연구대상으로서의 지역어는 크게 두 가지 영역으로 나누어 살펴볼 수 있다. 일차적으로는 지역에서 의사소통 도구로 사용되는 경우이다. 로컬리티 연구에서는 지역에서 사용되는 언어를 분석하여, 그에 반영된 지역의 사회 문화, 시공간적 특성, 또는 지역인들의 사유 등을 읽어내고자 한다. 이때 지역에서 사용되는 언어는 지역어[72] 자체를 의미한다.

로컬리티 연구에서 대상으로 삼는 또 다른 언어는 매체 속의 언어다. 예를 들면, 영화나 문학작품, 간판, 상호명, 신문, 방송 같은 매체[73] 속에 사용된 언어를 통해 로컬리티를 읽어내는 것이다.[74] 매체 속의 언어 사용을 분석하여, 지역의 재현과 지역정체성의 형성, 지역인의 의식, 특정 사건과 관련된 담론[75] 분석을 통해, 로컬리티를 읽어낼 수도 있다. 따라서 이 경우 언어는 꼭 지역어의 범주에만 한정되지 않는다. 표준어라 하더라도 그것들이 텍스트 속에서 어떻게 배치되고 사용되는가에 따라, 지역을 재현하고 로컬리티를 구성하는 데 관여하기 때문이다.

다음에서는 이러한 연구대상을 중심으로 어떤 관점에서 어떤 연구방법(이론)을 적용하여 로컬리티 연구를 수행할 수 있는지를 살펴보겠다. 이러한 작업을 위해 다음에서는 언어학 분야에서 이루어진 선행연구들 중 로컬리티 연구에 포함시킬 수 있는 것들과 함께, 로컬리티 연구에서 새로운 시각으로 언어를 다룬 연구들을 살펴보겠다.

### 1) 지역 내부 구성요소와 지역어

지역을 기반으로 형성되는 사유 방식이나 생활 양식의 차이는, 지역별로 고유한 문화를 형성하게 한다. 이렇게 형성된 지역의 문화는 다양한 표상들을 통해 드러나지만, 그 중에서도 대표적으로 지역의 언어를 통해서 드러난다.

지역어를 대상으로 하는 로컬리티 연구는 음운, 문법, 화용, 어휘 등의 분야와 관련하여 이루어질 수 있다. 지역어의 음운적 특성이나 문법적, 화용적 특성, 또는 어휘적 특성을 밝히고, 이것을 지역인들의 의식, 지역의 사회 문화, 시공간적 특성과 연결시켜 논의하는 것이다. 이전에도 이러한 논의들은 방언 연구에서 부분적으로 이루어져 왔는데, 로컬리티 연구의 관점에서 보면 이 연구들 역시 로컬리티 연구에 수렴될 수 있다. 이 논의들의 목적은 언어 연구이지만 언어와 지역의 문화, 사회적 특성과의 관계를 밝힌다는 점에서 언어문화 속에 나타난 지역의 속성을 읽어내는 작업이 될 수 있기 때문이다.

지역어의 음운적 특성을 지역의 문화와 관련지어 설명하고자 한 대표적인 선행연구로는 이태영(2004)이나 김규남(1998)을 들 수 있다.[76] 이태영(2004)[77]은 방언과 지역문화의 관계를 논의하면서, 판소리가 전라도에서 발생하게 된 배경을 전라도 방언의 음운적 특징과 연결시키고 있다. 전라도 방언의 특징에 대해 말씨가 부드럽고 입을 적게 벌려 발음하는 특징을 가졌으며, 특이한 발음이 없어서 대중들에게 무리가 없이 받아들여지는 특징이 있다고 본다. 또한 빈번하게 발생하는 'ㅣ'모음 역행동화는 발음을 쉽게 하는 데 도움을 주며, '이거시 머~시다요?', '겁~나게' 등에서 보이는 것 같은 문장이나 부사의 발화에서는 장단과 리듬이 나타나는 특징을 지닌다. 그는 이러한 음운적 특징들이 판소리 가락을 형성하는 데 깊은 관련이 있다고 설명하고 있다. 김규남(1998)[78]은 정읍시에 위치한 정해마을을 대상으로 공동체 내의 화자들이 일상으로 사용하는 언어에서 나타나는 음운의 변이 현상들을 '연령, 성, 학력, 교류망' 등의 상호작용으로 설명하고 있다. 이러한 연구들은 모두 지역어의 음운적 특징을 그 사회의 문화나 화자의 연령, 성별, 관계망 같은 사회적 분절에 의미 있는 변항들을 통해 설명하고자 한 것이다. 이처럼 언어적 특징을 그 지역 사회의 문화나 지역인들과 관련시켜 해석하는 연구들은 로컬리티 연구에 포함시킬 수 있다.

문법적, 화용적 특성을 통해 문화적 특성을 설명하고 있는 대표적인 논의[79]로는 강우원(2004)[80]을 들 수 있다. 강우원(2004)은 방언에 따라 표현 양상이 다르면 그 방언이 지닌 문화적 특성도 다르다고 보고, 이러한 관점에서 경남 방언의 문법적, 화용적 특징들을 분석한다. 부정적 표현을 통해 상대방을 편안하게 하려는 배려의 문화적 특성을, 비속적 표현을 통해 비속어를 써서 친밀감을 나타내려는 문화적 특성을, 관여적 표현을 통해 말할이가 상대방과 공통의 장을 가지고자 하는 동류의식을 표현한다는 문화적 특성을 읽어냄으로써, 경남 방언과 지역의 문화적 특성을 연결지어 설명하고 있다.

지역어 중에 로컬리티를 생성하는 시공간, 사회 문화, 인간(사유)의 상호작용이 가장 잘 드러나는 부분이 어휘이다. 어휘를 지역 문화와 관련시킨 대표적 연구로는 이기갑(2003)을 들 수 있다.[81] 이기갑(2003)[82]은 서남해 도서 지역의 문화와 방언의 관계를 다루면서, 독특한 방언 어휘들을 전라도 문화와 관련해서 풀어내기도 하고 타지방에서 사용되는 말들이지만 전라도에서는 다른 의미를 지닌 말들을 통해 전라도 지역의 문화를 설명하려고 시도하였다.

어휘와 관련한 로컬리티 연구는 또 다른 측면에서의 연구가 가능하다. 1장에서 살펴본 울릉도 지역어의 예를 다시 보자. 울릉도 지역어에는 눈, 벼랑, 소라, 오징어에 대한 어휘가 세분화되어 있지만,[83] 논농사와 관련된 어휘는 거의 사용되지 않는다. 로컬리티 연구에는 이러한 어휘 분화의 원인이나 기준을 통해 로컬리티를 읽어내는 논의를 시도할 수 있다. 자연환경으로서의 눈과 벼랑, 바다로 둘러싸인 울릉도의 주 생산물인 소라와 오징어의 어휘 분화, 그리고 논농사를 지을 수 없는 지형적 특징과 논농사 어휘가 거의 사용되지 않는 것 등은, 울릉도 지역인들이 생활 관여도가 높은 대상에 대해 그 차이를 인지하고 그것을 어휘로 분화시킨다는 것을 보여준다.[84] 이러한 예는 멸치가 많이 생산되는 남해의 경우, 멸치와 관련된 어휘가 다양하게 분화[85]되는 것에서도 확인할 수 있다.

그런데 울릉도 지역어에서 소라와 오징어에 대한 어휘 분화는, 그 분화 방식에서는 크기와 시간이라는 기준의 차이를 보인다. 하지만 표면적으로는 다르게 보이는 이 기준은 대상의 '크기'와 '시간'이 경제적 가치와 관련된다는 점에서 동일하다, 따라서 이 어휘들이 분화되는 기저에는 경제적 가치가 자리한다는 것을 알 수 있다. 이에 대해 남해의 멸치는 크기에 따라 어휘가 분화되기도 하고, 생김새와 맛과 질에 따라 어휘가 분화되기도 한다. 이러한 사실을 통해 울릉도나 남해 지역어에서는 경제생활에 중요한 영향을 끼치는 것일수록 어휘 분화가 일어날 가능성이 높다는 것을 알 수 있다. 이처럼 지역어의 어휘 분화는 지역인들의 대상(자연환경, 생산물 등)에 대한 문화적 태도인 문화모형을 반영한다.

또한 울릉도 지역어 '명이'는, 지역어가 지역인들의 생활경험을 표상한다는 예를 보여준다. '명이'는 울릉도 개척 당시 굶주림에 허덕이던 지역인들이 이것을 먹고 생명을 이었다고 해서 붙여진 이름이다. 학명인 산마늘에 비해 지역인들의 삶의 체험이 그대로 표상된 말이다. '명이'라는 대상에 대한 명명 행위와 그 사용은 울릉도 지역인들의 공유인식 속에 굶주림이라는 공동 체험이 뿌리 깊게 각인되었다는 것, 그리고 이것이 대상을 인지하는 데 반영됨으로써, 지역인들의 문화모형의 한 자리를 차지한다는 것을 보여준다. 하지만 '명이'는 항상 동일한 의미를 표상하지는 않는다. 1960년대 울릉도에서 '명이'가 '굶주림의 경험'으로 의미화되었다면, 2024년의 울릉도에서 '명이'는 '울릉도의 특산품, 경제적 자원'으로 의미화된다. 이렇게 지역어 어휘는 지역과 관련하여 지속적으로 의미 차이를 만들어내며 변화하기도 한다.[86]

지역의 물리적 공간, 역사나 사회, 문화, 지역인들의 경험과 인식 같은 것들은 로컬리티를 생성하는 지역 내부의 구성요소들이다. 지역 내부의 구성요소들이 다양하게 상호작용함에 따라, 이를 표상하는 지역어 어휘는 수많은 차이를 가지는 의미들이 공유망을 형성함으로써 문화모형으로 자리한다. 이러한 공유망의 의미를 읽어내는 작업이, 로컬리티의 한 부분을 밝히는 작업이다. 하지만 앞에서 보았듯이 이 어휘들을 통해 읽어낸 문화모형은 고정된 것이 아니라, 지역 내부의 구성요소가 다양하게 상호작용함에 따라 지속적으로 변화하며 재구성된다.

이와 같이 지역어를 대상으로 한 로컬리티 연구는, 기본적으로 언어학적 분석을 바탕으로 한다. 지역어의 음운적 특징이나 문법적, 화용적 특징, 어휘적 특징들을 분석하고, 이를 지역인의 사유, 지역의 시공간, 사회 문화적 특징과 연결시켜 해석하는 과정으로 연구가 진행된다. 이런 점에서 사회언어학적 연구들은 그

목적이 언어의 체계화라 하더라도, 그 과정에서 사회의 특성들에 대한 논의가 진행되어야 하기 때문에 로컬리티 연구와 관련을 가질 수밖에 없다. 따라서 로컬리티 연구를 위해서는 언어 분석을 위한 언어학적 지식과 함께 지역의 역사, 환경, 문화, 사회에 대한 이해가 요구된다. 이런 점에서 로컬리티 연구는 지역의 역사, 문화 등을 연구하는 다양한 학문 분야와 학제적 연구를 지향한다고 할 수 있다.

### 2) 지역 외부적 요소와 지역어

로컬리티는 지역 내부적 요소들의 상호작용만이 아니라 지역의 외부와도 다양하고 복잡한 관계를 맺음으로써 생성된다. 로컬리티의 생성에 관여하는 지역의 외부적 요소로 대표적인 것들이 국가, 중앙, 글로벌의 정치, 경제, 사회 문화적 환경으로서의 권력 같은 것들이다. 국가나 중앙은 통치와 발전이라는 개념을 토대로 동일화를 추구한다. 국가나 중앙이 추구하는 동일화는 지역인들의 삶이 이루어지는 구체적 공간으로서의 지역과, 그곳에 사는 사람들을 지배하는 삶의 틀로 작동하면서, 지역적인 것들을 위계적으로 하위에 배치한다. 지역/지방은 중앙, 국가, 글로벌에 종속되는 위계 관계 속에서 규정되고, 이를 통해 위계적인 것들은 로컬리티를 특징짓는 하나의 속성으로 자리잡게 된다.

지역어 역시 이러한 위계적 배치로부터 자유롭지 못하다. 아니 어쩌면  위계적 배치를 보여주는 가장 전형적인 예라고 할 수 있다. 지역어는 표준어, 영어 같은 보편성, 중심성을 기반으로 한 지배 언어에 의해 타자화되고 포식되고 있다. 그 결과 국내외적으로는 지배 언어를 중심으로 한 언어적 동일화가 구축되어 가고 있으며 지역어는 소멸의 위기에 처해 있다. 언어적 동일화의 배경에는 언어 외적인 정치, 경제, 사회 문화적 권력이 작동한다.

위계화와 관련된 로컬리티 연구에서 언어 연구는, 언어정책이나 언어 접촉의 문제와 밀접하게 관련된다. 로컬리티 연구에서 언어정책이나 언어 접촉의 문제는, 표준어와 지역어, 지역어와 지역어 사이의 위계관계를 통해 형성되는 로컬리티에 대한 연구가 가능하다. 그 중에서도 위계화에 따라 발생하는 다양한 현상들은 표준어와 지역어 사이에서 두드러진다. 이는 언어 권력의 위계화가 지역어와 지역어 사이보다, 표준어와 지역어 사이에서 더 선명하게 드러나기 때문이다. 따라서 로컬리티 연구에서는 표준어와 지역어 사이의 관계를 논의의 대상으로 삼는 경우가 많다.

로컬리티 연구에서 언어정책의 문제는, 표준어 중심의 교육정책, 방송언어정책 등의 문제에 대해 논의할 수 있다. 하지만 이는 언어학적 접근과는 다소 다른 관점에서의 접근이다. 표준어 규정의 제정에 관한 예를 들어보자. 표준어 규정의 제정에 관한 언어학적 연구는 그 배경과 필요성, 과정, 의의 등에 대한 논의가 주류를 이룬다. 물론 사회언어학이나 생태언어학의 관점에서 이루어진 논의 중에서도 로컬리티 연구와 유사한 논의들이 있다.[87] 이러한 연구들은 로컬리티 연구에 포함시킬 수 있다.

로컬리티 연구에서는 표준어 규정의 제정과 지역어 문제를 중심에 둔 다양한 논의들이 전개될 수 있다. 일제강점기라는 시대적 상황 속에서 언어민족주의를 배경으로 만들어진 표준어 규정은, 1988년 새로운 표준어 규정이 만들어질 때까지 오랜 기간 유지되어 왔고, 새로운 표준어 규정 역시 1933년의 규정을 거의 답습하고 있다. 하지만 이러한 표준어 규정은 민족문화의 통일과 부흥이라는 강력한 목적 때문에, 현실에서 사용되는 지역어를 배제함으로써 지역어에 대한 편견을 배태시켰다. 그리고 표준어 중심의 언어정책이 지금까지 지속되면서, 표준어와 지역어의 위계 관계를 강화시켜 왔고, 이것은 다시 지역어를 사용하는 사람들의 의식에도 영향을 끼쳤다. 표준어 중심의 언어정책은 오늘날 지역어 소멸이라는 상황을 발생시킨 중요한 원인이 되었을 뿐만 아니라, 이러한 언어정책에 따른 위계 구조의 강화는 그 언어를 사용하는 사용자들의 위계 관계로까지 전이되어, 언어를 매개로 한 지역문화와 지역인에 대한 배제와 타자화로 나타나고 있다. 그리고 그 결과는 다양성의 소멸로 이어진다. 지역적 차이로 인해 서로 다른 문화적 관습과 의식을 가진 사람들이 모두 동일한 언어를 사용하게 됨으로써, 지역어의 소멸은 물론 결과적으로는 문화와 의식 또한 동일화되어 가는 양상이 나타날 수 있기 때문이다. 또한 이러한 중심 지향적 동일화는, 다양성을 기반으로 하는 창조적 문화 형성을 가로막는다. 동일한 문화와 동일한 사고를 하는 집단에게서 다양한 창의성을 기대할 수 없기 때문이다.

로컬리티 연구에서는 표준어 중심의 언어정책이 가져온 이러한 폐단에 대해 비판적으로 접근한다. 물론 로컬리티 연구가 표준어를 부정하는 것은 아니다. 표준어와 지역어가 모두 각각의 기능과 가치를 가지고 사용되고 존재해야 한다는 의미이다. 지역에서 살아가는 사람들에게는 일상의 의사소통에서, 인공적으로 만들어진 표준어보다 자신이 나고 자란 지역에서 배우고 사용해오던 지역어가 더 일반적인 의사소통의 수단이기 때문이다. 지역인들이 일상생활에서 사용하는 의사소통 수단이 중앙의 시선에 의해 문화적으로 하위 계층의 언어로 인식됨으로써 야기되는 폐단은, 언어나 문화의 문제를 넘어 인간 존재에까지 영향을 끼친다. 이런 의미에서 로컬리티 연구에서는 지역인들의 지역어의 사용을 위한 권리 문제에 대한 논의를 시도할 수 있다.

언어의 위계화와 관련된 논의는 사회언어학이나 생태언어학적 관점에서의 논의들과 함께, 언어의 위계화와 문화 향유층의 위계화를 관련시키는 '구별짓기' 같은 사회학 이론, 타자화와 관련된 철학, 문화 이론들을 연구에 접목시킬 수 있다. 이러한 접목을 통해 지역어의 문제는 언어 자체의 문제를 넘어, 그것을 사용하는 인간이나 그것이 사용되는 지역사회 전반과 관련을 맺게 됨으로써, 이에 대한 인문학적 성찰이 이루어지게 된다.

인간의 이동과 교류는 언어 접촉을 야기한다. 언어학에서 언어 접촉은 다른 언어 사용자들의 사회적 접촉에 의해 발생하는 어휘 차용, 언어 전이, 재어휘화 같은 언어 현상에 대한 탐구와, 접촉 요인으로서 언어 내적 요인과 사회심리학적 요인 같은 언어 외적 요인에 대한 탐구로 이루어진다.

로컬리티 연구에서는 이러한 연구와 함께, 언어 접촉의 결과로 나타난 언어 현상을 로컬리티 관점에서 해석하는 연구가 포함된다. 외부로부터 이식되는 표준어와 지역을 기반으로 사용되는 지역어가 접촉했을 때 나타나는 언어 변화는 지역어의 소멸로 일반화되고 있다. 거시적 차원에서 볼 때 지역어의 소멸이라는 큰 흐름에는 이론의 여지가 없다. 하지만 미시적 차원인 지역어의 관점에서 그 변화 과정을 살펴보면, 이제까지 주목하지 못했던 새로운 양상을 확인할 수 있다. 언어 접촉을 통해 일어나는 변화는 일방적인 지역어의 소멸이 아니라, 표준어와 지역어가 경합하고 조정되는 과정을 거쳐 지역어가 소멸하거나 표준어가 밀려나거나 혹은 표준어가 지역어의 특성에 맞도록 변형되는 등 다양한 양상이 확인된다. 로컬리티 연구에서는 이러한 변화 양상을 로컬의 특성과 관련지어 설명하고자 한다.

예를 들어 표준어 '소나기'와 '부슬비'에 대응하는, 부산 지역어 '소내기'와 '부설비'를 보자. 이 어휘들은 부산 지역어에 나타나는 음운적 특징인 'ㅣ'모음 역행동화나, 모음 'ㅡ'와 'ㅓ'의 혼란을 반영하고 있다. 1960년대부터 '송나구, 소낙비' 대신 등장하기 시작한 '소내기'와 '소나기'는, 1970년대까지 '소내기'가 월등히 높은 사용빈도를 보인다. 그러다가 1980년대 이후 '소나기'에 의해 밀려나기 시작한다. 이에 반해 1955년부터 등장하기 시작한 '부슬비'와 '부설비'의 경우, '부슬비'가 '부설비'와 경쟁하지 못하고 몇 번 등장하다가 사라지고, '부설비'가 현재까지 사용된다.[88] '소내기'와 '부설비'의 경우를 보면, 'ㅣ'모음 역행동화보다 지역어의 모음체계와 관련되어 상대적으로 지역어에서 보편적 현상인 모음 'ㅡ'와 'ㅓ'의 혼란이, 두 어휘의 지속성과 관련된다는 것을 알 수 있다.[89]

이러한 예들은 지역(어)에서 보편성을 많이 획득하고 있는 어휘나 언어 현상일수록, 표준어와의 접촉 과정에서 살아남는 경향을 보인다는 것을 보여준다. 로컬리티 연구에서는 이러한 현상을 언어가 사용되는 지역과 관련하여 해석한다. 지역어에서 보편성을 획득한 언어적 특징은, 지역을 기반으로 형성되고 지역인들을 통해 널리 사용, 유지되는 것이다. 따라서 표준어와의 접촉 과정에서도 쉽게 소멸되지 않는다는 것이다.

이러한 현상은 로컬리티의 관점에서, 지역의 역동성[90]을 설명하는 좋은 근거가 된다. 지역의 '역동성'은 지역을 기반으로 생성된 다양한 규범, 가치체계, 언어, 문화 같은 것들을 매개로 드러난다. 지역을 기반으로 생성된 이러한 것들은, 보편적이지만 추상성을 띤 외부로부터 이식되는 것들과는 '차이'를 가진다. 그리고 이 '차이'는 지역으로부터 유래한다. 지역의 차원에서 볼 때, 외부로부터 이식되는 것들은 지역의 구체적 상황과는 '차이'가 있기 때문에, 이식 과정에서 지역의 모든 것을 다 포섭할 수 없다. 그래서 '차이'가 존재하는 곳에서는 경합과 조정이 발생한다. 그 과정에서 지역이라는 구체적인 삶의 장소를 기반으로 만들어진 지역의 질서에 따르려는 움직임이 발생하는데, 그러한 움직임이 지역의 역동성을 보여주는 것이다.[91] 지역어가 표준어와의 접촉에서 유지되거나 표준어를 변형시킬 수 있는 것도 지역의 역동성을 보여주는 예이다.

이처럼 로컬리티 연구에서 언어 접촉 현상을 이해하는 데에는 언어학 특히 사회언어학적 연구방법들을 적용한다. 그리고 이외에도 이러한 변화를 해석하는 데에 다른 학문 영역의 이론들을 적용한다. 언어 접촉을 바라보는 관점을 국어라는 거시적 관점이 아니라 지역어라는 미시적 관점에서 관찰할 때, 지역어의 변화가 지역과 관계가 있음을 살필 수 있다. 이러한 관점의 전환에는 탈근대적 사유에 기반한 연구방법론이 적용된다. 탈근대적 사유에 기반한 연구방법론에서는, 거시적 관점에서 대상을 조망함으로써 형성된 거대담론을 비판하고, 거대담론이 배제하고 누락시킨 '지금, 여기'를 근거점으로 세계를 이해하고자 한다. 따라서 이러한 연구방법론에서는 미시적 관점으로의 전환과 '지금, 여기'를 중심으로 현상을 해석하고자 하는 이론적 논의들이 적용된다. 국어라는 거시적 차원이 아닌 지역어 차원으로 눈을 돌릴 때, 언어 접촉 시 그 변화가 언어 사이의 위계 관계의 작동만이 아니라, 그것이 사용되는 언어공동체 내에서의 보편성과도 관련된다는 것을 밝힐 수 있다. 이러한 연구방법을 통해 언어 접촉 시 나타나는 언어 변화를, 그것이 사용되는 지역사회와 관련하여 설명함으로써 로컬의 역동성을 밝히는 로컬리티 연구가 이루어질 수 있다.

# 제 3 장

## 언어와 부산의 로컬리티

기능적 측면에서 볼 때 언어는 실제 세계의 대상을 지시하는 기호로, 의사소통을 위한 도구이다. 의사소통 시 직접 제시할 대상 대신, 기호인 언어를 사용함으로써 의사소통은 더욱 편리하게 이루어지게 되었다. 이런 측면에서 볼 때 언어는 적은 노력으로 자신의 생각과 의미를 전달하려는 인간의 노력이 만들어낸 결과물이라고 할 수 있다.

우리는 의사소통을 통해 자신이 전달하고자 하는 의미를 최대한 정확하게 전달하고 싶어하고, 이와 더불어 같은 내용을 전달하더라도 최소한의 노력으로 전달하고 싶어한다. 전자를 의도나 의미 전달의 명확성이라고 하고, 후자를 언어 사용의 경제성이라고 할 수 있다. 즉 의사소통 시 언어를 사용하는 전략은 기본적으로 이러한 두 가지 원리에 따른다고 할 수 있다.

언어를 사용할 때 자신의 의도를 명확히 전달하기 위해서는, 소리를 강화하거나 말의 속도를 조절한다. 그리고 정보의 누락을 방지하는 것, 구체적이고 자세하게 설명하는 것, 반복적인 표현을 쓰는 것 등의 방법도 사용한다. 한편, 최소한의 노력으로 최대의 효과를 얻기 위해서는, 의미를 전달할 수 있는 한도 내에서 발음을 쉽게 하거나 말의 길이를 짧게 한다. 이뿐만 아니라 같은 말은 생략하는 것, 불필요한 말은 하지 않는 것 등의 방법도 사용한다.

언어를 사용할 때 나타나는 이러한 전략은 부산 사람들이 지역어를 사용할 때에도 역시 사용된다. 이 장에서는 부산 지역에서 찾아볼 수 있는 언어적 특성들이 이러한 전략들과 어떤 관련이 있는지, 그 외에도 어떠한 특성들이 있는지를 살펴보고, 이를 부산 지역 사람들의 특성들과 관련지어 생각해 보도록 하겠다.

### 3.1. 부산 지역어의 특성과 부산 (사람)

부산 지역어는 부산 지역에서 사용되는 말을 가리킨다. 이는 특정 언어 집단과 다른 집단의 언어 체계의 차이를 바탕으로 구분되는 방언 구획에 따른 분류가 아닌, 언어 체계를 고려하지 않은 상태에서 특정 지역에서 사용되는 언어라는 의미의 부산 지역어를 가리킨다. 물론 방언권의 분류에 따르면 부산 지역어는 동남 방언권의 경남 방언에 속한다. 따라서 부산 지역어는 이들 방언권에 속하는 말들이 가진 특징을 공유하는 부분이 있다는 점에서, 이 글에서 다루려는 부산 지역어에 관련된 내용들이 부산 지역어만의 특징이라고 말하기는 어렵다. 그렇다고 하더라도 이것이 부산에서 사용되는 부산 지역어가 보여주는 성격이라는 점은 부인할 수 없다. 따라서 여기에서는 같은 방언권에 속한 다른 지역어에서 공통적으로 나타나는 특성이라 할지라도, 부산 지역어가 가진 특성이라는 측면에서 부산 지역어의 음운적, 문법적, 어휘적, 화용적 특성과 관련된 몇 가지를 살펴보기로 하겠다.

### 1) 음운적 특성

#### (1) 음운체계

**모음체계**

부산 지역어는 동남 방언에 속한다. 그동안의 연구 결과들을 통해 보면 부산 지역어는 음운체계상 동남 방언과 같은 체계를 가지는 것으로 확인되고 있다.

먼저, 모음체계의 특성을 살펴보자.

우리말에서 표준어는 다음과 같이 10모음체계를 이루고 있다. 표준어 규정의 표준발음법 2장 4항에 따르면 'ㅏ ㅐ ㅓ ㅔ ㅗ ㅚ ㅜ ㅟ ㅡ ㅣ'는 단모음(單母音)으로 발음한다고 밝히고 있다. 그리고 이에 대해 단모음의 개수는 지역이나 세대에 따라 상당한 차이가 있어, 방언에 따라 단모음의 수가 6개에서 10개까지 다양하며 같은 지역이라도 세대에 따라 차이가 나기도 하는데, 표준어에서는 서울말의 전통적인 발음을 기준으로 하여 10개의 단모음을 원칙으로 삼았다고 밝히고 있다. <표1>은 표준어의 모음 체계를 도식화한 것이다.[92]

<표1>의 단모음 '이, 에, 애, 으, 어, 아, 우, 오, 위, 외' 각각을 변별하는 자질은 모음을 만들어 낼 때 관여하는 '입술 모양, 혀의 높이(개구도)와 혀의 위치(전후)'이다.

<표1> 표준어의 모음체계

| | 전설 모음 | | 후설 모음 | |
|---|---|---|---|---|
| | 평순 모음 | 원순 모음 | 평순 모음 | 원순 모음 |
| 고모음 | ㅣ | ㅟ | ㅡ | ㅜ |
| 중모음 | ㅔ | ㅚ | ㅓ | ㅗ |
| 저모음 | ㅐ | | ㅏ | |

이에 반해 부산 지역어에서는 모음 '에'와 '애'가 변별되지 않고 '으'와 '어'가 변별되지 않으며, '외'와 '위'는 타 방언과 마찬가지로 단모음이 아니라 이중모음 [we], [wi]로 발음된다. 따라서 '이, 애, 어, 아, 우, 오'의 6개 모음으로 이루어진 6모음 체계를 가진다.[93]

<표2> 부산 지역어의 모음체계[94]

<table>
<tr><th rowspan="2">허의 위치<br>혀의 높이</th><th>전설 모음</th><th colspan="2">후설 모음</th></tr>
<tr><th>비원순</th><th>비원순</th><th>원순</th></tr>
<tr><th>고모음</th><td>이(i)</td><td rowspan="2">어(ɜ)</td><td>우(u)</td></tr>
<tr><th>중모음</th><td rowspan="2">애(E)</td><td rowspan="2">오(o)</td></tr>
<tr><th>저모음</th><td>아(a)</td></tr>
</table>

표준어의 10모음 또는 8모음체계와 비교해 볼 때, 부산 지역어는 6모음체계로 모음의 수효가 적다. 표준어에 비해 모음의 수효가 적다는 부산 지역어의 특성은, 우리 사회에서 일반적으로 부산 지역어가 가진 결핍, 혹은 부족함으로 해석되는 경우가 많다. 예를 들어 부산 사람들에게 '음운론'과 '어문론' 발음을 해 보라는 등 'ㅡ'와 'ㅓ'가 변별되지 않는 부산 지역어의 특성을 하나의 재밋거리로 치부하는 경우가 그러하다. 그런데 이러한 행위의 저변에는 부산 지역어가 표준어에 비해 분화가 덜 된, 결핍된 말

이라는 인식이 자리하고 있다. 이는 표준어의 모음체계를 기준으로 지역어의 모음체계를 바라보았기 때문이다.

부산 지역어의 모음체계를 결핍으로 인식하는 것은 지역어에 대한 이해의 부재에서 비롯된 것으로 볼 수 있다. 지역어는 그 언어가 사용되는 지역의 의사소통 수단이다. 그래서 지역 사람들의 의사소통에 적합하도록 음운체계가 형성된 것이다. 표준어와의 비교를 통해 지역어의 음운체계를 결핍이나 과도함으로 해석할 이유가 없다.

그런데 부산 지역어에서 'ㅡ'와 'ㅓ'가 변별되지 않는다는 점은 달리 해석하면, 부산 지역어에서는 표준어와 비교해 더 적은 수의 모음으로도 의사소통이 가능하다는 것을 보여주는 것이다. 부산 지역어에서 'ㅡ'와 'ㅓ'가 변별되지 않는 것에 대해서는, 모음 'ㅡ'의 특성과 관련하여 논의해 볼 수 있다. 양순임(2014)에 따르면 모음 'ㅡ'는 대부분의 언어에 나타나지 않는 보편성이 낮은 모음이고 한국어에서도 어두 기능 부담량이 적은 편이라고 했다.[95] 부산 지역어에서 모음 'ㅡ'가 나타나지 않는 이유를 'ㅡ'의 이러한 특성과 관련지어 설명한다면, 보편성이 낮고 어두 기능 부담량이 적은 'ㅡ'를 모음으로 사용하지 않고도 온전하게 소통할 수 있다면, 굳이 'ㅡ'를 발음할 필요가 없기 때문이라고 볼 수 있다.

이렇게 부산 지역어의 모음체계가 6개의 단모음으로 이루어졌으며, 이것으로 지역인들이 온전하게 의사소통을 한다는 점에서, 부산 지역어의 모음체계는 단순한 결핍이 아니라, 지역 사람들의 필요에 맞도록 언어적인 현실을 반영한 것이라고 할 수 있다. 또 표준어와 비교해 상대적으로 부산 지역어의 단모음의 수가 적다는 것은, 언어 경제성의 원리를 반영하는 것으로 볼 수 있다. 이러한 점은 부산 지역 사람들이 언어를 사용할 때 최소의 노력으로 최대의 효과를 얻고자 하는 심리가 있다고 해석해 볼 수 있다.

**자음체계**

표준어에서 자음은 'ㄱ, ㄲ, ㅋ, ㄷ, ㄸ, ㅌ, ㅂ, ㅃ, ㅍ, ㅅ, ㅆ, ㅈ, ㅉ, ㅊ, ㅎ, ㅁ, ㄴ, ㅇ, ㄹ' 19개가 실현된다. 이에 비해 부산 지역어는 일반적으로 'ㅅ'와 'ㅆ'가 변별되지 않는다는 점에서[96] 'ㄱ, ㄲ, ㅋ, ㄷ, ㄸ, ㅌ, ㅂ, ㅃ, ㅍ, ㅅ, ㅈ, ㅉ, ㅊ, ㅎ, ㅁ, ㄴ, ㅇ, ㄹ'의 18개의 자음을 설정할 수 있다. 부산 지역어의 자음체계에서 'ㅅ'와 'ㅆ'가 변별되지 않는 것은 발음을 쉽게 하고자 하는 발음의 편이성과 관련된다. 'ㅅ'와 'ㅆ'는 모두 마찰음이다. 하지만 'ㅅ'에 비해 'ㅆ'는 성대근육의 긴장을 수반하는 소리여서 'ㅆ'를 발음하기 위해서는 'ㅅ'보다 많은 노력이 필요하다. 그래서 'ㅅ'와 'ㅆ'의 대립으로 의미를 변별하지 않아도 다른 방법을 통해 의미 변별이 가능하다면, 'ㅅ'와 'ㅆ'의 대립이 없어도 된다. 부산 지역어에서는 성조와 같은 수단이 이러한 의미 변별에 사용된다. 따라서 부산 지역어의 자음체계에서 'ㅅ'와 'ㅆ'의 변별없이 'ㅅ'가 나타나는 것은 발음의 편이성 때문이라고 볼 수 있다.[97]

이처럼 음운체계상으로 볼 때 부산 지역어는 표준어보다 모음과 자음의 수효가 적다.

언어 상대성이론에 따르면 어떤 언어체계는 그 언어를 사용하는 사람들의 인식 세계를 반영하며, 이러한 언어체계는 다시 그 언어 사용자들의 인식 세계에 영향을 끼친다고 한다. 이러한 관점에서 부산 지역어의 모음과 자음체계를 살펴보면, 그러한 음운체계를 만들어내는 데 작동하는 경제성의 원리가 언어 사용자인 부산 사람들의 인식 세계를 반영하는 것으로 해석해 볼 수 있다. 그리고 역으로 경제성의 원리가 반영된 언어체계가 다시 부산 사람들의 인식 세계에도 영향을 끼친다고 할 수 있다. 따라서 부산 지역어 사용자들의 인식 속에는 경제성의 원리 즉, 최소한의 노력으로 최대의 효과를 얻을 수 있도록 효율적으로 일을 처리하고자 하는 특성이 자리한다고 유추해 볼 수 있다. 따라서 부산 지역어의 음운체계를 통해 본 부산의 로컬리티, 즉 부산 사람들의 사유 방식에는 경제성의 원리를 추구하는 특성이 있다고 할 수 있다.

### (2) 성조

동남 방언은 성조가 존재하는 방언이다. 즉 성조에 의해 단어가 변별되는 방언이라는 의미이다. 성조란 말소리의 높이가 어휘 의미의 변별 기능을 수행하며, 음운론의 층위에서 낱말의 각 음절에 부과되는 운소를 말한다. 동남 방언에 속하는 부산 지역어에도 성조가 존재하며, 성조에 따라 단어의 의미가 변별된다.

중세 국어에도 성조가 존재하였다. 훈민정음에서는 4개의 성조에 대해 설명하고 있다. 낮은 소리를 나타내는 평성(平聲), 높은 소리를 나타내는 거성(去聲), 낮게 시작하여 높아지는 것을 나타내는 상성(上聲), 빨리 끝닫는 소리를 나타내는 입성(入聲)에 대해 설명하고 있다. 하지만 이 가운데 실제 우리말에 사용되는 성조는 평성, 상성, 거성 3개였다. 그런데 중세 국어에 존재하던 성조가 대부분의 방언에서는 사라졌지만 동남 방언에는 아직 그 흔적이 남아 있으며, 동남 방언에 속하는 부산 지역어에서도 그 흔적이 나타난다.

예를 들어 부산 사람들은 형태가 동일한 단어인, '말(馬), 말(斗), 말(語)'의 의미를 구별한다. 이때 세 단어의 의미를 구별하는 데 관여하는 것이 성조이다. 세 단어의 성조가 다른데, 부산 사람들은 각각의 성조를 말할 때 사용하고 들을 때 역시 이를 구별하여 들음으로써 이 세 단어의 의미를 구별한다. 이 단어의 성조에 대해 허웅(1955)에서는 말(馬)이 고조(H), 말(斗)이 중조(M), 말(語)이 저조(L)'의 성조를 가진다고 보았다.[98] 부산 지역어에서 성조가 의미를 변별한다는 대표적인 예로 사람들 사이에 회자되고 있는 말이 "가가 가가가?"이다. 이 말은 '그 아이의 성이 가씨냐?'라는 뜻이다. 이 문장에 사용된 5개의 음절은 모두 동일한 형태를 가지지만 모두가 다른 의미를 가진다. 이 5개의 형태들의 의미를 변별해주는 것이 성조라는 것이다. 즉 "가가 가가가?"를 발화하게 되면, 5개의 음절이 H-M-L-H-M의 성조를 가진다고 할 수 있다.

부산 지역어에서 나타나는 성조는 부산 지역어에 우리말의 옛 모습이 남아 있음을 보여주는 것이다. 즉 언어적으로 볼 때 부산 지역어가 새로운 언어 변화와 함께 과거의 성조를 완전히 없애버리기보다는 부분적으로 유지하고 있는 것이다. 그 이유는 다양하겠지만 크게 두 가지를 생각해 볼 수 있다. 언어적으로 볼 때는 부산 지역어에서 모음의 숫자가 6개밖에 없다는 것이다. 이는 동음이의어가 발생할 확률이 높아진다는 것을 의미한다. 즉 모음의 숫자가 적음으로 해서 상대적으로 모음의 숫자가 많은 방언이나 지역어에 비해, 동일한 형태로 많은 의미를 표현해야 한다는 것이다. 따라서 형태가 같고 의미가 다른 동음이의어들의 발생이 많아지게 된다. 그러면 이 동음이의어들을 구별하기 위한 장치가 필요한데, 이것이 바로 과거부터 의미 변별에 사용되던 성조인 것이다.[99] 부산 지역어의 모음의 개수가 적다는 점이 성조가 현재까지 유지되어 온 이유 가운데 하나라고 생각해 볼 수 있다.

이런 점에서 볼 때 부산 지역어에 성조가 사용되는 것은, 발음의 편이성을 위해 적은 숫자의 모음을 사용하는 데서 오는 불편함을 줄이기 위한 장치라고 할 수 있다. 즉 의미 전달을 효과적으로 하기 위한 장치라고 볼 수 있다는 것이다.

또 다른 하나는 부산 지역어에서 보여주는 다양한 국어의 옛 모습과 관련지어 볼 수 있다. 성조가 중세 국어의 모습을 담고 있다는 점에서, 부산 지역어는 어떤 측면에서 볼 때 새로운 언어 변화를 적극적으로 수용하기보다는 상대적으로 소극적으로 수용하여 언어 변화의 속도가 느림을 알 수 있다.  이처럼 상대적으로 느린 변화를 보이는 이유는, 부산 지역어의 음운 체계를 중심에 두고 그것에 적합하도록 변화가 일어나기 때문이라고도 해석해 볼 수 있다. 물론 부산 지역어의 언어체계 전반을 두고 이런 설명을 할 수는 없지만, 아직 성조를 유지하고 있다는 점은 이러한 해석을 가능하게 한다.

이성하(2016)는 언어가 변한다는 것은 엄밀한 의미에서 언어 사용자가 변하는 것이라고 하였다. 이런 관점에서 부산 지역어가 성조를 부분적으로 유지하고 있다는 점을 통해 부산의 로컬리티를 읽어낸다면, 부산 지역 사람들은 새로운 변화를 무조건적으로 수용하고 받아들이기보다는, 부산의 특징을 중심에 두고 그 필요성에 따라 새로운 것을 수용하고 속도를 조절하는 특성을 가진다고 볼 수 있다. 또 과거로부터 전해지는 것이라고 해도 그것을 단순히 보전하기보다는 필요에 따라 활용하여 현재의 필요성에 맞도록 활용하는 특성을 가지고 있다고 해석해 볼 수 있다.

### (3) 음운 변동

기능주의적 입장에서 볼 때 언어는 경제성의 원리에 따라 움직인다. 허웅(1981)에서는 한 낱말 안에서 음운들이 결합적 조건으로 변화하는 양상을, 다음과 같이 세 가지로 구별하고 있다. 첫째는 발음을 쉽게 하여 조음작용에 필요한 노력을 적게 들이려는 노력 경제에서 오는 변화이고, 둘째는 노력은 조금 희생하더라도 말의 생명을 유지하고 표현력을 강하게 하려는 데서 일어나는 변화이고, 셋째는 노력 경제나 표현성과는 관련 없는 변화라고 보았다.[100] 이처럼 통합적 관계로 일어나는 음운의 변화 가운데는 노력을 적게 들여 발음을 쉽게 하려는 경향, 즉 최소의 노력으로 최대의 효과를 얻으려는 경제성의 원리가 작동하는데, 이 경제성의 원리가 세 가지 중에서 가장 광범위하게 적용된다.

경제성의 원리에 따라 일어나는 변화도 세 가지로 나누어 볼 수 있다. 첫째는 한 음운을 그 앞뒤의 다른 소리와 같거나 또는 비슷하게 소리내는 동화 현상이고, 둘째는 두 소리를 한 소리로 만들어 버리는 줄임 또는 축약 현상이고, 마지막으로 한 소리를 아주 줄여서 없애버리는 생략 현상이다.[101]

부산 지역어에서 나타나는 음운 변동 중에는 이러한 경제성의 원칙을 반영하는 예들이 많다. 여기에서는 대표적으로 구개음화와 단모음화, 음운 탈락 현상을 살펴보겠다.

**구개음화**

부산 지역어에서는 구개음화 현상이 많이 발생한다. 구개음화란 경구개음이 아닌 소리가 모음 /ㅣ/나 반모음 /j/ 앞에서 구개음으로 바뀌는 현상이다.

1) ㄱ. 가아가치(그 아이같이),
　　매구거치/가치(여우같이)
　ㄴ. 부치는데(붙이는데)
　ㄷ. 하는 짐에(하는 김에),
　　지럼 쫌 사가 온나(기름 좀 사오너라),
　　그 질로(그 길로)
　　짐치가 하도 매바서(김치가 너무 매워서)

1ㄱ)은 '같이'가 '가치' 또는 '거치'로 구개음화된 예이고 1ㄴ)은 '붙이는데'가 '부치는데'로 구개음화된 예이다. 1ㄱ, ㄴ)의 구개음화 현상은 다른 지역어나 방언에서도 확인되는 구개음화의 일반적인 예이다. 1ㄷ)의 경우는 '김'이 '짐'으로, '기름'이 '지럼'으로, '길'이 '질', '김치'가 '짐치'로 발음되는 구개음화의 예이다. 1ㄷ)과 같은 현상은 부산 지역어를 포함한 경상도 방언에서 주로 나타난다.

이러한 구개음화 현상은 발음의 편이를 위해 자음의 조음 위치를 후행하는 모음의 조음 위치에 가깝게 이동한다는 점에서 위치 동화의 일종이다. 한국어의 구개음화는 대부분 /ㄷ, ㄸ, ㅌ/가 모음 /ㅣ/를 만나면 각각 /ㅈ, ㅉ, ㅊ/로 발음되는 현상으로 나타나는데, 부산 지역어에서는 /ㄱ/가 모음 /ㅣ/ 앞에서 /ㅈ/

로 변화하는 구개음화도 나타난다. 따라서 다른 지역어보다 구개음화가 발생하는 환경이 다양하다고 할 수 있다. 이처럼 발음을 쉽게 하기 위한 음운 현상인 구개음화가 다른 지역어보다 다양한 환경에서 발생한다는 것은, 부산 지역어의 음운 변동에는 최소의 노력으로 발음하고자 하는 경제성 원리가 많이 적용된다고 할 수 있다.

그런데 1ㄷ)의 구개음화 현상은 표준어 교육과 표준어의 유입을 통해 많이 약화되고 있다. 지금은 고령층 정도에서 이러한 구개음화 현상이 발견되고 있으며, 나머지 연령층에서는 거의 나타나지 않고 있다.

**단모음화**

부산 지역어에서는 이중모음이 단모음화한 예들이 많이 나타난다.

2) ㄱ. 머라카모

ㄴ. 해 줐다 카던데예

ㄷ. 이라질 수 있도록

태아올 쑤

ㄹ. 주차대 있고

2ㄱ)에서는 이중모음 /ㅝ/가 /ㅓ/로 단모음화되어 나타났고, 2ㄴ)에서는 /ㅝ/가 /ㅜ/로, 2ㄷ)에서는 /ㅝ/가 /ㅏ/로 단모음화되어 나타나고 있다. 2ㄹ)에서는 /ㅙ/가 /ㅐ/로 단모음화되어 나타나고 있다.

이러한 현상은 다음의 예들에서도 나타난다.

3) 내렸다, 들리줍디다, 다칬다문서,
　걸맀답니다, 울민서, 싸짔답니더

3)은 /ㅕ/가 /ㅣ/로 단모음화한 예들이다.[102]

부산 지역어를 포함하여 경남 방언에서는 이러한 단모음화 현상이 흔히 나타난다. 이는 부산 지역어나 경남 방언의 초성이 단모음과는 자유로이 연결되지만 이중모음과는 잘 연결되지 않는다는 특징 때문이다.[103]

단모음화 역시 말할이의 입장에서 보면, 발음을 쉽게 하기 위한 방법이라고 볼 수 있다. 이중모음은 발음할 때 두 번의 조음작용이 필요하다. 하지만 단모음은 단일한 조음작용으로 발음되므로 이중모음에 비해 더 단순하다. 즉 단모음으로 발음하는 것이, 말할이의 입장에서는 노력이 적게 드는 것이다. 이런 점에서 의미 전달에 문제가 없다면 말할이는 노력이 적게 드는 방법인, 이중모음을 단모음으로 발음하는 방법을 선택하는 것이다. 따라서 부산 지역어에서 광범위하게 나타나는 단모음화 현상 역시 말할이의 발음의 편이성, 즉 발음의 경제적 원리에 따른 것이다.

**음운 탈락**

부산 지역어에서는 자음 탈락 현상이 많이 나타난다. 대표적인 탈락 현상은 /ㄴ/의 탈락이다.[104]

4) ㄱ. 몸이 그컬 약한 편도 아인데, 빠르다 아이가?

ㄴ. 그러이, 거게 있으이, 농사 짓고 하이, 물어보이

ㄷ. 그러이까, 가자 카이까 갔고, 댕기다 보이까, 재미를 붙 있으이

ㄹ. 걸린다 뿌이지

4ㄱ)은 '아니다'의 /ㄴ/가 모음 /ㅣ/ 앞에서 탈락하는 현상을 보여주는 예들인데, 이때 /ㄴ/의 탈락은 한 형태소 내부에서 일어난 현상이다. 4ㄴ)은 연결어미 '-(으)니'의 /ㄴ/가, 4ㄷ)은 연결어미 '-(으)니까'의 /ㄴ/가 모음 /ㅣ/ 앞에서 탈락하는 현상을 보여주는 예들이다. 4ㄹ)은 '뿐'과 '-이지'가 결합된 '뿐이지'의 형태에서 /ㄴ/가 모음 /ㅣ/ 앞에서 탈락이 일어난 예이다. 이때 /ㄴ/는 탈락하면서 비음의 흔적을 홀소리에 남기게 된다. 4ㄱ-ㄹ)에서 보는 것처럼 부산 지역어에서는 /ㄴ/ 탈락 현상이 한 형태소 내부뿐만 아니라 형태소의 경계에서도 발생하는 등 다양한 환경에서 나타난다.

또한 부산 지역어에서는 어미 활용 시, 어간의 /ㄱ/가 탈락하는 예들도 보인다.

5) ㄱ. 밥을 묵꼬, 마이 묵떠라도, 오이라 밥 묵자

ㄴ. 마이 무:라

ㄷ. 우리 여게서 무:께

부산 지역어의 '묵다'는 표준어 '먹다'에 대응하는 형태이다. 5)는 '묵다'의 어미 활용의 모습을 보여준다. 5ㄱ)은 '묵-'에 자음으로 시작하는 어미인 '-고'와 '-드(더)', '-자'가 결합된 예이다.

이 경우 어간 '묵-'에서는 /ㄱ/ 가 탈락하지 않는다. 5ㄴ-ㄷ)에서는 '묵-'에 모음으로 시작하는 어미가 결합되었다. 5ㄴ)에서는 '묵-'에 어미 '-어라'가 결합되면서 '묵어라'로 활용하는 것이 아니라 '무:라'로 활용한다. /ㄱ/가 탈락하고 대신 /ㅜ/가 장음화하는 현상이 나타난 것이다. 5ㄷ)에서는 '묵-'에 어미 '-(으)ㄹ게'가 결합되었는데, '묵을게'로 활용되는 것이 아니라 '무:께'로 활용되었다. /ㄱ/가 탈락하면서 /ㅜ/가 장음화하는 현상과 함께, 어미 '-(으)ㄹ게'의 /ㄹ/가 탈락하면서 /ㄱ/가 /ㄲ/로 경음화하는 현상이 발생하였다.

이처럼 '묵-'에 모음으로 시작하는 어미가 결합되면 /ㄱ/가 탈락하는 현상과 함께, /ㅜ/가 장음화하는 보상적 장음화 현상이 나타난다. 보상적 장음화란 모음 뒤에 있던 자음이 탈락하거나 이웃한 음절의 모음이 탈락함에 따라 모음의 길이가 길어지는 현상을 말한다. 결국 보상적 장음화란 탈락 현상에 대한 보상 작용으로 일어나는 현상이다. 음운 변동에서 탈락은 말할이가 최소의 노력으로 발음을 하고 싶어하는 심리가 작용하여 나타난 현상으로 볼 수 있으며, 보상적 장음화는 탈락을 통해 발생할 수 있는 의미 전달의 문제를 해소시키기 위한 방법이라고 할 수 있다.

### (4) 경음의 사용

부산 지역어에서는 경음의 사용이 많이 나타난다. 경음의 사용은 어두나 어중 등 특정한 환경과 관계없이 나타나는 경우가 많다. 다음은 어두에 경음이 사용된 예들이다.

6) 까시, 까자, 꼬시다, 꼼장어, 뿌수다, 쪼끔, 쫄다

이 어휘들은 표준어의 '가시, 과자, 고소하다, 곰장어, 부수다, 조금, 줄다'에 대응하는 말이다. 표준어에서는 어두 자음이 /ㄱ/, /ㅂ/, /ㅈ/와 같은 평음으로 나타나지만, 부산 지역어에서는 어두에 /ㄲ/, /ㅃ/, /ㅉ/ 같은 경음이 나타난다.[105] 경음은 대응하는 평음에 비해 긴장의 자질이 더해진 것으로 소리의 전달 효과가 높다. 따라서 어두에 경음이 사용되게 되면, 평음이 사용될 때보다 소리의 전달 효과가 높아진다. 이런 점에서 어두에 나타나는 경음은 표현의 전달 효과를 높이기 위한 소리의 강화 현상이라고 할 수 있다.[106]

다음은 어중에 경음이 사용된 예들이다.

7) ㄱ. 나선다꼬 해가, 외국인이라꼬 해가
   ㄴ. 아끼 볼라꼬 그랬나?
   ㄷ. 있어 가꼬

위의 7ㄱ)에 나타난 '-다꼬, -라꼬'는 부산 지역어에서 간접인용을 할 때 사용되는 표현이다. 부산 지역어의 '-다꼬, -라꼬'는 표준어 '-다고, -라고'에 대응한다.[107] 7ㄴ)의 의도의 의미를 가지는 '-ㄹ라꼬'는 표준어 '-(으)려고'에 대응한다. 7ㄱ,ㄴ)의 예들은 모두 표준어에서 평음으로 실현되는 것이, 부산 지역어에서는 경음으로 실현된다. 7ㄷ)의 '가꼬'는 '가지고'가 축약되면서 '가꼬'로 경음화하여 나타난 예이다. 7ㄱ-ㄷ) 같은 예들은 부산 지역어에서 많이 나타나는 음운 현상들이다.

이처럼 부산 지역어에서는 특정한 환경과 관계없이 경음이 많이 사용될 뿐만 아니라 경음화 현상도 많이 나타난다.

경음의 사용은 말할이의 입장에서는, 소리를 강하게 함으로써 표현을 정확히 전달하고자 하는, 전달 효과를 높이려는 의도의 반영으로 해석할 수 있다. 그러나 들을이의 입장에서 보면 경음의 사용은, 상대방의 의사를 정확히 이해하는 데 도움이 되지만, 한편으로는 상대방이 표현을 강하게 하는 사람이라고 인식할 수 있게 한다.

### 2) 문법적 특성

#### (1) 용언의 활용

부산 지역어에서 나타나는 문법적 특성 가운데 하나는, 표준어에서 불규칙 활용을 하는 용언들 중 일부가 규칙 활용을 하는 것이다. 대표적으로 'ㅂ' 규칙 활용을 보이는 것들이다. 다음의 예들을 보자.

1) 곱다, 눕다, 무섭다, 맵다

1)의 예들은 부산 지역어와 표준어가 동일한 기본형을 가진 어휘들이다. 이들 어휘들은 표준어와 부산 지역어에서 각각 다음과 같이 활용된다.

2) ㄱ. 부산 지역어

곱+고 → 곱고 곱+아라 → 고바라

눕+고 → 눕고 눕+어라 → 누버라/누우라

무섭+고 → 무섭고 무섭+어라 → 무서버라

맵+고 → 맵고　　맵+아라/어라 → 매바라/매버라

ㄴ. 표준어

곱+고 → 곱고　　곱+아라 → 고와라

눕+고 → 눕고　　눕+어라 → 누워라

무섭+고 → 무섭고　무섭+어라 → 무서워라

맵+고 → 맵고　　맵+어라 → 매워라

부산 지역어에서는 어간과 어미가 결합될 때 어간의 'ㅂ'을 그대로 유지한 채 어미가 결합되는 활용의 모습을 보인다. 즉 'ㅂ' 규칙 활용을 보인다는 것이다. 다만 '눕+어라'의 경우만 '누버라' 또는 '누우라'가 같이 사용된다는 점에서 차이가 있다. 이에 비해 표준어에서는 어미가 결합될 때, 어간의 'ㅂ'이 모두 '오/우'로 변화한다는 점에서 부산 지역어와 차이가 있다. 즉 표준어에서는 이들 어휘들이 'ㅂ' 불규칙 활용을 한다는 점을 알 수 있다. 이런 점에서 부산 지역어에서 '눕+어라'가 예외적으로 '누버라' 또는 '누우라'로 사용된다는 것은, 'ㅂ' 규칙 활용과 'ㅂ' 불규칙 활용이 동시에 나타난다는 것을 보여준다.

'ㅂ' 규칙 활용은 부산 지역어와 표준어가 동일한 기본형을 가지지 않는 어휘들에서도 난다. 아래의 예들은 표준어와 기본형이 거의 유사하지만, 주로 모음의 차이에 따라 기본형을 다르게 설정해야 하는 예들이다.

3) 싱굽다(싱겁다), 아숩다(아십다), 질겁다(즐겁다),
칩다(춥다), 애럽다(어렵다)[108]

'싱굽다'는 표준어 '싱겁다'에 대응하는 지역어이고, '아숩다'는 표준어 '아쉽다'에 , '질겁다'는 '즐겁다'에 '칩다'는 '춥다'에 대응하며, '애럽다'는 '어렵다'에 대응하는 어휘이다.

4) ㄱ. 부산 지역어

싱굽/싱겁+고 → 싱굽고/싱겁고 싱굽+어라 → 싱구버라

싱겁+어라 → 싱거버라

아숩/아십+고 → 아숩고/아십고 아숩+어라 → 아수버라

아십+어라 → 아시버라

질겁/즐겁+고 → 질겁고/즐겁고 질겁+어라 → 질거버라

즐겁+어라 → 즐거버라

칩/춥+고 → 칩고/춥고 칩+어라 → 치버라

춥+어라 → 추버라

애럽+고 → 애럽고 애럽+어라 → 애러버라

ㄴ. 표준어

싱겁+고 → 싱겁고 싱겁+어라 → 싱거워라

아쉽+고 → 아쉽고 아쉽+어라 → 아쉬워라

즐겁+고 → 즐겁고 즐겁+어라 → 즐거워라

춥+고 → 춥고 춥+어라 → 추워라

어렵+고 → 어렵고 어렵+어라 → 어려워라

위의 예들에서도 표준어에서는 'ㅂ' 불규칙 활용을 보이는 것들이, 부산 지역어에서는 'ㅂ' 규칙 활용을 보인다. 특히 위의 '싱굽다, 아숩다, 질겁다, 칩다, 애럽다'는 원래 부산 지역에서 사용

되던 어휘들로 'ㅂ' 규칙 활용을 보이는 예이다. 그런데 표준어의 유입과 함께 부산 지역에서도 표준어 '싱겁다', '아십다(아쉽다의 변이형)', '즐겁다', '춥다', '어렵다'가 원래 있던 부산 지역어 어휘들과 함께 사용되고 있다. 이 어휘들은 표준어에서 'ㅂ' 불규칙 활용을 하는 것과는 달리, 부산 지역어에서는 기존의 지역어들과 같이 'ㅂ' 규칙 활용을 하는 모습을 보인다. 이러한 양상은 표준어 어휘가 부산 지역어에 유입된다고 하더라도, 표준어에서 나타나던 용언 활용 같은 문법 현상까지 그대로 유입되기보다는 기존의 부산 지역어에서 보이는 문법 현상에 맞도록 변형되어 나타난다는 것을 알 수 있다.

다음은 부산 지역어와 표준어의 기본형에서 자음의 차이가 있는 어휘들이다.

5) 짭다, 씁다/씹다, 찹다

이 어휘들은 각각 표준어 어휘 '짜다', '쓰다', '차다'에 대응하는 어휘들이다. 이 어휘들은 표준어 어휘와 비교해 볼 때 기본형에 어간 말음으로 'ㅂ'를 설정할 수 있다는 점에서 차이가 난다.

다음은 이들 어휘의 활용 예이다.

6) ㄱ. 부산 지역어

| | |
|---|---|
| 짭+고 → 짭고 | 짭+어라 → 짜바라 |
| 씁/씹+고 → 씁고/씹고 | 씁+어라 → 쓰버라 |
| 씹+어라 → 씨버라 | |
| 찹+고 → 찹고 | 찹+어라 → 차바라 |

ㄴ. 표준어

짜+고 → 짜고　　　짜+아라 → 짜라

쓰+고 → 쓰고　　　쓰+어라 → 써라

차+고 → 차고　　　차+아라 → 차라

부산 지역에서는 '짭다', '씁다/씹다', '참다' 역시 어미 활용에서 'ㅂ' 규칙 활용을 보인다. 표준어 '쓰다'에 대응하는 부산 지역어는 '씁다'와 '씹다' 두 가지 형태가 모두 사용된다. 이때 '씹다'는 '씁다'에서 모음 'ㅡ' 가 'ㅣ'로 변화한 전설모음화 현상으로 보이는데, '씹다 역시 'ㅂ' 규칙 활용을 보인다. 이에 비해 표준어에서는 어간에 'ㅂ'이 없다는 점에서 기본적으로 'ㅂ'활용의 범주에 속하지 않는다.

지금까지 부산 지역어에서 나타나는 'ㅂ' 규칙 활용에 대하여 살펴보았다. 부산 지역어에 'ㅂ' 규칙 활용 용언이 많다는 것은 부산 지역어 어휘에 중세 국어의 잔재가 많이 남아있다는 것을 말해준다. 예를 들어 '곱다, 눕다, 무섭다' 같은 어휘들은 중세 국어에서 활용 시, 4ㄱ)에서처럼 'ㅂ' 규칙 활용을 보였다. 그 후 'ㅂ'이 'ㅸ'으로 변화하고 'ㅸ'이 다시 'ㅗ/ㅜ '로 변화함으로써, 오늘날과 같이 'ㅂ' 불규칙 활용이 나타나게 된 것이다.

한국어라는 거시적 관점에서 보았을 때 용언의 활용에서 나타나는 'ㅂ' 불규칙 활용은 보편적 현상이며 'ㅂ' 규칙 활용은 특수한 현상이다. 하지만 부산 지역어의 관점에서 보았을 때는 오히려 'ㅂ' 규칙 활용이 보편적 현상이다. 그런데 이러한 표준어와 지역어 사이에 존재하는 보편성과 특수성의 문제는 두 말이 접촉하게 되었을 때 어떤 모습을 보이게 될까?

지역 간 교류가 활발해짐에 따라 표준어와 지역어 또는 지역어와 지역어 사이의 접촉 역시 활발해지고 있다. 언어 간 접촉 현상은 언어 유입과 함께 새로운 어형의 생성이나 변화, 소멸 등 다양한 언어적 변화를 일으킨다. 부산 지역어에서도 이러한 현상이 나타난다. 앞의 예들에서 본 것처럼, 과거부터 사용되어 오던 부산 지역어 어휘에 표준어 어휘들이 새롭게 유입되면, 새롭게 유입되는 표준어 어휘들은 본래 표준어 어휘가 보여주던 'ㅂ' 불규칙 활용의 모습을 유지하는 것이 아니라, 지역어 어휘들에서 나타나는 활용 규칙인 'ㅂ' 규칙 활용을 따르는 것으로 나타난다. 이러한 현상은 지역에 새로운 언어가 유입이 되는 상황에서는 한국어라는 거시적 차원에서의 보편적인 현상보다, 지역어라는 미시적 차원에서의 보편적인 현상이 더 강하게 영향을 끼친다는 것을 보여준다. 그래서 표준어 어형이 지역어에 유입된다고 하더라도, 지역어에서 작동하던 어미 활용 방식이 유입된 어휘에도 그대로 적용되는 것이다.

부산 지역어에서 나타나는 문법적 특성 중 'ㅂ' 규칙 활용을 통해 알 수 있는 점은, 먼저 부산 지역어가 우리 국어의 옛 모습을 부분적으로 유지하고 있다는 점을 보여준다. 이는 새로운 언어 변화가 발생해도 모든 분야에서 급격하게 언어적 변화를 일으키지 않고 특정 분야에서는, 과거의 특성을 부분적으로 유지하고자 하는 성질을 가지고 있음을 알 수 있다. 언어를 통해 부산의 로컬리티를 읽어내고자 할 때, 이러한 현상은 부산 지역이 과거의 것들을 급격하게 변화시키기보다는 부분적으로 그것을 유지하고 보전하려는 경향이 있음을 보여주는 것이라고 해석해 볼 수 있다.

또한 언어 접촉, 특히 표준어와 같은 강한 중심성을 가진 언어와의 접촉 현상을 통해, 부산 지역어는 지역어가 가진 특성을 중심으로 외부에서 유입되는 것을 지역어의 특성에 맞도록 변용시키기도 한다는 것을 보여준다. 언어 접촉과 변화의 측면에서 드러나는 부산 지역어의 이러한 모습은, 부산 지역 사회가 외부와의 접촉과 변화 과정에서 부산 지역의 특성을 쉽게 잃지 않는 특성을 가지고 있다는 것으로 해석해 볼 수 있다.

**(2) 종결어미 '-대이'류**

부산 지역어에서는 문장을 마칠 때, 종결어미로 '-대이, -래이, -재이' 같은 표현들이 사용되기도 한다. 이 표현들은 표준어의 종결어미 '-다, -어라/아라/여라, -자'가 나타날 수 있는 자리에, 이를 대신하여 사용되기도 한다.

7) ㄱ. 나는 집에 간대이. (나는 집에 간다)
ㄴ. 니 하고 싶은 대로 해래이. (니 하고 싶은 대로 해라)
ㄷ. 내일 니도 같이 가재이. (내일 너도 같이 가자)

7ㄱ)에서는 평서형 종결어미 '-다' 대신 '-대이'가 사용되었고, 7ㄴ)에서는 명령형 '-여라' 대신 '-래이'가 사용되었으며, 7ㄷ)에서는 청유형 종결어미 '-자' 대신 '-재이'가 사용되었다. 일반적으로 타 지역어 사용자들은 종결형에 '-대이, -래이, -재이' 같은 표현들이 사용되면, 그 말이 곧 부산 지역어나 경상 방언이라는 느낌을 받게 된다. 그만큼 이 표현들은 부산 지역어의 대표적인 종

결어미의 형태라고 할 수 있다.

'-대이, -래이, -재이'가 어떤 형태소 구성을 가졌는지에 대해서는 몇 가지 주장이 있다. 먼저 '-대이, -래이, -재이'가 공통적으로 가지고 있는 형태소 '-애이'나 '-(으)이'가, 본래의 종결어미 '-다, -라, -자'에 붙어서 새로운 형태의 종결어미를 이룬 것으로 보는 견해[109]와 종결어미 '-다, -라, -자'에 문장 종결 특수조사 '-이'가 결합한 후 움라우트(Umlaut)가 발생하여 '-대이, -래이, -재이' 형이 되었다고 보는 견해이다.[110] 이에 대한 논의가 충분히 진전되고 있지는 않지만 최근에 후자의 논의를 따르는 경우들이 생겨나고 있다.[111] 다만 두 견해를 살펴보면 모두, 종결어미 '-다, -라, -자'에 '-이'가 결합되어 이루어졌다는 점에서는 의견의 일치를 보이고 있다.

이러한 관점에서 다음의 예들을 보자.

8) ㄱ. 내 먼저 간다.
ㄴ. 내 먼저 간다이.
ㄷ. 내 먼저 간대이.

9) ㄱ. 이건 니가 사라.
ㄴ. 이건 니가 사라이.
ㄷ. 이건 니가 사래이.

10) ㄱ. 영화는 내일 보자.
ㄴ. 영화는 내일 보자이.
ㄷ. 영화는 내일 보재이.

8), 9), 10)은 모두 '해라체'에 해당하는 부산 지역어의 평서형, 명령형, 청유형 종결어미가 사용된 예이다. 8-10)의 ㄱ)은 모두 '-다, -라, -자'가 사용되었고, 8-10)의 ㄴ)은 모두 '-다이, -라이, -자이'가 사용되었으며, 8-10)의 ㄷ)은 모두 '-대이, -래이, -재이'가 사용되었다.

기존의 논의들에서는 '-다이, -라이, -자이' 같은 어형에 대해서는 거의 언급하지 않고 있다. 하지만 실제 부산 지역어에서는 이 어형도 많이 사용되고 있다. 이렇게 보면 부산 지역어에서는 '-다, -라, -자'가 나타날 자리에 앞에서 논의된 '-대이, -래이, -재이'뿐만 아니라 '-다이, -라이, -자이'도 사용될 수 있다는 것을 알 수 있다. 실제로 부산 지역어에서 이 예들은 서로 교체되어 사용될 수 있다.

앞에서 논의된 결과를 바탕으로 이들 세 어형의 관계를 살펴보면, '-다이, -라이, -자이'는 '-다, -라, -자'에 '-이'가 결합한 예로 볼 수 있으며, '-대이, -래이, -재이'와 비교하면 아직 움라우트가 발생하지 않은 상태로 볼 수 있다. 따라서 '-다이, -라이, -자이'가 움라우트의 발생을 통해, '-대이, -래이, -재이' 로 변화했다고 본다면, 기본적으로 이들 어형은 의미적으로는 크게 차이가 나지 않을 것으로 예측된다.

물론 음운의 변화를 통해 어형이 달라졌다는 점에서 소리를 통해 전달되는 어감이나 느낌에는 차이가 있을 것으로 보인다. 부산 지역사람들은 '-다이, -라이, -자이'로 끝나는 8-10ㄴ)의 문장들보다, '-대이, -래이, -재이'로 끝나는 8-10ㄷ)의 문장이 더 정감 있고 부드럽게 들린다고 생각한다. 이는 동화 현상 가운데 하나인 움라우트가 적용된 것 때문으로 생각된다.

8-10ㄴ)이나 8-10ㄷ) 같은 종결어미 표현은 심리적 거리가 있는 사람보다는, 심리적으로 가까운 친밀한 관계일 때 사용되는 것으로 보인다. 실제 '-대이, -래이, -재이' 같은 종결어미는 부모님이 자녀에게 사용하거나 친구 사이 같은 친밀한 관계에서 많이 사용되는데, 그것도 이런 이유 때문인 것으로 볼 수 있다. 형태 구성을 포함하여 종결어미 '-대이, -래이, -재이'에 대한 면밀한 논의를 진행하기 위해서는 '-다이, -라이, -자이'에 관한 논의를 같이 전개해야 할 것이다. 하지만 이 글의 주된 관심사는 부산 지역어에서 사용되는 '-대이, -래이, -재이'가 어떤 의미로 사용되는지를 살피고, 그것이 부산 지역어의 어떤 특성을 보여주는지를 살피는 것이다. 따라서 '-대이, -래이, -재이'가 어떤 형태소 구성을 가졌는지에 대한 논의나 '-다이, -라이, -자이'에 관한 논의는 더 이상 전개하지 않기로 한다.

'-대이, -래이, -재이'의 의미에 대해서도 많은 논의들이 이루어지지는 않았다. '-대이, -래이, -재이'의 의미에 대한 대표적 논의로는 김봉국(2011)과 박유경(2021)이 있다. 김봉국(2011)에서는 문장 종결에 '-대이, -래이, -재이'가 '친밀감'을 주는 표현이라고 보았다.[112] 하지만 이에 대한 구체적 설명이나 이유를 제시하지 않고 있다. 또 박유경(2021)에서는 평서형 '-대이'가 전달하는 의미가 일반적인 평서문에서 사용되는 '-다'와 다른 점은, 들을이가 정보 습득을 하지 않았을 가능성이 높은 경우에 선호되며, 들을이에게 관련된 정보이기에 반드시 습득해야 한다고 명시적으로 제안하는 역할을 하는 것이라고 보았다. 그리고 명령형 '-래이'와 청유형 '-재이'가 일반적인 종결어미 '-라', '-자'와 다른 점은, '-래이'와 '-재이'가 '-라'와 '-자'에 비하여 수행을 강요하지 않고 상대에게 맡겨두는 뉘앙스가 있다고 보았다.

이러한 논의를 바탕으로 먼저 '-대이'가 어떤 상황에서 사용되는지 살펴보고 이를 통해 의미를 유추해 보자. 예를 들어 사무실에서 두 사람이 같이 일을 하다가, 혼자 먼저 집에 가겠다고 상대방에게 이야기하는 상황을 생각해 보자. 이런 상황에서 부산 지역 사람들은 다음과 같이 말할 수 있다.

11) ㄱ. 나(내) 먼저 간다.
ㄴ. 내 먼저 간대이.

11ㄱ)은 종결어미 '-다'를 사용한 문장이고, 11ㄴ)은 '-대이'를 사용한 문장이다. 두 문장 모두 상대방에게 '내가 간다'는 정보를 알린다는 것에서 공통점을 갖는다. 하지만 11ㄱ)이 이러한 정보를 상대방에게 단순히 알리는 것이라면, 11ㄴ)은 단순히 알리는 것을 넘어 말할이가 상대방에게 '내가 간다'는 것을 다시 확인시키는 의미를 띤다고 할 수 있다. 이때 말할이는 자신이 전달하려는 정보를 상대방이 모른다고 생각한다. 즉 '-대이'는 말할이가 자신이 전달하려는 정보를 상대방이 모른다고 생각하는 상황에서 사용된다는 것이다. 그리고 '-대이'를 사용하여 그 정보가 사실임을 들을이에게 분명하게 확인시켜 주는 의미를 담고 있다.

그리고 이와 함께 11ㄱ)이 상대방에게 어떤 감정도 담지 않은, 중립적인 감정 상태로 정보를 전달할 때 사용한다면, 11ㄴ)의 경우는 말할이가 상대방에게 혼자 먼저 가는 것에 대해 미안함 같은, 상대방에 대한 배려의 감정을 담아 표현할 때 사용한다. 이때 미안함이라는 감정은 먼저 간다는 앞의 정보를 들을이에게 확인시키면서 동반되는, 말할이의 감정이다. 물론 '-대이' 자체가 이런 의미를 가진다는 것은 아니지만, 정보를 전달하고 확인시키는 과정에서 정보의 내용과 관련되어 나타나는 감정이다. 다시 말해 11ㄱ)처럼 '-다'를 사용하여 단순히 정보를 전달만 한다면, 같은 내용의 정보라 하더라도 들을이는 말할이가 미안한 마음을 갖는다고 느끼지 않는다. 그러나 '-대이'를 사용하게 되면, 들을이는 말할이가 먼저 가는 것에 대해 약간 미안해 하는 감정을 가진다고 느끼게 된다는 것이다. 이는 '미안함'이라는 구체적 감정은 전달하는 정보의 내용과 관련되지만 상대방에 대한 태도, 즉 상대방의 마음을 배려하는 태도 자체는 '-대이' 형태를 통해 전달된다는 것이다.

또 다른 예를 보자.

12) ㄱ. 영수야, 겨울인데도 꽃이 폈다.
ㄴ. 영수야, 겨울인데도 꽃이 폈대이.

12ㄱ, ㄴ)의 경우는 모두 말할이가 새로 알게 된 정보인 '겨울인데도 꽃이 폈다'를 들을이에게 전달하고 있다. 하지만 이 정보가 들을이와 관련된 정보라고 보기는 어렵다. 뿐만 아니라 들을이가 반드시 습득해야 할 정보라고 보기도 어렵다. 이는 '-대이'가 반드시 들을이와 관계된 정보가 아닌 경우에도 사용될 수 있다는 것을 보여준다.

12ㄱ, ㄴ)의 의미적 차이를 살펴보면 12ㄱ)이 단순히 정보를 알려주는 것이라면, 12ㄴ)의 경우는 말할이가 들을이에게 그 정보를 분명하게 확인시켜 주는 의미를 가지고 있다. 이때 말할이

는 자신이 전달하려는 정보를 상대방이 모른다고 생각한다. 그리고 '-대이'를 사용하여 그 정보가 사실임을 분명하게 확인시켜주는 의미를 담고 있다.

그리고 이와 함께 12ㄱ)이 상대방에게 어떤 감정도 담지 않은, 중립적인 감정 상태로 정보를 전달할 때 사용한다면, 12ㄴ)의 경우는 말할이가 자신이 전달하는 새로운 정보에 놀라거나 하지 않도록 부드럽게 표현하는, 상대방에 대한 배려의 감정을 담아 표현할 때 사용한다. 실제로 부산 지역어 사용자들은 12ㄱ)보다 12ㄴ)이 더 부드럽고 안정적으로 들린다고 느낀다. 부산 지역어 사용자들은 12ㄱ)을 발화할 때와 12ㄴ)을 발화할 때 억양의 측면에서 차이를 보인다. 12ㄱ)을 발화할 때는 문장 끝을 상승조로 발화하지만, 12ㄴ)을 발화할 때는 문장 끝을 하강조로 발화한다. 일반적으로 들을이는 문말 억양이 상승조일 때보다는 하강조 억양일 때 안정감을 느끼게 된다.

13) ㄱ. 오후에 비 온다.
ㄴ. 오후에 비 온대이.

13)의 예에서 보면, ㄱ), ㄴ) 모두 말할이가 들을이에게 '오후에 비가 온다'는 정보를 전달하고 있다. 13ㄱ)이 단순히 정보를 알려주는 것이라면, 13ㄴ)은 자신의 정보가 사실이라는 것을 분명하게 확인시켜주는 의미로 해석된다. 이 경우 역시 앞에서 살펴본 것처럼 말할이는 자신이 전달하는 정보를 상대방이 모른다고 생각하는 상황에서 사용하고 있다. 이는 박유경(2021)에서 들을이가 정보를 습득하지 않을 가능성이 높은 경우에 선호된다고

한 것과도 유사한 맥락이라고 볼 수 있다.

13ㄴ)에서 말할이는 새로운 정보를 들을이에게 전달할 때, 들을이가 그것을 분명하게 확인할 수 있도록 강조하면서도 갑작스럽게 느끼거나 너무 강하게 말하는 것처럼 들리지 않도록 표현하려는 들을이에 대한 배려로 해석할 수 있다.

이렇게 볼 때 부산 지역어에서 사용되는 '-대이'는, 전달되는 정보가 들을이와 관련성이 있는 경우가 많지만 반드시 들을이와 관련된 정보일 필요는 없다는 것을 알 수 있다. 그리고 말할이가 자신이 전달하고자 하는 정보를 상대방이 모르고 있다고 생각하고 있으며, 그래서 이를 분명하게 확인시켜 주려고 할 때, 그리고 그 전달하는 태도가 상대방에게 강하게 느껴지지 않도록 배려할 때 사용된다는 것을 알 수 있다.

다음의 예는 명령형 '-래이'가 사용된 것이다.

14) ㄱ. 이건 니가 사라.
    ㄴ. 이건 니가 사래이.

14)의 예에서 보면, ㄱ), ㄴ) 모두 상대방에게 '이것을 네가 사라'는 명령의 의미를 전달하고 있다. 이때 14ㄱ)이 상대방에게 단순히 '이것을 네가 사라'는 명령의 의미를 전달한다면, 14ㄴ)은 말할이가 그것을 명확히 확인해주는 의미를 담고 있다. 하지만 이 표현은 상대방에게 14ㄱ)과 같은 명령의 의미로 받아들여지기보다는, 그것보다 약화된 표현으로 받아들여진다. 실제로 부산 지역 사람들은 14ㄱ)보다 14ㄴ)을 더 부드럽게 표현한 말로 받아들인다.

다음으로 청유형 '-재이'에 대해 살펴보자.

15) ㄱ. 영화는 내일 보자.
ㄴ. 영화는 내일 보재이.

15)의 예에서 보면, ㄱ), ㄴ) 모두 상대방에게 '내일 영화를 보자'는 제안의 의미를 전달하고 있다. 이때 15ㄱ)이 상대방에게 단순히 '내일 영화를 보자'는 제안의 의미를 전달한다면, 15ㄴ)은 그것을 말할이가 다시 확인해주는 의미를 담고 있다. 다시 말하면 '영화를 내일 보자, 그렇게 하자' 정도의 의미로 받아들여진다. 따라서 15ㄴ)경우가 15ㄱ)의 경우보다 들을이는 반대를 하기가 어렵게 느껴진다.

또한 '-재이'와 '-래이'는 헤어지는 인사말에서 자주 사용된다.

16) ㄱ. 잘 가래이.
ㄴ. 잘 지내래이.
ㄷ. 담에 또 보재이.
ㄹ. 잘 가재이.

16ㄱ)과 16ㄴ)은 각각 '잘 가라', '잘 지내라'를 대신하는 표현으로 종결어미 '-아라/어라' 대신 '-래이' 가 사용되고 있다. 16ㄷ)과 16ㄹ)은 각각 '다음에 또 보자', '잘 가자' 대신 사용된 표현으로 종결어미 '-자' 대신 '-재이' 가 사용되고 있다. 이때 16ㄱ)-ㄹ) 모두 앞에서 살펴보았던 말할이가 자신이 전달하고자 하는 정보 즉, '잘 가라, 잘 지내라, 담에 또 보자, 잘 가자' 같은 정보를

다시 한번 확인하는 의미를 가졌다고 할 수 있다. 또한 문장 끝이 모음 /이/로 끝나면서 말이 부드럽게 들릴 뿐만 아니라, 말의 길이가 길어져 짧은 형태의 '-라'나 '-자'보다 완곡한 태도를 드러내게 된다. 따라서 이러한 표현을 사용하는 것은 자신이 정보를 전달하는 방식을 선택할 때, 상대에게 그것이 어떻게 들릴지를 생각하고 상대에 대한 배려를 담아낸 것이라고 볼 수 있다.

그런데 16ㄹ)의 '잘 가재이'나 '-재이' 대신 '-자'가 붙은 '잘 가자'는 모두 부산이나 경상 방언에서만 사용되는 표현이다. 상대방에게 헤어지는 인사를 할 때는 '잘 가자'가 아닌 '잘 가라'를 사용하는 것이 일반적이다. 상대방에게 인사하는 말이니 '잘 가다'라는 행위의 주체는 들을이가 되어야 한다. 그런 점에서 '잘 가라'는 명령형이 일반적으로 사용되는 것이다. 이에 비해 '-자'는 청유형 어미라는 점에서, '잘 가자'는 '말할이와 들을이'가 모두 행위의 주체가 된다. 이런 점에서 볼 때 부산 지역어에서 헤어지는 인사말로 청유형인 '잘 가자, 잘 가재이'가 사용되는 것은, 말할이와 들을이가 아주 가까운 사이라고 생각하거나 혹은 두 사람을 사이의 끈끈한 유대감을 드러내려는 의식이 작용했기 때문으로 보인다. 따라서 헤어질 때 하는 '잘 가재이', '잘 가자' 같은 인사말은, 부산 지역어 사용자들이 상대방과 헤어질 때 그 아쉬움을 표현화는 것과 함께 상대방, 혹은 헤어지는 사람과의 심리적 거리의 가까움이나 유대감을 드러내는 표현이라고 해석해 볼 수 있다.

이처럼 부산 지역어에서 사용되는 종결형 어미 '-대이'는 말할이가 자신이 전달하는 정보를 들을이가 모르고 있다고 전제하고 그것을 정확하게 확인하며 전달하는 상황에서 사용된다. 또 '-래이'와 '-재이'는 들을이에게 자신이 전달하는 정보를 다시 한번 확인하며 명령하거나 제안할 때 사용된다. 이런 점에서 '-대이, -래이, -재이'는 들을이에게 정보를 정확하게 전달하고자 하는 배려가 담겨 있다.

또한 '-대이 , -래이, - 재이'는 모두 문장 끝이 모음 '이'로 끝난다는 점에서 말이 부드럽게 들릴 뿐만 아니라, 말의 길이가 길어져 짧은 형태의 '-다', '-라', '-자'에서 나타나는 단정이나 명령, 청유보다는 다소 완곡한 태도를 드러내게 된다. 따라서 들을이는 말할이가 자신을 배려하여 완곡하게 표현한다는 느낌을 받게 된다. '-대이, -래이, -재이' 같은 표현이 사용될 때, 정겹다거나, 애교스럽다거나, 상대를 배려해서 부드럽게 말하는 것 같은 느낌을 받는다는 것이 이와 관련된다고 할 수 있다. 특히 이러한 점은, 이들 표현이 심리적 거리가 있는 사람과의 대화에서는 거의 사용되지 않는 데 반해, 친구 사이나 부모와 자녀 사이 같은 친밀한 관계에서 많이 사용된다는 점으로 볼 때도 그러하다. 그리고 헤어지는 인사말에서 사용되는 '-재이'를 통해서도 말할이가 들을이와의 친밀한 관계를 표현하고자 하는 특징이 드러난다.

이렇게 부산 지역어에서 사용되는 종결형 어미 '-대이, -래이, -재이' 같은 표현들은 말할이의 들을이에 대한 태도를 표현하는 것으로 볼 수 있다. 들을이에게 정보를 정확히 전달하려는 태도와 함께 전달 방식에 대한 배려로서 완곡하게 표현하기와 친밀감 표현하기 같은 태도를 표현하고 있는 것이다.

일반적으로 부산 지역어는 거칠고 강하고 단정적이라는 이미지와 함께, 지역어 사용자들 역시 상대방을 배려하지 않고 말하는 경향이 있다는 인식이 강하다. 하지만 '-대이, -래이, -재이' 같은 종결 어미 표현은 이러한 인식과는 대비되는 부산 지역어의 또 다른 모습을 보여준다. 뿐만 아니라 부산 지역 사람들이 자신들만의 방식을 사용하여 상대방을 배려한다는 것을 보여준다.

### (3) '하이소'체

자갈치 시장은 부산 사람들의 치열한 삶의 현장을 대표하는 곳이자 지금은 대표적인 관광지가 된 곳이다. 이 시장의 입구에는 '오이소, 보이소, 사이소'가 적힌 간판이 걸려 있다. '오이소, 보이소, 사이소'에는 부산 지역어에서 사용되는 종결어미 '-(으)이소'가 포함되어 있다. 현재 종결어미 '-(으)이소'는 젊은층에서는 거의 사용하지 않지만, 나이 드신 분들은 아직도 많이 사용하고 있다.

'오이소, 보이소, 사이소'는 '오-, 보-, 사-'라는 동사 어간에 '-(으)이소'라는 명령형 종결어미가 결합된 형태이다. 김봉국(2011)에 따르면 부산 지역어의 높임법 등급은 표준어의 두루높임에 해당하는 '해예체/해요체'와 두루낮춤에 해당하는 '해체'를 제외하면, 아주높임, 예사높임, 예사낮춤, 아주낮춤으로 분류된다고 한다. 이 중 '오이소, 보이소, 사이소'에 포함된 '-(으)이소'는 아주높임을 나타내는 데 사용되는 어미이다. 즉 자기보다 나이가 많거나 신분이 높은 사람들에게 주로 사용하는 표현이라는 것이다. '-(으)이소' 외에도 부산 지역어에서 사용되는 명령형 종결어미로는 '-(으)소'가 있는데, '-(으)소'는 예사높임을 나타내는 데 사용되는 종결어미이다.

다음의 예를 보자

17) ㄱ. 할머니: 야야.

ㄴ. 손자: 예, 할매, 말씀하이소.

17)은 할머니와 손자 사이의 대화이다. 17ㄴ)에서 손자가 할머니에게 '말씀하이소'라고 말한 것을 보면, '-(으)이소'가 아주높임의 의미를 갖는다.

18) ㄱ. 어서 오이소.

ㄴ. 살피가이소.

ㄷ. 담에 또 오이소.

ㄹ. 마~ 만 원에 다 가가이소.

ㅁ. 함~ 골라보이소.

18ㄱ)은 손님을 맞는 주인(집, 가게)의 인사말이고, 18ㄴ)은 집주인이 손님을 배웅할 때 하는 인사말이다. 18ㄷ)은 가게 주인이 떠나는 손님에게 하는 인사말이고, 18ㄹ)은 흥정 끝에 가게 주인이 손님에게 자신이 양보할 수 있는 최종 금액을 알려줄 때 하는 말이다. 18ㅁ)은 가게 주인이 물건을 골라보라고 손님을 끌어들일 때 하는 말이다.

집에 온 손님에게 하는 인사말로 18ㄱ-ㄴ)이 사용될 경우에는, 손님이 주인보다 나이가 많거나 혹은 나이가 작더라도 손님을 존중하는 것을 표현하기 위해 사용된다. 이에 비해 18ㄱ)이 가게 주인이 손님에게 사용하는 경우이거나, 18ㄷ-ㅁ)에서와 같이 가게 주인이 손님에게 사용한 경우는, 손님의 나이와는 상관없이 상대를 높이기 위해 사용된 것이다. 따라서 18ㄱ-ㅁ)에 사용된 '-(으)이소'는 기본적으로 아주높임의 등급을 가진 것으로 볼 수 있다.

그런데 다음 예문의 '-(으)이소'는 아주높임의 의미가 아닌 다른 의미로도 해석이 가능하다.

19) ㄱ. 사장님, 이거 마 오천 원에 주이소. 그리 주도 되겠는데.
ㄴ. 아이고 시끄러버 죽거따. 할매, 고마 쫌 하이소.

19ㄱ)은 물건을 사려는 손님이 주인에게 흥정할 때 사용하는 말로서 요청의 의미를 담고 있고, 19ㄴ)은 주변 사람이 할머니에게 말 좀 그만하라고 할 때 사용하는 말이다. 19ㄱ)에서는 '주이소'가 '사장님'이라는 표현과 호응하여 아주높임의 의미를 가지는 것으로 볼 수 있다. 하지만 들을이가 동일하게 상정되는 뒤따르는 문장에서는, '되겠는데'라고 문장을 끝맺고 있어 높임의 의미가 드러나지 않는다. 따라서 이 경우에 앞 문장의 '주이소'를 아주높임으로 해석하게 되면 앞뒤 문장의 높임 등급의 격차가 커진다. 또 19ㄴ)에서도 들을이가 할머니라는 점에서 '하이소'를 아주높임으로 해석할 수 있다. 그런데 이 경우 역시 앞 문장에서 상대방인 할머니가 듣도록 '아이고 시끄러버 죽거따'라고 말하고 있어, 높임의 의미가 나타나지 않는다. 말하자면 '-(으)이소'를 아주높임으로 해석하게 되면 앞뒤 문장 사이에 높임 등급의 격차가 커진다는 것이다. 곧 이런 문장은 대화 시 수용성이 떨어지는 문장이 될 수 있다.

이런 점을 고려할 때, 19ㄱ, ㄴ)을 아주높임이 아닌 두루높임으로도 해석해 볼 수도 있을 것이다. 즉 19ㄱ)에서 '주이소'는 아주높임의 '주십시오'와 같은 의미를 가진다고 볼 수도 있지만, 두루높임의 '주세요'와 같은 의미를 가지는 것으로 해석해 볼 수도 있을 것이다. 19ㄴ)에서도 '하이소'를 아주높임의 '하십시오'로 해석할 수도 있지만 두루높임의 '하세요'로 해석해 볼 수도 있을 것이다. 즉 부산 지역어에서 종결어미 '-(으)이소'는 대체로 아주높임의 의미로 사용되고 있지만 부분적으로 두루높임의 의미로도 사용되는 것으로 볼 수 있다.

표준어의 유입과 함께, 높임을 나타내는 종결어미로 아주높임의 '하십시오'와 두루높임의 '해요'가 부산 지역에서 사용되게 됨으로써, 부산 지역어에서 '-(으)이소'의 사용이 줄어들었을 뿐만 아니라, 아주높임을 담당하던 '-(으)이소'의 의미에도 변화가 일어나기 시작한 것으로 볼 수 있다. 특히 부산 지역어에서 '-(으)이소'가 아주높임의 의미를 갖는다는 것을 잘 모르는 젊은 층이나 외부 지역인들은 '-(으)이소'가 표준어의 '-(으)세요'와 유사한 의미를 갖는 것으로 생각하는 것으로 보인다. 예를 들어 국립국어원의 구술 발화 조사 자료 중 경상도 지역의 조사 자료를 보면, 구술 발화를 채록하기 위해 제보자에게 질문을 한다. 이때 질문자들은 '말씀해주이소'라는 표현을 사용하는데, 이 표현 속에 종결어미 '-(으)이소'가 사용되고 있다. 그런데 조사 자료에서 질문자의 질문을 표준어로 옮겨 놓은 것을 보면, '-(으)이소'를 '-(으)십시오'로 옮긴 경우도 있고 '-(으)세요'로 옮긴 경우도 있다. 이러한 예는 '-(으)이소'가 아주높임의 의미로 해석되기도 하지만, 두루높임의 의미로 해석되기도 한다는 것을 보여준다. 이는 '-(으)이소'가 아주높임이라는 원래의 의미와 함께 부분적으로 두루높임이라는 새로운 의미를 획득하고 있다는 것, 즉 의미 변화를 보여주는 것이라고 할 수 있다.

부산 지역에 표준어가 유입되면서 '-(으)십시오'와 '-(으)세요'가 다양한 환경에서 널리 사용되는 데 비하여, 원래부터 사용되던 부산 지역어 '-(으)이소'는 그 사용이 점점 줄어들고 있다. '-(으)이소'가 가장 많이 사용되는 상황이, 위의 예에서 살펴본 인사말이나 물건을 사고팔 때 흥정하는 상황에서이다.

인사말은 만나거나 헤어질 때 하는 말로 반갑거나 아쉬움의 감정을 담아 표현하는 말이다. 물건을 사고파는 흥정의 상황에서, 손님이나 주인은 사무적이거나 공식적인 느낌이 드는 말, 거리감이 느껴지는 말을 사용하기보다는, 서로에게 친밀감이 느껴지는 말을 사용하는 것이 도움이 된다. 부산 지역어에서 종결어미 '-(으)이소'의 사용이 많이 줄어들었지만, 인사말이나 흥정이 필요한 상거래 담화에서는 아직까지 많이 사용된다는 것, 그리고 앞의 국립국어원의 지역어 구술 발화 조사에서 질문자가 제보자에게 '-(으)이소'를 사용하는 것을 볼 때, '-(으)이소'는 말할이가 상대방에게 친밀감을 표현하기 위해 사용하는 종결어미임을 알 수 있다.

이렇게 부산 사람들은 서로 간의 친밀감이나 반가움, 아쉬움 같은 감정을 소통해야 하는 상황에서, 새로 유입된 표준어를 사용하기보다는 예전부터 사용해 오던 부산 지역어의 특별한 형태를 활용하는 경향이 있다는 것을 알 수 있다.

### (4) 의문법

한때 각종 온라인 커뮤니티 게시판에서 '진짜 부산사람 구별법'이란 제목의 게시물이 올라온 적이 있었다. 이 글에는 부산 시민과 가짜 부산 시민의 대화가 담겨 있는데, 이 대화를 통해 진짜 부산 사람을 구별할 수 있다는 것이다.

20) 부산 시민: '했니? 안 했니?'를 부산말로 해봐라.

가짜 부산 시민: 했노? 안 했노?

이는 부산말은 무조건 뒤에 '-노'를 붙이면 된다고 생각하는 인식이 잘못되었다는 것을 알려주는 예이다. 이렇게 의문문의 문장 끝에 '-노'를 사용하는지 아니면 '-나'를 사용하는지에 따라 부산 사람인지 여부를 판단할 수 있을 만큼, 부산 지역어에서 의문형 종결어미, '-노'와 '-나'는 특징적인 것이라고 할 수 있다.

부산 사람들과 경상도 사람들이 아는 사람을 길에서 만났을 때, 인사 삼아 묻는 말로 많이 사용하는 것이 "밥 무운나?"와 "어데 가나?"이다. 이 말들은 상대방이 밥을 먹었는지 안 먹었는지가 궁금하거나 상대방이 어디 가는지를 꼭 알고 싶어서 묻는 말이 아니다. 그래서 이 말을 듣는 사람도 굳이 밥을 아직 안 먹었다든지, 어디에 간다든지를 밝히지 않고, "응"이라든지 "요새 벨일 없재?", "니는 요새 우째 지내노?" 정도로 대답한다.

그런데 부산 지역어에는 이와 비슷한 형식을 지니는데 전혀 다른 의미로 사용되는 "어데 가노?"가 있다. 이 경우 말하는이가 "어데 가노?"라고 물으면, 들을이는 어디에 가고 있는지를 답해야 한다. 즉 "학교에 간다", "시장에 간다"와 같이 가는 곳을 대답해 주어야 제대로 된 답변이 된다.

두 문장 다 '어데'라는 대명사가 사용되었고 문장 형식 또한 의문문인데, 왜 서로 다른 의미로 사용될까? "어데 가나?"와 "어데 가노?"를 자세히 살펴보면, 두 문장이 형식적인 면에서 차이를 보인다는 것을 알 수 있다. 한 문장은 끝에 '-나'가 나타나고 다른 한 문장은 끝에 '-노'가 나타난다.

다른 대명사가 사용된 의문문 문장들에서도 마찬가지이다.

21) ㄱ. 니, 뭐 묵나?

ㄴ. 니, 뭐 묵노?

ㄷ. 누가 왔나?

ㄹ. 누가 왔노?

21ㄱ)은 무엇인가를 먹는지를 묻는 말이고, 21ㄴ)은 먹는 것이 무엇인지를 묻는 말이다. 21ㄷ)은 누군가가 왔는지를 묻는 말이고, 21ㄹ)은 온 사람이 누구인지를 묻는 말이다. 21ㄱ)과 21ㄴ)에는 모두 대명사 무엇에 해당하는 '뭐'가 사용되었고, 21ㄷ)과 21ㄹ)에는 대명사 '누구'가 사용되었다. 21ㄱ)과 21ㄴ), 그리고 21ㄷ)과 21ㄹ)은 형식적으로 볼 때 문장 끝의 어미만 '-나'와 '-노'로 차이를 보인다. 21ㄱ-ㄹ)의 예는 문장 끝에 '-나'가 사용되면, "응", "아니" 같은 말로 대답할 수 있지만, 문장 끝에 '-노'가 사용되면 '무엇'이나 '누구'에 대한 대답이 되어야 물음에 제대로 응답한 것이 된다는 것을 보여준다. 이 의문문에서 어떤 대답을 요구하는지를 드러내 주는 중요한 역할을 하는 것이 문장 끝에 오는 '-나'와 '-노'이다. 즉 들을이에게 가부를 묻는 판단의문문의 경우에는 '-나'가 사용되고, 설명을 요구하는 설명의문문에서는 '-노'가 사용되는 것이다.[113] 물론 실제 발화 시에는 성조의 차이가 나타난다.

의문문의 성격이 '-나'와 '-노'에 의해 결정되는 이러한 특성은 중세 국어의 의문법이 가졌던 특성을 유지하고 있는 것이다. 중세 국어에서 '-고/오'는 의문 대명사가 동반되는 설명의문문에 사용되고 '-가/아'는 가부를 묻는 판정의문문에 사용되었다.

22) ㄱ. 므스글 道ㅣ라 ᄒᆞᄂᆞ니잇고(월인석보)

ㄴ. 如來 어듸 겨시뇨(월인석보)

ㄷ. 그듸 아바니미 잇ᄂᆞ닛가(석보상절)

ㄹ. 이 ᄯᆞ리 너희 죵가(월인석보)

22ㄱ)은 무엇을 도라고 합니까라는 의미이고, 22ㄴ)은 여래가 어디 계시냐라는 의미이다. 22ㄷ)은 그대의 아버님이 있습니까라는 의미이고, 22ㄹ)은 이 딸이 너희 종이냐라는 의미이다. 22ㄱ)과 ㄴ)에는 현대 국어의 '무엇'과 '어디'에 해당하는 의문대명사 '므슥'과 '어듸'가 사용되었고, 22ㄷ)과 22ㄹ)에는 의문대명사가 사용되지 않았다. 22ㄱ)과 22ㄴ)에는 문장 끝에 '-고/오'가 사용되었고, 22ㄷ)과 22ㄹ)에는 '-가/아'가 사용되었다. 이처럼 중세 국어에서는 문장 끝에 나타나는 '-고/오'와 '-가/아'에 의해 의문문의 종류가 구분되었다.

현재 서울말을 비롯하여 다른 방언권에서는 중세 국어에서 나타났던 이러한 의문법의 특징이 없어졌지만, 부산 지역어를 포함한 경상도 방언에서는 아직 일부분이 남아서 유지되고 있는 것이다.

### (5) 축약 현상과 문법화

부산 지역어에서는 말을 축약해서 사용하는 현상이 많이 나타난다. 예를 들어 표준어로 '떠나 버렸다'라는 말은 부산 지역어로 '떠나뻣다'나 '떠나뿟다'로 나타나기도 한다. '떠나다'에 연결된 보조용언 '버리다'가, 부산 지역어와 경상 방언에서는 '-삐다' 혹은 '-뿌다'로 나타나는 것이다.

23) ㄱ. 가는 벌써로 가삣다.

ㄴ. 됐다 마, 치아뿌라.

ㄷ. 아깨 다 무뿟다.

23ㄱ)에서는 '가 버렸다'가 '가삣다'로, 23ㄴ)에서는 '치워 버려라'가 '치아뿌라'로, 23ㄷ)에서는 '먹어 버렸다'가 '무뿟다'로 나타난다. 즉 보조용언 '버리다'의 '버리-'가 '-삐-'나 '-뿌-'로 축약되어 나타난 것이다. 이렇게 음절이 축약되어 사용되는 현상은 적은 노력으로 의사소통하려는 말할이의 심리가 반영된 것이다. 그리고 그것이 언어공동체에서 받아들여지고 일반적으로 사용된다는 것은 언어공동체의 구성원들도 이러한 심리를 가졌다고 유추해 볼 수 있다.

그런데 23ㄱ-ㄷ)에서 축약된 형태로 사용되고 '-삐-'와 '-뿌-'는 용언 어간이나 다른 어미 뒤에 붙어서 사용되고 있다. 이는 '-삐-'와 '-뿌-'가 독립된 단어로서의 성격을 지니지 못함을 보여주는 것이다. 특히 '-삐-'와 '-뿌-'의 의미 역시 어휘적 의미를 가졌다고 보기 어렵다. 그런데 '-삐-'와 '-뿌-'로 축약되기 전 원래 형태인 '버리-'는, 보조용언으로 사용되고 있지만 하나의 단어로서의 자격을 가지고 있었다. 따라서 하나의 단어였던 '버리-'가 축약을 통해 단어로서의 자격을 잃어버렸다고 볼 수 있다. 이러한 현상은 단어로서의 자격을 갖고 있던 어휘가 문법적 형태로 변화하는 문법화 현상의 하나로 볼 수 있다.[114] 즉 하나의 단어였던

'버리-'가 축약현상을 겪고, 언어공동체 내에서 축약된 형태의 사용이 확대되어 일반화되고 또 관습화되면서 단어로서의 자격을 잃어버린 것으로 볼 수 있다. 23ㄱ-ㄷ)에서 보여주는 문법화 현상은 축약 현상과 밀접하게 관련됨을 알 수 있다.

부산 지역어에서 이러한 축약 현상과 문법화 현상이 일어나고 있는 경우는 또 있다. 다음의 24)와 25)는 모두 동일한 말할이의 발화이다.[115]

24) 이전에 산을 기점으로 해 가지고 쭈욱 그 성을 쌓은 곳은…

'해 가지고'에서 '가지고'는 '하다'에 연결되어 보조용언으로 사용되고 있다. 이때 '가지고'는 앞의 상황을 유지한 상태에서 다음 사건이 발생함을 나타낸다. 그런데 이런 '가지고'가 유사한 환경인 다음의 예문에서는 '해가'로 나타난다.

25) 충렬사로 기점으로 해가 쭈욱 복원을 다 해놨어.

24)에서 "기점으로 해 가지고"로 나타나던 것이 25)에서는 '기점으로 해가'로 나타난다. 25)의 '해가'는 의미적으로 볼 때 표준어 '해서'나 '해 가지고'에 대응한다. 따라서 '-가'가 표준어 연결어미 '-서'에 대응하는 형태소라고도 해석해 볼 수도 있고, '해 가지고'에서 '해가'로 축약된 형태로도 해석해 볼 수 있다. 하지만 동일한 환경인 24)에서는 '해 가지고'로, 25)에서는 '해가'로 나타난 것으로 보아, 이것은 '가지고'가 '가'로 형태적으로 축약되어 나타난 것으로 보는 것이 타당하다.

26) ㄱ. 해운대 쪽에서 어업을 해가 들오는 것이 있고

ㄴ. 그래가 그기 바람이 들어 가지고 나오기를 봉천으로 나왔어.

ㄷ. 그래 잽히가 가다가 안동서 검사할 때 우째 피해가 다부 봉천으로 왔어.

마찬가지로 26ㄱ)의 '해가' 역시 '해 가지고'가 축약된 것이고, 26ㄴ)의 '그래가'는 '그래 가지고'가, 26ㄷ)의 '잽히가'는 '잽히 가지고'가, '피해가'는 '피해 가지고'가 축약된 현상으로 볼 수 있다.

이렇게 '가지고'가 '-가'로 축약되어 사용되는 현상은 오늘날 부산 지역어에서 많이 나타난다.

27) ㄱ. 빵을 사가 갔다.

ㄴ. 빵을 사 가꼬 갔다.

표준어 '빵을 사 가지고/서 갔다'는 부산 지역어에서 '빵을 사가 갔다'나 '빵을 사 가꼬 갔다'로 나타난다. '가지고'가 '가' 또는 '가꼬'로 축약되어 나타나는 것이다. 이러한 현상은 형태적으로 볼 때, '가지고'가 '가꼬'로 변화하거나 '가지고'가 '-가'로 변화하는 것일 수 있으며, 또는 '가지고'가 '가꼬'로, 이것이 다시 '-가'로 변화하는 과정이라고도 볼 수 있다. 이렇게 표준어에서와 달리, 부산 지역어에서는 말을 줄여서 짧은 형태로 축약시키는 현상이 많이 나타난다.

27ㄱ)에서 축약된 형태로 나타나는 '-가'는 용언의 어간 뒤에

붙어 사용되며 하나의 단어로서의 자격을 갖지 못한다. 이 경우도 원래 단어로서의 자격을 가지고 있던 '가지고'가 단어가 아닌 형태로 변화한 현상이라는 점에서 문법화 현상의 하나로 볼 수 있다.

이뿐만 아니라 부산 지역어에서는 '사용하다'나 '도구'의 의미를 지닌 본용언 '가지고'가 1음절로 축약되면서 명사 뒤에 붙는 현상이 나타나기도 한다.

28) ㄱ) 지우개까 지아바라. (지우개 가지고 지워 봐라)
ㄴ) 묵는 거까 그라믄 안 된다. (먹는 것 가지고 그러면 안 된다)

28ㄱ)은 표준어 '지우개 가지고 지워 봐라'에 대응하고, 28ㄴ)은 표준어 '먹는 것 가지고 그러면 안 된다'에 대응한다. 대응하는 표준어에서 '가지고'는 모두 본용언으로서 '사용하다'나 '도구'의 의미를 가진다. 이것이 부산 지역어에서는 '까'로 나타난다. 형태적으로는 3음절이 1음절로 축약되었으며, 음운적으로는 '가'가 아닌 '까'로 경음화되어 나타난다. 또한 이때 '까'는 본용언으로 사용되는 것이 아니라 명사 뒤에 붙어 나타난다는 점에서 조사나 접사와 같은 기능을 하는 것으로 볼 수 있다. 이런 점에서 '가지고'가 '까'로 축약되는 현상은 형태 및 음운의 변화와 함께 문법적 기능의 변화가 일어난 것으로 보인다. 하지만 의미적으로는 '가지고'가 가진 '사용하다'나 '도구'의 의미를 그대로 유지하고 있다.

또한 이러한 축약 현상은 인용하는 말[116]의 경우에도 나타난다.

29) ㄱ. 아깨 간다 카드만 안즉또 안 갔나?

ㄴ. 밥 무웃다 카던데

ㄷ. 지가 주웃다 카더라.

ㄹ. 니 뭐라 캤노?

ㅁ. 이거를 우리한테 대여를 해달라 캤더니

ㅂ. 첨머이 한 천만 원만 있으마 덴다 캤는데

ㅅ. 팔백만 원 보태 가지고 할라 캤는데

29)의 예에서는 인용을 나타내는 '-고 하-'가 '카'로 줄어들었다. '-고 하다, -고 하면, -고 해서, -고 해라, -고 했나, -고 했노' 등은 부산 지역어에서 '카다, 카면, 캐서, 캐라, 캤나, 캤노' 등으로 축약되어 나타난다. '-고 하-'가 '카-'로 축약되는 예들은 부산 지역어에서 아주 빈번하게 나타나는데, '카길래, 카는데, 카더마는, 카디이, 칼끼고, 카겠능교, 카나, 카네, 커더나, 카소, 캐도, 캐바야' 등도 모두 이러한 예들이다.

그런데 부산 지역어에서 나타나는 이러한 축약 현상은 경음화 현상과 관련이 깊다. 특히 부산 지역어에서 '버리다'가 '삐다, 뿌다'로 나타나는 현상과, '사용하다, 도구'의 의미를 지닌 '가지고'가 '까'로 나타나는 현상은 일반적인 경음화 현상과 달리, 경음화가 발생할 환경이 아닌데 경음화가 발생한 것들이다. '-삐다, -뿌다', '까'는, 음성적인 요인에 의한 경음화라기보다는 의미적 차원과 관련된 경음화라고 할 수 있겠다. 즉 '버리다'가 축약되면서 그것이 가진 완료적 의미를 더욱 강화하고 분명하게 표현하기 위해서 더욱 강한 소리인 경음을 선택한 것으로 보인다. 마찬가지로 '가지고'가 '까'로 축약되면서, '그것이 가진 도구나 사용하다'의 의미를 분명히 하기 위해 발음을 강화한 것으로 보인다. 이처럼 부산 지역어에서는 축약 현상과 함께 의미를 명확하게 전달하기 위해, 경음이나 격음의 짝이 있는 소리들을 경음이나 격음으로 발음하는 경향이 있다. 그런데 이러한 경음이나 격음의 사용은 들을이에게 거세고 강한 느낌을 주게 된다. 그리고 일반적으로 언어 사용에 있어서 축약된 형태는 원래의 형태에 비해 단정적이고 강한 느낌을 준다.

부산 지역어에서 빈번하게 나타나는 이러한 축약 현상은, 기본적으로 최소한의 노력으로 의사소통을 하려는 언어 경제성의 원리가 적용된 것으로 볼 수 있다. 그리고 축약 현상에 수반되는 경음이나 격음의 사용은 말할이가 의미를 명확하게 전달하고 싶어하는 심리가 반영된 것으로 볼 수 있다. 그리고 축약 현상으로 인해 음절 수가 줄어드는 것과 함께 경음이나 격음의 사용은, 대화 시 들을이에게 완곡함보다는 직접적이고 강한 느낌을 주게 된다. 이러한 특징들은 부산 지역어가 거세고 강하다는 인상을 받게 만든다. 하지만 이러한 현상 이면에는 부산 사람들의 경제적 원칙에 따른 언어 사용의 원리와 함께 그 의미를 명확히 전달하고자 하는 의도가 들어 있다.

### 3) 어휘적 특성

지역어에서 어휘 분야는 지역의 자연환경이나 역사와 문화, 지역인들의 인식을 가장 잘 반영하고 있다. 지역어 어휘의 특성을 살피기 위해서는 다양한 접근이 가능하겠지만, 여기에서는 어휘의 형성적인 측면(단어 형성)에서 특성[117]을 보이는 부산 지역어 어휘들을 살피고 또 부산의 자연환경, 역사, 사회 경제적 환경 등과 관련된 어휘들에 대해 살펴보겠다.

### (1) 합성동사

부산 지역어 어휘들 중에는 표준어나 다른 지역에서 사용되는 어휘들과 의미는 같은데 형태가 다른 예들이 있다.[118] 예들 들어 동사 '드가다'나 '들오다', '일나다', '가오다', '띠가다', '띠오다' 같은 어휘들이다. 부산 지역어의 '드가다'는 표준어 '들어가다'에 대응하고, '들오다'는 표준어 '들어오다'에, '일나다'는 표준어 '일어나다', '가오다'는 표준어 '가져오다'에, '띠가다'는 표준어 '뛰어가다'에, '띠오다'는 표준어 '뛰어오다'에 각각 대응한다.

이들 부산 지역어 어휘와 표준어 어휘를 형태적 측면에서 비교해 보면, 표준어 '들어가다', '들어오다' 등에서는 단어 중간에 연결어미 '-어'가 포함되어 있는 데 비해, 부산 지역어 '드가다', '들오다' 등에서는 단어 중간에 연결어미가 포함되어 있지 않다. 이러한 어휘 형태의 차이는 단어가 형성되는 방법의 차이와 관련된다.

국어의 단어 형성법은 합성법과 파생법으로 나누어 볼 수 있다. 합성법은 어근과 어근이 결합하여 새로운 단어를 형성시키는 방법이고, 파생법은 어근에 접사가 결합하여 새로운 단어를 형성시키는 방법이다. 현대 국어에서 어근과 어근이 결합하여 합성법으로 새로운 단어가 만들어질 때, 일반적으로 어근과 어근 사이에 연결어미가 개입되는 통어적 합성을 보인다. 예를 들어 '돌아가다, 나아가다, 따라가다, 줄어들다, 물어뜯다' 같은 말들은 모두 두 개의 어근이 결합되면서 중간에 연결어미가 개입되어 새로운 단어가 만들어진 것이다. 이에 비해 중간에 연결어미가 개입되지 않고 어근과 어근이 바로 결합된 '검붉다' 같은 예는 비통어적 합성의 경우인데 예가 많지 않다.

중세 국어에서 단어를 형성하는 합성법에서는 중간에 연결어미의 개입이 없이 어근에 어근이 직접 결합하는 비통어적 합성도 많이 사용되었다. 대표적으로 '거두들다, 놀뛰다, 빌먹다, 잡쥐다' 같은 단어가 여기에 속한다.

단어 형성의 측면에서, 위에서 언급한 표준어의 '들어가다', '들어오다' 등을 분석해 보면 다음과 같다.

1) 표준어

들어가다: 들+어+가(다)

들어오다: 들+어+오(다)

일어나다: 일+어+나(다)

가져오다: 가지+어+오(다)

뛰어가다: 뛰+어+가(다)

뛰어오다: 뛰+어+오(다)

표준어 '들어가다'는 '들다'와 '가다'가 하나의 단어로 합성되면서 어근인 '들-'과 '가-'가 결합되면서 그 사이에 연결어미 '-어'가 개입되어 '들어가다'라는 단어가 만들어졌다. 나머지 단어들 역시 두 단어의 어근이 결합되면서 중간에 연결어미 '-어'가 개입된 모습을 보여준다. 이러한 방식은 현대 국어 합성법의 일반적인 모습이다.

단어 형성의 측면에서 보았을 때, 부산 지역어에서는 현대 국어의 합성법에서는 잘 나타나지 않는 예들이 발견된다. 중세 국어에서와 같이 연결어미의 개입 없이 어근과 어근이 바로 결합된 어휘들이 많이 나타난다. 다음의 예들을 보자.

2) 부산 지역어

드가다: 들+가(다)

들오다: 들+오(다)

일나다: 일+나(다)

가오다: 가지+오(다)

띠가다: 띠+가(다)

띠오다: 띠+오(다)

표준어 어휘 1)과 부산 지역어 어휘 2)는 동일한 의미를 지니지만, 형태적으로는 어근과 어근 사이에 연결어미가 개입되어 있는지 여부에서 차이가 난다. 앞에서 본 것처럼 표준어에서는 어근들이 결합되는 사이에 연결어미가 개입되지만, 부산 지역어에서는 연결어미가 개입되지 않는 모습을 보여준다. 이처럼 단어를 만드는 합성법을 통해 본 어휘의 모습에서도 부산 지역어에서는 중세 국어의 모습을 많이 유지하고 있으며, 그렇게 만들어진 단어들이 지역의 언어공동체에서 사용되고 있다. 이러한 현상은 중세 국어의 단어 형성법의 흔적이 부산 지역어에 아직도 남아 있다는 것을 보여준다.

그런데 예 2)와 같이 비통어적 합성법으로 생성된 부산 지역어 어휘들은 예 1)의 통어적 합성법으로 생성된 표준어 어휘들에 비해 음절 수가 적다는 특징이 있다. 이러한 특징은 부산 지역어에서 말을 축약하는 축약 현상이 많이 일어나는 것과도 연관지어 생각해 볼 수 있다. 이것은 단어를 만드는 과정에서 새 단어의 의미를 나타내는 데 중요한 역할을 하지 못하는 연결어미를 개입시키지 않고, 두 어근을 직접 결합시켜 단어를 짧게 생성하는 방법을 선호하는 것으로 볼 수 있기 때문이다. 이처럼 부산 지역어 어휘들 가운데 비통어적 합성으로 형성된 어휘들이 많다는 것은, 부산 지역어에서는 단어 생성의 측면에서도 언어 경제성의 원리가 반영되었다고 볼 수 있을 것이다.

### (2) '우' 불규칙 용언

부산 지역어에는 어간이 '우'로 끝나는 용언이 많이 나타난다.[119] 다음의 어휘들은 어간의 끝이 모음 '우'로 끝나는 예들이다.

3) ㄱ. 끼루다, 마쿠다, 무꾸다, 이수다, 뽀수다, 지푸다
ㄴ. 가루다, 시푸다
ㄷ. 장구다, 배루다, 고루다, 고푸다, 나뿌다, 당구다, 모우다, 쪼루다

3ㄱ)의 '끼루다, 마쿠다, 무꾸다, 이수다, 뽀수다, 지푸다'는 각각 표준어 '열다, 막다, 묶다, 잇다, 빻다, 깊다'에 대응한다. 형태를 비교해 보면, 표준어에서는 각 용언들의 어간이 자음으로 끝나는 데 비하여, 부산 지역어의 어휘들에서는 어간 끝이 모음 '우'로 끝나고 있다.

3ㄴ)의 '가루다'는 표준어 '가리다'에, '시푸다'는 표준어 '싶다'에 대응한다. 부산 지역어에서는 어간의 끝이 모음 '우'로 나타나지만 표준어에서는 어간의 끝이 모음 '이'로 끝나고 있다. 3

ㄷ)의 부산 지역어 '장구다, 배루다, 고루다, 고푸다, 나뿌다, 당구다, 모우다, 쪼루다'는 각각 표준어 '잠그다, 벼르다, 고르다, 고프다, 나쁘다, 담그다, 모으다, 조르다'에 대응한다. 표준어 어형에서는 모두 어간 끝이 모음 '으'로 끝나는 데 비하여, 부산 지역어에서는 어간 끝이 모음 '우'로 끝나고 있다. 3ㄱ-ㄷ)을 통해 볼 때, 부산 지역어의 용언 어간은 표준어에 비하여 모음 '우'로 끝나는 경우가 많음을 알 수 있다. 특히 3ㄷ)의 예를 통해 보면, 모음 '으'보다는 '우'를 사용하는 경향이 있다는 것을 알 수 있다.

부산 지역어에서 용언의 어간 끝에 모음 '우'가 많이 나타난다는 것은 사동 접미사의 사용을 통해서도 확인할 수 있다. 현대 국어에서 나타나는 사동 접미사는 '-이/히/리/기/우/구/추'이다.

4) ㄱ. 재우다(재우다), 피우다(피우다) 띠우다(뛰우다)
   ㄴ. 노쿠다(녹이다), 사쿠다(삭이다), 소쿠다(속이다),
      쭈루다/쫄우다(줄이다), 말루다(말리다),
   ㄷ. 이쿠다(익히다)
   ㄹ. 나수다(낫게 하다)

4ㄱ)의 예들은 부산 지역어의 사동접미사 어형과 대응하는 표준어의 사동접미사 어형이 같은 경우이다. 4ㄱ)의 예들은 부산 지역어와 표준어 모두에서 사동사로 파생될 때, 사동접미사 '-우'가 결합된 것들이다. 4ㄴ)의 예들은 표준어에서는 사동접미사 '-이'가 결합되어 사동사로 파생된 것들이, 부산 지역어에서는 사동접미사 '-우'나 '-후'가 결합되어 사동사로 파생된 것들이 있음을 보여준다. '노쿠다, 사쿠다, 소쿠다'는 '녹-, 삭-, 속-'에 사동접

미사 '-후'가 결합된 것이고, '쭈루다/쭐우다, 말루다'는 사동접미사 '-우'가 결합된 것이다. 4ㄷ)은 표준어에서는 사동접미사 '-히'가 결합되어 사동사로 파생된 것이, 부산 지역어에서는 사동접미사 '-후'가 결합되어 사동사로 파생된 예이다.

4ㄹ)은 표준어에서는 '낫게 하다'로 표현되는 것이, 부산 지역어에서는 동사 '나수다'로 사용되고 있다. '낫게 하다'는 동사 어근 '낫-'에 '-게 하다'가 결합된 장형 사동인데, 부산 지역어에서는 동사 어근 '낫-'에 사동접미사 '-우'가 결합되어 사동사로 파생된 것이다. 부산 지역어에서 '낫다'는 어미 활용에서 모음으로 시작하는 어미가 결합되어도 'ㅅ'이 탈락하지 않는 규칙 활용을 한다. 이러한 특성이 모음으로 시작하는 사동접미사 '-우'가 결합되어도 'ㅅ'이 탈락하지 않고 남은 형태인 '나수다'로 파생된 모습을 보인다. '나수다'의 경우는 사동접미사 '-우'의 사용과 함께, 표준어의 장형사동이 부산 지역어에서는 사동사로 파생하는 단형사동으로 나타나기도 한다는 부산 지역어의 특성을 보여주고 있다.

물론 이러한 예들이 표준어에서 사동사가 파생될 때 사용되는 사동접미사 '-이, -히'가, 부산 지역어에서 모두 사동접미사 '-우, -후'로 나타난다는 것을 말하는 것은 아니다. 하지만 위의 예에서처럼 일부 사동사 파생에서 사동접미사 '-이, -히' 대신 '-우, -후'가 사용된다는 것은, 상대적으로 부산 지역어에서 사동접미사 '-우, -후'가 많이 사용된다는 것을 보여준다.[120]

이처럼 표준어와 비교해 볼 때, 부산 지역어의 용언에서는 용언의 어간 자체가 끝모음이 '-우'로 끝나는 경우가 많을 뿐만 아니라, 사동접미사의 경우에도 '-우, -후'가 많이 사용됨으로써 용언의 어간 끝에 모음 '-우'가 나타나는 어휘가 많다는 것을 알 수 있다.

### (3) 동래학춤과 동래의 지형

동래학춤[121]

부산 지역어에는 부산 지역을 배경으로 만들어진 '동래학춤'이라는 단어가 있다. 이것은 부산의 동래 지역에서 만들어진 민속무용 가운데 학의 몸짓을 표현한 춤의 이름이다.

부산 지역에는 부산에서 형성된 민속 무용들이 있다. 수영야류, 동래야류, 동래학춤 같은 것들이 그것이다. 동래야류 기능보유자인 문장원은 경상도와 전라도의 특징에 대해, "경상도는 본래 춤이라 캤어. 전라도는 소리고. 또 동래 사람들이 춤을 잘 초았어."[122]라고 말한다. 동래 사람들이 춤을 잘 추었다는 말이다. 그는 동래학춤에 대해 다음과 같이 구술한다.

> 지끔 궁중무용으로 학 껍데기 씨고 추는 기 있어. 민속 무용으로 학춤이 있는 데가 우리 동래백에 없어. 동래는 지형적으로 학

의 형상과 같다고 해서 학 이름이 붙어진 데가 많애. 그러이까 자연으로 학춤이 나오게 된 거야. 학수대, 학소대, 학바우, 학알 카는 기 있고 서식지가 있고, 지금은 거어 아파뜨를 지어가 동네가 있는데 이전에는 산이야. 산이 동장대하고 서장대가 이기 보만 학이 목을 쭈욱 빼가 날라가는 형상이야. 또 이 밑에 보마 학의 집이 있는 거 긑이 똑 데가 있는 데가 있어. 그기 학소대고 또 학이 알을 품은 긑이 데가 있는 데가 학알이야. 우리가 황새알이라 카지. 또 학이 앉는 자리가 학바우야. 연산동, 교대 넘어가 가지고 자동차를 타고 가다 보마 이전에 거가 연산동 논바닥인데 거어가 서식지였어. 그기 바로 못인데 못 거게 바우가 있꼬 한데 거어 학이 날라가 앉고 그랬어. 학이 물고기를 잡아묵는다꼬 그렇김 와가 있고 그랬어. 여어 학소대 가마 소나무가 이런 기 있어. 우리 거어 가가 바이오링 시루고 노래를 하고 이랬는데 달이 뜨마 거어 참 희한해. 달이 나무에 걸리고 하이까. 거게 학이 앉그든.

딴 데도 학이 날라 오겠지. 그래도 동래 한량들이 춤을 오양 잘 추이까. 촌 사람들이 무슨 춤을 추겠어? 도깃대춤이지 뭐. 춤을 추는 바탕이 명인들이니까. 그러니까 학의 동태를 표현하는데 자기 마음대로 춤을 가지고 표현하는 기라. 그기 춤꾼 아이마는 할 수가 없는 기라. 빼등빼등해 가지고 할 수가 없어. 그래가 자유무 추다가 기 멋지게 가락이 나올 수가 없는 기라. 도포를 입고 갓을 씨고 너울너울 추다가 추다가 자꾸 발전한 기지.

한량이 추는 춤이라도 학춤은 정말 멋이 있어. 갓은 학의 머리를 상징한 기고 도포 입은 거는 나래를 상징하는 기지.

문장원은 부산 동래에서 학춤이 발생하게 된 배경을, 학의 서식지가 있었던 동래의 환경적 특성과 관련지어 설명하고 있으며, 지명이나 바위의 명칭 중에도 학과 관련된 명칭이 많았다고 구술한다. 학의 서식지가 동래에 있었다는 점은 그들이 자연스럽게 학을 많이 보고 관찰했을 것이며, 이것을 언어로 표현하거나 다른 방식으로 표현하게 되었을 것이라는 추정을 가능하게 한다.

'동래학춤'에 대해 기록된 문헌은 찾을 수 없으나, 구전에 의하면 동래의 서남편(연산리)에 많은 황새가 떼를 지어 서식하였는데, 주민들이 황새를 관찰함으로써 학의 몸짓을 연상하는 춤을 추었을 것이라고 한다.[123]

김승찬은 학춤의 발생 유래에 대해서는 기록이 전혀 없기 때문에 확실히 알 수 없으나, 동래 지방에 거주하는 옛 노인들의 증언을 종합해 보면, 그 발생 시기는 조선조 말기 '동래 들놀음'이 형성될 때쯤이며, 그 형성에 관여한 사람들은 기방에 출입하던 한량들이었을 것으로 추정하고 있다.[124]

예로부터 동래 지역은 온천을 즐기는 풍류객들이 모여든 곳으로 놀이판이나 사랑방에서 한량들이 춤판을 벌이는 일이 잦았다. 동래학춤은 한량이 출입복인 흰 도포를 그대로 입고 검은 갓을 쓴 채로 학의 동태를 즉흥적으로 추는 덧배기춤[125]에 얹어 형용한 데에서 형성되었고, 그 뒤로 이 춤이 한량들에게 애호되어 현재와 같은 춤으로 다듬어진 것으로 추정된다. 학춤의 내용은 학이 날아가는 자세, 공중에서 들녘에 내려앉는 자세, 모이 찾는 자세, 모이 줍는 자세, 외발서기 자세 같은 학의 모습을 나타내는 것으로 되어 있다.[126]

문장원의 구술에서 본 것처럼 학과 관련된 어휘는 동래학춤 외에도 옛 지형지물에 대한 명칭에도 나타난다. 학의 서식지가 있어서 학에 관심이 많았던 부산 사람들이 지형지물에 명칭을 부여할 때도, 학과 관련지어 명칭을 부여한 것으로 보인다. 학에 대한 관심을 언어로 표현한 것이 '학소대(칠산동 일대), 학바우(연산 4동 일대), 학알' 등이다. '동장대'와 '서장대' 역시 학의 왼쪽날개와 오른쪽 날개를 말한다.[127]

동래학춤이라는 춤의 명칭과 학소대, 학바우, 학알, 동장대, 서장대 같은 지형지물의 명칭들은 부산 지역 사람들이 자신이 살던 지역의 자연환경적 특성을 반영하여 이름을 붙이고 사용하던 어휘들이다. 그 가운데 특히 동래학춤은 한량들이 모여 풍류를 즐기는 일이 많았던 부산 동래 지역의 사회·문화적 특성과 그곳의 자연환경적 특성이 어우러져 만들어진, 춤을 지칭하는 어휘라고 할 수 있다.

#### (4) 문디(문딩이)와 용호농장마을

경상도 사람이나 부산 사람들을 비하하여 일컫는 표현으로 '경상도 보리문디'라는 말이 있다. 이는 타 지역 사람들이 경상도나 부산 사람들을 비하하는 표현으로 사용되지만, 부산 사람들 스스로도 이 표현을 사용한다. 부산 사람들끼리 이 표현을 사용할 때는 이런 비하적인 의미가 거의 드러나지 않는다. '문디, 문딩이'는 경상도를 포함하여 부산 지역에서 많이 사용되는 어휘이다. 그렇다면 왜 이 '문디'라는 어휘가 많이 부산에서 많이 사용될까? 이는 부산의 역사와도 관련이 있는 것으로 보인다. 문장원의 구술[128]을 통해서도 이와 관련된 내용을 찾을 수 있다.

> 동래야류가 좀 먼저 나왔고 동래야류에 춤을 추다가 보이까 병신춤이라든지 학춤이라든지 문디이춤이라든지를 새새 춘 기라.

지끔 문디이춤은 동래야류 안에 문디이 과장으로 드가 있지만 뚜끼비춤은 추는 사람이 별라이 없어.

문디이춤도 동래춤에 한 특징이야. 우리 여게 부산에는 문디이가 많았으니까. 다리껄에 많았어. 그래서 경상도 사람을 보고 문디이라 카는지 모리지. 그러이까 부산, 동래를 중심으로 문디이들이 많애. 저어 용호동 카는 데가 문디이의 소굴이야. 용호동에 선교사들이 와 가지고 문디이 낫우는 그 한 부락을 맨들었어. 그라다가 소록도로 엔긴기라. 지금도 거어 나병 환자들이 병을 낫아 가지고 모이 살고 있어. 그래도 완전치 못하그든. 그래가 모디가 농사 짓고 하는 부락이 데가 있어. 저어 산 넘어 가면 바닷가에 오륙도하고 붙은 자리에 있어, 용호동이라꼬. 고성도 보마 문디이춤이 있기는 하고 토영도 보마 이전에는 장재봉이가 초았으이까 있기는 한데 그래도 동래맨꾸로 한 과장이 데가 있지는 안 하지. 거어가 또 다 각자 하나씩 추는 기야. 우리는 둘이야. <생략> 문디이춤은 단 손가락만 오그리는 기야. 문디이는 손이 오그라지그든. 그러이까 요렇김 오그라 가지고 춤을 추는 기야. 여어도 건지랐다가 저어도 건지랐다가. 첨머이는 문디이가 아이랐으니 이전에 젋었을 때는 풍악 소리를 듣고 춤을 추고 했지마는 문디이가 되고 난 뒤에 어데 멀리서 동래야류 풍악 소리가 나이, 들어보고 신세가 한시러 우이까 땅을 치고 복장 치고 이래 둥그다가 일나가 풍악소리가 가까와지이까 그때는 또 한바탕 춤을 멋지게 '타앙다꾸' 추는 기 그기지. 그기 문디이춤이야. 동래야류 문디이춤의 내력이 그렇김 되는 기야.

실제로 부산에는 1910년 선교사에 의해 남구 감만동에 한센 병원 상애원이 세워져 전국에서 한센병 환자들이 모여들게 되었다.

<동래야류, 문둥이춤>[129]

처음에는 54명의 환자들이 같이 생활하였는데, 얼마 되지 않아 상애원이 600명의 환자를 수용할 수 있는 시설로 확장되었고, 그 후 시골의 환자를 합하여 900명의 환자를 치료할 수 있는 진료소를 운영하게 되었다.

이후 한센인들이 소록도로 강제 이주되면서 당시 소록도 이주를 거부한 전염성이 없는 음성 한센인이 용호동에 정착하여 자립을 위해 농장을 운영하게 되었는데 그곳이 용호농장 마을이다. 광복 이후부터 지속적으로 외지의 한센인이 이주하게 됨으로써 규모가 커지고, 교회와 주택, 채소·양계·양돈을 위한 농장이 형성되었다. 이렇게 마을이 확대되자 1975년 용호농장으로 명칭이 변경되었다.[130]

이처럼 부산은 당시 천형으로 여겨졌던 한센병 때문에 천대받던 사람들이 치료를 받고 자립할 수 있는 기회를 준 장소였다. 전국의 한센인들이 치료의 기회를 얻고자 모여들게 되니 부산에

당연히 한센인들이 많아지게 되었다. 부산에 '한센인들이 많다'는 표면적인 현상은 지역 외부자들의 시선으로 볼 때 부정적일 수밖에 없다. 하지만 부산에 한센인들이 많았다는 현상 이면에는, 모두가 꺼리는 그들이 치료를 받을 수 있었던 곳이 부산이었고, 또 살아갈 수 있는 방도를 찾을 수 있었던 곳이 부산이었다는 엄연한 역사적 사실이 존재한다.

이런 역사적 배경을 가진 부산에서는 이를 반영하는 말로 '문디, 문딩이'라는 표현이 많이 사용된다. 이 어휘들은 단독으로 사용되기도 하지만, '가스나, 머스마, 손, 자슥' 같은 다른 말들과도 어울려서 사용된다. 그런데 부산 지역어에서는 '문디, 문딩이'라는 표현이나 이것이 다른 말과 결합된 표현이, 표준어나 다른 지역어에서처럼 비속적인 표현으로서의 의미로만 사용되지는 않는다. 이에 대해서는 화용적 특성에서 다시 언급하겠지만, 상대방에 대한 애정이나 친밀감 등을 나타낼 때에도 사용된다.

위와 같은 역사적 배경 때문에 부산 사람들은 다른 지역 사람들보다 상대적으로 한센인들을 마주칠 기회가 많았다. 그런 이유로 '문디, 문딩이'라는 표현이 타 지역어에서보다 더 많이 사용된 것으로 보인다. 물론 그렇다고 해서 부산 사람들이 한센인들에 대해 수용적이거나 특별한 애정이 있었다고는 볼 수 없다. 하지만 다른 지역 사람들에 비해 상대적으로 부산 사람들이 한센인에 대해 덜 부정적이지 않았을까 추측해 볼 수 있는 대목이 있다.

앞의 문장원이 구술한 것처럼 동래야류의 문딩이춤에는 한센인들에 대한 이해가 어느 정도 녹아 있다고 할 수 있다. 문딩이춤의 내용을 보면, 한센인이 등장하여 어렵게 걷는 부분, 신세가 한스러운 듯 땅을 치고 가슴을 치고 뒹구는 부분, 결국에는 다시 일어나서 풍악 소리에 한바탕 멋지게 춤을 추는 부분으로 구성된다.[131] 이는 문딩이춤을 만든 부산 사람들이 나병에 걸린 그들의 한스러운 삶을 이해하고 그들에 대한 연민을 가졌음을 보여주는 것이다. 그들도 병에 걸리기 전에는 자신들과 똑 같은 모습이었던 사람들이고, 병에 걸려 외모가 달라지고 삶이 억울하고 한스러울 것이라는 공감, 하지만 결국에는 모든 것을 떨치고 멋지게 춤을 추는 존재로 표현함으로써 그들의 한을 승화시키고 있는 것이다. 이처럼 부산 지역 사람들은 한센인들을 피해야 하는 대상으로만 바라보지 않고, 그들에 주목하여 그들의 삶과 정서를 이해하고자 한 것으로 볼 수 있다.

이렇게 부산 지역에서 '문디, 문딩이'라는 어휘가 많이 사용되고, 또 이 어휘들을 서로 간의 친밀감을 나타내는 데 사용하는 것은, 한센인들과 관련된 부산 지역의 역사적 배경과 관련이 깊다고 할 수 있다.

### (5) 멍게, 꼼장어와 바다

지역이라는 공간이 가진 물리적 특징은 그곳에서 살아가는 사람들을 둘러싼 자연적인 환경이다. 지역의 자연환경은 그곳을 삶의 터전으로 살아가는 사람들에게 많은 영향을 끼친다. 주생활이나 식생활, 의생활, 생업 활동은 물론 심지어는 그들의 기질에 영향을 끼치기도 한다. 지역의 자연환경이 그곳 사람들의 생활에 영향을 끼치게 되면, 그것은 그들이 사용하는 어휘에 반영되는 경우가 많다.

부산을 대표하는 자연환경적 특징 가운데 하나는 바다를 끼고 있다는 것이다. 그래서 부산 사람들은 바다와 관련되어 식생활이나 생업 활동 같은 것에 영향을 많이 받게 된다. 대표적으로 부산 근해에서 잡히는 특산물이나 그것으로 만든 음식, 또는 바다와 관련된 직업 등이 그러한데, 이러한 특징들은 지역어의 어휘로 표현되기도 한다.

부산 지역어에는 부산 지역 인근 바다의 특산물과 관련된 여러 어휘들이 있다. '멍게'와 '꼼장어'도 그 가운데 하나다. '멍게'는 한국, 일본 등지에 분포하는 바다 동물이다. 멍게가 많이 잡히는 부산 지역에서는 멍게를 회로 먹었다. 냉장 기술이 발달하기 전, 바다에서 갓 잡아올린 멍게를 먹을 수 있는 사람들은 바다 근처의 사람들이었다. 그러니 바다를 낀 부산 사람들이 멍게를 많이 먹을 수밖에 없었고, 싱싱한 멍게는 부산의 대표적인 음식이 되었다.

부산 지역에서 사용되던 '멍게'의 표준어는 원래 '우렁쉥이'였다. 그런데 멍게를 먹는 사람들이 전국적으로 늘어나게 되면서, 멍게라는 음식과 함께 그것을 가리키는 단어인 '멍게'도 전국적으로 확산되게 되었다. 그에 따라 '멍게'가 표준어인 '우렁쉥이'보다 더 널리 쓰이게 됨으로써, '멍게'와 '우렁쉥이' 모두 표준어가 된 것이다. 이는 "방언이던 단어가 표준어보다 더 널리 쓰이게 된 것은, 그것을 표준어로 삼되, 원래의 표준어는 그대로 표준어로 남겨 두는 것을 원칙으로 한다"라는 표준어 사정 원칙에 따른 것이다.[132]

'꼼장어'는 '먹장어'를 가리키는 부산 지역어이다. '꼼장어'의 규범 표기는 '곰장어'이다. 하지만 신문지상에서 "밤길 포장마차의 술안주로 이용돼 온 꼼장어의 가죽이 올해 60억 원어치나 수출되고 있다."나 "'곰장어'나 '꼼장어'로 더 익숙한 먹장어는 한국에서만 먹는다고 해도 과언이 아닙니다." 등처럼 표준어인 '곰장어'가 아닌 부산 지역어인 '꼼장어'도 쓰이고 있다. 이는 부산 지역어인 '꼼장어'의 사용 범위가 부산 지역을 넘어 타 지역으로 확산되고 있음을 보여준다. 이러한 상황은 국립국어원의 지역어 종합정보의 구술발화 조사 자료를 통해서도 확인된다. 구술조사에 참여한 제보자들은 모두 타 지역 사람들인데, 이들의 발화를 보면, "그 자갈치 시장 가서 꼼장어를 먹으면은 그 부산 특유에 그 자갈치 꼼장어 맛이 있어 가주구", "저는 부산 가면은 꼼장어를 무조건 먹는데"에서와 같이 부산의 음식에 대해 말하면서 '먹장어'나 '곰장어'가 아닌, 부산 지역어인 '꼼장어'를 사용하고 있다.[133]

구술 조사 자료를 통해 보면 다른 지역 사람들은 '꼼장어'를 부산의 대표적인 먹거리로 생각한다는 것을 알 수 있다. 바다를 끼고 있는 부산에서는 다양한 방법으로 '꼼장어'를 요리해 먹는다. 바닷가 근처인 기장이나 자갈치 같은 곳에서는 '꼼장어'를 회로 먹기도 하고, 특히 기장에서는 회뿐만 아니라 양념 없이 구워 먹기도 한다. 그런가 하면 부산이라도 바다에서 좀 떨어진 온천장 같은 곳에서는 '꼼장어'에 양념을 발라 구워 먹기도 한다.

이렇게 바다를 삶의 터전으로 살아가는 부산 사람들에게는 바다의 산물인 '꼼장어'를 다양한 방식으로 요리함으로써 부산 음식의 특산물로 만들어낸 것이다. 그리고 그것이 관광의 활성화와 함께 지역 음식으로 자리하게 됨으로써, 음식과 함께 '꼼장어'라는 단어도 확산되고 있다고 할 수 있다.

### (6) 깡깡이 그리고 부산의 산업과 역사

바다라는 자연환경적 조건은 부산 사람들의 생업에도 영향을 끼쳤다. 부산은 예부터 조선업이 발달했다. 특히 일제강점기인 1887년(고종 24) 다나카 조선소가 영도에 들어선 것을 비롯해 일제 강점기 설립되었던 조선소들은 거의 영도의 영선동에 집중해 있었다. 영도는 조선소가 입지하기 좋은 자연 지형적 조건들을 가지고 있었을 뿐만 아니라 일본인 조선 업체들이 조선 반도 각지로 진출하기 전에 지리적으로 가장 가까웠기 때문이다.

특히 1937년 '조선중공업'의 설립으로 부산은 조선 산업의 중심이 되었다. 이후 조선 산업은 부산을 대표하는 상징적인 산업이 되었다. 해방 당시 '조선중공업'[134]은 단일 공장으로 새로운 선박의 건조 능력이 전국의 25%를 차지하고 있었고, 선체 수리 능력은 전국의 80%를 차지하고 있었다. 1950년대는 부산의 제조업 붐이 시작되는 시기였는데 이 시기에는 조선 산업도 설비 투자를 확대하는 등 지속적으로 발전했다. 그러나 조선 산업에서 항상 선두에 서 있었던 부산 지역은 1973년 경상남도 거제시 옥포동에 대규모 조선소가 착공됨에 따라, 사실상 조선 산업의 선두 자리를 물려주게 되었다. 그럼에도 불구하고 1970년대 부산 지역에는 많은 조선 기자재 업체가 설립되었고, 그 결과 1998년 당시 전국 조선 기자재 업체의 60%가 부산에 밀집하게 되었다.[135]

조선 산업의 발달은, 이와 관련된 다양한 일자리 창출로 이어졌고, 오랫동안 부산 지역 사람들이 이와 관련된 일들을 하면서 생업을 유지해 왔다. 즉 바다라는 자연환경과 조선업의 발달이라는 경제적 산업적 환경은 부산 지역 사람들의 삶에 깊은 영향을 끼쳤다.

부산의 지역어 가운데 이러한 영향이 반영된 어휘가 '깡깡이'이다. '깡깡이'란 수리 조선소에서 배 표면에 녹이 슬어 너덜너덜해진 페인트나 조개껍데기를 망치로 두드려 벗겨낼 때 '깡깡' 소리가 난다고 하여 생겨난 말이다.[136] '깡깡이'라는 말은 소리를 표현한 의성어 '깡깡'에 접미사 '이'가 붙어서 만들어진 말이다. 대평동의 수리 조선소가 위치하던 마을이 '깡깡이마을'로 불리고, 그곳에서 배 밑창이나 측면에 붙은 조개껍데기의 녹을 떨어내는 잡역부 일을 하는 아주머니들이 '깡깡이아지매'로 불리던 이유도 이와 관련되어 있다.[137]

선박 조선업과 수리 조선업으로 명성을 떨치던 깡깡이마을에는 "대평동에서는 못 고치는 배가 없다."라는 이야기가 아직까지 전해 내려오고 있다고 한다. 그만큼 부산이 수리 조선업이 발달했었음을 보여주는 말이다. 현재도 십여 곳의 수리 조선소와 200백여 개에 달하는 공업사와 선박 부품업체가 마을 공간의 대부분을 차지하고 있다고 한다. 부산에서 조선 산업이 차지하는 자리를 짐작할 수 있다.

'깡깡이아지매'는 '깡깡이'에 아주머니를 가리키는 부산 지역어 '아지매'가 결합된 말이다. 이들은 수리 조선소에서 일하던 선박 수리 노무자들이다. 김정하에 따르면 깡깡이아지매의 대다수는 피난민의 후예이거나 도시의 가난한 가정에서 자랐거나 농어촌을 떠나온 실향민들로, 교육을 받지 못했기에 배의 녹을 떨어내는 단순한 일밖에 할 수 없는 사람들이었다고 한다. '깡깡이아지매'라는 말 속에는 조선업이 발달했던 부산의 역사뿐만 아니라, 한국 전쟁 당시 피란수도였던 부산의 역사 또한 반영되어 있다고 할 수 있다.

'깡깡이마을', '깡깡이아지매' 같은 말 외에도, 주생활과 관련된 직업을 가리키는 말로도 '깡깡이'가 사용되었다. 1945년 광복이 되면서 부산에는 각지에서 귀환한 동포들이 모여들게 된다. 귀환 동포들 중 오갈 곳 없던 많은 사람들이 부산에 눌러앉게 되고, 6·25 전쟁을 피해 피란민들 또한 몰려들게 되면서, 부산은 그야말로 사람들로 넘쳐나게 되었다. 급속하게 인구가 증가하게 되면서 심각한 주택 문제가 발생하게 되었다. 당시 부산에는 피란민들을 위한 수용소가 40여 개가 있었지만 수용 인원은 고작 7만여 명에 불과하여, 그곳에 들어가지 못한 사람들은 40만 명 가량 달했다고 한다. 이들 대부분은 경제력이 없고 친척도 없이 피난한 사람들었는데, 주로 용두산 공원이나 천마산, 수정산 자락에 자리를 잡았다. 혼란스러운 상황 속에서 새로운 건물을 짓는 것은 쉬운 일이 아니었다. 부산을 찾아온 이주민들은 미군들의 폐품으로 나온 깡통을 펴서 엮어 만든 양철판이나 군수 물자를 포장했던 박스를 사용한다든지 판자나 콜타르를 바른 미군용 야전 식량 박스 등으로 엮은 무허가 판잣집인 이른바 하꼬방을 지어 살기 시작했다. 깡통으로 판잣집 지붕을 만드는 '깡깡이'도 당시에 생겨난 직업이라고 한다.[138]

이로 보아 '깡깡이'는 조선소에서의 수리 작업을 하는 일과 관련되어 사용되는 경우 외에도 깡통을 펴서 지붕을 만드는 일을 가리키는 데에도 사용되었다는 것을 알 수 있다. 깡통으로 지붕을 만드는 일과 관련되어 사용되던 '깡깡이' 역시 앞에서 말한 '깡깡이마을', '깡깡이아지매'에서의 깡깡이와 같은 구조로 만들어진 것으로 보인다. 깡통으로 판잣집 지붕을 만들기 위해서는 깡통을 두드려서 펴야 하는데, 이때 '깡깡' 소리가 났을 것이고, 이 소리를 표현한 의성어 '깡깡'에 접미사 '이'가 붙은 것으로 볼 수 있다.

이처럼 '깡깡이'라는 어휘 속에는 부산 지역이 바다를 끼고 있어 조선업이 발달했다는 자연환경적 조건과 경제적·산업적 조건은 물론, 귀환 동포들과 한국 전쟁 피란민들이 모여들어 살게 된 부산의 역사와 지역 사람들의 생활 경험이 담겨있다고 볼 수 있다.

### (7) 도떼기시장과 부산의 역사

국립국어원의 표준국어대사전에서는 '도떼기시장'을 상품, 중고품, 고물 따위 여러 종류의 물건을 도산매·방매·비밀 거래하는, 질서가 없고 시끌벅적한 비정상적 시장이라고 정의한다. 그런데 우리는 도떼기시장이라는 표현을 시장을 가리키는 경우가 아니더라도 사람이 많아 시끌벅적하고 정신이 없는 상황을 가리킬 때에도 사용한다.

영숙: 주문했어?
미향: 아니, 못 했어.
영숙: 아니, 왜?
미향: 말도 마. 사람이 많아서 식당이 완전 도떼기시장이야. 주변에 식당이 없으니 여기로 다 몰렸나 봐. 사람이 많아서 정신이 하나도 없어. 빵이나 먹자.

도떼기시장은 원래 부산의 국제시장을 가리키던 말이다. 부산 지역어로는 '돗때기, 도떼기, 돗대기' 시장 등으로 불리고 표기되었는데, 전국적으로 사용이 확산되면서 도떼기시장이 표준어가 되었다.

도떼기시장의 어원에 대해서는 다양한 견해들이 있다. '도떼기'의 어원을 '따로따로 나누지 않고 한데 합쳐 몰아치는 일'을 의미하는 '도거리'의 '도'에 '한꺼번에 많은 물건을 사다'라는 뜻의 '떼다'가 합쳐져 된 말로 보는 견해가 있다. 이런 입장에서는 소매를 '낱떼기', 도매를 '도떼기'라고 본다. 그리고 이와 유사하게 만들어진 말로 밭떼기와 차떼기가 있다고 한다. 밭떼기와 차떼기 역시 밭에 있는 작물을 몽땅 사서나 화물차 한 대의 상품을 한꺼번에 사들이는 것을 말한다.[139] 광복 직후 국제시장은 시장의 규모가 클 뿐만 아니라 외국 물건 등 없는 게 없을 뿐만 아니라, 이것저것 가리지 않고 있는 대로 싹 쓸어 모아 물건을 흥정하는 도거리 시장, 혹은 도거리로 떼어 흥정한다는 뜻에서 그렇게 불렀다고도 한다.[140] 그런가 하면 도떼기시장의 어원을 일본어에서 찾기도 한다. 차철욱(2010)[141]에서는 여러 신문의 기사를 인용하여 '도떼기시장'에 대해 설명하고 있다. 물건을 팔러오는 사람들로부터 장사꾼들이 서로 먼저 사려고 쟁탈한다는 일본어인 '取る'에서 '돗다하는 곳', '빼서 먹는 곳'이라는 의미에서 시작되었다고 하는 『동아일보』 기사와, 그래서 어떤 경우에는 일본어의 색채를 더 띠는 이름인 '돗다 시장'으로 부르기도 했다는 『자유민보』의 기사를 인용하여, 그 어원을 설명하고 있다. 이러한 거래 방식은 미군정기 미군물자나 구호물자 가운데 내용물은 확인하지 않고 포장한 채로 구입하는 방식이었으며, 그래서 모험적인 방식이었다고 설명한다.

도떼기가 일본어에서 왔다는 견해는 문장원의 구술에서도 나타난다.

> 이전에는 부산에는 부산진 시장이 있었어. 육이오 사변이 뒤로 지금 국제시장 카는 기 있는데 그기 과거에는 부평동 시장이라 꼬. 인자 이북 사램이 내리오고 나서 자유 시장, 국제 시장이라 카는 그 명칭을 하나 달았어. 속칭 돗때기 시장 카는 긴데 인자 돗때기라 카는 말은 무슨 물건을 다 산다는 말이야. 일본말로 "돗따"카는 기 "내가 다 산다" 이기야. 그말이 읊어지고 인자 국제시장이다 이렇김 호칭이 붙어 있어.

그 어원을 어떻게 해석하든지 도떼기시장은 부산의 역사를 반영하는 단어이다. 해방 이후 몰려든 귀환 동포들과 한국전쟁으로 인한 피란민들의 유입으로 부산은 사람들로 넘쳐났다. 고향을 떠나왔거나 돌아갈 곳이 없던 사람들이 생계를 유지하기 위해 할 수 있었던 일은 시장이나 부두에서 노동을 하거나 장사를 하는 일이었다. 차철욱(2010)에서는 국제시장의 로컬리티에 대해 상인들의 구성과 상품거래에서 보이는 다양성, 모험성, 상인들의 네트워크에서 확인할 수 있는 역동성과 개방성 등을 들고 있다. 국제시장의 상인들 중에는 귀환동포와 피란민들이 많았으며, 이들은 돌아갈 근거지가 없었기 때문에 상행위에서 개방적이고 모험적인 모습을 보였다는 것이다. 또한 국제시장의 화재에 대한 대응을 통해서는 상인들의 역동성이 잘 드러나며, 국제시장 정착 과정에서 이웃 상인들과의 관계맺기 과정에서는 타인을 인정하는 개방적인 태도가 드러난다고 했다.

### 4) 화용적 특성

부산 지역 사람들의 말하기 방식에는 어떤 특징이 있을까? 일부 온라인 게시판이나 매스컴에서는 그 특징에 대해 부산 사람들은 '무례하다, 직설적이다, 말씨가 거칠다'와 같은 표현으로 말하기 방식을 전형화하는 경향이 있다. 정말 그럴까? 부산 사람들은 일상적인 대화에서 자신들이 사용하는 말에 대해 무례하다거나 거칠다는 생각을 별로 하지 않는다. 그렇다면 왜 다른 지역 사람들은 부산 지역 사람들의 말하기 방식에 대해 그와 같이 인식하는 것일까? 다른 지역 사람들의 이러한 인식과 관련하여 생각해 볼 만한 일화를 소설가 김영하가 몇 해 전 한 TV 프로그램에서 이야기한 적이 있다.

김영하는 부산 사람들의 말하는 방식에 대해 이야기하면서 다음과 같은 일화를 들려준다. 부산에서 강연을 했는데 마지막에 한 참가자가 손을 들더니 "이런 거 또 언제 합니까?"라고 질문했다고 한다. 그리고 또 한번은 한 청중이 손을 들더니 "뭐 보고 작가 됐어요?"라고 질문했다고 한다. 작가가 아내에게 그 말을 해 주었더니, 아내가 그 말의 의미를 설명해 주었다고 한다. 아마 작가가 아내에게 그 이야기를 한 것은 청중들의 질문이 색다르게 느껴졌기 때문일 것이다. 작가의 아내가 알려준 질문의 의미는 다음과 같다. 첫 번째 질문은 오늘 강의가 너무 좋았고, 다음에도 이런 기회가 있다면 꼭 참여하고 싶은데 언제 또 하시는지를 물어본 것이고, 두 번째 질문은 '작가가 되려면 많은 책을 읽으시고 많은 작가로부터 영향을 받으셨을 줄 압니다. 특별히 영향을 받거나 그런 추천할 만한 작품이 있으면 말씀해 주시죠?'라는 뜻이라고 알려주었다고 한다. 작가는 이 모든 것을 한 마디로 얘기할 수 있어서 부산말이 매력 있어 보였고, 그게 전혀 무례하다고 생각하지는 않았다고 한다.

부산 사람들이라면 아마 위 말이 아주 자연스럽게 들릴 것이고 질문자가 말하고자 한 뜻도 듣는 즉시 이해했을 것이다. 하지만 이런 식의 말을 잘 들어보지 않은 다른 지역 사람들은, 배경 설명 없이 다 생략하고 본론만 이야기한 질문자의 말에 깔려있는 의미들을 이해하기가 쉽지 않았을 것이다. 그래서 작가 역시 아내에게 이야기를 전하고 아내가 뜻을 설명해 주었을 것이다.

이렇게 보면 특정 지역 사람들은 일상의 의사소통을 통해 그들만의 말하기 방식에 익숙해져 있어서, 자신들의 말하기 방식의 특징을 잘 알지 못한다는 것을 알 수 있다. 그러다가 다른 지역 사람들과의 대화를 통해, 자신들의 말하기 방식이 어떤 특징을 가졌는지 알게 되는 경우가 많다. 그렇다면 부산 사람들의 말하기 방식에는 어떤 특징들이 있을까? 그리고 그러한 말하기 방식의 기저에는 부산 사람들의 어떤 특징이 자리하는 것일까?

### (1) 직접적인 표현

언어의 기본적인 기능은 의사소통이다. 오해 없는 원활한 의사소통을 위해서는 상호작용 과정에서 나타나는 갈등과 충돌을 최소화함으로써 개인 간의 교류와 상호작용이 용이하도록 해야 하는데, 이런 의미에서 필요한 것이 예의이다. 레이코프(Lakoff)는 원활한 의사소통을 위해 대화 참여자들은 상대방의 일에 개입하거나 강제하지 말아야 하며, 상대방에게 선택의 여지를 제공하고 상대방을 기분 좋게 함으로써 서로 대등하고 우호적인 관계를 유지해야 한다는 예의 규칙을 제시하였다.

의사소통 시, 자신의 생각을 표현하는 방법에는 원하는 것을 직접적으로 표현하는 방법과 그것을 관련되는 다른 표현으로 돌려 말함으로써 목적하는 것을 간접적으로 표현하는 방법이 있다. 직접적으로 표현하는 방법이란 궁금한 정보가 있을 때는 질문을 통해 표현하고, 요구 사항이 있을 때는 명령을 통해 표현하는 것 같은 직접적이고 단선적인 표현 방법이다. 이에 비해 간접적인 방법은 질문의 형식으로 나타나지만 실제적으로는 요구나 주장 등의 의미를 표현하는 경우와 같이, 표면적으로 드러난 형식과 실제적으로 전달되는 의미가 다른 경우이다. 예를 들어 목이 마를 때 '물 좀 줘.'라고 말할 수 있지만 '물 좀 줄래?'라고 말할 수도 있다. '물 좀 줘'는 말할이가 물을 달라는 자신의 요구사항을 명령문으로 직접 표현하고 있다. 이에 비해 '물 좀 줄래?'나 '물 좀 주시겠어요?'는 말할이가 들을이에게 물을 줄 수 있는지를 물음으로써, 들을이가 스스로 질문의 의도를 짐작하도록 한다. 이에 대해 들을이는 말할이가 목이 마르기 때문에 이 질문을 했다고 추론하고 물을 주게 된다. 이처럼 두 가지 표현이 모두 물을 주는 행위로 이어지지만, '물 좀 줘'가 자신의 생각을 직접적으로 표현했다면, '물 좀 줄래?'는 간접적으로 표현한 것이다. 그런데 직접적으로 자신의 의사를 표현한 명령문은 일방적으로 말할이의 의사를 전달한 것으로 상대방에게 가부 판단의 기회를 주지 않는다. 이런 점에서는 직접적인 표현은 들을이의 입장을 고려하지 않은 표현이 될 수 있다. 하지만 후자의 의문문은 들을이에게 상황에 따른 가부 판단의 기회를 줌으로써 들을이의 심리적 부담을 줄이고 있다.

이처럼 간접적으로 의사표현을 하는 행위는, 레이코프가 제시한 예의 규칙에서와 같이 대화 시 직접적으로 표현하기 어려운 이야기나 상대방에게 부담이 되는 이야기를 에둘러 말함으로써, 사회적인 관계를 부드럽게 하고 인간적인 갈등을 일으키는 요소를 줄이는 역할을 한다. 그래서 일반적으로 간접적으로 표현하는 것이 직접적으로 표현하는 것보다 훨씬 예의바르고 정중한 표현이라고 생각한다.

그런데 부산 사람들의 대화에서는 간접적인 표현보다는 직접적인 표현이 더 많이 사용되는 경향이 있다. 부산 사람들은 물이 마시고 싶을 때 상대방에게, '물 좀 줄래?'나 '물 좀 주시겠어요?'라고 의문문으로 말하기보다는, '물 쫌 도'나 '물 쫌 주소' 등의 명령문 형식으로 표현하는 경우가 많다. 부산 지역어에 익숙하지 않은 사람들에게는 이러한 표현들이 명령조로 무례하고 거칠게 들릴 것이다. 하지만 부산 사람들은 '물 쫌 도'나 '물 쫌 주소'라는 표현이 그렇게 무례하다고 생각하지 않는다. 왜냐하면 이 표현이 명령문 형식을 띠고는 있지만 그것이 명령문이라는 형식이 가지고 있는 것과 동일한 정도의 명령의 의미를 가진다고 받아들이지 않기 때문이다. 들을이는 말할이가 명령을 하기보다는 물이 먹고 싶다는 표현을 했다고 생각한다. 부산 사람들은 오히려 이러한 표현을 사용하여 요구사항을 명확히 밝힘으로써 자신의 말에 대한 오해를 불러일으키지 않는다고 생각한다. 즉 들을이가 말할이의 의도를 추측하는 단계를 없앰으로써 불필요한 오해를 줄이고 명확한 의사소통을 한다고 생각하는 것이다. 부산 사람들의 이러한 말하기 방식에는 의사소통 시, 솔직하고 명확하게 자신의 뜻이 전달되는 것을 중요하게 생각하는 태도가 담겨 있다.

그래서 직접적인 표현이 자신에게 불이익이 될 수도 있지만 에둘러 표현하기보다 직접적으로 표현하는 것이다.

이렇게 분명하게 말하는 것을 선호하는 현상은 김영하 작가가 발견한 부산 사람들의 또 다른 말하기 방식과도 연결된다. 그에 따르면 마트에서 물건을 살 때, "이거 생선 두 개 중에서 어떤게 더 좋아요?"라고 물으면 서울에서는 대답을 잘 안 해주는데, 부산에서는 '오늘은 이게 좋다. 이건 비싸다' 같이 명확하게 판단을 내려준다는 것이다. 이렇게 부산 사람들은 의사소통에서 자신이 말하고자 하는 것을 솔직하고 명확하게 표현하는 특성이 있다. 설사 그것이 자신에게 이익이 되지 않더라도 말이다.

### (2) 군더더기말의 회피

부산 사람들은 말할 때 일반적으로 군더더기말이나 인사치렛말을 잘 사용하지 않는 경향이 있다. 이는 부산 사람들이 대화 시 본론과 관계없는 말을 생략하고 단도직입적으로 본론을 말하는 경향에서도 드러난다. 이 글의 시작 부분에서 김영하 작가가 경험한 질문들도 여기에 해당한다.

다음의 예를 보자. 골목에 주인을 모르는 자전거가 있고, 자전거의 주인을 찾아주려는 할머니와 이웃 사이에 이루어지는 대화 상황이다.

할머니가 집으로 들어오신다.

이웃: 와예?

할머니: 이 자전거 느그꺼 아이가?

이웃: 아이예, 아인데예.

할머니: 그라믄 누낀고?

이웃: 가이소.

현장 상황을 상상하면 부산 사람들에겐 전혀 어색하거나 무뚝뚝하게 느껴지지 않는 대화이다. 하지만 다른 지역 사람들이 들으면 어른에게 인사도 없이 다짜고짜 "와예?"라고 말하는 이웃이나, 다짜고짜 "이 자전거 느그꺼 아이가?"라고 말하는 할머니나 모두 무례하게 느껴지는 것은 분명한 것 같다.

이러한 경향은 특히 남자들의 말에서 두드러지는데, 이는 인터넷에서 우스갯소리가 되어 회자되기도 한다. 부산 출신의 남편이 퇴근 후에 집에 와서 아내에게 하는 단 세 마디의 말이 '아는? 밥 묵자, 자자'라는 것이다. 이러한 우스갯소리는 필요한 말만하는 무뚝뚝한 부산 사람들의 경향을 과장해서 표현한 것이다. 물론 이러한 우스갯소리는 과장되고 희화화한 것이며, 모든 부산 사람들의 말하기 방식의 특성을 포괄하지는 않는다. 그렇다고 해도 부산 사람들의 말하기 방식의 특징을 대체적으로 반영하고 있다는 데에는 동감할 수 있다.

이런 특징은 부산을 배경으로 한 영화들에서, 부산 사람들을 표현하기 위한 말하기 방식의 특징으로도 사용된다. 다음은 부산 출신 영화감독이 만든 영화 <해운대>에 나오는 대사이다.

금련: 여기 앉아 보라고!

만식: 와? 먼 일 있어요?

금련: 니 연희 그년한테 관심있나?

만식: 예?

금련: 이 빌어물 놈아! 동네 사람들이 내보고 머라카는 줄 아나!
빙신 축구라 카더라! 빙신 축구!

어머니 금련은 집으로 들어오는 아들 만식에게 잘 다녀왔느냐는 말 한마디 없이 앉으라는 말을 하고 다짜고짜 연희에게 관심이 있는지를 묻는다. 그리고 놀라서 되묻는 아들에게 바보라고 욕을 한다. 본론에 들어가기 전에 아들의 상황을 묻거나 아들의 감정을 고려하지 않고 자신이 묻고 싶은 것을 단도직입적으로 묻는 것이다. 또 나아가서는 '빌어물 놈, 빙신, 축구' 같은 상대방에게 상처를 줄 수 있는 표현을 사용하여 자신의 감정을 노골적으로 표현하고 있다. 이러한 말하기 방식은 영화의 다른 부분이나 부산 지역어가 많이 사용되는 다른 영화들에서도 공통적으로 나타난다.

그런데 실제로 부산 사람들은 인사치렛말과 같은 관계 형성을 위한 말이 포함된 대화에 불편함을 느끼기도 한다. 그래서 본론에 앞서 상대방의 기분을 고려해 상황을 설명하거나 인사치렛말을 늘어놓게 되면, 아첨한다는 생각을 하거나 기다리지 못하고 '본론이 머꼬?'라고 본론을 재촉한다. 이처럼 들을이와의 관계 형성을 위한 표현 없이 단도직입적으로 본론으로 들어가는 부산 사람들의 말하기 방식은, 부산 지역어가 직설적이고 무례하다는 인상과 함께 부산 사람들이 성급하고 비사교적이며 예의 없다는 인상을 주는 데 영향을 끼친다.

하지만 예의 없고 비사교적으로 보이는 부산 사람들의 말하기 방식의 이면에는 의사소통과 관련된 또 다른 의미들이 자리한다. 부산 사람들은 관계 형성을 위한 겉치레말이나 군더더기말은 수식적인 의미를 가질 뿐, 전달하려는 본래의 의미가 아니라고 생각한다. 그래서 상대방에게 본인의 요구사항을 솔직하고 명확히 밝히고 상대방에게도 요구사항을 정확히 전달해 주기를 바라는 것이다. 즉 불필요한 내용을 줄임으로써 의사소통에 오해가 없도록 하려는 언어 사용의 경제적 원칙를 보여주는 것이라고 할 수 있다. 또한 이러한 말하기 방식에는 부산 사람들의 솔직하고 꾸밈없는 성격이 반영되어 있다고 할 수 있다.

**(3) 비속적 표현**

부산에서는 친밀한 관계의 대화에서 비속적 표현을 사용하는 경우가 종종 있다. 부산 지역어에서 흔히 사용되는 '가시나'는 여자아이를 가리키는 표현으로 그 자체로는 비속적 표현이다. 하지만 아래의 대화에서 보듯이 '가시나'는 반드시 상대방을 낮추거나 욕설의 의미로 사용되는 것이 아니다.

연희: 울 아부지랑 싸웠나. 와 그라고 있노, 일로 온나.
만식: (피식 웃으며 돌아선다) 가시나…

끝순: 오빠야! 돈 마이 벌어왔나!!!
덕수: 하모!!!! 가씨나야!!!

이렇게 겉으로는 비속적 표현이 사용되어 무례하고 거칠어 보이는 부산 지역어이지만, 그 거친 형식의 이면에는 친밀함의 표현이라는 숨은 의미가 자리하고 있다.

친밀한 관계에서는, 좋고 부끄러운 감정을 '가시나'라는 말에 담아 표현하기도 하고 또래의 여자나 여자아이를 정감 있게 부를 때 '가시나'를 사용하기도 한다. 이 경우 '가시나'는 본래 의미보다는 친밀감을 드러내는 장치로 사용된다고 할 수 있다. 이러한 표현의 또 다른 것으로는 '문디'가 있다. '문디'라는 표현은 본래 '문둥이'의 경상도 방언으로 나병환자를 낮잡아 가리키는 말이다. 하지만 아래의 예에서 '문디'는 본래의 의미로 사용되지 않고 있다.

(장난이 심한 손자에게 할머니가) 아이고 문디손아! 와 이래 장난질이 심하노?
(성적이 나쁘게 나온 딸에게 어머니가) 문디가시나야, 이걸 성적이라고 받아왔나? 니는 눌 닮아서 이렇노.
(오래간만에 만난 친구를 만난 상황) 문디가시나, 이기 얼마만이고.
(여자 친구에게 선물을 받는 상황) 문디가시나, 이기 먼데?

'문디'라는 표현은 단독으로, 또는 '손(자식)'이나 '가시나', '머시마' 같은 표현들과 결합되어 사용되기도 하는데, 가깝고 친밀한 관계에서 주로 사용된다. 위의 예에서 보듯이 손자나 딸을 가볍게 나무라는 상황이나 오랜만에 만나서 반가움을 표현하는 상황, 부끄럽고 겸연쩍은 상황 등 다양한 상황에서 사용된다. 모두 서로가 가깝고 친밀한 사이라는 공통점이 있다.

아래의 예는 영화 <해운대>와 <국제시장>의 대사이다. 이 영화에서는 비속적 표현을 사용하여 대화하는 모습을 통해 부산 사람들의 말하기 방식의 특징을 보여주고 있다.

1) ㄱ. 만식: 얼매나 아가 어른스럽노? 글타고 아가 공부를 몬 하나? 시험만 칬다카믄 무조껀 다 100점 아이가! 한 개도 안 틀리고… 사람이 시험을 치믄 한 개씩 틀리주고 하는 게 기본적인 예의 아이가? 근데 야는 그런 예의가 없는기라! (사랑스러운 눈빛으로 승현을 바라보며) 에라이~ 천하에 예의 없는 놈!!!

ㄴ. 덕수고모: 하모! 하모! 너무 잘돼서 탈이다!!!

덕수: (승규 안으며) 이 서울대 새끼야! 군대는 잘 갔다 왔나?

승규: 예!!!!

ㄷ. 덕수: 내 합격했다! 내 해양대에 합격했다꼬!!!

달구: 뭐? 진짜?

덕수: 그래 새끼야! 인자 좀 있으면 내가 선장이 된다꼬!!

달구: 우와~ 이 새끼 돌대가린 줄 알았더만… (끌어안으며) 덕수야!!!

덕수: 달구야!!!!!

1ㄱ)에서는 만식이 자신의 아들 승현을 사랑스러운 눈빛으로 바라보면서, 말로는 '천하에 예의 없는 놈'이라고 표현함으로써 반어법과 함께 '놈'이라는 비속어를 사용하고 있다. 1ㄴ)에서는 덕수 고모가 승규를 안으면서 '서울대 새끼야'라고 표현하고 1ㄷ)에서는 친구 사이인 덕수와 달구가 서로를 부를 때 '새끼야'라고 부르기도 하고 '돌대가리'라고 말하기도 하는 등, 비속적 표현을 사용하고 있다. 하지만 1ㄱ~ㄷ) 모두 비속적 표현을 사용하고는 있지만 지문을 보면 '사랑스러운 눈빛으로 바라본다'든가

'(끌어)안는다'로 표현되어 있어, 비속적 표현이 원래의 의미로 사용되지 않고 있음을 알려준다. 그리고 이러한 표현들은 서로 친밀한 관계에서, 1ㄱ)처럼 상대에 대한 애정을 표현하거나 1ㄴ)처럼 반가움을 표현하는 상황, 그리고 1ㄷ)처럼 기쁨을 표현하는 상황에서 사용된다는 것을 알 수 있다.

이렇게 부산 지역어에서 '가시나, 머시마, 문디, 문디자슥, 문디가시나, 놈, 새끼'와 같은 비속적 표현들이 반가움이나 친밀감을 나타내는 데 사용될 수 있다는 것을 알 수 있다. 이러한 사실을 모르는 다른 지역 사람들은, 이런 말을 들으면 부산 지역어가 거칠고 무례하고 교양이 없다고 생각할 수 있다. 하지만 부산 지역어에서 비속적 표현을 사용한 의사소통이라는 표면적인 모습 아래에는 친밀감의 소통이라는 또 다른 의미가 자리한다. 그래서 부산 사람들은 친밀한 사이에 '가시나, 머시마, 문디, 문디자슥, 문디가시나, 놈, 새끼'같은 표현들을 사용해도 그것을 욕으로 받아들이지 않고 애정이나 반가움, 기쁨을 표현하는 것으로 받아들이며, 그런 표현을 사용하는 것은 말할이가 자신을 친밀한 관계로 생각하고 있기 때문이라고 이해한다. 다시말해 대화 상황에서 비속적 표현이 가진 실제 의미, 즉 진의가 무엇인지를 서로 공유한 가운데 소통하고 있다는 것이다.

에드워드 홀(Edward Hall, 2000)은 문화는 의사소통에 영향을 미치는 가장 큰 체계이며 언어는 한 국가의 문화를 구성하는 가장 중요한 요소 중 하나라고 보았다. 그는 의사소통 과정에 상황이나 배경과 같은 맥락이 차지하는 중요성에 따라 소통문화를 고맥락(high-context)문화와 저맥락(low-context)문화로 구분하였다. 의사소통에서 진의를 이해하는 데 비언어적 표현이나 전후의 상황 같은 맥락에 많이 의존하는 경우를 고맥락 문화로 보고, 대화 참여자가 주고받는 언어 자체에 나타난 명시적인 의미에 주로 의존하는 경우를 저맥락 문화로 보았다. 즉 고맥락 문화는 맥락에 대한 정보의 공유도가 높은 문화를 가리키고, 저맥락 문화는 반대로 공유도가 낮은 문화를 가리킨다.

부산 사람들은 비속적 표현을 사용할 때 친밀한 사이에서 공유하고 있는 정보를 바탕으로, 오해 없는 의사소통을 하는 것이다. 이것은 부산 지역 사회의 특성, 즉 부산 지역 사회가 고맥락 문화 사회라는 것을 보여준다. 저맥락 문화 사회에서는 말로 표현된 내용을 직설적으로 이해하지만, 고맥락 문화 사회에서는 말 속의 진의를 유추해서 이해해야 한다.[142] 부산 지역 사람들은 '가시나, 머시마, 문디, 문디자슥, 문디가시나, 놈, 새끼'와 같은 비속적 표현을 사용해서 말을 해도, 그 말 속의 진의를 유추해서 그것이 친밀감을 표현하는 것으로 이해할 수 있을 만큼 고맥락 문화 사회라는 것을 보여주는 것이다.

### (4) 부정 표현

부산 지역어에서는 부정 표현의 사용이 두드러지는 모습을 보인다. 강우원(2004)에서는 경남 방언의 특성과 문화에 대해 논의하면서 경남 방언의 특성 중의 하나로 부정 표현을 자주 쓰는 경향이 있음을 밝히고 있다. 그 예로 인사말이나 건넴말에 사용되는 부정 표현과 반가움을 나타내는 데 사용되는 부정 표현, 앞의 말을 강조하기 위해 뒤에 붙이는 부정 표현 등을 들고 있다. 그런데 이와 같이 부정 표현을 자주 쓰는 경남 방언의 특성은 부산 지역어의 경우에서도 나타난다.

부산 지역어에서도 같은 의미를 전달할 때 부정 표현을 사용하는 경우가 많다. 먼저 인사말에서 부정 표현들이 사용되는 예를 보자.

2)ㄱ. 니, 밥 무우째?
ㄴ. 니, 밥 안 무우째?

2ㄱ)과 2ㄴ)의 두 표현 모두 상대방이 밥을 먹었는지를 확인할 때 사용하는 인사말이다. 인사말로 사용될 때 두 표현 모두 같은 의미를 전달한다. 하지만 문장 형태로 보면 2ㄱ)은 긍정문의 형태를 취하고 있고 2ㄴ)은 부정문의 형태를 취하고 있어 상반된 모습을 보인다. 그리고 두 문장은 전제하고 있는 의미에서도 차이를 보인다. 2ㄱ)의 '니, 밥 무우째?'는 상대방이 밥을 먹었을 것이라는 것을 전제하고 이를 확인하는 형식을 취하고 있지만, 2ㄴ)의 '니, 밥 안 무우째?'는 상대방이 밥을 먹지 않았다는 것을 전제하고 그것을 확인하는 형식을 취하고 있다. 그런데 이 두 문장이 실제 대화에서 사용될 때는, 경남 방언에서와 같이 부산 지역어에서도 두 표현 중에 2ㄱ)의 '니, 밥 무우째?'보다는 2ㄴ)의 '니, 밥 안 무우째?'가 일반적으로 많이 사용되는 경향이 있다.

그렇다면 이러한 사용상의 차이는 왜 나타날까? 우리는 원활한 대화와 갈등 없는 의사소통을 함으로써 긍정적인 사회적 관계를 형성하고 유지할 수 있다. 인사말은 상대방에게 예의를 갖추거나 상대방과 원활한 관계를 형성하기 위해 사용하는 말이다. 따라서 인사말 역시 원활한 의사소통을 위해 사용하는 말이라고 할 수 있다. 그런데 원활한 대화를 위해서는 대화 시 공손성의 원리를 따르는 것이 필요하다. 리치(Leech)는 공손성의 원리를 상대방에게 정중하지 않은 표현은 최소화하고 정중한 표현은 최대화하라는 정중 어법으로 설명한다. 정중 어법을 이루는 원리 가운데 상대방에게 부담이 되는 표현은 최소화하고 상대방의 이익을 극대화 시키는 표현을 최대화하라는 것이 있는데 이를 요령의 격률이라고 한다.

요령의 격률이라는 관점에서 볼 때, '니, 밥 무우째?'는 일방적으로 상대방이 밥을 먹었다고 전제하고 그것을 확인하는 말로서 상대방에게 부담을 주는 표현이다. 이런 점 때문에 특성상 인사말로서 아주 적절한 표현이라고 보기는 어렵다. 이에 비해 상대방이 밥을 먹지 않았다는 것을 전제하고 그것을 확인하는 말인 '니, 밥 안 무우째?'가 상대방의 부담이 적다는 측면에서 오히려 인사말로서 적절하다고 볼 수 있다. 즉 '니, 밥 무우째?'라고 물었을 때 '아니, 밥 안 먹었어요'라고 답하기 위해서는, 청자가 화자의 말에 부정을 해야한다는 점에서 많은 부담을 가지게 된다. 하지만, '니, 밥 안 무우째?'라고 물었을 때는 '네, 안 먹었어요'라고 대답할 수 있어서, 청자가 화자의 말에 긍정으로 답할 수 있다는 점에서 부담이 줄어들기 때문이다. 또한 강우원(2004)에서 지적한 것처럼 말할이가 2ㄴ)의 '밥 안 무우째?'와 같이 말하는 것은, 상대방이 밥을 먹지 않았다는 것을 전제하고 있다는 것을 확인한다는 점에서, 음식을 안 먹은 상대방에게 음식을 주고 싶은 마음이 담겨있는 표현이기도 하다.[144] 이러한 이유들 때문에 인사말로 사용될 때는, 2ㄱ)보다 2ㄴ)의 '니, 밥 안 무우째?'가 더 보편적으로 사용되는 경향을 보인다고 할 수 있다.

부산 지역어에서 '니, 밥 무(우)째?'가 사용되는 경우들도 있다.

강우원(2004)에서는 '밥 안 무(우)째?'가 '밥 무(우)째?'보다 대화 참여자들 사이가 친밀한 관계일 때 사용된다고 한다. 하지만 오히려 '니, 밥 무(우)째?'가 대화 참여자들 사이가 친밀한 경우일 때 사용된다. 예를 들어 가족이 식사를 마치고 식탁을 치우고 있을 때, 가족 중에 밥을 안 먹은 자녀가 귀가한 상황과 밥을 안 먹은 조카가 방문한 상황, 각각의 상황에서의 대화를 살펴보자.

3) 자녀가 귀가한 상황
어머니: 니 밥 무(우)째?
자녀: 아니, 안 무웃다.[145]

4) 조카가 손님으로 온 상황
어머니: 니 밥 무(우)째?
조카: 예, 무웃십니더.
(아니예, 안 무웃십니더)

자녀와의 대화 상황에서는 '니 밥 무(우)째?'를 자연스럽게 사용할 수 있으며, 자녀 또한 ' 아니, 안 무웃다'와 같은 답을 부담없이 할 수 있다. 하지만 자녀보다 친밀성이 떨어지는 조카에게는 '니 밥 무(우)째?'를 사용하기가 어려울 뿐만 아니라, 조카 역시 말할이의 전제를 부정하는 '아니예, 안 무웃십니더'라고 답하기가 어렵다. 이런 경우 조카는 밥을 안 먹었더라도 '예, 무웃십니더'라고 표현할 가능성이 높다.

이렇게 대화상에서 차이가 나타나는 것은 대화 참여자 사이의 관계 때문이다. 즉 친밀한 관계인 자녀와의 대화와 상대적으로 친밀도가 떨어지는 조카와의 관계가, 언어 표현을 선택하는 데 관여했기 때문이다. 친밀한 관계인 자녀와의 대화에서는 어머니가 부담이 되는 표현을 사용하더라도 두 사람 사이의 친밀감 때문에, 자녀가 부담이 되더라도 솔직한 대답을 할 것이라고 기대되고, 또 부담이 되는 표현을 사용하더라도 그것이 예의의 문제나 갈등을 일으키지 않을 것이라고 여겨지기 때문이다. 자녀 역시 어머니의 물음에 부담을 갖지 않고 부정의 답을 할 수 있기 때문이다.

하지만 상대적으로 친밀도가 떨어지는 조카와의 대화에서는, '니 밥 무(우)째?'라고 말하기가 어려우며, 오히려 '니 밥 안 무(우)째?'라는 표현을 사용하게 된다. 조카가 밥을 안 먹었다고 답하기가 어렵다는 것을 알고, 밥을 안 먹었다는 것을 전제하고 그것을 확인하는 물음을 던짐으로써, 음식(밥)을 주겠다는 마음을 전달하는 것이다. 이렇게 부산 지역어에서는 친밀한 관계에서는 '니 밥 무(우)째?'를 사용하기도 한다.

부산 지역어에서 '니 밥 안 무(우)째?'가 인사말로 사용될 때는, 그 안에 상대방에게 부담을 주지 않으려는 상대에 대한 배려가 담겨 있다. 그리고 '니 밥 무(우)째?'와 같은 표현의 사용은 부산 지역 사람들이 대화에서 상대에 대한 친밀도를 고려하여 표현을 선택하며, 친밀도가 높은 경우에는 예의를 갖추어 에둘러 표현하기보다는 직접적으로 묻는 방식을 사용한다는 것을 알 수 있다.

이와 같이 부산 지역어 사용자가 '니 밥 무(우)째?'와 '니 밥 안 무(우)째?'를 상황에 따라 구분해서 사용하는 것은, 부산 지역 사회의 문화적 특성을 반영한다. 즉 부산 지역에서는 발화 시 들을이와 친밀도 같은 상황을 고려해서 언어를 선택한다는 점에서 부산 지역사회는, 맥락을 중시하여 언어를 사용하는 고맥락 문화 사회라는 것을 보여주는 것이다.

이외에도 부산 지역어에서는 앞의 말을 강조하기 위해 뒤에 부정 표현을 붙이는 경우도 많다.

5) ㄱ. 영자: 가장이기도 해요.

덕수: 그래~ 장남이나 가장은 가족을 잘 돌봐야 하는 거 아이가?

ㄴ. 만식: 얼매나 아가 어른스럽노? 글타고 아가 공부를 몬 하나? 시험만 칬다카믄 무조껀 다 100점 아이가! 한 개도 안 틀리고…

사람이 시험을 치믄 한 개씩 틀리주고 하는 게 기본적인 예의 아이가?

ㄷ. 덕수의 편지: 모든 게 다 일어나지 않았으마 참 좋았을 낀데, 벌써 일어나삔 거 기냥 내랑 도주 엄마가 겪어삔 게 참 다행 아이가.

ㄹ. 연희: (배에 올라 타며) 밥을 쳐 묵었으면 밥 값은 해야 할 꺼 아이가!

ㅁ. 상열: 지진나고 막 이랄 때 구청에 갔다카데~ 쓰나미 오기 직전에…

우성: 참~ 진짜로 재수 없재? 그때, 구청에만 안 갔어도 목숨은 건짔을꺼 아이가…

ㅂ. 금련: 먼 소리하노 지금!! 나도 지금 손님들 들이찼다, 빨리 도!! 장사도 좋지만 문 염치가 있어야 될꺼

아이가!!

ㅅ. 동춘: 내가 행님 덕분에 최억조 회장님한테 욕 억수로 마이 얻어 묵다 아입니꺼.

5ㄱ-ㅅ)은 모두 '아이가'나 '아입니꺼' 같은 부정 표현으로 문장이 끝나고 있다. 그런데 이 문장들은 '아이가'나 '아입니꺼'가 사용되지 않아도 의미를 전달하는 데 전혀 문제가 되지 않는다. 이는 예문의 부정 표현을 긍정 표현으로 바꾸어도 의미가 달라지지 않는다는 점에서 확인할 수 있다. 예를 들어 5ㄱ)의 '장남이나 가장은 가족을 잘 돌봐야 하는 거 아이가?'를 긍정 서술문인 '장남이나 가장은 가족을 잘 돌봐야 하는 거지'라고 표현해도 그 의미가 충분히 전달된다. 5ㄴ)의 '다 100점 아이가'와 '사람이 시험을 치믄 한 개씩 틀리주고 하는 게 기본적인 예의 아이가? 역시, '다 100점이다'와 '사람이 시험을 치믄 한 개씩 틀리주고 하는 게 기본적인 예의다'라고 바꾸어도 의미의 변화가 없다. 5ㄹ), 5ㅁ), 5ㅂ) 역시 마찬가지이다. 그리고 '아입니꺼'가 사용된 5ㅅ)의 경우도 '욕 억수로 마이 얻어 묵다 아입니꺼'를 '욕 억수로 마이 얻어 묵습니더'로 바꾸어도 의미에 변화가 없다.

그렇다면 왜 긍정 서술문으로 표현해도 의미 전달에 문제가 없는데 부정 표현을 사용하는 것일까? 이는 '아이가'와 '아입니꺼'라는 어형을 통해서 설명될 수 있을 것이다. '아이가'와 '아입니꺼'는 형용사 어간 '아니-'에 의문을 나타내는 '-가'와 'ㅂ니꺼'가 붙어서 이루어진 말이다. 즉 '아이가'와 '아입니꺼'가 붙으면 문장은 수사의문문의 형식을 띠게 되는 것이다. 수사의문문은 의문문으로 나타나지만 답변을 요구하지 않으며 강한 긍정이나 강한 부정의 의미를 전달할 때 사용된다. 따라서 긍정문으로 문장을 끝내기보다는 '아이가'와 '아입니꺼'를 사용하여 수사의문문으로 표현함으로써, 말할이가 자신이 한 말을 강하게 긍정하려는 의도가 반영되었다고 볼 수 있다.

부산 지역어에서 문장을 긍정문으로 표현하기보다는 '아이가'와 '아입니꺼'를 사용하여 수사의문문으로 표현하는 경향이 있다는 것은, 부산 지역어 사용자들이 정보를 전달하려고 할 때, 자신이 전달하려는 정보가 맞다는 것을 상대방에게 분명하고 강력하게 전달하고자 하는 경향이 있다고 해석할 수 있다.

부산 지역어에서는 상대방에게 말을 건네기 위한 상황이나, 말을 꺼내기가 어려워 머뭇거리는 상황에서, '안 있나, 안 있습니꺼, 있다 아이가' 같은 '있다'와 부정 표현 '안, 아니'가 결합된 표현을 사용하는 경우가 많다.

6) ㄱ. 덕수: 근데 안 있습니꺼...

영자: 예?

덕수: 우리 처음 만난 날... 그때 와 울고 있었습니꺼? (국제시장)

ㄴ. 형식: (소주 한잔을 따르며) 잘 들어바라! 만약에! 만약에 내가 있다 아이가~

만식: …

형식: 서울에서 내려 온 이화여대 다니는 대학생인데~ 얼굴도 억수로 예뻐! 거기다가 집도 억수로 부자야! 그런 딸래미랑 내가 사귄다카믄 그기 말이 되나? 안되나?

ㄷ. 만식: 만약에! 만약에 있다 아이가…

형식: …

만식: (차마 말을 못하고 끊었다가) 연희가 니 형수 되는거에 대해서 니는 우째 생각하노?

6ㄱ)은 말할이가 상대방에게 말을 건네는 장면이다. 6ㄱ)의 '근데 안 있습니꺼'와 같은 말은 말할이가 본 말을 꺼내기에 앞서 상대의 주의를 집중시키기 위해 사용하는 말이다. 그리고 이것은 말을 건넬 때 주로 사용되는 표현 '근데'와 '안 있습니꺼'가 중복되어 나타난 예이다. '근데'라는 표현은 부산 지역어 외의 다른 지역어에서도 말을 건넬 때 많이 사용된다. 하지만. '안 있습니꺼'라는 표현은 '있습니꺼' 앞에 '안'을 붙인 형태인데, 경상도를 포함한 부산 지역어에서 말을 건넬 때 주로 사용하는 표현이다. 6ㄴ)과 6ㄷ)은 '있다' 뒤에 부정의 '아이가'가 사용된 예이다. 6ㄴ)에서는 '있다 아이가'가 6ㄱ)처럼 말을 건네는 표현으로 사용되었다. 이에 비해 6ㄷ)의 '있다 아이가'는 지문 "차마 말을 못하고"에서 보여주듯이, 말할이가 말을 못하고 주저하는 상황에서 사용된 표현이다. 이처럼 부산 지역어에서는 말을 건네려는 상황이나 말을 시작하지 못하고 머뭇거리거나 주저하는 상황에서 부정 '있다'에 부정 표현이 결합된 '안 있나, 안 있습니꺼, 있다 아이가' 같은 말들을 사용한다.

그런데 '안 있나, 안 있습니꺼, 있다 아이가' 같은 말들은 부정 표현을 사용한다는 공통점 외에도 의문문의 형식을 취하고 있다는 공통점도 가지고 있다. 물론 의문문 형식을 취한다고 해서, 이 표현들이 상대에게 답을 구하려는 말할이의 의도를 담고 있지는 않다. 다만 의문문이라는 문장 형식이 원래 상대방에게 답을 요구한다는 점에서, 화자가 일방적으로 진술하는 평서문보다는 상대방의 주의를 집중시키는 역할을 할 수 있다. 의문문이 가진 이러한 특성 때문에, 대화를 시작할 때 상대방에게 말을 건네거나 상대방에게 말을 꺼내기가 어려워 주저하는 경우에, 이런 표현을 사용하여 주의를 집중시키는 것으로 보인다.

특히 6ㄱ), 6ㄴ)처럼 말을 건네는 상황은 발화된 앞선 내용이 없다는 점에서, 상대방에게 '있다'로 전제된 내용, 즉 앞으로 이야기하게 될 내용에 대해 묻는다는 것은, 말할이가 상대방을 자신의 말에 집중시켜 상대방을 자신과 동일한 세계로 끌어들이려는 것으로 해석될 수 있다. 다시 말하면, 상대방과 자신이 공유하는 어떤 것을 대화의 내용으로 끌어들이려는 의도로 이런 표현을 한다고 볼 수 있다. 그렇기 때문에 상대방과 자신이 공유하는 것에 대해 말을 시작하는 것이므로 상대방을 편안하게 대화로 이끌 수 있는 것이다.[146]

부산 지역어에서 부정 표현을 많이 사용하는 경향 때문에 표면적으로 보면 부산 사람들이 부정적인 경향이 있다거나 강한 성격을 가지고 있다고 생각될 수 있다. 하지만 앞에서 살펴본 것처럼, 이러한 부정 표현들의 사용을 엄밀히 들여다보면 상대방에게 심리적 부담을 주지 않으려는 배려를 담고 있기도 하고, 상대방에게 말을 전달할 때 자신이 전달하고자 하는 것이 타당하다는 것을 강조하여 효과적으로 전달하기 위한 장치로도 사용한다. 또한 말을 건네거나 할 때에도 자신이 전달하고 싶은 내용을 효과적으로 전달하기 위해  부정 표현을 사용한다는 것도 알 수 있다. 즉 부산 지역어 사용자들은 부정 표현을 상대를 배려하기 위해, 또는 의사 전달을 명확하고 효과적으로 하기 위해 사용한다. 이러한 언어 사용의 특징은 부산 사람들의 다른 사람에 대한 배려와, 명확하고 효과적으로 의사를 전달하려는 경향을 보여주는 것이라고 볼 수 있다.

### 3.2. 대중매체 속의 부산 지역어와 로컬리티[147]

로컬리티란 특정 지역이 가지고 있는 성질, 즉 특정 지역의 속성을 의미한다. 어떤 성질들이 하나의 지역이라는 범위로 묶이고, 이러한 성질들을 지역인들이 '우리 지역(인)의 속성'으로 받아들일 때 그 지역의 로컬리티가 될 수 있다. 이러한 속성에는 우리 지역만이 가진 특성과 함께, 다른 지역과 공유하는 성질도 있다. 즉 부산이 가진 속성 가운데는 부산만이 가진 특성과 부산이 다른 지역과 공유하는 성질도 있다는 것이다. 예를 들어 부산 지역이 가진 속성 중의 하나인 '주변성'이나 '해양성' 같은 성질들은 목포나 울산 같은 지역들도 함께 공유하고 있는 속성이라고 할 수 있다. 물론 '주변성'이나 '해양성'으로 추상화된 속성이 포함하고 있는 구체적인 내용은 지역에 따라 차이가 있을 수 있다. 예를 들어 '주변성'으로 추상화된 속성은 '중앙'과의 관계에 따라 규정된다는 점에서 각 지역이 가진 '주변성'은 구체적인 내용 부분에서 차이를 보일 수 있다. 다시 말하면 부산이 가진 '주변성'의 내용과 목포가 가진 '주변성'의 내용에는 차이가 있을 수 있다는 것이다. 이렇게 로컬리티가 특정 지역이 가진 속성이라고 본다면 로컬리티로 규정된 각각의 성질이 구체적인 내용 부분에서는 타 지역과 다소 차이가 있다고 하더라도, 특정 지역의 로컬리티 속에는 타 지역과 공유하는 성질도 일정 부분 존재한다고 할 수 있다.

하지만 일반적으로 로컬리티에 관한 연구에서는 타 지역과 공유하는 성질보다는 그 지역만이 가진 특성에 주목하여 논의가 이루어져 왔다. 이렇게 지역의 특성으로서의 로컬리티를 논의할 때 먼저 생각해야 할 점은, 어떤 성질을 지역의 특성으로 규정할까의 문제이다. 이러한 관점에서는 어떤 성질이 '지역의 특성'으로 받아들여지기 위해서는, 지역인들이 그것을 우리 지역이 가진, 다른 지역(인)과의 차이로 인식함과 함께 그 특성의 다양한 변이체들 사이의 유사성을 읽어내고, 이것을 하나로 통합할 수 있어야 한다.

지역의 특성으로서의 로컬리티 가운데 어떤 것들은 한번 형성되면 오랫동안 변화 없이 그대로 유지되는 것도 있지만, 또 어떤 것들은 한번 형성되면 오랫동안 그대로 굳어지는 것이 아니라 끊임없이 재해석되고 재구성되는 것들도 있다.[148] 그래서 로컬리티 가운데는 지역의 자연환경과 관련하여 형성된 것들처럼 오랫동안 변화를 찾기 어려운 경우도 있지만, 대부분의 경우 로컬리티는 사회적 변화와 맞물려서 끊임없이 변이되고 다양화되며, 어떤 기준을 적용하는가에 따라 다른 모습으로 읽히기도 하기 때문에 객관적으로 정의되기 어려운 경우가 많다. 즉 특정 지역의 로컬리티는 많은 경우 역사적, 사회 문화적 상황의 변화와 함께 끊임없이 변화하며 재구성된다는 것이다.

특정 지역의 로컬리티가 형성되고 재구성되는 과정을 바라보는 한 가지 관점은, 로컬리티가 지역인들의 지역에 대한 인식과 외부인의 지역에 대한 인식 사이의 상호작용에 의해 형성된다고 보는 것이다. 이런 관점에서 보면 로컬리티는, 일차적으로 지역 내부인들이 자신이 속한 지역의 특성으로 인식하는 것과 외부인들이 특정 지역이 가진 특성으로 인식하는 것들로 구분할 수 있다. 그리고 이것들이 서로 관계를 맺음으로써 새로운 로컬리티가 구성된다.

이렇게 로컬리티의 재구성에 외부로부터의 인식이 영향을 끼친다는 점에 주목하여, 여기에서는 지역 내부인이 아닌 외부로부터 규정되는 특정 지역에 대한 인식으로서의 로컬리티에 대해서 살펴보고자 한다. 지역 내부인들은 비교적 다양한 특성들을 고려하여 자신이 속한 집단의 속성을 인식하는 데 비해, 외부에서 인식하는 특정 지역의 속성은, 지역의 내부적 상황을 종합적으로 고려하지 못한 상태에서 피상적으로 인식되는 경우가 많다. 이 경우 지역의 속성은 단순화 되거나 선택적으로 받아들여지기도 하고, 특정 부분만이 강조되거나 과장됨으로써 지역의 특성으로 규정된다. 이러한 과정은 의도하였든 의도하지 않았든, 다양성과 다층성을 지닌 실제의 지역에 대한 인식과는 거리가 있다는 점에서 일정 정도의 조작이 이루어진다고 할 수 있다. 이런 점에서 여기에서는 지역 내부인이 아닌 외부로부터 규정되는 지역에 대한 인식을 '만들어진 로컬리티'라고 부르기로 한다.

지역 내부인들이 인식하는 로컬리티와 외부인들이 인식하는 로컬리티 사이에는 인식의 차이가 나타나는 경우도 있고 유사한 경우도 있다. 이는 어떤 상황에서 논의되는가에 따라 달라지는 것으로, 어느 것이 더 타당한지를 평가하거나 인식의 선후 관계에 대한 판단을 내리기 어려운 때가 많다. 실제로 이 둘은 상호 영향을 주고받음으로써 순환론적으로 서로를 재구성하는 데 영향을 끼친다.

외부로부터 규정되는 로컬리티는 다양한 경로를 통해 구성된다. 각 개인의 직접적인 경험뿐만 아니라 지역에 대한 매스미디어의 보도나 다양한 방송 프로그램을 통해 일반인들은 특정 지역에 대한 이미지나 지역 사람들의 특성에 대해 인식하게 되는데, 이것이 지역의 로컬리티 구성에 영향을 끼친다. 방송 프로그램, 언론 보도 기사, 스포츠 중계 등은 간접적으로 지역을 경험하는 방법 가운데 하나이다. 최근에는 대중문화의 발달과 함께 대중문화 매체를 통해 지역을 경험하기도 한다. 예를 들어 오늘날 뉴욕, 런던, 파리 같은 도시나 그곳 시민들의 특성에 대한 이해는, 이곳을 직접 방문한 결과로 형성되는 경우보다 영화나 드라마, 뉴스 같은 방송 매체를 통해 형성되는 경우가 많다. 이처럼 영화나 드라마 같은 매체를 통해 간접적으로 인식되는 지역의 특성은 외부로부터 규정되는 로컬리티, 즉 '만들어진 로컬리티'라고 할 수 있다.

영화나 드라마 같은 매체는 지역의 특성을 드러내기에 적합하다. 영화나 드라마는 특정 지역을 배경으로 제작되는 경우가 많기 때문이다. 따라서 굳이 명시적으로 지역적 배경을 밝히지 않더라도 관객들은 배경이 되는 장소가 어디인가를 인식하면서 영화나 드라마를 관람한다. 영화나 드라마에서 배경이 되는 장소를 인식할 수 있게 도와주는 대표적인 장치가 영상이다.

영상은 사진으로 외부의 사물과 세계를 보여준다. 이런 점에서 영화나 드라마는 사물을 있는 그대로 기록할 수 있다고 받아들여져 왔고 리얼리티(사실성)를 구현할 수 있는 대표적인 매체로 인식되어 왔다. 이러한 인식은 영화나 드라마 속에서 재현되는 것들에 대해서도 사실성을 부여하는 밑바탕이 되어 왔다. 영화나 드라마에서 재현되는 지역에 대해서도 마찬가지이다.[149] 영화나 드라마에서 재현되는 지역은 실제의 지역을 촬영한 것이다. 영화나 드라마를 보는 대중들은 이것을 실제의 지역으로 받아들이게 된다. 따라서 특정 지역의 이미지가 영상을 통해 반복적으로 재현되게 되면 그것은 그 지역의 이미지로 고착화된다. 그리고 그 영화나 드라마에 대한 대중들의 호응이 높아져 상업적으로 성공하게 되면, 그와 비례하여 영화나 드라마를 통해 형성된 지역의 이미지는 고착화되고, 그것은 넓고 빠르게 확산 되고 더욱 견고해진다.

그럼에도 불구하고 영화나 드라마 속에서 영상을 통해 재현되는 지역은, 현실의 지역을 환기시키기는 하지만 실제의 지역과 동일하지는 않다. 영화나 드라마 속에서의 지역은 이미지화된 지역이자 만들어진 지역이다. 영상은 실제의 지역을 모두 재현해 내는 것이 아니라 감독의 의도에 따라 선택된 영상들로써 지역을 재현해 내기 때문이다. 그리고 그 재현으로써 지역의 이미지가 형성되기 때문이다. 어쨌든 영화나 드라마에서 나타나는 지역의 이미지는 가공된 허상이지만, 관객들은 영화나 드라마의 장치들로 인해 그것을 '진짜 사실'이라고 믿게 되는 것이다.[150]

영화나 드라마에서 장소에 대한 인식을 도와주는 또 다른 장치가 대사이다. 대사는 등장인물이 어떤 지역어를 사용하는가를 통해 배경이 되는 지역을 인식시킨다. 뿐만 아니라 그 지역어를 어떤 등장인물이 사용하는가, 즉 등장인물이 어떤 직업을 가졌는가, 어떤 성격을 가진 인물인가, 그리고 그 언어를 어떤 방식으로 사용하는가에 따라 지역(인)의 이미지나 특성을 표현하게 된다.

물론 이러한 방식은 영상을 통한 방식보다는 간접적이라고 할 수 있다. 하지만 영화나 드라마에서 등장인물의 중요성과 대사를 통해 극의 줄거리가 형성된다는 점을 생각할 때, 지역어를 사용하는 등장인물의 대사에 반영된 특징은 곧 지역의 특징을 드러내는 역할을 한다고 할 수 있다. 즉 대사를 통한 인물의 재현은, 곧 지역을 재현하는 것이라고 볼 수 있다. 특히 특정 지역어를 사용하는 인물들이 여러 영화나 드라마를 통해 동일한 방식으로 언어 사용을 반복할 때는 더욱 그러하다.

여기에서는 부산을 배경으로 하는 영화나 드라마 속의 남녀 등장인물들의 언어 사용 방식에 대해 살펴보고, 그것이 남녀 지역어 사용자들을 어떤 인물들로 특징짓는지 살펴볼 것이다. 이를 위해 분석 대상으로 삼는 영화와 드라마, 개그 프로그램은 <친구>, <사생결단>, <해운대>, <국제시장>, <마이뉴파트너>, <응답하라1997>, <생활 사투리>이다. 특히 영화와 드라마 작품들은 부산을 주된 배경으로 삼고 있을 뿐만 아니라, 흥행에 성공하여 대중적으로 미치는 영향이 큰 작품들이다. 이 작품들은 폭력물부터 재난영화, 학원 드라마 등 다양한 장르에 속하는 것들이다. 이런 다양한 작품들 속에서 부산 사람들을 어떻게 그려내고 있는지 그 공통적인 특징을 찾아볼 것이다. 영화나 드라마 속의 분석 대상은 남녀 등장인물들이 사용하는 지역어로 된 대사이다. 하지만 이 글은 지역어의 언어적 특성을 밝히려는 것이 목적이 아니다. 지역어를 사용하는 사람들의 언어 사용 방식이 어떻게 재현되는지를 밝히고, 그러한 재현이 등장인물들을 어떤 특성을 지닌 사람들로 규정하는지를 밝히려는 것이다. 그리고 이를 통해 궁극적으로는 영화나 드라마, 개그 프로그램 같은 매체를 통해 어떻게 부산의 로컬리티가 만들어지는가를 밝히려고 한다.

### 1) 남자들의 부산 지역어 사용 방식

#### (1) 어휘 표현

부산을 배경으로 하는 영화나 드라마에서, 지역어를 사용하는 남자 등장인물들은 유달리 욕이나 은어 같은 비속어들을 많이 사용하는 것으로 나타난다. 조직 폭력배의 세계를 다룬 <친구>는 물론, 마약 범죄 조직과 형사의 이야기를 다룬 <사생결단>, 심지어는 재난영화에 해당하는 <해운대>와 학창시절을 그린 드라마 <응답하라 1997>까지, 대부분의 남성들은 대화에서 비속어를 많이 사용한다.

1) ㄱ. 중호: 저 씨발놈들 청학공고 새끼들 아이가...노는 꼴이 완전히양아치 행님들이네.
ㄴ. 야비한 선생: 좋겠다! 너그 아부지 건달이라서 좋겠어...이 쌔빠질 놈아! 느그 애비한테 가가꼬...<친구>

2) ㄱ. 상도: 에이 씨발!
ㄴ. 배형남: 씨발, 어데 가나 첩자새끼들 때메...상도 이 개새끼...
ㄷ. 중간판매책: 씨발년이 닌 기냥 디비져 자!
ㄹ. 김형사: 200g이믄 최하가 이 년입미더. 쯧쯧 인자 좆됐네.
ㅁ. 도경장: 짭쌔 말은 끝까지 들어야제 새꺄... <사생결단>

3) ㄱ. 만식: 야이, 개새끼야! 니가 인간이가! 애한테 도대체 먼 짓을 한기고!

ㄴ. 만식: 니 오늘 내한테 죽어 바라! 이 호로새끼…

ㄷ. 동춘: 가씨나 이거~ 확 주디를 불로 찌지뿔라!

ㄹ. 만식: 찌지기는 멀 찌지노! 새끼야…

ㅁ. 형식: 이런 개새끼가…

ㅂ. 억조: 미친 노므 새끼, 안 되는 일이 오데었어? 마 됐다. 떡밥 쳐뭇으이 입질이 오겠지…

ㅅ. 동춘: 멋있기는 니미… 눈까리가 삣나?

ㅇ. 동료1: 임마! 니 주디가 와 그래?

ㅈ. 상열: 좆… 대… 따… <해운대>

4) ㄱ. 윤제: (씨익 웃으며 준희의 뒤통수를 후려치면서) 에이 미친놈 됐다, 이 새끼야! 안 궁금하다 안 궁금해!

ㄴ. 윤제: 가시나. 간땡이 부었다. 지금 시간이 몇 신데 인자 들어오노. 얼굴이 무기면 낮에 댕기던가, 열두 시 넘으면 집에 일찍 기어들어와야 될 꺼 아니가.

ㄷ. 준희: 아 됐다. 교복 입은 거 안 보이나? 눈깔이 처삔나?

<응답하라 1997>

1)에서는 고등학생들 사이에서의 대화는 물론, 학교 선생님이 수업시간에 학생에게 비속어를 사용하고 있다. 2)에서도 형사와 마약상 모두 욕과 같은 비속어를 사용하고 있다. 3)에서는 등장인물들이 3ㄱ-ㅁ)처럼 화가 난 상황은 물론, 3ㅂ-ㅈ)처럼 특별히 화가 나지 않은 상황에서도 비속어를 사용하는 것으로 재현되고

있다. 또 4)에서는 고등학생들이 4ㄱ)과 같이 장난스러운 상황이나 4ㄴ)처럼 걱정했던 마음을 표현할 때, 4ㄷ)처럼 맥주를 주겠다는 친누나에게 거절을 할 때 역시 비속어를 사용하고 있다.

이처럼 부산 지역어를 사용하는 부산 남자로 재현되는 인물들은 직업이나 연령, 상황에 관계 없이 습관적으로 말끝마다 비속어를 사용하고 있다. 또 욕설과 비속어의 사용은 조직폭력배를 소재로 한 영화뿐만 아니라, <해운대> 같은 재난영화와 <응답하라, 1997> 같은 학창 시절을 그린 드라마에서도 그대로 반복되어 나타난다. 여러 영화나 드라마에서 많은 등장인물들에 의해 반복되는 비속어의 사용은, 부산 남자들의 이미지를 거칠고 교양 없고 세련됨과는 거리가 먼 사람들로 재현한다. 또 이들은 선생님이나 형사, 학생 같은 직업을 가진 인물들도 있지만, 대부분이 폭력배, 마약상, 불량배 같은 전문적인 교육을 받지 못한 사람들로 재현된다. 이러한 등장인물들의 직업적 특성은 부산 남자들을 '거칠고 교양 없는, 세련되지 못한'이라는 이미지를 강화하는 데 더욱 기여한다. 그리고 이런 이미지가 여러 영화들을 통해 반복됨으로써 이것이 부산 남자들의 정형화된 모습이 되고 부산 남자들의 특성 가운데 하나가 된다.

또한 부산 남자들은 폭력적인 표현을 많이 사용하는 것으로 그려지는데, 이 또한 앞에서 살펴본 부산 남자들의 이미지를 공고히 한다.

5) ㄱ. 동수: 씨발놈아. 뭘 째리보노? 눈까리 파뿌까?

ㄴ. 만식: 니 오늘 내한테 죽어 바라! 이 호로새끼…

ㄷ. 동춘: 하여튼~ 그 새끼는 인간 안 돼… 아 쓰바… 아까

총만 있었으면 고마 탕 쏴 지기삐는 긴데…

ㄹ. 형식: 일어나 봐, 이 개새끼야! 이게 어디서 술 쳐마시고 지랄이고! 확, 때리 지기뿔라!

ㅁ. 동춘: 씨바 도끼 오데 없나… <해운대>

5)는 <해운대>의 예이다. 5)에서는 상대방을 향한 감정을 표현하는 데 '눈을 파다, 죽이다, 총으로 쏘다, 때리지기다, 도끼' 등의 극단적인 표현들이 사용된다. 이러한 표현들은 부산 남자들이 감정을 잘 통제하지 못하고 거칠고 폭력적이라는 이미지를 심어준다. 이는 부산 남자로 재현되는 인물들의 직업이 주로 폭력배, 마약상, 건달이라는 점과 어울려 그 이미지가 더욱 고착화 된다.

그런데 이러한 부산 남자의 이미지는 표준어를 사용하는 서울 남자의 이미지와 대비 되면서 효과가 더욱 극대화 된다. 예를 들어 <해운대>에서 해양연구소의 지질학자로 등장하는 김휘의 언어 사용 방식은 부산 남자들과 대비된다.

6) ㄱ. 김휘: 잘 들어! 당신이 어떤 놈을 만나든! 어떤 놈을 사귀던 그건 하나도 관심 없어! 하지만 지민이한테 무슨 일이 생기면 앞으로 내가 가만있지 않을거야! 알았어?

ㄴ. 유진: 당신이 뭔데 이래라 저래라야! 지민이는 내가 알아서 해!

김휘: 이상한 인간이랑 같이 있잖아! <해운대>

6)은 김휘가 전부인의 애인을 '어떤 놈' 또는 '이상한 인간' 등

으로 표현한 것으로, 그의 대사 중에 가장 저속한 표현이다. '어떤 놈'이라는 표현이 사용된 상황은, 전부인의 애인이 잃어 버렸던 자신의 딸을 보호소에서 찾아 데리고 있다가 아내에게 인도하는 상황에서이다. 이 장면에서 김휘는 극도로 화가 난 상태이다. 하지만 그의 표현은 부산 남자들의 말에서 너무 쉽게 찾아볼 수 있는 '새끼'라는 표현이 아닌, '어떤 놈' 정도로 비교적 정제되어 표현된다. 또 '죽이다'와 같은 직접적이고 폭력적인 표현보다는 '가만두지 않겠다'라는 다소 우회적인 표현을 사용하고 있다. 이러한 언어 사용은 부산 남자들의 언어 사용과 대비되면서, 서울 남자는 감정을 극단적으로 표현하지 않고 걸러서 표현하는 교양 있고 세련된 사람들이고, 전문지식을 갖춘 사람이라는 이미지를 만들어 낸다.

언어 사용을 통해 만들어지는 부산(경상도)의 폭력적인 이미지는 영화나 드라마뿐만 아니라 개그 프로그램을 통해서도 찾아볼 수 있다. 한 개그 프로그램에서는 경상도 사람들이 화가 났을 때 사용하는 말을 다음과 같이 알려준다.

7) 표준어: 화난 / 더 화난 / 가장 화난

경상도: 치뿌까 / 차뿌까 / 몽디로 확 마 다 빠뿌까

<생활사투리>

이 프로그램에서는 경상도 사람들이 사용하는 말이라고 했지만, 부산을 따로 분리하지 않고 경상도에 포함시켜 한 무리로 다루고 있다는 점에서, 경상도 사람을 부산 사람으로 치환하여 이해해도 무방하다. 개그 프로그램에 따르면 7)은 표준어와 경상

도 말에서, 화가 난 정도에 따라 표현이 어떻게 달라지는지를 보여주는 것이다. 표준어에서는 정도를 나타내는 부사가 결합되면서 화가 난 정도를 표현한다. 하지만 경상도말로 달리 말하면 부산 지역어에서는 화가 가장 적게 난 상황을 '쳐 버릴까'(치다)의 의미를 가진 '치뿌까'로 표현하고, 그것보다 조금 더 화가 난 상태를 '차 버릴까'의 의미를 가진 '차뿌까'(차다)로 표현하고 있다. 또 가장 화가 많이 난 상태를 '몽둥이로 확 그냥 다 부숴 버릴까'(부수다)의 의미를 나타내는 '몽디로 확 마 다 빠뿌까'로 표현하고 있다. 이러한 말들은 부산 지역어에서는 화가 난 상태를 표현하기 위해 폭력적인 행동을 하겠다는 위협의 의미를 가진 말을 사용한다고 알려준다. 또 화가 많이 날수록 치다-차다-부수다와 같이 폭력성이 높아지는 과격한 표현을 사용한다고 시청자들에게 알려준다.

이러한 폭력적인 표현은 부산 사람들을 거칠고 폭력적인 사람들로 인식시킨다. 특히 부산 사람을 잘 알지 못하는 사람들은 실제로 부산 사람들이 화가 났을 때 이런 표현을 사용한다고 받아들이게 된다. 물론 부산 사람들 중에는 화가 났을 때 이러한 표현을 사용하는 경우도 있겠지만, 일반적으로 사용하는 표현은 아니다. 이는 주로 부산을 배경으로 한 폭력 영화 속의 등장인물들이 사용하는 표현이라고 보는 것이 더 타당할 것이다. 폭력 영화를 통해 형성된 부산 사람들에 대한 이미지는 이러한 표현들과 결합되면서 부산 사람들이 거칠고 폭력적이라는 인식을 강화시킨다.

이렇게 매체를 통해 형성된 부산 지역어와 지역어를 사용하는 부산 사람들에 대한 인식은, 실제로 부산 사람들을 별로 접해보지 못한 사람들에게 부산 사람들은 거칠고 폭력적일 것이라는 인식을 갖게 만든다. 이렇게 지역의 특정 집단들이 많이 사용하는 표현을 과장하여 만들어 낸 지역어에 대한 이미지는, 그 언어 사용자인 부산 사람들에게 감염되고, 이는 곧 부산 사람들에 대한 인식이자 부산의 로컬리티의 한 부분이 된다. 그런데 이렇게 외부로부터 만들어진 로컬리티는 지역 내부의 사람들에게까지 영향을 끼치게 된다.

영화나 드라마에서 부산 남자들의 말에 자주 등장하는 어휘 중에 하나는 '의리'와 관련된 단어들이다.

8) ㄱ. 준석: 어 친구들 들어온나.
준석: 앉아라...친구야. 내 친구 야아들은 억쑤로 모범생이다.
ㄴ. 눈칼자국: 니...의리가 뭔지 아나? 나는 솔직히 행님한테 배신 때릴 생각은 눈꼽만큼도 없다. 조직은 의리가 생명이고 또 의리가 있어야 힘이 생기는데... <친구>

9) ㄱ. 동춘: 내가 행님 덕분에 최억조 회장님한테 욕 억수로 마이 얻어 묵다 아입니꺼. 행님이 의리를 문디 발톱에 때 맹쿠로 생각하이까 내라도 정의를 쫌 바로 잡아야 안겠나 시퍼서 그냥 연희한테 진실을 얘기해뿟심더! 내가 째껜할부터 별명이 정이에 사도 아이었습니꺼, 정이에 사도!
ㄴ. 금련: 고맙십니더! 안 그래도 바쁠긴 데 이런 일로 번잡시럽게 해서…

억조: 아입니더. 사는 기 빌 꺼 있습니꺼? 다 어려울 때 돕고 살아야지예. <해운대>

10) 도경장: 약 팔아 묵는 게 지상 최대의 목적으로 의리보다는 장사속이 앞서는 놈덜인기라.

도경장: 지살라꼬 칭구 팔아묵은 놈을 머할라꼬 그리 감싸고 도노? <사생결단>

11) 달구: (한숨) 니가 인간이가?

덕수: 머?

달구: 우째 친구를 이런 전쟁터에 데꼬올 생각을 하지?

덕수: 야! 니는 내 서독에 안 델꼬갔어?

달구: 야! 탄광이랑 전쟁터가 같냐?

덕수: 다를 끼 머가 있노? 다 돈벌자고 하는 짓인데... 달구아~ 이거는 함부르크에서는 상상도 할 수 없는 일인데.. <국제시장>

8)은 <친구>에 나오는 대사이다. <친구>는 부산 남자들의 우정과 의리를 준석과 동수, 상택, 중호를 통해서 보여준다. <친구>에서는 '의리'라는 단어를 직접적으로 사용하기도 하지만 '친구'라는 단어를 통해 반복적으로 드러내기도 한다. 9)역시 '의리'의 개념을 바탕에 깔고 있는 재난영화이다. '연희 아버지'와의 약속을 지키려는 '만식', 의롭게 순직하는 '형식', 자기와 함께 고생했던 마을사람들을 위해 결국 골든비치 건설을 포기하는 '억조'는 의리 있는 부산 남자들이다. 10)의 중심인물인 '도경장' 역시 죽은 선배 형사와의 의리를 지키려는 부산 남자로 등장한다. 이들

은 대사에서 '의리, 정의'라는 어휘를 직접적으로든 간접적으로든 사용하고 있다. 11)은 친구 사이인 달구와 덕수가 서독과 베트남 전쟁에 서로를 따라서 간 것을 두고 하는 대화이다. 이 대화에서는 의리라는 단어를 직접적으로 사용하지는 않았지만, '친구'라는 단어를 통해 머나먼 타국인 서독의 탄광이나 죽음을 무릅쓴 전쟁터까지 함께 간 두 사람 사이의 우정과 의리를 보여주는 부분이다.[152]

이러한 어휘의 사용이나 대화는 등장인물들의 행위와 어울려 부산 남자들의 이미지는 '의리 있는'으로 관객들에게 각인된다. 폭력배이건, 건달이건, 형사이건, 일반인이건 그들은 의리 있는 인물들로 재현된다. 그리고 이 '의리 있는'이라는 이미지는 부산 남자들에게 덧씌워져 앞에서 언급된 '거칠고 폭력적'이라는 부정적인 이미지를 어느 정도 상쇄시켜 버리는 역할을 하기도 한다. 하지만 <친구>를 비롯한 다수의 대중 영화에서 부산 사람들 사이의 의리는 일부 폭력배 집단의 의리 정도로 이미지화 되고 있다는 점에서 논의의 여지가 있다.

영화 속의 부산 남자들 사이에는 호칭어로 '행님'이라는 표현이 일반적으로 사용된다.

12) 눈칼자국: 나는 솔직히 행님한테 배신 때릴 생각은 눈꼽만큼도 없다. <친구>

13) ㄱ. 만식: 니 오늘 내한테 죽어 바라! 이 호로새끼…
동춘: 아아아~ 행님, 행님 잠깐만, 잠깐만!!!!
ㄴ. 동춘: 행님! 행님!

경찰1: (만식 알아보고) 아! 형님 오셨어예!

만식: 먼 일이고? <해운대>

14) ㄱ. 김형사: 그란데 말이죠... 세관에 지 아는 행님이 귀띔을 해 준긴데...

ㄴ. 상도: 큰행님 어데 가셨십미까? 물 떨어진 지 쫌 됐십미다.

ㄷ. 성근: 행님, 애덜은 와...

ㄹ. 김형사: 행님... 그 새끼한테 험한 꼴 당한 거 알지만 쫌 참으소! <사생결단>

15) ㄱ. 정영철: 행님, 날씨가 기가 막히지예.

ㄴ. 강용준: 그냥 강 형사라고 불러요. <마이 뉴 파트너>

<친구>에서는 조직폭력배들 사이의 호칭어로, 12)와 같이 '행님'이라는 어휘가 사용되고 있다. <해운대>에서도 13)과 같이 '행님'이라는 호칭어가 많이 등장한다. 13ㄱ)처럼 같은 동네에 사는 선후배 사이의 사적인 대화에서 '행님'이라는 호칭어가 사용되고 있을 뿐만 아니라, (13ㄴ)처럼 현장에 출동한 경찰과의 사이에도 '행님'이라는 호칭어가 사용되고 있다. 13ㄱ)의 경우와 달리, 13ㄴ)의 경우는 공적인 상황인데 '행님'이라는 호칭어가 사용된 것이다. (4)의 <사생결단>에서도 마약상들 사이의 대화나 형사들 사이의 대화에서 호칭어로 '행님'이 사용되고 있다. 그리고 15)의 <마이 뉴 파트너>에서는 건달 정영철이 형사 강용준을 처음 만나는 장면에서 강용철을 '행님'이라고 부른다. 이처럼 영화

에서는 부산 남자들이 '행님'이란 호칭어를 보편적으로 사용하며 심지어는 공적인 상황에서조차 사용하는 것으로 표현되고 있다. 하지만 공사 구분 없는 호칭어의 사용은 현실과 일치하지 않는다. 그럼에도 영화에서 부산 남자들 사이의 호칭어로 '행님'을 일반화시켜 사용하고 있는 것은 부산 남자들의 특별한 이미지를 만들어 내기 위한 것으로 해석된다. 이는 15)에서처럼 서울에서 내려와 표준어를 구사하는 형사 강용준이, '행님'이라는 호칭어를 사용하는 정영철에게 '강형사'로 부르라고 정정해 주는 부분에서도 알 수 있다. 이처럼 지역어 '행님'이라는 호칭어는 부산 남자들의 특성을 나타내는 언어적 장치이며, 이는 부산 남자들은 서로 인연을 맺으면 끈끈한 형제애로 맺어진다는 것을 이미지화한 것으로 보인다.

(2) **화용적 표현**

영화나 드라마에 등장하는 부산 남자들은, 대화 시 에둘러서 표현하기보다는 직설적으로 표현하는 경우가 많다.

16) ㄱ. 봉고 트럭을 운전하고 있는 동춘. 광안대교 톨게이트를 지나고 있다. 그때, 동춘의 핸드폰이 울린다.

동춘: 와요?

동춘모: 지금 오데고?

동춘: 재진이한테 차 수리 맡기러 가요. 와요? <해운대>

ㄴ. 그때 해양 구조대원인 만식의 동생 형식(27세)이 연희의 가게 안으로 들어온다.

형식: 누나! 밥 좀도! <해운대>

17) ㄱ. 윤제: 니 언제 철들래?

시원: 시비 걸지 마라. 내 바쁘다. <응답하라 1997>

16)은 동춘이 어머니의 전화를 받는 모습이다. 동춘은 '예'나 '예, 어머니' 와 같은 전화를 받을 때 상대방에게 하는 인사말을 하지 않고, 곧바로 '와요'라고 용건이 뭐냐고 단도직입적으로 묻고 있다. 또 두 번째 대화에서도 어머니의 물음에 답하고 '와요'라고 용건을 재촉하는 모습을 보인다. 17)은 형식이 연희의 가게에 들어오면서 하는 말이다. 이 경우에도 인사나 다른 말 없이 '누나'라고 부르고는 '밥 좀 도'라는 용건만 단도직입적으로 말하고 있다. 이처럼 부산 남자들은 말을 할 때 필요한 용건 외에 주변적인 말들은 생략하고 용건이 무엇인지를 중심으로 간단하고 직설적으로 표현하는 것으로 그려지고 있다.

개그 프로그램에서는 이러한 경상도(부산) 남자들의 직설적인 말하기의 특징을 다음과 같이 과장하여 보여주기도 한다.

18) 표준어: 나는 당신을 사랑합니다. / 나는 당신을 정말 사랑합니다.

경상도: 내 아를 낳아도. / 쌍둥이 낳아도! <생활사투리>

경상도(부산) 남자들은 표준어 사용자들이 '사랑한다'라고 표현하는 것을, '내 아를 낳아도'로 표현한다는 것이다. 부산에서 실제로 '사랑한다'를 이렇게 표현하는 사람은 아마 없을 것이다. 이는 부산 남자들이 '성격이 급하고 직설적이다'라는 인식을 바탕으로, 그것을 과장해서 표현함으로써 웃음을 주려는 목적으로 만들어진 것이다. 하지만 부산 사람들을 잘 모르는 사람들은 이러한 표현이 실제 사용되는 것으로 받아들일 수 있다. 이처럼 방송 프로그램에서 웃음을 목적으로 만들어진, 부산 지역어로 재현되는 말들은 그것을 사용하는 부산 사람들에 대한 왜곡된 이미지를 만들어 내고, 이것은 다시 방송을 통해 전국적으로 확산된다.

그런데 이러한 직설적인 표현을 사용하는 부산 남자들과 달리 영화나 드라마 속의 또 다른 부산 남자들의 모습은, 자신이 좋아하는 여성과의 대화에서 할 말을 못하거나 어눌하게 말하는 태도를 보이는 것으로 재현된다.

19) ㄱ. 희미: 왜요? 나랑 같이 잘 생각하니까 심장이 벌렁벌렁거려요?

형식: …

희미: 오바하지 마요! 이따 들어갈 거니까!

형식: (정신이 없다) …

희미: 당황하니깐 얼굴까지 빨개지네.

형식: 아니… 술을 마셔서… 내가 술 마시믄 얼굴이 빨개지거든예.

희미: 그쪽은요~ 그냥 이렇게 보고 있으면 무지 핸썸하고 좋은데.

형식: (긴장한 채 침을 꼴깍) …

희미: 사투리 나오는 순간 완전 핀트 나가는 거 알아요?

형식: (어쩔 줄 모른다) 아니… 사실 포준말을 쓸 쭈는 아는데…

희미: 포준말이 아니고~ 표준말! 원래 말을 잘 못해요?

ㄴ. 만식: 얼마 전부터 자꾸 연희 니를 소개시키달라 카는 데 아가 대학도 4년제 나오고 인물도 개안코 성격도 참 갠찮거든? 진짜 한번 만나 볼래?

연희: (대뜸) 진심이가?

만식: (화들짝) 어?

연희: (만식쪽으로 고개를 획 돌리며 공격적으로) 진심이냐고

만식: (횡설수설) 아이 머 그기 아이고~ 인자 니도 시집도 가야대고…오빠가 대가꼬 내가 머 해줄 꺼는 엄꼬…

연희: (한심한 표정) 깝깝~ 하다… <해운대>

20) 진숙: (좀 가엾단 듯이) 니...억쑤로 순진하네

상택: 뭐...뭐라고?

진숙: 나는 니 같은 사람이 좋다.

상택: (애써 웃어보이며) 니...니도.. <친구>

19ㄱ)은 해양 구조대원인 형식과 서울 여자 희미와의 대화이다. 형식은 구조대원 활동이나 남자들 사이의 대화에서는 비속어를 사용하는 등 거친 모습을 드러낸다. 하지만 희미와의 대화에서는 묻는 말에 대답도 제대로 못하는 순진한 모습을 보이며, 적극적으로 자신의 감정을 표현하는 여자에 비해 소극적인 모습을 보인다. 19ㄴ)의 만식 역시 남자들 사이에서는 거칠고 남성적인 모습을 드러내지만, '진심이냐'고 직설적으로 묻는 연희 앞에서는 자신의 감정을 제대로 드러내지 못하고 부끄러움을 탄다. 이

러한 모습은 20)의 상택과 진숙과의 대화에서도 드러난다. 부산 남자들은 자신이 좋아하는 여자 앞에서는 부끄러움을 타고 소극적으로 변하는 모습으로 재현된다. 이러한 재현은 부산 남자들을 아직도 순진함과 순박함을 지닌 존재들로 이미지화한다.

### 2) 여자들의 부산 지역어 사용 방식

#### (1) 어휘 표현

부산 남자들의 언어 사용에서 욕이나 은어 같은 비속어들이 많이 등장했던 것처럼, 부산 여자들의 언어에서도 이런 비속어 사용이 많이 나타난다.

21) ㄱ. 금련: 내가 여기서 하지마라 켔재! 내가 분명히 하지마라 캤재! 버젓이 장사하는 남의 횟집 앞에서 생선 파는 년이 세상에 오데 있노!

금련: 이년이 오데 눈까리 똑바로 뜨고 째리보노? 내가 머 틀린 말 했나, 이년아!

금련: 이런 비러물 년이…(연희의 머리채를 낚아챈다) 이기 아직도 정신을 몬 차리고…

ㄴ. 연희: 니 미칬나! 와이카노! 저기 경찰 오는 거 안 비나!

ㄷ. 연희: (버럭) 씨부리지 말고 빨리 앉아라, 출발하구로…<해운대>

22) 지영: 음...음마야...(발을 달달달 떨며)... 씨발 갖다 버리뿔까! <사생결단>

23) ㄱ. 시원: 됐다. 내가 빡치는 거는 그 가시나가 젝키로 갈 아타서 그런 게 아니고, ... 내한테 안 들킷으면 계속 내 속이면서 엿 멕였을 꺼 아니가!

ㄴ. 시원: 이 미친 새끼! 개새야!

ㄷ. 준희: 아 됐다. 교복 입은 거 안 보이나? 눈깔이 처뻰나?

준희누나: 보인다. 미친 새끼야. 성질 부리지마라.

<응답하라 1997>

21ㄱ-ㄷ)은 <해운대>에 등장하는 대사이다. 21ㄱ)은 만식의 어머니인 금련이 연희와 싸우는 장면이다. 화가 난 금련의 말에는 세 번의 발화 모두에서 비속어가 사용되고 있으며, 영화 전체로 볼 때도 대부분의 대사에서 비속어를 사용하고 있다. 이에 비해 나이가 어린 연희의 경우는 금련만큼은 아니지만 역시 비속어를 많이 사용한다. 21ㄴ), 21ㄷ)의 예는 각각 만식과 동춘에게 말하는 것인데, 21ㄷ)은 동춘에게 부탁해야 하는 장면인데 명령조로 말하면서 비속어를 사용하고 있다. 22)의 <사생결단>에 등장하는 두 여자들의 대사에서도 마찬가지이다. 등장하는 두 여자 모두 비속어를 사용하고 있다. 23)에 등장하는 여고생 시원도 '빡치다', '엿 멕이다' '미친 새끼' '개새야' 같은 비속어를 사용하고, 누나가 동생에게 '미친 새끼'라는 비속어를 사용하기도 한다.

이처럼 부산이 배경으로 등장하는 영화에서 부산 여자로 재현되는 인물들은 습관적으로 비속어를 사용하고 있다. 이렇게 반복되는 비속어의 사용은 부산 여자의 이미지를 '거칠고 상스러운 사람'으로 만들어 낸다. 또한 영화에서 재현되는 부산 여자들의 직업은 주로 21), 22)처럼 횟집 주인, 술집 종업원, 마약 운반

책 등의 하층민으로 재현되고 있다. 이는 대부분의 영화나 드라마에서 교양을 갖춘 인물이나 전문직에 종사하는 여성들이 표준어를 사용하는 것으로 재현되는 것과 대비되어, 부산 여자들은 교양이나 세련됨과는 거리가 멀다는 이미지를 더욱 강화시킨다. 물론 23)처럼 고등학생인 등장인물이 나중에 방송작가가 되는 경우도 있기는 하지만, 이러한 예는 거의 찾아보기 어렵다.

또한 부산 여자로 재현되는 인물들은 폭력적인 표현을 많이 사용하는 것으로 나타난다.

24) ㄱ. 시원: 고마 안 닥치나? 뚫린 입이라고 아무 말이나 처하다가 옥수수를 싹 다 뽑히가 다마치기를 해봐야 정신 차리나? 머리칼 다 뜯어가 평~생 손수건 두르고 밥 먹게 해주까?

ㄴ. 시원: 야 씨! 죽을래! 죽고 싶나! 이거 3만 원짜리란 말이야! 아오, 진짜! 어떡해! 어떡할 거냐고!

<응답하라 1997>

24ㄱ)은 H.O.T. 팬클럽과 태사자 팬클럽 회원 간에 언쟁이 붙자, H.O.T. 팬클럽의 시원이 태사자 팬클럽 회장에게 쏘아붙이는 장면이다. 부산 사람인 여고생 시원은 '닥치다'나 '이를 뽑는다'거나 '머리칼을 다 뜯는다'든가 하는 폭력적(거친) 표현을 사용하고 있다. 또 24ㄴ)은 남자 친구인 윤제가 휴대폰 케이스를 분리하려다 케이스가 부러지자 시원이 윤제에게 한 말인데, '죽을래, 죽고 싶나' 같은 거친 표현을 사용하고 있다. 이러한 폭력적인 표현의 반복적인 사용을 통해 부산 여자들은 거칠고 교양이

없다는 이미지를 갖게 된다.

또한 부산 여자들의 대화에서는 억척스러운 모습을 드러내는 표현들이 사용되기도 한다.

25) ㄱ. 금련: 야! 나도 남편 죽고 혼자 느그들 키우매 30년 살고 있다. 나는 안 불쌍나?

ㄴ. 연희: (배에 올라 타며) 밥을 쳐 묵었으면 밥값은 해야 할 꺼 아이가!

동춘: 만원이 돈이가, 가씨나야!

연희: 하루 종일 땅 파바라, 돈 만원이 나오는가…

ㄷ. 연희: 그라믄 일단 살아야 댄다! 살아야 결혼을 하든 지랄을 하든 할 거 아이가! <해운대>

일반적으로 영화 속의 부산 여자들의 삶은 넉넉하지 못하다. 스스로 생계를 꾸려나가야 하고 직업도 변변치 못하다. 하지만 억척스럽게 살아간다. 금련이 그렇고 연희가 그렇다. 25ㄱ)의 '남편 죽고 혼자 느그들 키우매 30년 살고'에서 보듯이 횟집을 하는 금련은 주변의 눈총을 받으면서 꿋꿋하게 혼자 살고 있다. 25ㄴ)에서 보듯이 연희는, '밥을 쳐 묵었으면 밥값은 해야'와 '하루 종일 땅 파바라, 돈 만원이 나오는가'라는 표현을 사용하여 건달 생활을 하며 생활력 없는 동춘을 나무라기도 하고, 25ㄷ)처럼 쓰나미에 쓸려갈 때도 '일단 살아야 댄다'와 같이 삶에 대한 강한 의지를 보인다. 이와 같은 부산 여자들은 삶에 대한 강한 의지와 억척스러움을 지닌 여자들이다.

앞에서 부산 남자들이 '의리'를 가진 인물들로 재현되는 것을 살펴보았다. 이와 유사하게 부산 여자들도 '인정'을 가진 인물들로 재현되는 경우들이 있다.

26) 연희: (지지 않는) 니가 인간이가! 개망나니도 아이고 엄마한테 지금 머하는 짓이고! <해운대>

27) 일화: 태웅아, 새벽부터 니가 고생이 많다이. 니가 우리집 큰아들이다. <응답하라 1997>

26)은 연희가 동춘이 어머니에게 함부로 대하는 것을 나무라고 있다. 자신과는 관계없는 남의 일이지만, 옳지 않은 행동이라고 생각해서 다른 사람의 일에 개입한 것이다. 옳지 않은 일을 보면 자신과 상관 없는 일이라 하더라도 못본 척하지 않고 개입하여 바른말을 하는 것이 부산 여자들이 가진 특성 중의 하나라는 것을 보여주고 있다. 이는 앞에서 김영하 작가가 마트에서 물건의 품질에 대해 물어볼 때, 자신에게 손해가 되더라도 솔직하게 알려주는 부산 사람들의 모습과도 상통한다. 27)의 드라마에서 일화는 부모가 일찍 돌아가신 태웅과 윤제 형제를 자기 식구처럼 보살피는 인정을 보여주기도 한다. 27)에서는 태웅에게 고마워하며 '큰아들'이라고 말하는데 여기에는 태웅을 가족처럼 생각하는 일화의 마음이 표현되어 있다. 이처럼 가족이 아니어도 진짜 가족처럼 생각하고 '큰아들'로 표현하는 것은, 부산 남자들이 혈연관계가 아닌 사람들에게 '행님'이라는 호칭을 많이 사용하는 것과도 유사하다.

그런데 이러한 모습은 부산 사람들이 음식점이나 상점 등에서 주인이나 일하는 사람을 부를 때, '할매요'나 '아지매요', '아재요', '삼촌요' 등과 같은 가족 관계 호칭어를 많이 사용하는 현상과도 관련된다. 상대방과 피 한 방울 섞이지 않았지만, 친인척 관계에서 사용하는 호칭어를 사용함으로써 친근감을 나타내는 것이다. 이러한 어휘 사용은 부산 사람들 간의 끈끈한 정이나 공동체 의식, 연대 의식을 표현하는 것으로도 볼 수 있다.

이러한 언어 사용을 통해 부산 여자들은 정이 많은 사람들로 그려진다. 그런데 이는 한편으로 보면 세련된 도시 여자들의 이미지와는 거리가 먼 사람들로 이미지화되는 것이다. 이러한 부산 여자들의 이미지는 곧 부산의 이미지와도 연결된다.

**(2) 화용적 표현**

부산 여자들 또한 부산 남자들처럼 자신의 감정이나 생각을 에둘러 표현하지 않고 직설적으로 표현하는 것으로 그려지고 있다.

28) ㄱ. 연희: (지지않는) 니가 인간이가! 개망나니도 아이고 엄마한테 지금 머하는 짓이고!
연희: 니가 고따우로 인생을 사니까네 여자가 없는기다!
ㄴ. 연희: (말을 끊으며) 지금 먼 소리하노! 니 내랑 결혼 안 할끼가!
만식: …
연희: 그때, 내한테 한 말 장난이었나! <해운대>

29) ㄱ. 시원: 자랑하나? 니한테 정신 나간 가시나가 어데 한 둘이가?

ㄴ. 시원: 으이그, 몸뚱아리 봐라. 브라자 사주까?

성재: 내가 니보다 컵은 더 클낀데.

ㄷ. 송주: 오빠. 메리 투 미.

태웅: ...

송주: 메리 투 미. 몰라요? 내랑 결혼하자고요.

<응답하라 1997>

28ㄱ)은 동춘이 어머니에게 함부로 대하는 것을, 연희가 나무라는 장면이다. 자신과 관계없는 남의 일에 개입하면서, 부드럽거나 완곡하게 표현하지 않고 인간도 아니라는 말을 한다. 또 화가 난 동춘이 때리겠다고 하니 쳐보라며, 동춘이 잘못 살고 있다는 것을 지적한다. 또 28ㄴ)에서는 '니만 보면 가슴이 떨리가 도저히 용기가 안 나가꼬…'라고 말하는 만식에게, 나랑 결혼 안 할거냐고 직접적으로 묻는다. 29ㄱ,ㄴ)에서는 윤제가 여학생들에게 인기가 많다는 사실과 성재의 몸에 대해 시원이 직설적으로 이야기하고 있으며, 29ㄷ)에서는 송주가 과외 선생님인 태웅에게 결혼하자고 직설적으로 말하고 있다.

이처럼 영화나 드라마에서 부산 여자들은 생각이나 감정을 에둘러 말하거나 꾸미지 않고 직설적으로 표현하는 것으로 재현되고 있다. 이러한 재현은 부산 여자들을, 겉과 속이 다르지 않은 솔직한 사람들 그리고 하고 싶은 말은 하는 사람들로 이미지화한다.[153] 그런데 이러한 이미지는 전형적인 여성성과는 거리가 먼 것으로, 오히려 부산 여자들이 남성적인 특성을 가지고 있는 것으로 이미지화된다.

또한 부산 여자들은 생략을 통해 문장이 아닌 단어로 대화를 꾸려나가는 것으로 표현되기도 한다.

30) ㄱ. 만식: 연희야!

연희: 와!

만식: 마지막으로 한 가지만 얘기하께!

연희: 머를?

ㄴ. 만식: 연희야!

연희: 와?

만식: 니 오늘 저녁에 야구 보러 안 갈래?

연희: 야구?

만식: 오늘 저녁에 상가 번영회 사람들이랑 같이 야구 보러 가기로 했거든~ 이 참에 같이 가서 사람들하고도 쫌 친해놓고…

연희: 됐다, 고마! <해운대>

31) 시원: (청바지 가리키며) 뭐꼬?

윤제: 이번에는 진짜가? (하며 보여주고)

<응답하라 1997>

30ㄱ)에서 만식의 물음에 연희는 온전한 문장이 아닌 핵심적인 단어만을 사용하여 답하고 있다. 좋아하는 남자와의 대화에서 상냥한 말투를 사용하는 여자들의 일반적인 태도와는 거리가 있다. 애교 섞인 말이나 의례적인 말, 군더더기말은 하나도 포함하지 않고 최소한의 단어만을 사용하여 대화하는 화법은, 그녀를

무뚝뚝하고 통명스러운 여자, 강한 여자로 보이게 한다. 특히 야구를 보러 가자는 말에 '됐다 고마'라는 답은, 좋아하는 여자 앞에서 순박하고 소극적인 모습을 보이는 것으로 표현되었던 부산 남자들의 태도와 대비를 이루면서, 부산 여자들에게 남성적인 이미지를 부여하게 한다. 31)의 시원 역시 윤제의 청바지를 보더니 다짜고짜 '뭐꼬?'라고 물음으로써 무뚝뚝하고 퉁명스러움을 드러내고 있다.

이처럼 영화나 드라마에서 부산 여자들은 대화 시 문장의 많은 요소들을 생략하고 핵심적인 단어만을 사용하여 압축적으로 말하는 경우가 많다. 짧은 단어만으로 이루어지는 대화는 온전한 문장으로 이루어진 대화에 비해, 군더더기말이나 주변적인 정보 없이 핵심적인 정보만 전달된다는 점에서 정확하지만 무뚝뚝하고 퉁명스럽고 강하다는 이미지를 만들어 내고 있다.

### 3) 만들어진 부산의 로컬리티

앞에서 살펴본 것처럼 영화나 드라마, 개그 프로그램에서 부산 사람들의 언어 사용에 있어 가장 많이 부각되고 있는 것은 욕설, 은어와 같은 비속어의 사용, 폭력적인 표현, 직설적인 표현들이다. 영화나 드라마에서는 이러한 표현들을 부산 사람들이 습관적으로 사용하는 것으로 재현하고 있다. 그런데 이러한 언어 사용이 여러 영화를 통해 반복적으로 재현되면, 외부인들은 이것이 부산 사람들의 언어 사용의 특징이라고 인식하게 되고, 이렇게 언어를 사용하는 부산 남자와 부산 여자는 '상스럽고 거칠고 교양 없다'라는 인식을 하게 된다. 그 결과 언어 사용을 통해 부각되는 부산 사람들의 이미지는 모두 '상스럽고 거칠고 교양 없는 사람들'이고, 이들을 통해 부산의 로컬리티 역시 '상스럽고 거칠고 교양 없다'는 것으로 만들어진다.

그런데 영화나 드라마에서의 언어 사용과 함께 '상스럽고 거칠고 교양 없다'는 부산의 이미지를 더욱 극대화시키는 부분은 부산 사람들의 직업으로 재현되는 것들이다. 특히 영화에서 부산 사람들은 대체로 하류층으로 등장하며, 그 직업도 폭력배, 건달, 마약거래상, 횟집 주인, 술집 종업원, 마약 환자, 밀수꾼 등이다. 물론 형사나 교사, 학생들도 가끔 등장한다. 학생이 주요 등장인물인 경우는 <응답하라 1997>같은 학창시절을 그린 드라마를 제외하고는 대부분이 폭력배의 과거 학생 시절을 보여주는 부분이다. 직업적인 측면에서 볼 때, 대체로 교양 있거나 점잖은 직업은 거의 등장하지 않는다. 물론 이러한 건달 같은 직업이 많이 등장하는 이유는 부산을 배경으로 하는 영화의 대부분이 조직폭력배나 이와 관련된 이야기들을 다루고 있기 때문이다. 그런데 부산을 배경으로 하는 영화가 주로 이런 종류라는 것 역시, 부산을 폭력적이고 거친 곳, 점잖지 못한 곳이라는 인식을 고착화시키는 역할을 한다.

앞에서 살펴본 것처럼 부산 사람들은 '가시나, 머스마, 문디' 같은 비속적 표현을 사용하여 친밀감을 드러낸다는 특성이 있다. 그렇다고 하여 실제 부산 사람들이 영화나 드라마에서 나타나는 것처럼, 대화에서 높은 빈도로 비속어를 사용하지는 않는다. 그럼에도 불구하고 여러 영화에서 비속어 사용이 높은 빈도를 보이는 이유는 등장인물의 특성과도 관련이 있다. 부산 사람으로 등장하는 인물들이 주로 조직폭력배나 마약상, 건달 같은 직업을 가졌으며 교육을 많이 받지 못한 하류층 계급에 속해 있기 때문이다. 인물에 사실성을 부여하기 위해서는 그들이 사용하는 언어 역시 인물 유형에 부합되어야 한다. 이런 점에서 비속어를 많이 사용하는 모습을 보이게 된다. 즉 인물 유형의 특성이 반영된 언어 사용 모습이, 단순히 등장인물이 부산 지역어를 사용한다는 점 때문에 부산 사람들은 비속어를 많이 사용하는 것으로 인식되게 되는 것이다. 이러한 과정에 대한 면밀한 고찰 없이 단순히 인물이 사용하는 언어로 지역인들의 언어 사용 양상을 보게 되면, 지역어와 지역어 사용자들에 대한 인식의 왜곡이 발생하게 되는 것이다.

언어 사용 방식의 측면에서 보자면 영화에서 반복적으로 재현하고 있는 부산 사람들의 언어 사용 방식은 현실의 일부만을 반영한다는 점에서, 현실과 일치한다고 볼 수 없다. 즉 이러한 언어 사용 방식은 실제 부산 사람들의 언어 사용 방식 일부분을 선택하여 실제를 단순화시키고, 선택한 부분을 과장하고 강조한 것이다. 실제 세계의 언어 사용 양상은 훨씬 복잡하고 다양하다. 서울이나 타 지역 사람들이 다양한 계층의 사람들로 구성되어 있고, 언어 사용에 있어서도 표준어를 사용하거나 표준어와 그 지역의 지역어를 다양하게 섞어 사용하는 것과 같이, 실제 부산도 다양한 계층의 사람들로 구성되어 있고, 그 사람들의 언어 사용 방식도 다양하다. 물론 부산 사람들 가운데 이와 같은 방식으로 언어를 사용하는 사람들도 있을 것이다. 하지만 이는 개인적 특성으로 보아야 할 것이며, 부산이 아닌 다른 지역 사람이라 하더라도 개인적 특성에 따라 이런 방식으로 언어를 사용할 수 있다. 다시 말하면 이러한 언어 사용 방식이 실제 부산 사람들의 언어 사용 방식의 한 부분일 수는 있지만 모두가 다 이런 방식으로 언어를 사용하지는 않는다는 것이다. 그럼에도 불구하고 영화나 드라마, 개그 프로그램에서는 이러한 언어 사용 방식만을 반복하고 과장하여 재현함으로써 부산의 이미지와 로컬리티를 '상스럽고 거칠고 교양 없다'는 특정한 방향으로 만들어가고 있는 것이다. 그리고 특히 영화의 경우에는 하류 계층의 사람들이 주로 부산 사람들로 등장하고 그들이 비속어를 습관적으로 사용하는 사람들로 그려짐으로써, 부산 지역어가 하층 계급의 언어로 인식되는 것이다. 영화에서의 이러한 재현과 반복은 부산 지역어에 대한 인식을 왜곡시키는 결과를 낳게 되고, 결과적으로는 언어공동체의 언어 태도에도 영향을 끼치게 된다.

현실의 부산은 다양한 일상의 삶이 존재하는 공간이다. 가장 일반적으로는 대도시 속 소시민의 삶으로부터, 바다를 조망하는 마천루에서의 사치스런 삶, 산동네와 바다를 끼고 살아가는 삶, 폭력과 마약을 중심으로 한 삶에 이르기까지 켜켜이 다양한 종류의 삶들이 겹쳐 있다. 이러한 다양한 삶의 모습을 뒤로하고 부산을 배경으로 하는 영화에서는, 유흥가를 낀 어느 대도시에나 존재하는 폭력배의 삶을 선택해서 반복적으로 재현함으로써 부산을 폭력의 도시로 만들어 가고 있다. 그리고 거기에 사는 사람들 역시 말끝마다 욕설과 비속어를 사용하는 것으로 재현하며, 이를 통해 부산이라는 도시가 가진 폭력성에 사실성을 부여하려고 한다. 이러한 왜곡된 재현은, 폭력과 상관없는 재난영화나 학창 시절을 그린 드라마에서까지 동일한 방식으로 이루어짐으로써, 부산 사람들의 언어 사용 방식을 일반화하고 왜곡시킨다. 그리고 이렇게 왜곡된 언어 사용 방식을 통해 부산 사람들의 특성을 규정한다.

여러 영화에서 반복적으로 재현되는 부산 사람들의 모습은, 반대의 이미지를 가진 부산 사람들을 상상할 수 없게 만든다. 영화에서는 부산 사람들을 하나의 틀에 맞추어 재단하기 때문이다. 그런데 이러한 재단은 지역 내부인들이 인식하는 모습이라기보다는, 외부에서 바라보고 규정한 혹은 내부인이라 하더라도 외부의 시각을 통해 부산 사람들의 특성을 인식하고 규정한 것이다.[154]

영화나 드라마에서 규정되는 부산 사람들의 또 다른 특성의 하나는 '억척스럽다'는 것이다. 이는 특히 부산 여자들의 이미지를 통해 부각된다. 영화나 드라마에 등장하는 부산 여자들은 부산 남자들처럼 대체로 하류층으로 재현되며, 언어 사용에서도 거칠고 무뚝뚝한 모습을 보여 남성적으로 표현된다. 하지만 그 거칠고 강함은 생존의 몸부림과 관련된다. 30년 동안 생선 장사와 횟집을 해서 홀로 자식을 키우거나 부모 형제 없이 홀홀단신으로 열심히 살아가는 모습 등은 부산 여자들의 억척스러움을 드러내는 장치들이다.

그런데 바닷가에서 억척스럽게 살아가는 부산 여자들의 모습은 부산의 자갈치 아지매들의 모습과 닮아 있다. 자갈치 시장에서 생선을 팔며 가장으로서 삶을 꾸려왔던 자갈치 아지매들은, 오늘날까지 강인한 의지와 함께 억척스러운 이미지를 갖고 있다.[155] 거칠고 퉁명스런 말투와 삶에 대한 강한 애착 등으로 이미지화된 자갈치 아지매들의 모습이, 부산 영화에서도 부산 여자들의 모습으로 재현되고 있는 것으로 생각된다. 이런 억척스러운 모습을 보이는 것 외에 부산 여자들이 재현되는 또 다른 방식은 타락한 여자이다. 부산 여자들은 술집 종업원이거나 마약환자, 마약거래상, 밀수꾼 등으로 재현되기도 한다.

자갈치 아지매의 모습이 되었든, 타락한 여자가 되었든, 이러한 재현은 부산 여자들의 다양한 모습을 뒤로 하고, 선택된 특정 모습만으로 부산 여자들을 이미지화하는 것이다. 다양한 삶들이 혼재하는 실제와는 다른 모습으로 이미지화된 것이다. 이러한 이미지화를 통해, 부산은 억척스러운 사람들이 살거나 타락한 사람들이 사는 곳이라는 특성을 부여받게 된다.

영화나 드라마에서 부산 남자들과 여자들, 특히 부산 남자들은 '의리, 정의', '인정'이라는 어휘를 직접적으로든 간접적으로든 사용하고 있다. 이러한 어휘의 사용은 등장인물들의 행위와 어울려 부산 사람들의 이미지는 '의리 있는'으로 관객들에게 각인된다. 그리고 이런 남자들이 사는 공간인 부산은 '의리의 공간'으로 규정된다.

영화나 드라마에서 재현되듯이, 실제 부산 사람들은 부산 사람들의 특성 가운데 하나로 '의리' 정신 들기도 한다. 부산의 의리 정신에 대해 김형균은, 상업이 발달했던 도시들의 지역적 기질과 지역민의 특성 가운데 하나가 신의, 믿음, 계약의 강조인데, 부산 역시 상업도시로서의 역사적 경험을 가지고 있기 때문에 의리 정신이 두드러진다고 보았다. 그리고 부산을 대표하는 김정한 선생의 문학관 입구에 씌어 있는 '사람답게 살아가라'는 문구 역시, 부산 정신을 압축하는 말로서 인간의 도리 즉 의리를 지킬 것을 강조하는 것이라고 했다. 실제 부산 사람들에 대한 이미지 클라우드를 보면 '의리 있다'가 부산 사람들의 주요 이미지로 자리잡고 있음을 알 수 있다.[156]

이처럼 부산 사람들은 '의리' 정신을 부산 사람들의 특성으로 생각하는 경향이 있는데, 이러한 경향은 최근 '의리단길'이라는 길이름의 명명을 통해서도 알 수 있다. 의리단길은 가야대로에서 동의대학교를 연결하는 '대학로'를 달리 부르는 말이다. '의리단길'로 명명한 이유에 대해, '동의대학생들 중심의 상권인데다, 젊은 상권이기에 '동의대+리단길'을 붙였고, 또 다른 이유는 상인들 대부분이 젊은 세대이기에 패기와 '의리'로 똘똘 뭉쳐 멋있는 상권을 만들어보자는 의지를 담았다'고 한다.[157] 길이름을 명명할 때도 '의리' 정신을 담아내고자 하는 것은 '의리' 정신을 부산 사람들이 가진 특성, 나아가서는 부산이 가진 특성으로 인식하고 있다는 것을 보여주는 하나의 예라고 할 수 있다.

하지만 부산을 배경으로 하는 대부분의 영화 속에서 나타나는 부산 사람의 '의리'는 지역 내부인들이 생각하는 '의리'와는 차이가 있다. 영화에서 나타나는 의리는 깡패나 폭력배들 사이의 의리로서, 부산 지역인들이 생각하는 사람답게 사는 것을 중심을 한 신의나 믿음과는 다르다. 영화나 드라마에서는 깡패나 폭력배 같은 특정 집단에서의 '의리'를 중심으로 부산 사람들의 특성을 재현함으로써, 외부인들은 부산의 '의리' 정신을 이와 같이 왜곡하여 인식하게 된다. 그리고 이것이 부산 사람들 곧 부산의 특성으로 인식되고, 그것이 확산되면서 부산의 만들어진 로컬리티의 한 부분으로 자리잡게 된다. 그리고 이것이 역으로 다시 부산 지역 내부인들의 인식에 영향을 끼치게 된다.

현대화된 도시의 삶 속에서는 사라져간, '의리'라는 정신이 아직도 남아 있는 부산은, 끈끈한 형제애가 자리하는 공간이다. 영화 속에서 부산이 끈끈한 형제애가 남아있는 공간이라는 것을 보여주는 대표적인 예가 등장인물들 사이에 사용되는 일반적 '행님'이라는 호칭어이다. 영화에서 부산 남자들이 '행님'이란 호칭어를 사용하며, 심지어는 공적인 상황에서조차 사용하는 것으로 표현된다. 실제와 달리, 영화에서 호칭어 '행님'을 이렇게 일반화시켜 사용하고 있는 것은, 부산 남자들의 끈끈한 형제애를 드러내는 장치이다. 그리고 이를 통해 부산 역시 끈끈한 형제애가 있는 지역이라는 특성을 부여받게 된다. 피 한 방울 섞이지 않은 상대방을 친인척 관계에서 사용하는 호칭어로 부르는 이러한 언어 사용 방식은, 부산 사람들 간의 끈끈한 정이나 공동체 의식, 연대 의식을 표현하는 것이며, 부산의 특성을 보여주는 것으로도 볼 수 있다.

그리고 이러한 모습은 부산 지역에서 많이 사용되는 '우리가 남이가'라는 표현과도 연결된다. 이 말은 정치적 사건과 관련되어 유명해진 말이지만, 굳이 정치적 사건과 관련짓지 않더라도 부산 지역에서는 사람들 간의 끈끈한 정이나, 단결력, 연대 의식, 공동체 의식 등을 표현하는 말로서 많이 사용한다 이러한 표현의 사용은 실제로 부산 사람들이 서로 간의 끈끈한 정이나, 연대 의식이 있다고 생각하고 있음을 보여주는 것이다. 그런데 영화에서는 부산 사람들이 '행님' 이라는 호칭어를 과도하게 사용하는 방식을 통해 부산 사람들 사이에는 끈끈한 정과 연대 의식이 있으며, 부산 또한 그러한 로컬리티를 가진 지역으로 그려내고 있다.

그런데 이러한 특성은 현대화된 도시에서는 찾아보기 어렵다. 현대화된 도시 서울에서는 끈끈한 정이 아닌, 합리적인 관계가 존재한다. 영화에서 서울에서 내려온 형사 강용준이 행님이라고 부르는 정영철에게 '강형사'로 부르라고 호칭어를 정정해 주는 행위는, 혈연이 지배하는 관계 형성을 차단하고 합리성이 지배하는 관계로의 전환을 의미한다. 이런 점에서 영화 속의 부산은 서울과 같은 현대화된 도시가 아닌, 아직도 전근대성이 지배하는 도시로 규정된다. 또한 영화에서 부산 남자들을 좋아하는 여자 앞에서 부끄러워 말도 잘 못하는 것으로 재현하는 것 역시, 부산을 아직도 순진함과 순박함이 남아 있는 전근대적 공간으로 규정하는 것이다.

더구나 이렇게 전근대적인 특성을 지닌 부산 사람들은 주로 산동네와 남포동, 그리고 해운대의 개발되지 않은 지역에 살고 있다. 낡고 오래된 공간에 살고 있는 이들은 현재의 시간에서 보자면 현실성이 떨어지는 존재이며 전근대적인 인물이다.[158] 이처럼 부산 지역을 배경으로 하는 영화가 지향하는 부산 사람들의 이미지는, 지금이 아닌 '과거' 지향적이며, 그들이 존재하는 공간 역시 중심에서 벗어나 '주변' 지향적임을 알 수 있다. 영화 속의 부산 사람들이 사용하는 언어를 통해 드러나는 부산 사람들의 이미지이자 정체성은 곧 부산의 로컬리티의 한 부분이다.

그런데 이러한 이미지나 정체성 혹은 로컬리티를 규정하는 주체는 부산 사람들이 아니다. 부산 내부의 시선이라기보다는 외부 특히 서울을 기준으로 한, 즉 중심의 시선에서 바라본 부산의 로컬리티이다.[159] 서울의 시선에서 볼 때, 부산은 상스럽고 거칠고 교양 없고, 억척스러운 사람들이 사는 공간이며, 아직도 의리와 (인)정, 순박함이 존재하는 전근대적이며 주변적인 공간이다. 이러한 인식은 부산 내부 사람들의 인식과 일치하는 부분도 있지만 모두가 일치하지는 않는다.[160] 그럼에도 불구하고 외부의 시선에 의해 규정된 특성은, 영화와 드라마, 개그 프로그램이 대중들에게 소비됨으로써 일방적으로 부산의 로컬리티로 만들어지고 덧씌워지게 된다. 그리고 이것이 다시 지역 내부인들의 인식에게까지 영향을 끼치게 되고, 이렇게 순환적인 과정을 거쳐 지역의 로컬리티는 계속적으로 재구성되어 간다. 그리고 그 과정의 어느 지점에서 지역인들과 외부인들은 특정 지역에 대해 유사한 인식을 공유하게 된다.

### 3.3. 언어경관과 로컬리티

'언어경관'(Linguistic Landscape)이라는 개념은 지리학 분야에서 '문화경관'이라는 개념이 등장하게 되면서 생겨나게 되었다. 지리학에서는 원래 '자연이나 지역의 풍경'을 가리키는 '경관'의 개념을, '인간의 활동이 작용하여 만들어낸 모습'까지 포함하는 것으로 의미를 확장시켜 사용하게 되었다. 그리고 이것을 '자연경관'과 대비되는 '문화경관'으로 구분하였다. 이에 따라 '문화경관'의 일부로서 '언어경관'이라는 개념도 성립하게 되었다.[161]

'언어경관'에 대해서는 최근 세계화의 흐름과 함께 언어 사용 양상의 변화를 포함한, 급격한 사회 문화적 변화가 나타나게 되면서 점점 활발한 논의가 이루어지고 있다. 언어경관의 개념을 확산시킨 랜드리와 부르이(landry & Bourhis)에 따르면 언어경관이란 특정 지역, 특히 도시의 공공 공간에서 나타나는 일련의 언어 현상으로, 도로 표지판, 지명 표지판, 상점 간판, 광고 게시판, 공공기관 안내문 등 언어가 결합되면서 형성되는 특정 지역의 언어적 풍경을 말한다. 언어경관은 가시성(visibility)과

현저성(salience)이라는 특징을 가지는데, 이것은 각각 정보적(informational) 기능과 상징적(symbolic) 기능을 가지고 있다. '정보적 기능'은 특정 지역의 거주민에 의해 구성된 언어경관에서 언어가 보이는 다양한 모습과 특성을 말한다. '상징적 기능'은 특정 지역에서 현저한 우위를 보이는 언어 양상과 같이 다언어 간의 갈등이나 공존과 같은 언어의 생태적 특성을 의미한다.[162]

언어경관에 대한 연구는 공공 공간에서 언어가 어떻게 사용되고 표시되는지를 살핌으로써, 그 지역의 주요 사용 언어나 언어 사용 양상, 문화적 특성을 파악하고 이를 통해 사회·문화적 정체성을 파악할 수 있게 한다. 또, 어떤 언어가 우위를 차지하는지, 어떤 언어가 소외되는지를 파악함으로써 언어의 권력 관계를 파악할 수 있게 한다. 이러한 연구를 기반으로 그 사회에 적합한 언어정책이나 사회 문화 정책을 수립하는 데에도 활용할 수 있다.

언어경관은 공적 표시와 사적 표시로 나누어지는데, 여기에서는 사적 표시인 상점의 간판과 아파트 간판에 주목하고자 한다. 지금까지의 언어경관 연구에서는 상점의 간판을 연구대상으로 삼는 경우는 많았으나, 아파트 명칭을 알리기 위해 부착된 표시를 연구 대상으로 삼은 경우는 없었다. 하지만 아파트 단지 입구나 정문, 건물 벽에 붙은 아파트 명칭이 공공 공간에서 시각적으로 드러나는 언어 요소라는 점, 언어경관이 그 지역의 정체성과 관련된 의미를 전달하는 역할을 한다는 점, 아파트 명칭에서도 언어의 권력 관계 등이 반영되어 있다는 점에서, 여기에서는 아파트 명칭을 언어경관에 포함시켜 다루고자 한다.

특정 지역의 언어경관은 지역이 가진 의미체계를 반영한다. 특히 지역의 간판은 그 지역의 사회 문화적 상황 하에서 소통이 이루어지는 것으로, 지역의 사회 문화적 상황이 변화하면 그에 따라 계속적으로 생산과 소멸을 거듭하면서 변화한다. 이런 점에서 특정 지역의 언어경관은 그 장소를 점유하고 있는 문화, 소통되고 있는 문화를 표상하고 있다. 따라서 특정 지역을 대상으로 한 언어경관 연구는, 그 지역의 현재뿐만 아니라 퇴적되어 있는 사회 문화적 특성을 읽어내는 중요한 방법이 될 수 있다.

흔히 현대 사회를 소비사회라고 한다. 그만큼 소비문화가 발달하고 중요해졌다는 뜻이다. 오늘날 소비는 단순히 개인적 욕구를 충족하기 위한 차원을 넘어 가치관, 제도, 규범 등의 사회적 차원과도 밀접하게 관련되어 있다. 소비는 생활의 질을 결정하기도 하고 다른 사람과 나를 구별하는 표지가 되기도 하며, 동일한 방식의 소비를 하는 사람들을 결집시키는 역할을 하기도 한다. 이러한 소비사회에서 소비행위의 강력한 매개체 역할을 하는 것이 광고이다. 다양한 광고매체 중에서도, 간판은 공간을 배경으로 상품을 광고하고 설득하여 소비를 유도하는 기능을 한다. 그래서 간판은 그 지역의 사람들을 설득할 수 있는 다양한 차별화 전략을 구사하며, 소비자들에게 가장 매력적으로 다가갈 수 있는 방향으로 제작된다. 이런 점에서 특정 지역의 간판은 지역인들의 소비문화적 특성은 물론 그 지역의 사회 문화적 특성을 반영한다고 할 수 있다. 따라서 지역의 간판을 분석하는 것은 그 지역의 로컬리티의 한 부분을 읽어내는 것이 될 수 있다.

일반적으로 상점 간판은 상점에 대한 정보를 제공하여 소비자를 끌어들이는 것을 목적으로 하는데, 주인은 이러한 목적을 포함한 다양한 사회적 측면을 고려하여 상점 간판에 사용할 언어를 선택한다. 아파트의 명칭을 표시한 간판 역시, 그 아파트에 대한 정보를 제공하며 소비자를 끌어들이는 것을 목적으로 만들어지는데, 이때 사용되는 언어 역시 다양한 사회적 측면을 고려하여 선택된다.

여기에서는 먼저 부산의 금정구 장전동의 부산대학교 주변 지역과 동래구 복천동 지역의 상점 간판을 조사·분석하여 언어 경관을 살피고, 이를 통해 그 지역의 사회 문화적 특성을 살핌으로써 로컬리티의 한 부분을 읽어내고자 한다. 또한 부산의 아파트 간판 중 '센텀'이라는 표현을 사용한 아파트 간판을 조사·분석하여 언어 표현의 확산이라는 관점을 통해, 부산 지역의 사회 문화적 특성을 살피고, 이를 통해 부산의 로컬리티의 한 부분을 읽어내고자 한다.

금정구 장전동 부산대학교 주변 지역과 동래구 복천동 지역의 언어경관과 로컬리티를 살피기 위해서, 먼저 각 지역 상점 간판의 업종을 분류하고 간판에 사용된 언어를 분석하여, 그 특성을 살피고자 한다. 또한 2024년 12월 현재 부산 지역의 아파트 명칭 간판에 '센텀'이라는 표현이 담긴 것을 조사하여, 이러한 표현의 확산이 가지는 사회 문화적 의미를 알아보고, 이를 통해 부산의 지역적 특성과 관련지어 해석해 보고자 한다.

### 1) 부산대학교 주변의 언어경관과 지역적 특성

부산대학교는 부산시 금정구 장전동에 위치하고 있다. 부산대학교 주변은 서쪽은 금정산으로 둘러싸여 있고, 나머지 삼면은 주거지와 상가로 구성되어 있다. 학교 주변에 지하철 1호선과 중앙대로가 관통하고 있어 교통이 편리하다. 대학교가 입지해 있고 교통이 편리하다는 점 때문에 부산대학교 앞에는 상가가 밀집해 있다. 부산대학교 앞은 '부대앞'라고 불리기도 하는데, 이곳에는 부산대학교 학생들뿐만 아니라 지역 주민들, 그리고 부산 시내 다른 지역의 젊은층들이 모여드는 곳으로 유명하다.

이 지역의 언어경관에 대한 선행연구로는 강은지·김태호(2024)가 있다.[163] 이 연구에서는 2023년 9월부터 11월 말까지, 부산대학교 정문 기준 반경 500미터 이내이면서 지하철 부산대역 경계를 넘지 않는 범위에서 상점 간판을 조사 분석하였다. 조사 결과 635개의 상점이 존재했으며, 업종별 분석에 따르면 음

<부산대학교 주변 지역>

식점과 디저트/카페가 각각 308개(49%)와 118개(19%), 미용실, 네일 관리, 피부관리실, 화장품 가게를 포함한 미용 79(12%), 주점 71개(11%), 패션40(6%)개, 기타인쇄소, 서점, 문구, 잡화류가 19개(3%)로 나타났다.

연구 결과에 따르면 업종에 따라 선호하는 표기 방식이 달랐는데, 음식점과 주점은 한글 단독 표기가 가장 많았다. 그 중 일식당과 중식당의 경우는 한글 단독 표기가 가장 많았고 다음으로 한글과 한자를 함께 표기하는 경우가 많았다. 카페의 경우는 한글 단독 표기가 적었고 로마자 표기가 가장 많이 사용되었다. 미용실의 경우도 한글 단독 표기는 적었던 반면, 한글과 로마자를 함께 사용하는 경우는 전체 79개 중 47개(59%)가 되었다. 이는 총 128개 중 27개(21%)에서 한글과 로마자를 함께 사용하고 있는, 카페의 경우보다 많았다. 로마자 표기로 사용된 언어들은 주로 영어와 프랑스어였고, 국적 불명의 언어가 로마자로 사용된 경우도 있었다. 또한 부산대학교 인근 지역 유동 인구의 연령층을 조사한 결과, 20대의 젊은층 비율이 상대적으로 매우 높았는데, 다른 지역에 비해 로마자 표기가 많은 이유도, 이와 관련 있는 것으로 보았다. 이는 특히 카페, 미용실 관련 상점들의 주요 고객층이 20대 젊은 세대라는 점이 상점명과 표기에도 그대로 반영되어 나타난 것으로 보았다. 고객층의 연령 범위가 젊은층에 국한되지 않고, 폭넓은 음식점의 경우에는 한글 단독 표기 간판이 상대적으로 많았다. 이러한 논의는 부산대학교 주변의 언어경관을 정밀하게 고찰한 점에서 의미가 있다. 다만 이 연구에서는 언어경관에 대한 논의를 언어학적 관점으로 한정하고 있다. 즉 언어경관에 대한 연구를 지역적 특성을 살피는 로컬리티 연구로 연결 짓지 않고 있다. 따라서 여기에서는 선행연구를 바탕으로 새로운 연구 자료를 보강하여, 부산대학교 주변 지역의 언어경관에 대해 살펴보고, 이를 로컬리티의 연구의 측면에서 논의하는 작업을 할 것이다.

선행연구에서는 부산대학교 북문을 중심으로 형성된 상가는 논의의 대상으로 삼고 있지 않다. 북문을 중심으로 형성된 언어경관은 정문을 중심으로 형성된 언어경관과 다소 차이를 보인다. 따라서 여기에서는 부산대학교 북문 주변 상가 중, 정문 반경 500미터를 넘어 선행연구에서 제외되었던, 장전 지하철역에서 장성시장을 거쳐 북문으로 이어지는 도로와 그 사이 길에 분포한 상가를 논의에 포함시키기로 한다.[164] 이는 부산대학교 주변의 언어경관을 더 풍부하게 읽어내고, 이를 통해 이 지역이 가진 특성을 좀더 다층적으로 살펴볼 수 있을 것이라는 판단에서이다.

북문 쪽은 정문 쪽과 달리, 외부의 유동 인구가 상대적으로 많지 않은 것으로 나타났으며, 상가의 주된 이용객은 대학생들과 지역 주민들로 나타났다. 특히 북문 쪽은 학교 기숙사와 가깝고 원룸촌이 형성되어 있어, 기숙사 입주 학생들과 학교 근처 원룸에 거주하는 학생들이 많이 이용하는 것으로 나타났다. 또한 이 지역은 새로 생긴 아파트가 거의 없고 주택이 많아 지역 주민들도 대체로 이 지역에서 오랫동안 거주해온 사람들이다.

조사 결과 이 지역에는 총 196개의 상점이 있는 것으로 나타났다. 조사방법은 선행연구에서와 같이 네이버 지도를 통해 자료를 조사하였고 필요에 따라 상점을 방문하여 주인과 인터뷰를 하기도 하였다. 상점을 업종별로 분류해 보면 음식점 81개(47.9%치킨 6개, 피자 6개), 디저트/카페가 31개(15.7%), 미용실,

네일, 피부관리실 14개(7.1% 피부미용), 공인중개사 8개(4.1%), 주점 7개(3.5%), 병원 7개(3.5%) 편의점 6개(3.1%) 기타 업종이 42개(약국 4개 포함, 21.4%)로 나타났다.

북문 쪽 상가의 업종 분포 순위는 정문 쪽과 다소 차이를 보인다. 음식점이나 카페, 디저트 가게가 다른 업종들에 비해 상대적으로 높은 순위를 보이는 것은 비슷했다. 하지만 정문 쪽에 비해 북문 쪽 상가에서는 패션 관련 상점이 1곳밖에 없었고, 미용 관련 업종이나 주점의 비율도 상대적으로 낮게 나타났다. 그에 비해 공인중개사나 병원, 편의점의 비율이 높게 나타났으며, 일상생활과 밀접하게 관련된 약국, 과일, 마트, 누수, 철물, 전기, 인테리어, 빨래방뿐만 아니라 서점, 스포츠 관련 업종 등 상당히 다양한 업종들이 분포된 것으로 나타났다. 이러한 업종의 분포는 이곳이 정문 쪽에 비해 지역 밖에서 들어오는 유동 인구보다는 지역 주민들과 기숙사나 원룸촌 학생들이 주요 이용자(소비자)라는 것을 간접적으로 보여준다.

세부적으로 살펴보면 음식점의 경우, 치킨집이나 피자집이 각각 6개, 컵밥이나 샌드위치 같은 간편식을 파는 집들도 많았다. 그리고 정문 쪽과는 달리 공인중개사 사무실과 편의점이 상대적으로 많았다. 이는 북문 주변에 원룸촌이 형성되어 있다는 것과도 관련이 있어 보인다. 공인중개사 사무실이 많은 것은 타지에서 온 학생들이 1년 혹은 2년 만에 거주지를 옮기는, 잦은 거주지 이동과 관련이 있어 보인다. 편의점이 많은 이유는 편의점이 24시간 문을 여는 경우가 많아 시간에 구애받지 않고 언제든지 필요한 물건을 쉽게 구할 수 있으며, 김밥, 도시락, 라면 같은 간편식을 먹을 수 있어 간단히 끼니를 해결할 수 있다는 점 때문인 것으로 보인다. 이런 점에서 편의점은 학생들이 편리하게 이용할 수 있으며, 특히 원룸촌 거주자들에게는 여러모로 필요한 공간이라고 할 수 있다. 유동 인구가 많은 정문 쪽보다 좁은 면적이지만, 편의점이 많이 분포하는 것은 북문 쪽에 학생들이 많이 거주하고 있기 때문인 것으로 보인다.

그리고 미용 업종의 경우도 정문 쪽과는 차이를 보인다. 미용 관련 업종 중 네일, 피부관리 상점은 각각 1곳밖에 없고 나머지 12곳이 모두 머리를 하는 곳이다. 이들 가운데 유명 체인점은 없고 개인이 운영하는 상점들이며 정문 쪽에 비해 오래된 상점들이 많았으며, 지역 주민들이 주된 고객인 것으로 나타났다.

상점 간판의 표기 방식 및 어종 분류 측면에서 볼 때, 이곳도 음식점과 주점은 한글 단독 표기가 가장 많았으며, 중식당은 한글과 한자를 섞어 표기한 곳이 대부분이었다. 북문 쪽에는 일식당이 두 곳 있는데 모두 한글을 주표기로 하고 일본어(히라가나)와 로마자 표기를 병기한 간판을 사용하고 있었다. 이곳 음식점 간판에서 나타나는 특이한 점은, 정문 쪽과 달리 부광식당, 초원식당, 할매식당, 맛촌식당, 북문식당, 허기식당, 하마식당 등 상호명에 '식당'이라는 명칭이 많이 사용되고 있다는 점이다. '식당'이라는 명칭을 사용하는 상점들은 과거 1990년대부터 있던 식당들이 대부분이다. 이러한 언어경관은 이 지역이 정문 쪽에 비해 변화가 더디며 아직도 과거의 모습을 많이 담고 있음을 보여준다. 식당의 상호를 변경하지 않는 이유에 대해, 한 상점의 주인은 옛날부터 있던 식당이고 학생들이 주로 오니 굳이 간판을 변경할 필요가 없다고 했다. 또 가끔 졸업한 학생들이 찾아와서 여기서 밥을 많이 먹었다고 하면 기분도 좋고 뿌듯하다고 했다. 이러한 상호명은 이 지역의 시간적 층위의 한 단면을 보여주는 것이자, 상점 주인이 이 장소에 대해 가지고 있는 애착을 보여주는 것이기도 하다.

또한 이 주변 음식점에는 요즘 대학가에서는 보기 어려운 '곤지암할매소머리국밥', '큰맘할매순대국' 같은 상호명을 달거나 '제주대패랑 옛날갈비'나 '1986년 옛날돈까스' 같은 '옛날'이라는 단어를 넣어서 과거의 입맛을 강조하는 간판들도 있다. 이 상점들은 주요 고객이 지역 주민들인데, '제주대패랑 옛날갈비'와 '1986년 옛날돈까스'는 학생들도 많이 이용한다고 한다.

그런가 하면 이 지역에도 '一家人우리집(중식당)'처럼 한자와 한글을 동시에 표기하면서 한자를 주된 표기법으로 한 간판과, 휴대폰 상점인 '華人通信' 같이 한자 표기만 사용한 간판, 'PASTA MOOD'처럼 영어만을 사용한 간판들이 생겨나고 있다. 이러한 간판들은 비교적 최근에 생긴 상점들로, 학생들이 주요 고객층이다. 이는 이 지역의 소비자층의 변화를 보여주는 것이기도 하다. 특히 한자가 주표기이거나 한자만으로 된 상점은 중국인 유학생들을 고려한 간판이다. 이 외에도 한국어로만 표기되어 있지만 상하이이모 같은 간판도 중국인 유학생들을 고려한 간판으로 생각된다.

미용실 간판의 경우도 정문 쪽과는 많은 차이가 나타났다. 정문 쪽 미용실 간판이 외국어를 많이 사용하고 한글과 로마자를 병기하는 것이 주를 이루는 데 비해, 이곳의 간판은 '머슴아 미용실', '머리하는 집', '머리모아' 같은 한글 간판도 많이 사용되었다. 이러한 상호명은 정문 쪽보다 이곳을 이용하는 소비자가 상대적으로 연령층이 높다는 추측을 가능하게 한다.

이렇게 볼 때 부산대학교 주변 상가의 간판을 통해 본 언어경관의 가장 큰 특징은 한국어는 물론 중국어, 영어, 일본어, 프랑스어 등 다양한 언어가 사용되고 있다는 것이다. 그리고 이 언어들을 표기할 때 한글 단독 표기는 물론, 한글과 로마자, 한글과 한자, 한글과 일본문자 등 다양한 문자가 혼합되어 표기되기도 하고, 로마자, 한자 등이 단독으로 표기되기도 하는 등 표기 방법도 다양하다는 것이 특징이다. 뿐만 아니라 한글과 숫자, 혹은 이모티콘만으로 이루진 간판도 사용되고 있다.

이렇게 다양한 언어와 표기들, 심지어는 이모티콘만으로 이루어진 간판이 사용되고 있는 것은, 부산대 주변 지역 상점의 주된 이용자들이 이러한 간판을 이해하고 수용할 수 있는 조건을 갖춘 것은 물론, 이를 선호하는 사람들이라는 것이다. 그런 점에서 이 지역 상점의 주된 이용자들은 젊은층이라는 것을 알 수 있다.

간판에 사용된 다양한 언어와 표기들은 그 상점의 정체성을 드러내고자 한다. 특히 음식점의 경우 일본어나 베트남어, 한자, 프랑스어의 사용은, 그 상점이 제공하는 상품의 정체성을 드러내는 것이다. 그런 점에서 다양한 언어와 표기의 사용은 다양한 문화의 유입을 보여주는 것이기도 하다. 이런 점에서 부산대학교 주변 상가의 간판은 이곳을 이용하는 소비자들이 문화적으로 새로운 것을 적극적으로 수용하는 개방성을 지닌 사람들이라는 것을 보여준다. 즉 간판을 통한 언어경관으로 볼 때, 부산대학교 주변 지역은 새로운 문화를 적극적으로 수용하여 다양한 문화들이 공존하는 문화적 개방성을 보여주는 공간이라고 할 수 있다.

물론 정문과 북문 쪽 상점의 간판은 다소 차이를 보인다. 정문쪽이 북문 쪽보다 더 다양한 언어가 사용되고 있고, 표기 방식도 다양하다. 이에 비해 북문 쪽은 상대적으로 오래전부터 있던 상점들이 과거의 간판을 그대로 유지하고 있는 경우도 많아, 20-30년 전의 모습을 보여주는 경우도 있다. 이는 정문 쪽이 과거부터 상권이 발달했던 이유도 있겠지만, 이곳에 외부의 젊은층 유동 인구들이 많다는 것이 또 하나의 이유로 보인다. 정문 쪽이 북문 쪽에 비해 상대적으로 의류업이나 미용업을 하는 상점들이 많은 것도 이러한 이유 때문으로 생각된다. 이에 비해 북문 쪽은 원룸촌이 발달해 있고 예전부터 있던 주택들이 분포해 있다. 이곳 상점의 주된 이용자들은 원룸촌 학생들이나 지역 거주민들이며 외부로부터 유입되는 유동 인구는 정문 쪽에 비해 많지 않다. 이러한 점은 이곳에 분포한 업종들이 학생들을 대상으로 한 업종은 물론, 일반적인 다른 주거지역에서 찾아볼 수 있는 일상생활과 관련된 다양한 업종이 분포한다는 것을 통해서도 알 수 있다.

그런가 하면 부산대학교 주변의 간판에는 '행님포차', '무봤나촌닭', '머슴아 미용실' 같은 부산 지역어를 사용하여 지역의 정체성을 드러내고자 하는 것도 있다. 또 부산대의 상징인 '부대', '효원' 등이 포함된 상호명도 존재한다. 이는 지역의 정체성을 나타내는 것이기도 하지만, 주로 오래된 상점에서 이러한 간판이 발견된다는 점에서 장소가 가진 시간성을 보여주는 것이기도 하다. 장소의 시간성을 보여주는 간판은 북문 쪽에 많이 분포한다. 지역어를 상호명으로 사용하거나 오래된 상호명을 그대로 사용하는 간판은, 부산대학교 주변의 공간이 글로벌한 문화적 특성을 보이는 공간이기도 하지만, 지극히 지역적인 정체성을 담은 공간이기도 하다는 것을 보여주기도 한다. 또 이곳이 최신의 문화가 유입되는 공간이기도 하지만 오래된 문화가 공존하는 공간이기도 하다는 점을 보여준다. 이러한 점에서 부산대학교 주변 지역은 시간과 공간적 차원에서 다양한 층위의 문화적 혼종성을 보여주는 공간이라고 할 수 있다.

특히 문화적 혼종성은 부산대학교 주변 지역의 간판에 한글과 로마자(영어, 프랑스어, 이탈리아어 등), 일본어, 한자 등 다양한 언어와 문자가 혼합되어 나타난다는 것을 통해서도 드러난다. 이렇게 간판 표기에 한국어와 다양한 언어가 함께 사용되는 것은, 부산대 주변이 세계화에 따른 문화적·경제적 흐름 속에서 다양한 언어 요소를 유연하게 섞어가며 변형되는 공간이라는 것을 보여주는 것이다. 예를 들어 일식당의 간판에 일본문자를 쓰면서 한국식 발음으로 변형된 한글 표기가 함께 쓰이는 예는, 일본문화와 한국이라는 소비 환경, 즉 소비자의 성향과 기호를 고려한 혼합된 형태를 보여준다. 또 베트남 식당 간판의 'PHở FOR PHở' 같은 표현에서도 베트남어를 로마자로 표기하면서도 한국 소비자에게 친숙한 방식으로 변형해서 표기하는 모습을 보여준다. 이러한 방식은 단순히 외국어를 차용하는 수준이 아니라, 지역의 문화적 맥락 속에서 새로운 언어적 정체성이 만들어지고 있다는 것을 보여주는 것이라고 할 수 있다.

뿐만 아니라 이러한 간판 표기 방식은 언어적 현상으로서의 의미만이 아니라 그 언어가 담고 있는 문화적 혼용, 즉 문화적 혼종성을 보여주는 것이라고 할 수 있다. 즉 이 지역에 로마자를 활용하거나 한국식으로 변형된 표기를 사용하는 외국어 간판이 많은 것은, 이 지역이 젊은층 유동 인구가 많을 뿐만 아니라 외국인 유학생들도 많아 글로벌한 문화가 빠르게 유입된다는 것, 그리고 이를 통해 새롭고 다양한 문화들이 공존하게 됨으로써 각 문화들이 개별적으로 혹은 서로 섞임으로써 혼종적인 모습을 보이고 있다는 것을 의미한다.

부산대학교 주변 지역의 문화적 혼종성은 그 문화를 누리는 사람들, 이용자이자 소비자인 사람들과 관련이 있다. 이 지역의 주된 고객층은 20대 전후의 젊은층이다. 이들은 새로운 문화를 적극적으로 수용하는 특징을 갖고 있다. 그런 점에서 다양한 국적의 문화를 적극적으로 수용하기도 하지만, 대학 주변 상점에 다양한 나라의 음식이나 문화가 유입되는 것은 유학생의 증가와도 관련이 있다. 특히 중국 가정식을 파는 상점이나 華人通信 같은 중국 학생들을 대상으로 한 휴대폰 가게 등은 이를 간접적으로 보여주는 것이라고 할 수 있다. 즉 문화적 혼종 현상 아래에는 소비자의 변화로서 소비자들의 국적의 다양화가 자리한다고 볼 수 있다. 이러한 점은 이 지역이 가진 특성으로서의 개방성을 촉진하기도 한다. 서로 다른 문화를 가진 다양한 국적의 유학생들이 증가하게 되면서, 기존의 지역 구성원들은 이들과 어울리면서 살아가야 한다. 기존의 지역 구성원들과 유학생들은 각각 자신들이 지닌 문화적 경계를 허물고 유연하게 서로의 문화를 받아들이고 혼용할 수 있어야 한다. 이러한 점에서 이 지역은 개방성을 가진 공간이 될 수밖에 없다. 그리고 이러한 개방성은 다시 문화적 혼종성을 더욱 가속화시키는 역할을 하게 되는 것이다.

부산대학교 주변 지역은 단순한 대학가가 가진 특성뿐만 아니라, 부산이라는 도시가 가진 역사적, 지리적 특성 또한 반영된 공간이기도 하다. 부산은 지리적으로 일본과 가장 가까운 대도시로, 과거부터 지속적인 교류가 있어왔다. 부산대학교 주변에 일본어가 포함된 간판이 많고, 특히 일식당과 일본식 주점인 이자카야의 비율이 높은 점 등은 이를 반영하는 것이라고 볼 수 있다.

또한 부산은 자연환경적으로 바다를 끼고 있는 도시이다. 이러한 자연환경적 특성에 따라 부산은 국제 무역과 물류의 중심지이기도 하고 해외 문화의 유입이 활발한 곳이기도 하다. 다양한 외국어가 표기된 간판이 나타나는 것도 이와 무관하지 않을 것이며, 대학가의 음식점에 횟집 같은 해산물과 관련된 음식점이 많은 점도 이와 관련이 있을 것으로 보인다.

간판을 통한 언어경관을 살펴본 결과, 부산대학교 주변 지역은 문화적 개방성과 혼종성을 특징적으로 보여줄 뿐만 아니라, 부산 지역이 가지고 있는 자연환경적 특성도 함께 보여주는 것으로 나타난다. 또한 같은 부산대학교 주변이라고 하더라도 정문 쪽과 북문 쪽의 간판은 시간성과 문화적 개방성에서도 공간적 차이를 보인다는 것을 확인할 수 있다.

<간판사진>

| 음식점 | 음식점 |
|---|---|
|  |  |
| 음식점 | 음식점 |
|  |  |
| 카페/ 디저트 | 휴대폰, 통신 |
|  |  |

## 2) 복산동 지역의 언어경관과 지역적 특성

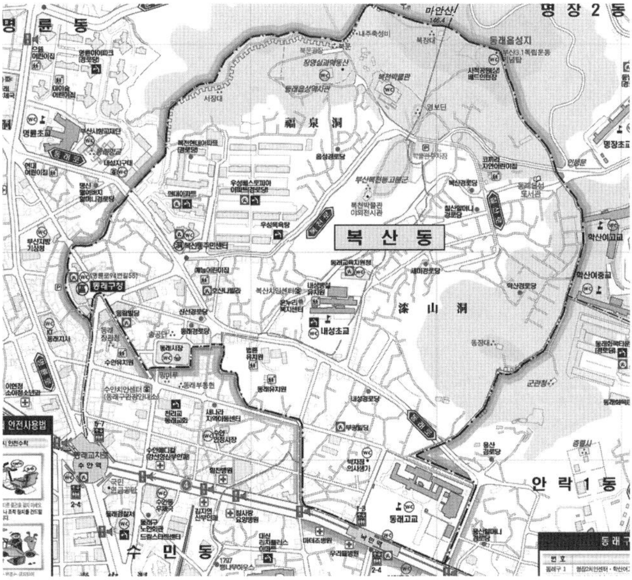


<복산동 생활지도>[165]

역사적으로 볼 때 동래는 지금의 부산광역시를 이루고 있는 뿌리이다. 현재 부산의 중심부에 해당하는 옛 부산 지역은 조선시대까지만 해도 동래부에 소속된 작은 고을로서, 개항 이후 본격적으로 성장한 곳이다. 조선시대 동래는 일본과 가까이 마주하고 있다는 지정학적 특성 때문에, 국방의 기능이 중시되었으며 교린외교의 창구 역할을 하던 곳이었다. 이런 이유 때문에 동래에는 동래읍성이 축조되었다. 동래읍성 내부에는 각종 관아시설, 조세 창고, 무기 창고와 같은 행정관청이 자리하고 있어 행정 중심지로서의 역할을 하였다. 성내에는 민간인 거주지도 있었는데, 성내에 행정 중심 기관이 위치하다 보니 이들 기관과 관련이

있는 일을 하는 이임이나 무임들은 주로 이곳을 중심으로 생활 근거지를 마련하였다. 벼슬길에 나아가지 않은 향반들만 있었던 동래부라는 지역사회의 특성상, 이들 관아 소속의 관리들은 지역사회에서 비교적 높은 위상을 가지고 있었으므로, 이들이 거주하는 읍성 내부는 생활과 문화면에서 자연스럽게 지역의 중심지로서 역할을 하게 되었다. 또한 이 지역에는 동래향교와 안락서원이 자리하여 과거 교육의 중심지이기도 하였다.[166] 동래읍성은 지금의 동래구 명륜동, 복산동, 명장동, 안락동 일대를 아우르는 범위였다.

여기에서는 이 지역들 중 지금의 복산동 일대를 대상으로 상점의 간판을 통한 언어경관을 살펴보고, 이를 통해 언어경관에 반영된 지역적 특성을 밝혀보고자 한다. 복산동은 동래구의 정중앙에 위치한다. 복산동이 속한 동래구는 1914년 행정 구역 개편으로 동래군이 되었다가 1942년 부산부에 편입되어 동래출장소로 개편되었다. 이후 1957년 동래구로 직제 개편되어 현재의 모습을 갖추게 되었다.[167] 동래구의 행정 중심 기관인 동래구청은 복산동에 자리잡고 있다.

또한 복산동에는 오랜 역사를 지닌 동래시장이 자리하고 있다. 동래 시장은 부산에서 개설된 시장 중 가장 오래된 전통시장으로, 조선시대 매월 2일과 7일에 열렸던 동래읍장의 전통을 잇고 있다. 동래시장은 일제강점기 공설시장으로 상설화되었는데, 당시에는 현재 동래고등학교가 있던 자리에서 열렸다가 1937년 지금의 위치로 이전하였다.[168] 동래시장은, 과거 부산의 중심이었던 동래가 행정과 경제의 중심을 이루며 많은 사람들이 오가는 곳이라는 점을 배경으로 생겨났다. 하지만 한국전쟁 이후 피란민의 유입에 따른 부산 상권의 변화와 도심 구조의 변화로 동래가 상권의 중심에서 멀어지게 되었다가, 1980년대 부산 지하철이 동래를 통과하게 되면서 상권이 다소 살아나는 모습을 보이고 있다. 이 외에도 복산동에는 복천박물관, 송공단 같은 지역의 역사를 보여주는 곳이 있다. 이렇게 볼 때 복산동 지역은 오랫동안 역사와 행정의 중심이자, 경제의 중심으로 역할해 온 지역이라고 할 수 있다.

복산동의 언어경관을 살펴보기 위해, 2024년 12월 현재 동래구청에 등록되어 있는 상점 간판과 네이버 지도를 활용하여 연구 자료를 수집하였다. 구청에 등록된 간판 중에는 이미 폐점된 경우도 있었고 같은 상점의 간판이 광고 형태에 따라 중복 등록된 경우도 있어 이를 다시 정리하여 이러한 간판들은 모두 하나의 상점으로 처리하였다. 또 구청에 등록되지는 않았으나 네이버 지도에서 영업이 확인되는 상점도 있어 이런 것들은 새롭게 포함시켰다. 그 결과 이 지역 상점은 총 497개로 조사되었다.

조사 결과를 업종별로 분석하면 음식점 101개(20.3%), 의류, 신발, 가방 및 옷수선 같은 패션업 71개 (14.3%), 미용실, 이용원, 네일, 화장품 등 미용 관련 업종 39개(7.9%), 공인중개사 사무소 27개(5.4%), 카페/디저트, 빵, 떡집 26개(5.2%), 학원 및 교습소 15개(3%), 세무회계, 법무, 건축사무소 10개(2%, 세무회계 8개), 주점 및 노래방 14개(2.8%), 세탁소, 마트, 병원, 약국, 편의점 같은 기타 업종은 194개가(39%) 분포하였다.

상점 간판을 통해, 이 지역의 업종을 분석해 보면 기타 업종이 가장 높은 비율로 나타나는 것이 특징적이다. 기타 업종에는 세탁소, 마트, 약초, 건어물, 병원, 약국, 편의점, 금은방, 사진

관, 안경점, 카센타, 게임방, 미싱(재봉틀)점, 전기철물점, 페인트점, 오토바이점, 목욕탕, 과일 가게, 노래방, 복사기점, 주차장, 밧데리점, 고미술품, 사교댄스, 기원 같은 다양한 업종들이 포함된다. 이런 다양한 업종들 중에는 세탁소, 마트, 목욕탕, 과일 가게, 병원, 약국, 편의점 같은 일상생활과 관련된 업종으로, 일반적으로 주거지역에서 많이 나타나는 것들도 있었지만, 다른 지역에서는 잘 찾아볼 수 없는 미싱점, 복사기점, 약초점, 건어물점, 고미술품점, 사교댄스 같은 업종들도 나타난다는 것이 이 지역의 업종에서 나타나는 특징이다. '고미술품'이나 '사교댄스 (동호회 및 교습소), '기원' 같은 업종이 있다는 것은 이 지역에 다양한 문화가 존재한다는 의미이기도 하고, 이러한 문화를 소비하는 계층이 대체로 중년층 이상이라는 점에서 이 지역의 문화가 연령적으로 볼 때, 중년층 이상의 사람들이 누릴 수 있는 문화들이 존재한다는 의미이기도 하다.

기타 업종을 제외한다면, 이 지역에서도 다른 지역들과 마찬가지로 음식점의 비율이 가장 높게 나타났다. 음식점의 경우 한식이 주를 이루었고 다음으로 중식과 양식, 일식의 순으로 나타났다. 음식의 종류와 상호명은 동래시장 내에 있는 상점과 시장 밖 상가의 상점에서 다소 차이를 보였다. 중식과 양식, 일식을 하는 상점은 시장 밖 상가에 분포하고 있었고 동래시장 내의 음식점들은 횟집과 분식점이 포함된 대부분이 한식점들이었다. 간판에 나타난 상호명의 경우, 시장 밖 상가에는 지역명이나 사람 이름을 포함한 경우 외에도 '강나루', '착한낙곱새', '바다밥상' 등 다양한 방식의 상호명이 나타났지만, 시장 내 음식점의 경우는 '동래식당, 양산식당, 김천식당, 경주식당, 기장식당'처럼 상호명에 '동래, 양산, 김천' 같은 지역명을 사용한 곳이 많았고 '식당'이라는 표현을 사용한 경우도 많았다. 또 '미라식당'이나 '갑순이식당'처럼 사람 이름을 상호명에 넣은 경우도 나타났다.

상호명에 지명을 사용한 것은 일차적으로는 그것을 통해 다른 상점과 구분하기 위해서이다. 또 상호명이 주인이나 상점의 정체성을 보여준다는 점에서, 상호명 속의 지역명은 상점 주인이 자신의 출신 지역을 드러내는 것인데, 이는 지역명을 통해 상점의 음식 맛이 그 지역의 특징을 반영하고 있다는 것을 보여줌으로써 소비자를 끌어들이는 기능을 한다. 특히 이러한 상호명은 이곳이 시장이라는 특성상 유동 인구가 많다는 점을 고려한 것으로 보인다. 동래시장 같은 큰 시장에는 주변 지역의 거주자들뿐만 아니라 부산의 다른 지역에 거주하는 다양한 지역 출신의 사람들이 모인다. 따라서 지역명을 사용한 상호명은 이러한 소비자들이 음식점을 찾을 때, 지역명을 통해 그들을 음식점으로 끌어들이기 위한 하나의 전략으로서의 기능을 가진다고도 할 수 있다.

의류, 신발, 가방 및 옷수선과 관련된 패션 업종의 경우에서도 이 지역만의 특징이 드러나는데, 시장 건물 밖 상가는 대부분 보세옷을 파는 곳이며, 의류 체인점과 한복점(1개), 신발 가게와 가방 가게 등이 있다. 시장 내 상가의 경우에는 일반 의류점과 함께 한복점이 많다(7개)는 것이 가장 큰 특징이다. 한복점의 상호명을 보면 시장 밖 상가에는 '공현아고전콜렉션'이라는 상호명을 사용하고 있는데 비해, 시장 내 한복점의 상호는 '예진한복, 소망한복', '동래포목, 대구포목', '합천상회, 서포상회'처럼 '한복', '포목', '상회'라는 표현들을 주로 사용하고 있다. 과거에는 한복점에 이러한 표현을 많이 사용하였으나, 근래에는 '포목'이나 '상회'라는 표현을 잘 사용하지 않는다. 이런 상점들은 과거의 상호명을 그대로 유지하고 있는 것인데, 이는 단골손님들, 특히 연령층 높은 소비자들을 고려한 것으로 보인다.

시장 밖 상가의 의류점 같은 경우, 상호명에 '주은의상실, 미리내의상실, 한올의상실'처럼 '의상실'이라는 표현을 사용한 곳들이 있었다. '의상실'이라는 표현은 과거 기성복보다 맞춤복을 많이 입었던 시절, 여성복을 제작하여 팔던 상점의 상호명에서 주로 사용하던 표현이다. 의상실이라는 표현을 사용하는 곳은 세 곳이었는데, 한 곳은 의류 제작을 하는 곳이지만, 다른 한 곳은 의류 판매점이었고, 나머지 한 곳은 옷수선집으로 업종을 변경한 곳이었다. 의류 판매점을 하고 있는 곳도 옷수선을 겸업하고 있었다. 또 '손혜진 쁘띠'라는 상호명을 단 상점도 과거의 간판을 달고 지금은 옷수선집으로 업종을 변경하여 영업을 하고 있었다. 이와 유사하게 남성복의 경우에도 '영진라사'처럼 과거 맞춤복이 유행하던 시절, 양복점의 상호명에 많이 사용하던 '라사'라는 표현을 상호명에 사용한 곳이 있었으며, '최상민패션재단연구실'의 경우는 이러한 상호명 아래, 현재 옷수선을 하고 있었다. 이처럼 이 지역의 의류점 간판들은 과거의 상호명을 그대로 유지하고 있는 곳들이 종종 있었으며, 이러한 간판 아래 업종을 변경하여 운영하는 경우들도 있었다.

과거 맞춤복이 유행하던 시절(1980년대 초반까지 학생 교복과 외투도 맞춤복을 입었다), 이 지역에는 수많은 의상실과 양복점이 있어 의류의 유행을 선도하던 지역이었다. 당시 이곳은 동래의 중심지이자, 교육 기관들이 모여 있었던 곳이며(동래고등학교, 동래초, 동래여중, 동래여고) 큰 시장이 있어 자본이 풍부한 곳이었기 때문이다. 이처럼 유행을 선도하던 이곳의 의류 관련 업종은, 기성복이 유행하게 되면서 맞춤복을 만들던 상점들이 거의 다 문을 닫았다. 하지만 예전의 간판을 그대로 유지한 채, 옷수선을 하는 곳으로 업종을 변경하여 운영되는 곳도 있어, 유행의 중심이었던 이 지역의 과거의 흔적을 보여주기도 한다.

이 지역의 업종 분포에서 특이한 점 가운데 또 하나는 미용 관련 업종이다. 머리를 하는 업종의 경우, 여성이 이용하는 곳과 남성이 이용하는 곳이 상호명에서 명확히 구분된 곳들이 있다. 특히 남성들이 이용하는 이용원만 이 지역에 4곳이 분포하고 있는데, 이는 다른 지역에서는 잘 찾아볼 수 없는 현상이다. 이러한 특징은 이곳을 이용하는 사람들 중에 '남성'과 '여성'을 구별하는 의식이 분명한 사람들이 다른 지역에 비해 상대적으로 많다는 것을 의미한다고 볼 수 있다. 그런 점에서 이곳을 찾는 남성 소비자의 경우 연령층이 대체로 높을 것이라는 추측을 해 볼 수 있다.

머리를 하는 미용업의 간판을 살펴보면, 여성이 이용하는 곳은 '미용실', 남성이 이용하는 곳은 '이용원'이나 '이발'이라는 표현을 상호명에 많이 사용하고 있다. 여성들이 이용하는 미용실의 경우, 대부분 'OO미용실'이라는 표기를 사용하는 경우가 가장 많았고 다음으로 '헤어'라는 표현을 포함하는 경우가 많았다. 미용실의 경우는 '김복순미용실', '소영미용실', '신진숙헤어샵', '서현쥬헤어뷰' 같이 인명을 앞세운 상호명을 사용하는 경우가 가장 많았으며, 대형 미용실 체인점은 없었다. 이발소의 경우는 '내성이용원', '진주이용원', '동래이발' 같이 앞에 지역명을 붙인 곳이 3개, 한 곳은 '평화이용원'으로 조사 되었다. 최근 도시 지역에 새로 생기는 미용 관련 업종에서는, '미용실', '이용원', '이발'이라는 표현을 상호명에 잘 사용하지 않는다. 이는 유행에 앞서가고 싶어하는 소비자들을 끌어들이기에 매력적이지 않은 표현이기 때문이다. 이런 상호명은 주로 과거부터 영업을 해오던 상점에서 상호명을 변경하지 않고 사용하는 경우가 대부분이며, 소비자 역시 주로 과거부터 이곳을 이용하던 단골고객인 경우가 많고, 연령층도 젊은층보다는 중노년층인 경우가 많다. 대체로 남성보다 외모 가꾸기에 더 관심이 많은 여성들이 이용하는 미용실 간판에는, '헤어'를 포함하여 다양한 외래어를 상호명에 사용하는 경우가 늘어나고 있다. 하지만 남성들이 이용하는 이발소의 경우는 1990년대 이전에 많이 사용하던 상호명을 그대로 유지하고 있는 것이 이 지역의 특징이다. 최근에는 남성 전용 이발소도 소비자들을 끌어들이기 위해 다양한 외래어 표현을 사용하는 등 상호명에 변화를 주고 있는데, 이러한 변화를 수용하지 않고 있다는 점에서 이 지역은 새로운 문화가 유입되는 속도가 느리다는 것을 알 수 있다.

그리고 이곳에는 공인중개사 사무소의 비율도 높게 나타났으며, 다른 지역에서 잘 나타나지 않는 세무회계사무소, 법무사사무소 등 회계와 법무 업무를 보는 사무소의 비율이 높게 나타난다는 것도 특징이다. 이 지역에 이런 업무를 보는 사무소가 많이 분포되어 있고 복사기점이 있다는 것은, 이곳에 동래구청이 자리잡고 있어 행정 관련 사무 업무를 보는 업종이 발달했기 때문으로 보인다. 이러한 모습은 다른 주거 중심 지역에서는 잘 찾아볼 수 없는 특징이다.

또한 이곳에는 지금은 찾아보기 어려운 '미싱'이라는 표현을 사용한 간판들이 보인다. '미싱'은 재봉틀을 의미하는 말로 요즘은 잘 사용되지 않는 표현이다. 이곳에는 '미싱'을 교육, 판매하고, 수리와 제조를 하는 업체가 세 곳이나 있다는 점도 특징이라고 할 수 있다. '미싱'이라는 표현이 간판에 사용되고 있다는 것과 함께 관련 업을 하는 곳이 세 곳이나 존재하는 것은, 동래시장이 과거 포목과 직물 거래가 활발했었던 전통과 관련이 있는 것으로 보인다. 그리고 복산동이 아직도 과거 동래시장의 영향권 안에서 형성된 경제구조를 일부 유지하고 있음을 보여주는 것이라고 볼 수 있다. 또한 약초점이나 건어물점 같은 업종들이 이 상가에 분포하는 것 역시, 이와 관련된 것으로 보인다.

이 지역의 카페/디저트 상점은 14곳 중 4곳이 체인점이어서, 체인점이 많지 않은 다른 업종들에 비해 체인점의 비율이 높은 편이었다. 이는 다른 지역들과 마찬가지로 사람들의 생활 패턴이 변화하면서 카페 문화가 확산되는 것과 관련이 있어 보인다. 그리고 이와 함께 최근 복산동 주변이 역사와 문화의 중심지로 개발되면서 관광객이 증가하게 되어 젊은층 유동인구의 유입이 늘어나는 것, 그리고 행정기관인 동래구청이 자리하고 있는 것과도 관련이 있어 보인다.

업종에 따른 간판의 표기 부분을 살펴보면 카페/디저트 업종을 제외하고는 거의 모든 업종에서 한글 표기만 사용하는 간판이 가장 많았다. 음식점의 경우는 '동래 BigO'나 '복천 양식당 QUI', 'WONKATS 원카츠'처럼 한글과 로마자를 병기하여 표기한 곳 6개와 AJIUDON처럼 로마자만 사용한 곳 1개를 제외하면, 모두가 한글 표기만을 단독으로 사용하고 있었다. 음식점 간판의 경우 '동래할매파전, 동래특돼지국밥, 동래합천돼지국밥, 동래 BigO, 동래닭짱, 동래손두부, 배종관동래삼계탕, 동래아구찜, 동래국밥, 동래식당'처럼 상호명에 '동래'라는 지명을 사용한 간판들이 많았으며, '복천 함흥냉면'처럼 이 지역의 법정동 이름을 사용한 간판도 있었다. 상점의 주인이 간판의 상호명을 통해 정체성을 담아내고자 한다는 점에서, '동래'라는 지역명을 사용하는 것은 동래라는 지역이 가지고 있는 '역사와 전통', '중심지'의 이미지를 담아내고자 한 것으로 해석해 볼 수 있다.

의류, 신발, 옷수선 등 패션업과 관련된 간판에서는 대부분 한글 표기를 사용하고 있었다. '꽃신', '꽃똥', '향기', '공주와 사랑채', '넝쿨째굴러온언니', '영주유리구두'처럼 우리말을 한글로 표기한 간판과 '오시날개'처럼 우리말을 변형하여 한글로 표기한 간판, '핑크', '에띠앙', '안젤라'처럼 외국어를 한글로 표기한 간판도 있었다. 또 한글과 로마자를 혼용해서 표기한 간판도 있었다. 이런 간판에는 '새봄 STYLE'처럼 한글과 로마자를 동등하게 표기한 것, '윤 fashion'처럼 한글 '윤'을 주된 표기로 크게 쓰고 'fashion'을 작게 표기한 것, 'MANI 마니'처럼 로마자를 주된 표기로 크게 쓰고 한글 '마니'를 작게 표기한 것도 있었다. 로마자 표기만 사용한 간판으로는 'Lumiere'가 있었다. 일본어 표기를 사용한 간판도 있었는데, 'きれい 예쁨'으로 일본의 히라가나를 주된 표기로 사용하고 한글은 작은 글씨로 부기하고 있었다.

패션업 관련 간판의 경우 이렇게 한글 표기 간판이 주를 이루고, 로마자 표기를 사용한다고 하더라도 대부분이 한글이 주된 표기이고 로마자 표기가 부수적이라는 점, 그리고 로마자 표기만 사용한 간판은 거의 없다는 점 등으로 볼 때, 이 지역은 앞에서 살펴본 부산대학교 주변 지역의 간판과는 분명한 차이를 보여준다. 따라서 간판을 통해 추론해 볼 수 있는 지역적 특성에서도 차이가 있다. 이 지역 역시 동래시장이라는 상가가 있어 비교적 유동 인구가 많다는 점에서는 부산대학교 주변 상가와 유사하다. 하지만 간판의 표기 등을 통해 보면, 대부분이 한글 간판이며 전통적인 표현이나 과거에 유행하던 표현들을 아직도 그대로 사용하고 있다는 점 등에서, 이 지역의 소비자나 유동 인구의 연령층이 비교적 높은 편이라는 것을 알 수 있다. 그런 점에서 상대적으로 이곳에 아직도 전통적인 문화가 많이 남아 있는 것으로 보인다.

미용 관련 업종의 간판 표기도 특징을 보였다. 남성 전용 이용원 간판의 경우 모두 한글 표기만 사용하고 있었다. 이에 비해 여성들이 이용하는 미용실 간판의 경우는 '세나미용실, 백합미용실, 박근아미용실'처럼 한글 표기만 사용하는 것이 가장 많았고, 한글과 로마자를 병기한 것도 있었다. 이런 간판의 경우 'C&C헤어'처럼 영어를 한글로 표기하고 로마자를 같은 크기로 병기한 것도 있었고, '헤어수갤러리 hair shop'처럼 영어와 우리말을 혼용하여 한글로 표기하고 로마자(영어)를 병기하여 표기한 것들도 있었는데, 이 경우는 모두 한글을 주된 표기로 사용하고 있었다. 또 드물게 'Time Hair'나 'Rene Cell'처럼 로마자(영어) 표기만 사용하거나, 'MIHALU h#'처럼 로마자와 기호를 함께 사용한 것도 있었다. '미교헤어 美佼:예쁨'처럼 한자를 간판에 사용한 것도 있었는데, 한글 표기를 주된 표기로 하고 한자를 작게 부기하고 있었다.

카페/디저트 상점의 간판은 다른 업종의 간판들과 차이를 보였다. 카페/디저트 간판 가운데 한글로만 된 간판은 '읍성, 커피'와 '궁전커피', '반도커피숍'이 있었다. 대부분의 간판들이 한글과 로마자를 병기하거나 로마자만을 사용하여 표기하고 있었다. 이 경우 'CAFE 그린내'처럼 로마자와 한글을 동등한 크기로 표기한 경우도 있었고, 'Lunats Coffee 루나츠커피'처럼 주된 표기로 로마자를 사용하고 옆에 작은 글씨로 한글 표기를 병기한 경우도 있었다. 또 카페/디저트 상점의 상호명의 경우에는 로마자 단독표기를 사용한 경우도 있었다. 이 경우도 'BASE COFFEE'나 'MAKER COFFEE'처럼 로마자 표기만 사용한 경우와 'CAFE HAEBANG'처럼 주 간판에는 로마자만 사용하고, 작은 입간판을 세워 '해방'이라는 한글 표기와 판매 제품을 적어 놓은 경우도 있었다. 커피 체인점의 경우는 'Blu Shaak Coffee 블루샥 동래구청점'이나 'HISFFEE 히스피 동래구청점'처럼, 로마자를 주된 표기로 사용하고 옆에 작은 글씨로 '블루샥 동래구청점', '히스피 동래구청점'이라고 한글로 표기는 방식을 사용하고 있었다. 이처럼 카페/디저트 상점의 간판에서는 '궁전커피', '반도커피숍' 같이 과거 상호명의 모습을 지닌 한글 간판도 있었지만, 대체로 다양한 외국어를 로마자로 표기한 간판들이 많았다. 후자의 모습은 다른 지역에서도 동일하게 나타나는 현상인데, 이 지역에서도 카페 문화의 확산과 함께 이러한 문화가 그대로 이식되는 모습을 보여준다고 할 수 있다. 하지만 다른 업종의 간판에서와 같이, 이 지역의 카페/디저트 상점의 간판에서는 카페 문화 이전의 커피 문화를 보여주는 간판이 남아있었다. '커피숍'이라는 표현은 '카페'라는 말이 일반화 되기 이전에 사용되었던 표현이다. 아직도 이 지역에 '궁전커피', '반도커피숍' 같은 간판이 남아 있다는 것은, 요즘의 카페 문화와는 다른 과거의 커피 문화가 아직도 존재한다는 것이며, 그것을 소비하는 계층이 존재한다는 것을 보여준다.

복산동 상점의 간판을 조사, 분석한 결과 몇 가지 특징을 찾아볼 수 있다. 복산동 상점의 간판에는 전통적인 상호명이 아직 많이 남아 있다는 특징을 찾아볼 수 있다. 한복점 간판에 '포목', '상회' 등의 표현이 유지되고 있고 '의상실', '라사(양복점)' 같은 표현이 아직 남아 있는 것이나, 미용업에서 남성 전용 이발소가 '이용원', '이발'이라는 간판 아래 여전히 존재하고, 현대적인 '헤어샵'보다는 '미용실'이라는 표현을 많이 사용하는 것, '커피숍'이라는 상호명의 사용이 그러한 예이다.

상업용 간판의 상호명은 상점의 정체성을 반영한다. 그래서 상호명이 미용실이나 이용원에서 헤어숍으로, 커피숍이 카페로 변화하게 되는 것은, 단순한 표현의 변화만이 아닌 내용적 변화를 수반하게 된다. 즉 새로운 표현 변화에 동반되는 내용으로서의 문화적인 변화가 수반된다는 것이다. 일반적으로 '미용실'이라는 표현이 일반화되었을 당시, 미용실을 이용하면서 누리는 문화와 '헤어샵'이 일반화된 요즘 '헤어샵'을 이용하면서 누리는 문화에는 차이가 있다. 마찬가지로 커피숍을 통해 이용하면서 누리는 문화와 카페를 통해서 누리는 문화에도 차이가 존재한다. 이처럼 복산동 상점의 간판에 과거의 표현들이 아직 유지되고 있다는 것은 이곳이 지금도 과거의 생활 방식과 문화 들이 다른 지역들에 비해 상대적으로 많이 유지되고 있다는 것을 보여준다.

그리고 좁은 지역에 남성 전용 이용원이 4곳이나 있다는 것은 다른 지역에 비해 이곳을 이용하는 소비자들이 남성과 여성을 구별하는 의식이 선명하다는 것, 즉 전통적 가치관이 남아있다는 것으로 해석될 수 있으며, 이런 점에서 이곳의 문화가 다소 보수성을 띤다고도 볼 수 있다. 이러한 점은 상점 간판의 표기에서도 찾아볼 수 있다. 이곳의 간판 표기를 살펴보면, 카페/디저트 업종을 제외하고 음식점, 의류점, 미용실, 기타 업종 등 대부분의 업종에서 한글 간판을 사용하고 있다. 이러한 점은 이 지역에는 새로운 문화가 유입되는 속도가 다소 느리다는 것을 알 수 있으며, 결과적으로 문화적으로 볼 때 다소 보수적인 경향을 보인다고 할 수 있다.

그리고 지역의 정체성을 반영하는 '동래'라는 표현을 상호명에 많이 사용하고 있다는 점은, '동래' 지역이 가지고 있는 이미지 즉 '역사와 전통'을 가진 곳, '중심지'라는 이미지를 활용하고자 하는 의식의 반영으로 보인다. 다시 말하면, 이곳 사람들의 의식 속에는 '동래' 지역이 '역사와 전통을 가진 곳', '중심지' 등으로 이미지화되어 있음을 유추해 볼 수 있다.

또한 이곳에는 다른 곳에서 찾아볼 수 없는 특정 업종이 여전히 존재하고 있다. 동래시장 내 한복점이 많고, '미싱' 간판을 단 상점이 세 곳이나 존재하는 것은 과거 동래시장이 포목, 의류업이 발달했던 전통과 관련이 있다. 이런 점에서 이곳 상가는 아직 과거 동래시장의 상업적  전통을 어느 정도 유지하는 것으로 보인다.

이렇게 상점 간판을 통해 이 지역의 특성을 살펴보면 보면, 복산동에는 아직도 전통적인 가치관과 생활방식, 소비문화가 남아 있으며, 보수적인 특징들이 나타난다는 것을 알 수 있다.

복산동의 간판은 완전히 전통적인 것만 있는 것이 아니라, 현대적인 요소도 혼합되어 나타난다. 한복점에서는 '포목', '상회' 같은 전통적인 표현을 사용하지만, 일반 의류점에서는 한글과 로마자 표기를 혼용하거나 로마자 표기만을 사용하는 경우가 있어, 전통 문화와 현대 문화가 혼합되고 있는 모습을 보여준다. 미용실의 경우에도 '미용실'이라는 과거의 표현을 사용한 간판과 외국어를 로마자로 표기한 간판들이 함께 나타나고 있어, 과거와 현재의 문화가 함께 나타나고 있음을 보여준다. 간판에 반영된 과거와 현재라는 시간적 층위의 차이는, 이를 이용하는 소비자층의 차이를 반영하는 것이기도 하다. 이곳을 이용하는 소비자의 연령층이 젊은층과 중장년층 모두라는 것을 보여준다. 카페/디저트 업종에서 외국어 표기 비율이 높고 'BASE COFFEE', 'CAFE HAEBANG', 'MAKER COFFEE' 같이 로마자 단독 표기 간판이 증가하고 있지만 여전히 '궁전커피', '반도커피숍' 같은 오래된 간판도 남아 있다는 점은, 전통적인 문화와 현대적인 문화가 혼재하고 있음을 보여주고 있다. 음식점에서도 한글+로마자 병기, 로마자 단독 표기 간판이 증가하고 있어, 전통적인 음식문화 외에 다양한 새로운 음식문화가 유입되고 있음을 보여준다. 이런 점에서 복산동의 간판에는 전통적인 요소와 현대적인 요소가 공존하며, 특정 업종(패션, 카페)에서는 글로벌화라는 변화가 가장 많이 나타나고 있다. 하지만 전통적인 표현을 유지하고 있는 경우도 있어, 전통적인 문화와 현재의 문화가 섞여 있는 혼종적인 문화의 특징을 보인다.

복산동 지역에 세무회계사무소, 법무사사무소, 건축사무소 간판이 많은 것은 이 지역에 오랫동안 동래구청이 위치하고 있다는 점과 관련이 있다. 이러한 간판은 동래의 행정 중심지라는 이 지역의 특성을 보여주는 것이라고 할 수 있다. 또한 이 지역에는 부산에서 가장 오래된 전통시장인 동래시장이 있어, 오랫동안 경제 중심지로서의 역사적 배경을 갖고 있으나, 상권의 변화와 도심 구조의 변화에 따라 그 역할이 약화되었다. 그러나 전통시장과 일부 업종을 통해 아직도 그 역할을 부분적으로 유지하고 있다. 따라서 복산동은 동래 지역에서 행정이나 상업의 일부 업종에서는 중심성을 유지하고 있다.

하지만 현재 복산동은 부산의 주요 상권(서면, 해운대, 센텀, 남포동 등)에서 벗어나 상대적으로 주변부적인 위치로 변화하였다. 한국전쟁 이후 피란민 유입으로 부산 상권이 남포동, 서면 등으로 이동하면서 경제 중심지로서의 역할이 감소하고 지하철 개통 이후 일부 상권이 회복되었지만, 부산의 주요 상업 지역에 비해 경제적 비중이 낮아진 것이 현실이다. 이러한 점은 이곳에 젊은층 유동 인구의 유입이 상대적으로 적고, 소비자층이 비교적 중장년층 이상이라는 것과 관계가 있다.

복산동의 상점 간판에서도 이러한 주변성이 반영되어 나타난다. 전통적인 상호명을 유지한 간판이 아직도 많이 유지되고 있다는 점은 상업적으로 새로운 흐름이 반영되는 속도가 느리다는 것을 보여준다. 그리고 '미싱점', '포목점', '고미술품점' 등의 업종이 여전히 존재하는 등 과거의 업종이 유지되는 경향이 있고, 카페와 같은 현대적 업종이 증가하고 있지만, 여전히 전통적인 '커피숍' 개념이 남아 있다는 점 등에서, 간판을 통해 드러나는 업종의 측면에서 주변성을 보여주고 있다. 복산동은 과거 부산의 중심지였지만, 현재는 도심에서 벗어나 상대적으로 주변화된 공간이다. 하지만 행정 중심지로서의 역할과 전통적인 경제 구조를 유지하면서, 주변화되는 가운데에서도 중심적인 기능을 일부 유지하고 있다. 복산동의 간판 분석을 통해 이 지역은 보수성과 전통적인 문화 요소가 아직도 일부 유지되고 있으며, 이와 함께 현대적인 문화 요소가 혼재된 특징을 보이며, 중심성과 주변성이 공존하는 특성을 가진다는 점을 확인할 수 있다.

<간판사진>

<table>
<tr><th>미싱</th><th>화장품</th></tr>
<tr><td>
</td><td>
</td></tr>
<tr><th>의류</th><th>의류</th></tr>
<tr><td>
</td><td>
</td></tr>
<tr><th>의류</th><th>의류(옷수선)</th></tr>
<tr><td>
</td><td>
</td></tr>
<tr><th>미용실</th><th>이용원</th></tr>
<tr><td>
</td><td>
</td></tr>
<tr><th>미용실</th><th>카페</th></tr>
<tr><td>
</td><td>
</td></tr>
</table>

### 3) 기호 '센텀'의 확산과 로컬리티[169]

현대 사회는 소비가 경제와 문화의 중심이 되는 소비사회로 변화하였다. 20세기 중반 거대 자본과 기술의 발달은 인류에게 급격한 경제 성장을 안겨 주었다. 생산은 소비를 추월하기 시작하였고, 과잉 생산과 과잉 축적으로 인한 문제들이 발생하였다. 과잉 생산으로 발생한 위기는 소비를 통한 극복 방안이 모색되었고, 이로써 소비는 긍정적인 행동 양식으로 인식이 전환되고 장려되기 시작하였다. 과거에는 생산이 사회의 중심이었다면, 현대 사회에서는 소비가 핵심적인 역할을 하게 된 것이다. 이제 사람들은 단순히 필요에 의해 물건을 구매하는 것을 넘어, 물건을 구매하는 행위를 통해 만족을 얻고 사회적 관계를 형성하며 자아를 표현하게 되었다. 이런 점에서 오늘날 소비는 단순한 경제 활동을 넘어 문화적인 현상으로 자리잡고 있다.

이러한 분위기 속에서 소비를 촉진시키기 위해 상품들은 실질적 사용 가치 이상의 의미를 담기 시작했다. 같은 사용 가치를 지니는 제품일지라도 각각 다른 의미를 부여함으로써 지속적으로 소비할 명분을 만들어내기 시작한 것이다. 상품에 명칭을 부여하는 브랜드화 작업 같은 것이 이에 속한다. 브랜드 명명을 통해 상품에 새로운 의미를 부여함으로써, 다른 상품과 차별화된 의미를 강조하고, 이를 통해 소비 욕구를 자극하는 것이다. 이렇게 소비사회에서는 물건의 기능뿐만 아니라 브랜드의 가치와 이미지가 선택의 중요한 요소가 된다. 소비자들은 구매 행위를 단순히 물건을 소유하려는 행위가 아니라, 브랜드를 통해 자신의 개성과 사회적 지위를 표현하는 행위로 생각하게 된 것이다. 예를 들어, 부와 성공을 과시하고 싶은 사람들이 명품 브랜드를 선택하고 윤리적 소비를 중시하는 사람들이 친환경 브랜드를 선택하는 것이 그러한 예이다.

소비사회에서 브랜드가 구매 행위에 영향을 끼친다는 점에서, 브랜드 명명은 중요한 판매 전략이다. 브랜드 명명 작업은 특정한 형식에 새로운 의미를 담아내는 일종의 기호화 작업이라고 할 수 있다. 현대 사회에서의 소비가 상품의 사용 가치를 얻는 단순한 행위를 넘어, 그것에 결합된 새로운 의미를 소비하는 행위로 이해되고 그것이 기호를 매개로 실천된다면, 결국 현대 사회에서의 소비는 기호를 소비하는 행위로 이해될 수 있다.

오늘날 상품이 기호를 통해 소비되는 방식은 일반화 되어 있으며, 이는 공간의 소비에도 적용된다. 거주공간인 아파트가 브랜드라는 명칭을 통해 소비되는 방식도 이러한 예라고 할 수 있다. '롯데', '래미안', '현대', '더샾' 같은 아파트의 브랜드도 이에 해당된다고 할 수 있다. 아파트 명칭이 브랜드화되면서, 아파트는 인간의 거주공간으로서의 가치를 넘어 교환가치로 평가되는 현상이 발생하게 되었다.

그런데 이러한 브랜드화와는 다른 방식으로, 공간이 기호로 소비되는 독특한 예가 부산 지역의 아파트 명칭에서 나타난다. 부산에 센텀시티가 조성되면서 이 지역에 아파트들이 들어서게 되는데, 여기에 들어선 아파트들의 명칭에 대부분 '센텀'이라는 단어가 등장한다. 이후 '센텀'이라는 단어는 센텀시티의 경계를 넘어 인근 지역의 아파트 명칭으로 그 사용이 확대되기 시작하여, 심지어는 '센텀'이란 단어를 새로 첨가하여 기존의 아파트 명칭을 변경하는 현상까지 나타난다. 이러한 현상은 '센텀'이 사회

문화적 맥락 속에서 특별한 기호로 소비되고 있음을 보여주는 현상이다. 최근 이러한 '센텀'의 확산 현상은 더욱 확대되어, 물리적으로 멀리 떨어진 지역에서까지 '센텀'이 사용되는 현상을 보이고 있다.

기호의 생산과 소비는 그것이 사용되는 사회적 맥락과 밀접한 관련이 있다. 기호는 그 사회에서 형성된 코드에 따라 의미가 해석되고 소통되기 때문이다. 이런 점에서 기호의 확산 현상은, 곧 그 기호가 사회의 지배적인 담론과 어떻게 연동되는지를 보여주는 현상이라고 할 수 있다. 이런 의미에서 기호의 확산 현상에 대한 고찰은 그 사회의 지배적인 가치관이나 이념과 사회 문화적 특성을 읽어내는 한 가지 방법이 될 수 있다.

### (1) 현대 사회와 거주공간

#### 거주공간의 의미 변화

공간은 인간의 삶이 이루어지는 기반이다. 인간은 공간을 배경으로 인간과 관계를 맺고 사회적 활동을 한다. 그 과정에서 인간은 공간과도 끊임없이 관계를 맺는다. 공간은 인간과의 관계 맺음을 통해 인간의 경험과 기억, 감정이 스며든 장소가 된다.

인간이 가장 원초적으로 관계를 맺는 공간이 거주공간이다. 그래서 인간과 공간의 근원적인 관계를 '거주'(Wohnen)로서 파악하기도 한다.[170] 인간은 거주공간을 만들고 그 안에 체류하면서, 공간과 관계를 맺으며 살아가는 '거주하는 존재'이다. 거주한다는 말은 단순히 사람이 집 속에서 그저 그 공간을 점유하고 있다는 의미가 아니고, 그곳에서 살아가면서 다양한 관계를 맺으며 삶을 체험하고 있다는 것을 의미한다. 거주공간은 '집'이라는 말로 대체 가능하다. 거주하는 집은 곧 "인간 삶의 중심이고 근거이며 관계의 중심이며, 언젠가 다시 그곳으로 귀향할 수 있는 곳이다."라는 블노우의 말은, 집이 세계 안에서 인간의 공간적인 근거, 관계의 확고한 중심점이 된다[171]는 의미를 잘 보여준다. 이런 의미에서 인간은 공간 안에서 특정한 자리로서의 집을 갖고, 그곳에 정착해서 뿌리를 내리고 다양한 관계 속에서 삶을 구축할 수 있어야 한다. 이와 같은 거주공간으로서의 집의 의미는, 인간의 실존과 관련된 것으로 이해된다.

하지만 오늘날 거주공간으로서의 집의 의미는, 더 이상 인간의 실존 문제와 관련해서만 이해되지는 않는다. 모든 것이 화폐가치로 환원되는 시대적, 사회적 특성은 '집'의 가치나 의미 역시, 인간 삶의 중심이자 근거라는 의미나 가치보다는 화폐 교환가치에 따라 의미와 가치가 결정되는 양상을 보인다. 즉 집은 그 집이 위치한 지역과 그 지역이 내포하고 있는 특성, 그리고 집 자체가 가지고 있는 다양한 특성에 의해 화폐 교환 가치가 결정되고, 그것이 곧 집의 가치로 인식된다. 이것은 공간과 인간의 관계맺기 방식이 변화했다는 것을 보여준다. 공간은 이제 인간의 일상적 경험이 이루어지고, 그것이 축적된 기억이 자리하는 곳, 삶의 근원으로서 그 의미와 가치가 결정되기보다 교환가치에 따라 그 가치가 결정되게 된 것이다.

### 공간의 재현과 위계화

집을 포함하여 공간을 교환가치에 따라 평가하는 것은 공간의 위계화와 관련이 있다. 공간은 주어진 텅 빈 장소가 아니다. 공간은 인간들의 행위, 관계, 상호작용 같은 실천을 통해 생산되고 구성되는 하나의 구성물이다. 공간을 사회적으로 구성되고 생산되는 것으로 본 르페브르는, 공간의 생산을 공간적 실천, 공간의 재현, 재현의 공간이라는 세 가지로서 설명한다. 공간적 실천이란 특정 시대의 공간적 생산을 가능하게 하는 지배적 양식을 말하며, 공간의 재현은 인지된 공간, 고안된 공간으로 추상공간을 생산하는 원리이다. 재현된 공간은 저항적 실천이 생겨나는 구체적 공간이다. 공간의 생산은 이것들의 상호작용을 통해 이해될 수 있다. 공간의 위계화는 이 가운데 공간의 재현과 밀접한 관련을 갖는다. 공간의 재현은 "학자들이나 계획 수립자들, 도시계획가들, 공간을 '구획 짓고' '배열하는' 기술관료들, 체험된 것과 지각된 것을 인지된 것과 동일시"[172]하는 전문가들에 의해 기획된 공간으로, 추상공간을 의미한다. 르페브르는 자본주의 생산양식 아래에서의 '추상공간'에 대해 다음과 같이 언급한다.

> 추상공간은 사물과 기호의 총집합체로서 형식적인 관계, 이를테면 유리와 돌, 시멘트와 철강, 각도와 곡선, 가득함과 텅 빔 등의 관계 속에서 '대상적으로' 기능한다. 이처럼 형식적이고 계량화된 공간은 자연과 시간(역사)에서 비롯된 차이는 물론 신체나 나이, 성별, 부족 등에서 비롯된 차이도 부정한다.[173]

이렇게 전문가들에 의해 기획된 추상적 공간은, 형식적이고 계량화된 공간으로 자연과 시간이 개입된 차이, 그리고 인간과 공간의 구체적 관계맺음을 통해 만들어지는 공간적인 결의 차이가 부정되는 공간이다. 인간의 행위와 경험이라는 실천을 통한 구체적 관계맺음이 부정되는 이 공간은, 거시적이고 추상적 차원에서 작동하는 원리에 따라 기획된 평면적이고 균일한 공간이다. 추상공간은 주어진 사회의 생산양식과 지식, 담론을 통해 기호의 체계화를 구축하고 코드화가 이루어지는 공간이다. 따라서 이 공간은 그 사회의 지배적인 가치관이나 이념 같은 추상적 개념이, 공간적 형식을 통해 현실로 구체화되는 공간이기도 하다. 지배적인 가치관이나 이념이 다양한 방식을 통해 공간적으로 구체화되면, 공간은 이를 실현한 지배적인 공간과 그렇지 못한 주변적 공간으로 분할되면서 위계적으로 구조화된다. 이러한 공간의 분할과 위계적 구조화는 사회의 지배적 담론 같은 상부의 의미작용에 근거함으로써, 결국 그곳에 거주하는 인간과 공간의 관계맺음, 공간에 대한 인간의 구체적 경험 같은 것은 부정되는 것이다.

오늘날 자본의 원리는 이러한 공간 분할의 강력한 배경으로 작동한다. 뿐만 아니라 공간을 지배적인 공간과 피지배적인 공간, 중심적 공간과 주변적 공간으로 분할한 이후에도, 그 분할을 더욱 공고히 하기 위해 자본은 다양한 방식을 통해 지속적인 이윤의 창출을 꾀한다. 이처럼 인간의 존재적 근거, 일상에서 인간의 행위와 실천, 경험을 통해 의미화되던 공간은, 이제 자본의 논리에 따라 기획된 균일하고 평면적인 추상공간의 생산을 통해 새롭게 의미화된다.

이러한 공간의 위계화는 인간 삶의 뿌리로서의 거주공간이라는 의미를 변화시킨다. 자본의 원리에 따라 위계화된 공간구조는 공간에 대한 새로운 인식 방식을 형성하고, 이는 거주공간에 대한 인식에도 적용된다. 이에 따라 거주공간의 의미는 '인간 삶의 근원'이라는 것에서 '교환가치'를 중심으로 의미의 재구조화가 이루어진다.

이러한 관점에서 볼 때 이 글에서 논의 대상으로 삼는 '센텀' 이라는 기호의 출발점인 센텀시티는, 도시 안의 '첨단 도시'라는 개발 계획에 따라 전문가들의 기획에 의해 생산된 추상공간이다. 센텀시티는 애초부터 부산시의 도시 개발 계획에 의해 거주지가 아닌 곳에 조성되었기 때문에, 철저하게 공간의 재현을 통해 추상공간의 생산이 이루어졌다고 할 수 있다.

### (2) 기호 '센텀'의 탄생

#### 기획된 공간, 센텀시티

최근 부산에서 아파트 명칭이나 상호명에 많이 사용되고 있는 단어 중의 하나가 '센텀'이다. '센텀(Centum)'은 '센텀시티(Centum City)'로 명명된 물리적 공간 내에서는 물론이고, 이 공간을 벗어난 부산의 전 지역에서도 상호명에 포함되어 사용되고 있다. 이런 점에서 '센텀'은 일종의 브랜드 명명 작업에서 사용되는 기호와 유사한 기능을 하는 것으로 보인다.

부산에서 지역명이나 상호명에 사용되는 '센텀'이란 단어는 센텀시티의 조성과 함께 등장한 말로 보인다.[174] 센텀시티가 조성되기 전에는 상호명에 '센텀'이라는 단어가 사용되지 않았다는 점과 '센텀'이라는 단어가 센텀시티를 중심으로 서서히 주변 지역으로 확산되는 양상을 보인다는 점을 통해서도 이를 유추해 볼 수 있다.[175]

따라서 '센텀'이라는 기호의 확산 현상에 대한 이해를 위해서는 센텀시티에 대한 이해가 기본적으로 전제되어야 한다. 센텀시티는 부산 해운대구 재송동에서 우동까지의 수영강변 1,178,043 제곱미터(35만 평)의 터에 조성된 정보통신, 영상, 오락, 국제업

무, 주거 등의 기능을 갖춘 첨단 복합도시를 가리키는 말이다. 이 지역은 예전 수영비행장이 있던 자리였는데, 수영비행장이 이전하게 되면서 컨테이너 야적장으로 쓰이던 지역이었다. 부산시는 제조업체들의 타 지역 이전으로 인한 경제적 위축이 우려되자, 산업구조를 제조업 중심에서 첨단 지식 집약형으로 전환시키기 위해 새로운 도시 개발을 계획하였다. 이에 따라 4차 산업혁명을 이끌어갈 첨단 정보 기술 관련 시설과 글로벌 시대를 위한 영상, 전시 컨벤션 센터, 관광 엔터테인먼트, 국제 비즈니스 시설의 배치, 상업, 주거와 관련된 복합 시설을 갖춘 첨단 미래 도시 조성 계획을 수립하고, 그 명칭을 공모한 것이 센텀시티이다. 센텀시티라는 말은 라틴어로 100을 뜻하는 Centum과 영어 City의 합성어로 100% 완벽한 첨단 도시를 의미한다.[176] 즉 센텀시티라는 명칭 혹은 기호는, 애초 특정 물리적 공간을 지시대상으로 삼아 '완벽한 첨단 도시'라는 의미를 나타내기 위해 사용된 것이다.

이렇게 센텀시티는 글로벌화와 4차 산업혁명이라고 불리는 첨단 정보화 시대의 도래라는 사회적 맥락을 배경으로, 그 공간 안에서 모든 것을 해결할 수 있는 완벽한 첨단 도시라는 개념을 구현하기 위한 공간으로 기획되었다. 센텀시티 내에 정보통신, 영상, 전시 컨벤션 센터, 관광 엔터테인먼트, 국제 비즈니스 관련 업무 지역과 상업 지역을 배치한 것은 이러한 시대적 맥락을 반영한 것이다. 또한 바둑판같이 직선으로 쭉 뻗은 도로와 초고층의 주상복합아파트가 주거지로 들어선 것, 각종 여가시설과 문화시설이 들어선 것도 이 시대의 공간에 대한 지배적 담론과 가치평가의 기준이 반영된 것이다. 좁고 구불구불한 골목길은 쭉 뻗은 도로로 재개발되어야 할 공간이며, 주거지로서 초고층의 주상복합아파트는 지금 한국 사회에서 가장 선호하는 주거 양식이라는 것, 그리고 문화적 삶을 추구하는 현대인들은 일상에서의 여가생활과 문화적 체험을 즐길 수 있는 공간에 살고 싶어한다는 점 등은, 공간에 대한 현재 우리 사회의 지배적인 생각이기 때문이다. 이렇게 볼 때 전문가의 기획 아래, 완벽한 첨단 도시의 구현을 목표로 조성된 센텀시티는, 우리 사회의 공간에 대한 지배적인 담론이 구현된 공간이다.

### 센텀시티에서 '센텀'으로

기호의 의미는 고정된 것이 아니다. 사회 문화적 맥락이나 대상의 변화 등을 통해 지속적으로 변화한다. 센텀시티라는 기호가 생산될 당시, 현실 세계에는 '완벽한 첨단 도시'라는 의미를 구체적으로 보여줄 대상이 존재하지 않았다. 그런 점에서 센텀시티는 추상적 의미를 갖는다. 추상적인 의미로 사용되던 기호는 그 지시 대상이 현실에서 구체화되면, 이를 통해 원래의 의미가 구체화 되거나 강화되기도 하고, 또 변화하기도 한다. 이런 점에서 현실 세계에서 구체화된 대상 없이 기의로서 완벽한 첨단 도시의 의미를 품고 있던 기호 센텀시티는, 대상의 현실화를 통해 구체적 의미를 획득해 나간다.

지역 개발 계획이 현실화되면서 제일 먼저 센텀시티 내에는 부산 전시 컨벤션 센터(BEXCO)가 완공된다. 그러나 경기 불황으로 부지 분양이 저조해지면서 본래 첨단 산업단지 건설을 목적으로 했던 센텀시티 조성 계획은, 2002년 4월 주거 용지를 포함한 용지의 일부 계획 변경이 결정된다.[177] 이는 오늘날 센텀시티의 주요 경관을 이루게 되는 초고층 주상복합아파트들이 밀집하는 계기가 된다. 이후 센텀시티에는 기네스북에 등재된 세계 최대의 백화점 같은 쇼핑센터들이 개점하였으며, 영화의 전당, 부산국제영화제 전용관 등 각종 영화 관련 시설 및 연구 기관, 공공 기관의 입주와 문화 시설의 입주, 공원이 조성되면서 오늘날 센텀시티의 경관을 갖추게 된다. 또한 센텀시티로 들어서는 새로운 진입로와 다리가 건설되면서 교통 체계 역시, 이 지역을 중심으로 재편되는 모습을 보인다. 이처럼 현실 세계에서 구체화된 센텀시티는 정보·업무·관광·상업·주거·엔터테인먼트 등 다양한 복합 기능을 갖추고 있어, 그 안에서 모든 것을 해결할 수 있는 곳으로 인식되었으며, 이는 곧게 뻗은 도로, 초고층 주상복합아파트, 유리로 된 건물 등 스펙터클한 경관과 어울려, 완벽한 최첨단 도시라는 이미지를 형성하게 된다.

이렇게 현대 사회의 공간에 대한 지배적인 담론이 구현된 센텀시티는, 주변의 다른 지역과 차별화된 경관을 갖게 된다. 주변 지역들은 기존에 있던 주거지들로 경관상 센텀시티와 차이를 보인다. 구불구불한 골목길이 존재하고 초고층의 주상복합아파트가 아닌, 일반 아파트들이 들어서 있는 곳이다. 이러한 경관상의 차이는 단순한 경관의 차이를 넘어 공간이 가진 의미 변화에도 영향을 끼친다. 주변의 공간들은 사회의 지배적인 가치관이나 이념이 구현된 공간인 센텀시티와 대비되면서, 상대적으로 주변적인 공간, 결여된 공간으로 의미화된다. 센텀시티가 조성되기 전, 이들 공간은 주변적인 공간이나 결여된 공간으로 의미화되지 않았다. 따라서 이들 공간이 가진 의미의 변화는 센텀시티와의 대비 관계에 기인한다고 할 수 있다. 이러한 의미 변화를 통한 공간의 재의미화는 추상공간을 기획한 기획자들의 인식과 다르지 않다. 이는 공간 속에서 삶을 영위하고 경험하는 사람들이 공간과 관계맺기를 하는 과정에서 형성된 의미들을 소거하고, 그 위에 사회적으로 코드화된 방식, 즉 교환가치를 통해 공간의 의미를 재구성하는 것이다.

그런데 이러한 공간의 분할은 단순히 행정구역을 구분하기 위한 물리적 공간의 줄긋기를 넘어, 공간의 안과 밖에 위치한 거주자들의 분할로 전이되며 이를 통해 '여기'와 '저기', '우리'와 '그들'을 구분 짓는 의식의 형성을 동반한다. 센텀시티의 경관과 특성을 전유하는 다양한 기호, 상징 등의 누적물들이 사회적으로 생산되고 소통됨으로써, 그 구분은 지속성을 유지한다. 센텀시티의 경관에 따른 공간 분할이 이곳의 거주자들과 주변 지역 거주자들의 구분으로 이어지는 상황은, "'부자들의 왕국' 마린시티·센텀시티", "기업인·전문직 등 상류층 입주… 고층 빌딩 주차장은 외제차 전시장 방불… 남쪽 해운대·서쪽엔 수영강 '더블 조망권'은 그들만의 특권" 같은 신문기사[178]들을 통해서도 잘 드러난다. '부자들의 왕국', '상류층', '외제차', '더블 조망권', '그들만의 특권'이라는 표현들은 이러한 공간적 분할과 함께 경제적 차이는 물론 삶의 질의 차이를 드러낼 뿐만 아니라, 그 구분이 거주자들의 계층을 구분하는 데까지 확장되고 있음을 보여준다. 이처럼 사회적으로 소통되고 있는 센텀시티라는 공간의 의미가 그 공간에 거주하는 사람들에게까지 전이되고 있다는 사실은, 센텀시티에 거주한다는 것이 곧 그곳에 거주하는 사람들의 사회적 정체성을 규정하는 것이 된다는 것을 의미한다. 결국 센텀시티를 둘러싼 '부자들의 왕국', '상류층', '외제차', '더블 조망권', '그들만의 특권' 같은 표현들은, 사회 문화적 맥락 속에서 새롭게 구성되는 센텀시티의 의미를 유추할 수 있게 하는 대표적인 표현들이 되는 것이다.

이렇게 현실 세계에서 구체화된 센텀시티는 완벽한 첨단 도시라는 의미와 상응한다는 점에서 그 의미를 강화시키는 한편, 주변 지역과의 차별화를 통한 새로운 의미를 구성해 나가게 된다. 정보·업무·관광·상업·주거·엔터테인먼트 등의 복합적 기능을 품은 센텀시티는, 단순히 초고층 건물과 스펙터클한 경관, 잘 정리되고 구획된 경관으로서만 다른 지역과 차별화되는 것이 아니다. 경제, 문화, 정보 등의 다양한 분야에서도 부산의 중심지로서 기능하게 된다. 이러한 공간적 특성을 바탕으로 센텀시티는 사회·문화·경제의 중심이자 상류층 사람들이 살고 있는 곳, 사람들이 살고 싶은 곳이라는 의미로까지 확장된다. 센텀시티라는 단어는 '완벽한 첨단 도시'라는 그것이 가진 본래 의미는 물론, 그것을 넘어 '중심'과 '상류층 거주지', '살고 싶은 곳'이라는 의미로까지 그 기의가 확장된 것이다.

그런데 센텀시티라는 명칭은 그 자체로 사용되기도 하지만 '시티'가 생략되고 '센텀'만 단독으로 사용되기도 한다. 센텀시티 내의 학교인 센텀초등학교, 센텀중학교, 센텀고등학교 같은 학교 명칭이나 더샵센텀파크, 더샵센텀스타, 대우월드마크센텀아파트, 트럼프월드센텀아파트 등의 아파트 명칭이 바로 그 대표적인 예이다.[179] 센텀시티라는 지역명에서 시티가 생략되어 사용된 것이다. 이러한 생략 현상 때문에 센텀시티가 가지고 있던 의미가 '센텀'이라는 단어로 옮겨가게 된다. 이러한 과정을 통해 '센텀'은 물리적 공간(부산광역시 해운대구 수영강 변 1,178,043 제곱미터(35만 평)의 터에 조성된 첨단 도시)을 지시대상으로 가지는 동시에, 지역의 사회 문화적 맥락 속에서 새롭게 형성된 센텀시티의 의미를 갖게 된다. 그 결과 '센텀'은 지역사회에서 '완벽한 첨단 도시', '사회·경제·문화의 중심지', '상류층의 거주지', '살고 싶은 곳'과 같은 기의를 가진 기호로 소통된다. 이런 점에서 '센텀'이라는 단어는, 지배적 공간으로서의 지역정체성을 나타내는 영역적인 기호로 자리 잡았다고 할 수 있다.

### (3) 기호 '센텀'의 확산

#### 기호로 소비되는 아파트

기호 소비사회인 현대 사회에서는 일상생활을 영위하는 주거공간인 아파트에도 기호가 붙어, 거주자의 계층이나 신분을 나타내는 시대가 되었다. 그 결과 값비싼 인테리어와 정보화된 시설을 갖춘 아파트, 유명 건설회사의 브랜드명이 붙은 아파트를 주거공간으로 열망하는 것이 하나의 사회적 추세가 되었다. 이러한 추세 속에서 아파트에 붙은 브랜드, 명칭은 하나의 기호가 되어 소비자들을 욕망하게 한다.

우리나라에서 아파트가 처음 지어졌을 당시, 아파트 명칭은 '종암아파트', '마포아파트', '동대문아파트', '정동아파트'처럼 지역의 이름을 따서 명칭으로 사용하였다. 그러다가 아파트의 명칭이 브랜드와 연결되기 시작한 것은 '현대아파트', '삼익아파트', '한신아파트' 같이 그 아파트를 건설한 기업명을 붙이기 시작하면서부터이다. 하지만 초기의 이런 아파트 명칭은 기업의 명칭을 통해 다른 아파트와 구별하는 데 일차적인 의미를 두었다. 아파트가 흔하지 않았던 1970년대 초반만 해도 아파트에 산다는 사실 자체만으로도 충분히 특별했고, 또 아파트 단지가 몇 군데 없

어서 지역명이나 기업명 정도만 밝혀도 어떤 아파트인지 알 수 있었기 때문이다.[180]

그러다가 지역명과 기업명을 혼합해서 브랜드처럼 사용한 것이 1989년 'LG 수지 아파트'와 '보라매 삼성 아파트'이다.[181] 이후 1990년대의 신도시 건설을 거쳐 2000년대에 이르면서 아파트 수가 엄청나게 많아지자 아파트에도 본격적으로 경쟁시대가 도래하였다. 지역이나 건설회사에 따라 아파트 청약 경쟁이 수백 대 일이 되는 것이 있는가 하면 한편으로는 미분양 아파트가 속출하기도 하였다. 지어만 놓으면 팔리는 시대가 아니라 적극적인 홍보를 통해 소비자에게 선택 받아야만 하는 시대가 된 것이다. 그 과정에서 소비자의 구매욕을 자극하기 위해서 아파트들 사이에는 다양한 차별화 전략이 시도되었다. 아파트에 명칭을 붙이는, 기호를 통한 차별화 전략 역시 그 가운데 하나이다. 아파트 명칭이 소비자의 눈길을 끄는 기호가 되기 위해서는, 소비자가 원하는 삶의 모습을 담고 있거나 소비자의 구매 욕구를 자극하여 선택을 받을 만한 것으로 인식되어야 한다. 아파트 명칭에 첨단 기능이나 친환경, 웰빙, 고급, 인간 중심의 가치관 같은 이미지를 심고 이를 브랜드화 하기 시작한 배경에는 경쟁 구도의 심화에 따른 차별화 전략의 필요성이 자리한다. 쌍용 스윗닷홈, 대림의 e-편한세상, 삼성 래미안, 현대 아이파크(I-Park), 롯데건설의 롯데캐슬, SK건설의 SK뷰, 포스코건설의 더샾 같은 브랜드들의 탄생이 이러한 예이다.[182]

경쟁적인 브랜드화 전략은 아파트 구매 요인에도 변화를 가져왔다. 아파트 구매 시, 1990년대 중반에는 입지 여건을 우선으로 보았으나 1990년대 후반에 와서는 아파트의 브랜드가 구매의 중요한 요인으로 자리잡게 되었다. 브랜드 가치가 높은 아파트에 살고 싶은 이유에 대한 조사에서는, 미래 자산 가치의 상승 효과가 가장 큰 것으로 나타났다. 아파트 브랜드화가 이루어지면서 브랜드 인지도가 높은 대형 건설사의 아파트가 프리미엄이 상승할 뿐만 아니라, 단지 브랜드 이름만으로 아파트 간의 가격 양극화 현상이 일어나고 있기 때문이다.[183] 이러한 결과는 아파트가 이제는 인간의 삶이 뿌리를 내리는 곳으로서의 거주공간이라기보다, 중요한 투자재로 인식되고 있음을 보여주는 것이라고 할 수 있다.

브랜드 아파트의 선호 현상은 브랜드 아파트의 가격 상승으로 이어지고, 결국은 그곳에 살 수 있는 사람과 살 수 없는 사람들을 구분 짓는 경계가 된다. 따라서 거주공간인 아파트의 명칭, 즉 아파트에 부여된 기호는 결국 사람들의 계층이나 계급을 구분하는 기준의 하나로 기능하게 되며, 그 기호에 담긴 의미는 사회 문화적 관계 속에서 생성되고 해석된다. 그리고 기호를 통해서 소통되는 아파트의 의미와 가치는 그곳에 거주하는 사람들에게 전이되어 사회적으로 구성되는 그들의 정체성을 드러내주는 기능을 하게 된다.

### 센텀 지역의 아파트 명칭

2000년대에 들어서 아파트의 명칭은 단순히 지역이나 건설회사의 이름이 아닌 시대적 흐름에 따른 소비자의 욕구를 반영하여 웰빙이나 정보화, 첨단 기능을 강조하는 단어를 사용하는 경우가 급속도로 증가하게 되었다. 이러한 현상은, 거주공간이 경쟁적 시장구조에 편입됨으로써 그 교환가치가 어느 때보다 중요해졌음을 보여준다.

2000년 이후 분양된 아파트의 명칭은 기업명, 상표명 중 어느 하나라도 외래어로 되어 있지 않은 경우를 찾기 어려울 정도로 외래어를 선호하고 있다. 게다가 아파트가 크고 비쌀수록 외래어 명칭을 선호하는 경향을 보이고 있다. 대형 건설사들은 일반 아파트와 고급형 주상복합아파트를 따로 지어 분양하고 있는데, 그런 경우 일반 아파트에는 우리말 이름을 붙이더라도 고급형에는 외래어 명칭을 붙이는 것이 일반적이다. 예를 들어 삼성에서 '래미안'과 '타워팰리스, 트라팰리스'의 명칭을 구별해서 사용하고 있는데, 그것도 이러한 기준에 따른 것이다.

그런데 아파트 명칭 짓기에서 나타나는 이러한 현상은 센텀시티 내에 있는 아파트들의 명칭에서도 잘 드러난다. 아래의 표에서 보듯이 센텀시티 내에 건설된 아파트들의 명칭은 외래어 선호 현상을 보여주고 있다. 뿐만 아니라 특이하게도 이 지역 아파트 명칭에서는 '센텀'이라는 지역명의 사용이 두드러진다는 특징을 보이고 있다.

<센텀시티 내에 건설된 아파트 명칭 >

| 구분 | 아파트 명칭 |
|---|---|
| 재송동 | 더샵센텀파크1,2차 (2005) |
| | 재송동센텀동부스센트레빌 (2006) |
| | 재송동더샵센텀스타(2008) |
| | 재송동센텀리슈빌1,2(2017) |
| | 재송동센텀드림힐(2018) |
| | 재송동센텀천일스카이원(2020) |

| | |
|---|---|
| 우동 | 트럼프월드센텀(2006) |
| | 우동트럼프월드마린(2007) |
| | 우동롯데갤러리움센텀오피스텔(2008) |
| | 우동포레나센텀(2009) |
| | 우동대우월드마크센텀(2010) |
| | 우동해운대 센텀두산위브(2014) |
| | 우동센텀뷰라움(2015) |
| | 우동해운대센텀경동리인(2018) |
| | 우동센텀엘카시(2018) |
| | 우동센텀마티안 (2022) |

그런데 위의 표에서 보이는 것처럼 '센텀'이라는 지역명을 아파트에 붙이는 방식은, '종암아파트', '마포아파트', '동대문아파트'처럼 우리나라에 아파트가 들어서던 초기에 명칭을 부여하던 방식이다. 아파트가 별로 없어 '지역명'을 붙이면 그것 자체로 아파트를 구별해 줄 수 있었던 시절에 사용하던 방식이다.

아파트 명칭에 지역명을 포함시키는 것이 지금은 거의 사용되지 않는 방식임에도 불구하고, 왜 센텀시티에서는 '센텀'이라는 기호를 아파트 명칭에다 사용하는 것일까? 더구나 센텀시티에 들어서는 거의 대부분의 아파트에 '센텀'이라는 기호를 사용하고 있다는 점에서 보면, '센텀'이라는 기호의 사용은 센텀시티 내에서 다른 아파트들과의 구별이라는 기능을 가지는 것이 아님을 알 수 있다. 오히려 동일 기호의 사용에 따른 유사성 때문에, 구별의 어려움이 생긴다고도 볼 수 있기 때문이다. 그렇다면 이는 센텀시티 내에서 다른 아파트와의 구별을 위한 사용이라기보다, '센텀'이 붙은 아파트와 그렇지 않은 아파트를 구별하기 위한 사용으로 해석된다. 즉 센텀시티 내에 있는 아파트는 대체로 '센텀'이 붙는다는 점에서, '센텀'이 붙지 않은 센텀시티 밖의 아파트와 구별하기 위한 전략이라고 할 수 있다. 이러한 구별 전략은 곧 아파트가 자리한 지역의 구별이기도 하다는 점에서, 아파트 명칭에 사용하는 '센텀'이라는 기호는 지역의 구분, 즉 센텀시티와 주변 지역을 구별하는 데 더 큰 의미를 두고 있다고 할 것이다.

그렇다면 '센텀'을 붙여서 주변지역과 구별하려는 이유는 무엇일까? '센텀'이라는 기호가 가진 어떤 의미 혹은 가치가 이러한 사용을 부추기는 것일까? 이런 특이한 현상은 아파트 명칭이 지닌 사회 문화적 기능과 '센텀'이라는 기호가 사회 문화적 맥락에서 어떻게 코드화되고 소비되고 있는지와 관계가 있을 것이다. 현대 사회에서 거주공간인 아파트가 투자재로서, 그리고 그곳에 사는 거주자의 정체성을 드러내주는 것으로서 인식되며, 이것이 아파트 명칭 혹은 브랜드라는 기호를 통해 실현된다는 점에서 볼 때, '센텀'의 사용은 두 측면에서 모두 긍정적 효과를 지닌다는 것을 유추해 볼 수 있다. 즉 센텀시티가 조성되면서 그 안에 들어선 아파트들의 명칭에 '센텀'을 사용한 것은, 그 지역이 센텀시티라는 대상을 지시하는 기능과 함께, 사회 문화적으로 코드화된 센텀시티의 의미를 누리기 위한 것이라고 볼 수 있다. '완벽한 첨단 도시', '사회·경제·문화의 중심지', '상류층의 거주지', '살고 싶은 곳' 같은 의미를 갖는 '센텀'이라는 기호를 명칭으로 사용함으로써, 주변 지역과의 차별화를 꾀하고, 이를 통해 아파트의 가치를 높이는 한편, 그곳에 거주하는 자신들의 정체성을 과시하고자 하는 것이다. 이는 사회 문화적으로 형성된 '센텀'의 의미를 전략적으로 이용하여 아파트가 매력적인 투자재임을 강조하는 한편, 그런 곳에서 살고 있는 자신 역시 '센텀'에 부여된 의미에 상응하는 사회적 정체성을 지녔음을 과시하려는 전략이라고 할 수 있다. 이처럼 센텀시티 내의 아파트 명칭에서 사용되는 '센텀'은, 기호의 사용이 공간의 소비와 어떻게 관련되어 있는지를 잘 보여주는 예이다.

### 아파트 명칭에서 나타나는 '센텀'의 확산

'센텀'이라는 기호가 아파트 명칭에 널리 사용되게 되면서, '센텀'은 센텀시티 내에서뿐만 아니라 센텀시티에 포함되지 않는 부산의 다른 지역 아파트 명칭에까지 사용되는 현상을 보인다. 이러한 현상은 주변 지역에 새로 건설되는 아파트 명칭에서도 나타나지만, 기존에 사용되고 있는 아파트 명칭을 변경하는 경우로까지 확산되고 있다.

거주공간으로서의 아파트는 일상을 통해 인간과 상호작용하면서 인간의 경험과 기억이 자리하는 공간, 삶의 근원으로 자리해 왔다. 그리고 이러한 상호작용은 아파트라는 물리적 공간과 함께 그것을 대신하는 기호인 아파트 명칭과의 사이에서도 이루어져 왔다. '우리 집' 혹은 '누구의 집'이라는 의미로 사용될 때, 'OO아파트'라는 명칭은 그 공간에 대한 인간의 경험과 기억이 결합된 기호라고 할 수 있다. 'OO아파트'라는 명칭을 들을 때, 공간과 관련된 기억과 경험들이 환기되는 이유도 여기에 연유한다. 이렇게 거주공간을 대신하며 오랫동안 거주하는 사람들과 상호작용을 해왔던 아파트 명칭이, 센텀시티 조성 이후 급격하게 변경되는 현상이 발생하고 있다.

아래의 표는 센텀시티에 포함되지 않는 지역의 아파트, 그 중

<2024년 12월 현재 명칭이 변경된 아파트>

| 지역 | 변경 전 명칭 | 변경 후 명칭 | 변경 연도 |
|---|---|---|---|
| 반여동 | 롯데낙천대3차 | 센텀롯데캐슬3차 | 2010 |
| | 삼해드림 | 센텀대림 | 2011 |
| | 명장 SK뷰 | 센텀SK뷰 | 2013 |
| | 롯데낙천대2차 | 센텀롯데캐슬2차 | 2013 |
| | 대우자동차 사원아파트 | 홍림센텀 | 2013 |
| | 신동타워 | 센텀SD | 2020 |
| 재송동 | 대주파크빌 | 센텀피오레 | 2006 |
| | 재송에이스 | 센텀에이스 | 2011 |
| | 초정밀레니엄타운 | 센텀블루씨 | 2011 |
| | 장산골드파크 | 센텀골드파크 | 2012 |
| | 대원 | 센텀대원 | 2012 |
| | 대경파미르 | 센텀파미르 | 2012 |
| | 세명그린타워 | 센텀그린타워 | 2012 |
| | 해운대우신골든빌 | 센텀우신골든빌 | 2012 |
| | 재송삼익 | 센텀삼익 | 2012 |
| | 재송빌라 | 센텀재송빌 | 2013 |
| | 협성아파트 | 센텀협성아파트 | 2015 |
| | 이진 | 센텀이진캐스빌 | 2015 |
| | 재송e-편한세상 | 센텀e-편한세상 | 2016 |
| | 한보미도 | 센텀한보미도 | 2017 |
| 우동 | 세한센시빌 | 센텀센시빌 | 2008 |
| | 삼환 | 센텀삼환 | 2008 |
| | 삼진마리나 | 센텀마리나 | 2009 |
| | 우동현대 | 센텀현대 | 2009 |

에서도 원래의 아파트 명칭을 변경하면서 '센텀'이라는 기호를 새롭게 첨가한 아파트들의 예이다.

위의 표는 주로 센텀시티 주변 지역인 재송동이나 우동, 그리고 반여동에 있는 아파트를 중심으로 '센텀'이라는 명칭이 사용되고 있는 예를 보여준 것이다. 그런데 이러한 명칭의 사용에서 주목할 점은 단순히 '센텀'이라는 기호를 사용하고 있다는 측면을 떠나서, 이 아파트들이 기존의 아파트 명칭을 수정하면서 '센텀'이라는 기호를 명칭에 포함시켰다는 것이다. 이러한 명칭 변경 현상은 센텀시티가 조성된 2006년 시작되었으며, 지금까지도 센텀시티 주변 지역의 아파트에서 '센텀'을 넣어 명칭을 변경하는 현상이 일어나고 있다.[184]

앞에서 살펴본 것처럼 오늘날 아파트 명칭은 사회 문화적으로 다양한 기능을 수행하고 있다. 명칭의 브랜드화와 함께 아파트의 명칭은 곧 교환가치와 직결되고 또한 그곳에 거주하는 사람들의 사회적 지위와 계층 같은 정체성을 드러내주는 기능을 수행하고 있다. 이런 의미에서 명칭은 아파트 가치평가의 중요한 요소로 자리 잡게 되었으며, 따라서 아파트 명칭에 대한 거주자들의 욕망 또한 이와 비례해서 커졌다. '센텀'이라는 기호를 명칭에 포함시키는 명칭 변경 행위는 이러한 사회 문화적 관점에서 이해할 수 있을 것이다.

기획된 공간인 센텀시티는 복합기능을 갖춘 첨단 도시이자 정보문화의 중심지로 상류층들이 거주하는 최고급 주거단지가 되었다. 이러한 공간적 특징이 '센텀'이라는 기호와 결합됨으로써 '센텀'은 사회 문화적으로 '중심지, 상류층 거주지, 살고 싶은 곳'으로 의미화되었고, 이는 다시 다양한 매체를 통해 사회적으로 확산되고 있다.[185] 지역의 사회 문화적 맥락 속에서 형성된 '센텀'의 이러한 의미는, 전문가들에 의해 기획된 추상공간인 센텀시티의 태생적인 특성이기도 하다. 그리고 한편으로는 지속적으로 이윤을 추구하고자 하는 자본의 논리가, 주변 공간과의 차별화 전략을 구사함으로써 그 의미를 고착화시키고 보편화시켜온 결과이기도 하다. 이러한 과정에서 나타나는 센텀시티와 주변 지역의 공간적 분할과 대비는, 지역 사회에서 두 공간의 의미적 대립을 발생시킨다. 센텀시티의 의미는 '중심지, 상류층 거주지, 살고 싶은 곳'으로 코드화되고, 주변 공간의 의미는 이와 대조되는 방향으로 의미 변화를 겪게 된다. '중심'에 대해 '주변', '상류층'에 대해 '상류층이 아닌(비상류층)' 등의 부정적 의미가 주변 공간에 새롭게 부여된다.

그런데 이러한 의미들은 센텀시티가 생기기 전, 이 지역에 부여되었던 의미라기보다는 센텀시티가 조성되면서 대비를 통해 새롭게 구성된 의미라고 할 수 있다. 이러한 근거는 센텀시티가 조성되기 전까지 이 지역 아파트들의 명칭은 처음 붙여진 그대로 사용되고 있었으며, 변경의 필요성이 제기되지도 않았기 때문이다. 하지만 센텀시티 조성 이후 센텀시티가 지배적 공간으로 자리잡게 됨에 따라, 이 공간이 상대적으로 주변화됨으로써 가치가 하락하게 되고 부정적 의미가 생겨난 것으로 보인다. 특히나 공간의 주변화는 그 공간을 지시하던 기호나 그 공간에 포함되어 있던 다른 기호들에도 영향을 끼쳐, 이것들 역시 주변화에 따른 가치 하락과 부정적 의미의 감염을 겪게 된다. 센텀 주변 지역의 아파트 명칭 변경 현상 역시, 이러한 과정에서 발생한 것이라고 할 수 있다.

이에 따라 '센텀'이 붙지 않음으로써 상대적으로 '주변, 비상류층' 등으로 의미화되던 아파트 명칭에 '센텀'을 붙이게 되면, '센텀'이 지니고 있는 의미가 아파트에 덧붙여짐으로써 그 가치가 상승한다고 생각하는 것이다.[186] 이처럼 사회 문화적 맥락을 배경으로 형성된 '센텀'의 의미는, 거주공간을 교환가치에 따라 가치 규정하고 사회적으로 가치가 부여된 기호를 통해 자신의 정체성을 과시하고자 하는 인간들의 욕망과 결합하게 되면서, 아파트 명칭에 '센텀'을 넣어 명칭을 바꾸는 현상의 배경이 되고 있다.

그런데 이러한 과정에서 센텀시티와 같은 의미를 가진 기호로 사용되던 '센텀'의 의미가 변화하게 된다. '시티'의 생략으로 단독으로 쓰이게 된 '센텀'은 원래, 특정한 물리적 공간을 지시대상으로 갖는 기호였다.[187] 하지만 앞에서 살펴본 센텀시티 주변 지역의 아파트 명칭 변경에서처럼, 기호 '센텀'의 확산은 '센텀'이 원래의 물리적 공간으로부터 벗어난 지역에서도 사용되었음을 의미한다. 그런데 이러한 현상은 지속적으로 확대되어, 거리

<센텀시티와 멀리 떨어진 지역의 아파트 명칭에 사용된 예>

| 구 | 동 | 아파트 명칭 |
|---|---|---|
| 해운대구 | 반여동 | 센텀KCC스위첸 |
| | | 센텀SD |
| | | 센텀SK뷰 |
| | | 센텀강변현대 |
| | | 센텀대림 |
| | | 센텀롯데캐슬1,2,3차 |
| | | 센텀스마트 |
| | | 센탐아스트룸SK뷰 |
| | | 센텀우성스마트시티뷰 |
| | | 센텀자유 |
| | | 센텀트루엘 |
| | | 센텀펠리시아 |
| | | 해운대 메가센텀꿈에그린 |

| | | 해운대더샵센텀그린 |
|---|---|---|
| | | 홍림센텀 |
| | 반송동 | 센텀더세진 |
| | 송정동 | 센텀더웰 |
| 수영구 | 광안 | 성우센텀뷰 A, B |
| | | 센텀 디아이리더스 |
| | | 일호센텀누리 |
| | | 정원센텀뷰 |
| | 남천 | 남천센텀스카이뷰 |
| | | 정원센텀뷰남천 |
| | 민락 | 더샵센텀포레 |
| | | 센텀비스타동원1, 2차 |
| | | 센텀비치푸르지오 |
| | 수영동 | 센텀그레이스 |
| 남구 | 대연동 | 센텀오피스텔 |
| | | 로얄센텀빌 |
| 동구 | 수정동 | 센텀동원 |
| | 좌천동 | 센텀타워 |
| | 초량동 | 센텀동원2차 |
| 서구 | 동대신동 | 동대신센텀빌리지 |
| 동래구 | 수안동 | 동래센텀파크 |
| | 안락동 | 센텀유림노르웨이숲 |
| | | 센텀더블루하이츠 |
| | 온천동 | 센텀빌 |
| 연제구 | 거제동 | 거제센텀 |
| | 연산동 | 부산센텀푸르지오 |
| | | 센텀 포시즌 |
| | | 센텀리버SKVIEW |
| | | 센텀수영강푸르지오 |
| | | 연산센텀빌 |
| | | 일호센텀누리 |

| | | |
|---|---|---|
| **사하구** | 괴정동 | 센텀뷰빌라, 센텀오피스텔 |
| | 다대동 | 다대센텀스카이뷰 |
| | 당리동 | 센텀빌 |
| | 장림동 | 센텀바인하츠 |
| **사상구** | 주례동 | 주례센텀, 동서센텀빌 |
| | 괘법동 | 사상센텀, 센텀빌 |
| **부산진구** | 개금동 | 센텀빌 |
| | 양정동 | 양정센텀 |
| | | 양정센텀주상복합 |
| **중구** | 보수동 | 센텀엘카사오피스텔 |
| | | 디알센텀시티오피스텔 |
| | | 센텀하우스 |
| **북구** | 구포 | 일호센텀누리 |
| **강서구** | 명지동 | 명지대방디엠시티센텀오션2차 |
| **기장군** | 기장읍 | 담덕기장센텀 |
| | | 센텀스위트홈 |
| | | 지우센텀 |
| | | 기장센텀 |
| | | 센텀시티 |

적으로 훨씬 멀리 떨어진 지역의 아파트 명칭에서도 그 사용이 확인된다.

센텀시티는 해운대구의 우동과 재송동 일부에 걸쳐져 있다. 그런데 센텀이라는 기호는 이 지역을 넘어 가까이는 해운대구의 반여동과 재송동, 그리고 수영강 건너편 수영구의 민락동을 시작으로, 멀리는 사하구, 사상구, 부산진구, 북구, 강서구, 기장군 지역까지 부산시 전역에 걸쳐 아파트 명칭에 사용되고 있다. 이렇게 센텀시티라는 물리적 공간을 넘어 사용되고 있는 '센텀'은, 현실 세계의 지시대상인 센텀시티를 가리키지 않는다. 이러한 사용은 기호 '센텀'과 지시대상 사이의 결합관계에 균열이 생겼음을 보여주는 것이다.

<센텀시티와 멀리 떨어진 지역에 나타나는 상호명>

| 위치(구) | 아파트 명칭 |
|---|---|
| 동래구 | 센텀가구백화점(안락동), 안락센텀안과의원(안락동), 센텀유니폼(안락동), 센텀메디팜(안락동), 센텀명품옷수선(수안동) |
| 수영구 | 센텀셀프세차타운(망미동),<br>남구 센텀고시텔(광안동), 센텀해인요양병원(광안동) |
| 연제구 | 센텀광택(거제동), 센텀공조이엔지(연산동), 센텀중개법인(연산동) |
| 금정구 | 센텀키즈(남산동), 센텀디자인(남산동) |
| 부산진구 | 센텀성형외과의원(부전동), 센텀카캐리어(가야동) |
| 동구 | 센텀신경외과(초량동), 센텀(범일동), 센텀당구클럽(수정동), 센텀모텔(초량동), 센텀가구(범일동) |
| 서구 | 7080센텀생음악(서대신동) |
| 중구 | 센텀공인중개사(대청동), 센텀마린서비스(중앙동), 센텀비닐고주파(보수동) |
| 사상구 | 센텀안과의원(괘법동), 부산센텀치과의원(괘법동), 센텀약국(괘법동), 센텀시티(괘법동), 센텀강대찬학원(엄궁동), 센텀한우마을정육점(주례동) |
| 사하구 | 삼성센텀정형외과의원(다대동), 센텀휴요양병원(장림동), 센텀신세계치과의원(다대동), 센텀마트(괴정동), 센텀학원(감천동) |
| 북구 | 센텀이비인후과(화명동), 센텀영어교습소(화명동), 센텀로지스(금곡동), 센텀텔레콤(덕천동) |
| 기장군 | 센텀옷수선(정관읍), 센텀국어교습소(일광읍),센텀축산물할인장터(정관읍), 센텀스턴(기장읍) |

또 기호 '센텀'의 확산은 아파트 명칭뿐만 아니라 다양한 상호명에서도 나타난다.

아파트 명칭이 아닌 다른 상호명에 '센텀'이 사용되는 경우 역시, 센텀시티라는 물리적 공간을 넘어 부산시 전역으로 확산되어 나타나는 모습을 보인다. 이처럼 '센텀'이 원래의 지시대상이었던 물리적 공간의 경계를 넘어서 사용되는 일이 반복됨으로써, '센텀'과 지시대상 사이의 결합 관계는 더욱 느슨해지고, 둘 사이의 균열은 가속화된다. 그 결과 센텀시티의 경계를 넘어 사용되는 '센텀'에서는, 더 이상 원래의 물리적 공간(센텀시티)을 지시하는 기능을 찾아볼 수 없게 되었다.

이렇게 기호 '센텀'과 지시대상의 관계가 단절되면, 의미 변화가 발생하게 된다. 센텀시티를 벗어나서 사용되는 '센텀'은 센텀시티라는 원래 실재하는 물리적 공간을 대표하던 기능을 점차 잃어 가게 되고, 그 실재의 대상이 아닌 추상화된 대상을 대표하는 것으로 기능이 옮아가게 된다.

이렇게 '센텀'이 대표하는 추상화된 대상은, 실재하는 공간이 아니라 유토피아나 이상향같이 개념적으로 구성되는 공간이다. 물론 '센텀'은 유토피아나 이상향과는 달리, 그것이 원래 가리키던 지시대상이 현실에 존재한다는 점에서는 차이를 보인다. 따라서 그 의미가 추상화되어 간다고 하더라도 현실에 존재하는 공간과 의미적 상관성을 가지게 된다. 즉 센텀시티라는 공간이 사회 문화적으로 '중심, 상류층 거주지, 첨단 도시, 살고 싶은 곳'으로 의미화된다는 점에서, '센텀'의 의미 역시 이를 바탕으로 추상화되어 간다고 할 수 있다. 대표적으로 "고급, 세련, 첨단"[188] 같은 의미들이 이러한 예에 속한다고 할 수 있다. 하지만 기호 '센텀'의 확산 현상이 계속될수록 '센텀'의 의미는, 현실 세계의 센텀시티가 가지는 의미와 간극이 발생하게 될 것이고, 그것이 사용되는 사회 문화적 맥락 속에서 새롭게 재구성될 것으로 생각된다.

### (4) 기호 '센텀'의 확산을 통해 본 부산 지역의 특성

아파트 명칭에 사용된 기호 '센텀'이, 센텀시티를 넘어 부산 전역으로 확산되어 나타나는 현상은 부산의 다양한 특성, 즉 로컬리티와 관련지어 해석해 볼 수 있다.

먼저 기호 '센텀'의 확산은 부산 내부 공간들의 역할 변화와 위계 관계의 변화를 보여준다. 센텀시티가 생기기 전까지 남포동이나 서면은 부산의 상업 중심지로서의 역할을 수행해 왔으며, 대신동, 남천동, 수영구, 동래구의 일부 지역은 전통적으로 주거 지역으로 선호되어 왔다. 또 바다를 끼고 있는 해운대, 광안리, 태종대는 부산의 대표적인 관광지로서의 역할을 해왔다. 그러나 2000년대 이후 센텀시티의 조성으로 인해 해운대와 센텀시티가 인접하게 되면서, 이 공간은 금융과 상업, 문화의 중심지이자 새로운 고급 주거지로 떠오르게 되었다.

과거 부산의 내부 공간들은 상업, 주거, 관광 등 어느 정도 역할이 분산되어 있었고, 공간의 위계 관계 역시 특정 공간이 절대적인 우위를 점하지는 않았다. 그런데 센텀시티가 조성되고 이곳이 다양한 분야에 걸쳐 중심지로 등장하게 됨으로써, 이 공간은 부산의 강력한 중심 공간이 되었고 이에 따라 공간의 위계 관계가 심화되었다. 이러한 변화는 공간의 투자가치를 중시하는 사회문화적 분위기 속에서, 부산 지역인들이 센텀시티를 높은 투자가치를 가진 공간, 곧 투자재로 인식하게 됨으로써 중심성이 강화되는 것은 물론 다른 공간과의 차별화가 두드러지게 되었다.

공간의 위계화가 심화되면서 주변 공간과의 갈등이 나타나기도 하였으나, 이는 곧 주변화된 공간에서 중심의 공간을 모방하려는 현상으로 전환되었다. 이러한 현상은 기호 '센텀'의 확산으로 이어졌다. 센텀 주변 지역에서 '센텀'을 넣어 원래의 아파트 명칭을 변경하는 것이 그 대표적인 예라고 할 수 있다. 주변화된 공간의 거주자들은 경제적, 사회·문화적인 이유 등으로 중심의 공간을 지향하게 되는데, 기호 '센텀'을 사용함으로써 그러한 욕망을 실현하려는 것이다. 이처럼 기호 '센텀'의 확산은 부산 지역인들의 공간의 위계화에 대한 인식과 그에 따른 중심 지향성, 그리고 모방 의식을 드러내는 것이라고 볼 수 있다.

또한 아파트 명칭에 사용된 기호 '센텀'의 확산은 부산 지역인들의 거주공간에 대한 인식의 변화를 보여준다. 원래 '인간이 삶을 영위하는 장소'로서의 의미를 가진 거주공간은, 이제 단순히 '인간이 삶을 영위하는 장소'로서의 의미를 넘어 교환가치를 가진 '투자재'로 인식이 전환되고 있음을 보여주는 것이다. 아파트 명칭에서 '센텀'이, 센텀시티를 넘어 부산의 전 지역으로 확산되는 것은 기호 '센텀'이 내포하고 있는 의미를 교환가치로 인식하고, 이를 사용하고자 하는 부산 지역인들의 의식을 반영한 것이라고 볼 수 있다.

센텀시티 내의 많은 아파트에서 명칭에 '센텀'을 사용하는 것은, 부산 사람들이 공간을 기호로 소비하는 것을 보여줄 뿐만 아니라, 그것을 통해 자신들의 정체성과 계층 의식을 드러내고자 한다는 것을 보여준다. 기호 '센텀'이 단순한 물리적 공간을 지시하는 것을 넘어, 고급스럽고 세련된 상류층 이미지를 나타내는 기호로 인식됨에 따라, 센텀시티에 거주하는 것이 곧 경제적 성공과 상류층의 삶을 상징하는 것으로 인식되는 것이다. 따라서 부산 사람들은 '센텀'이라는 기호를 통해 공간을 소비하고 자신의 정체성과 사회적 계층을 드러내고자 하는 의식이 자리함을 보여준다.

이처럼 '센텀'이라는 기호의 확산은 부산의 공간적 특성의 변화를 보여주는 것은 물론, 부산 사람들의 공간에 대한 인식의 변화, 공간에 반영된 계층 인식, 중심 지향성 같은 부산 사람들의 다양한 특성들을 반영한다. 이런 점에서, '센텀'이라는 기호는 부산의 로컬리티의 한 측면을 보여준다고 할 수 있다.

# 제 4 장

## 언어를 통한 대안적 상상

### 4.1. 문화다양성과 언어 생태

#### 1) 문화다양성과 문화적 권리

##### (1) 문화다양성

문화다양성(cultural diversity)이란 한 사회나 세계적 차원에서 언어, 종교, 예술, 관습, 생활 방식 같은 문화적 요소가 다양하게 공존하는 상태를 의미한다. 그런데 이러한 의미 속에는 단순히 다양한 문화가 함께 존재한다는 의미를 넘어, 모든 문화는 평등하며 각각의 문화가 존중받아야 한다는 의미, 그리고 문화 간 교류를 통해 이것들이 인류 공동의 문화유산으로서 지속가능한 사회를 만들어가는 데 기여해야 한다는 의미도 포함되어 있다.

문화다양성에 대한 논의는 역사적으로 다양한 배경을 가지고 사회적 변화 속에서 발전해 왔다. 19~20세기 서구 열강들이 식민지를 지배하는 과정에서 많은 식민지의 전통문화가 억압되었는데, 탈식민화 과정에서 식민주의적 문화 지배에 대한 비판이 등장하게 되었다. 이러한 비판 의식 아래 지역 고유의 문화 보존과 문화 주체성 회복이 중요한 화두로 등장하게 되었다. 문화다양성에 대한 논의는 20세기 후반부터 본격화된 세계화(Globalization)와 깊은 관련을 맺고 있다. 세계화의 확산과 함께 과학기술의 발달은 시공간을 축소·확대할 수 있게 되었다. 국가 간의 경계는 희미해졌고 물적, 인적 교류가 활발해지면서 한편으로는 하나 된 지구를 꿈꾸며 인류공동체를 이야기하지만, 다른 한 편으로는 다양한 문화와 가치관이 충돌하고 갈등을 일으키게 되었다. 미국을 중심으로 한 서구, 즉 중심부의 자본과 문화가 주변부의 자본과 문화를 잠식하고 그것이 가속화되고 있다는 데 대해 비판의 목소리가 높아졌으며, 중심부 위주의 문화적 통합에 따른 동일화 현상의 위험성에 대한 우려의 목소리 또한 높아졌다. 이에 대한 대안으로 논의되고 있는 것이 다양한 문화와 가치관의 상호공존이며, 이것이 곧 문화다양성에 대한 이해와 실천이다.

문화다양성 개념이 본격적으로 등장하는 것은 유네스코의 <문화다양성선언>(2001), 특히 <문화적 표현의 다양성 보호와 증진 협약>(2005) 이후이다. 유네스코에서는 문화다양성을 서로 다른 생각과 표현의 차이를 이해하고 존중함으로써 다양함이 공존하는 풍요로운 사회를 이루고자 하는 정신이자 실천을 뜻한다고 정의하고 있다.[189] 이때 문화란 사회와 사회구성원의 특유한 정신적·물질적·지적·감성적 특성의 총체이며, 예술 및 문학의 형식뿐만 아니라 생활양식, 함께 사는 방식, 가치 체계, 전통과 신념을 포함하는 개념이다. 문화란 시간과 공간에 따라 다양한 형태로 나타나며, 각각의 문화가 지닌 다양성은 그 문화를 형성한 집단의 정체성과 독창성을 구현하는 것으로, 모든 문화는 인류의 공동 유산이라 볼 수 있다고 하였다.

또한 다양성에 대해서는 그 수단과 기법에 관계없이 인류의 문화유산이 표현되고 전달되며 진흥되는 데 사용되는 방법과, 예술적 창작(생산)과 보급 그리고 향유 방식 등에서 나타날 수 있는 다양한 모든 것들을 포괄한다고 하였다. 얼굴 생김이 저마다 다른 것처럼, 우리는 각자가 생각하는 것과 그것을 표현하는 방식도 다양하며, 이런 다양함은 개인 간의 차이, 집단 간의 차이, 지역 간의 차이, 나라 간의 차이 나아가서는 문화권 간의 차이가 될 수 있다고 하였다.

유네스코를 중심으로 한 다양성에 대한 논의의 기저에는, 모든 인간 사회는 각각의 문화와 언어, 그리고 생활양식 등을 다양하게 발전시켜왔으며, 이것들을 보전하고 계승하는 것이 인류의 미래를 위한 선택이라는 인식이 자리한다. 즉 모든 인간 사회는 그들의 주변 세계를 이해하고, 이에 적응하는 방식이 서로 다르며 사회를 조직하는 유형 또한 다르다는 것이다. 그리고 서로 다른 의식과 믿음, 서로 다른 가치관을 가지며, 또한 언어를 통한 상황 표현, 일상생활에서 의사소통 방식 등도 다르다는 것이다. 그런데 이런 다양한 것들이 인류에 내재하는 '문화와 언어의 풍부함'의 총체[190]라는 것이다. 따라서 다수자와 중심부의 문화와 언어뿐만이 아니라 소수자와 주변부의 문화와 언어 역시 각각의 가치와 의미를 지니므로, 모든 것들이 보전되고 계승될 때 다양성을 통해 인류의 미래는 지속가능하다는 것이다.

문화다양성 논의는 단순한 문화 보존을 넘어, 사회적·경제적·

정치적 차원에서도 중요한 의미를 가지고 있다. 먼저 문화다양성의 개념에는 모든 문화가 동등한 가치를 가진다는 원칙이 전제되어 있다. 이는 특정 문화의 우월성을 부정할 뿐만 아니라 문화 간 위계성에 대해서도 부정적이라는 것을 의미한다. 이러한 관점에서 문화다양성의 실천은 소수자 및 원주민 문화 보호를 통해 인권을 증진하고 문화적 차별과 배제를 방지하는 역할을 한다고 할 수 있다. 또한 문화다양성의 실천은 세계화를 통해 가속화되고 있는 다문화 사회에서 다양한 문화적 배경을 인정하고 존중할 수 있도록 함으로써, 문화 간 또는 구성원 간의 갈등을 예방하고 상호존중을 통해 함께 공존하는 계기를 마련할 수 있게 한다. 그리고 다양한 문화의 공존을 통해 창의적이고 자유로운 사고가 가능하게 함으로써 인류의 문화 발전에 기여하고 지속가능한 사회를 만드는 데에도 기여할 수 있게 한다.

**(2) 문화적 권리**

문화적 권리는 모든 개인과 집단이 자신의 문화를 향유하고 문화적 정체성을 유지하며, 다양한 문화적 표현을 창작하고 보호하며 발전시킬 수 있는 권리를 말한다. 이는 인권의 한 부분으로서 개인과 공동체가 문화적 삶을 영위할 자유를 보장하는 개념이라고 할 수 있다.

최근 우리 사회에서도 문화다양성에 대한 논의가 활발해지면서 문화적 권리에 대한 관심이 높아지고 있다. 문화다양성은 문화적 권리에 대한 인식에서 출발하였다. 1948년 <세계인권선언>에서는 문화의 향유와 표현 활동을 특정 계층이나 예술문화 생산자만이 아니라 모든 사람이 누려야 할 보편적 권리로 보고 문화적 권리를 강조하였다.[191] 여기에서 말하는 문화적 권리란 휴가, 여가 등에 대한 '개인'의 참여권 보장이었다. 즉 <세계인권선언>에서는 문화적 권리를 문화적 소수나 원주민의 공동체적 권리보다는 개인적인 차원의 권리로 규정하였다.[192]

개인을 강조하던 문화적 권리에서 '집단'이 부상한 것은 <시민적·정치적 권리에 관한 국제규약>이다. 여기에서는 민족자결권을 강조하면서 문화적 권리의 세부 내용을 명시함으로써 집단의 문화적 권리에 주목하였다. <시민적·정치적 권리에 관한 국제규약> 제27조에서는 '인종적, 종교적, 언어적 소수가 존재하는 국가에서 소수에 속하는 사람은 공동체 내 다른 사람과 함께 자기 문화를 향유하고, 자기 종교를 고백하고 실천하며, 자기 언어를 사용할 권리를 거부당하지 않는다.'라는 내용을 명시하였다. <시민적·정치적 권리에 관한 국제규약>의 문화적 권리 개념을 이어받은 1993년의 <민족적, 인종적, 종교적, 언어적 소수에 속하는 사람들의 권리에 대한 선언> 역시, '소수집단에 속하는 사람이 어떤 방해나 차별 없이 자유롭게 자기 문화를 향유하고, 자기 종교를 고백하고 실천하며, 사적·공적 장소에서 자기 언어를 사용할 권리를 갖는다'라고 규정하였다.

개인에서 집단으로 바뀐 권리의 대상은 1999년 유네스코 심포지엄(문화: 특별한 형태의 상품인가?)을 계기로 다시 집단에서 민족국가(Nation State)로 바뀌었다. 이 심포지엄에서 신자유주의에 대항하는 문화의 비경제성과 국제무역 예외 규정, 문화주권이 논의되었고, 이 흐름이 2005년 <문화적 표현의 다양성 보호와 증진 협약>으로 이어졌다. 이 협약에서는 문화다양성에 대한 강조점이 이전과는 달라졌다. 첫째, 인권의 측면보다 문화의 상품성과 표현에 초점을 맞춰 '문화의 경제성'을 강조하였다. 둘째, '자국 영토에서 문화적 표현의 다양성을 보호·증진하는 정책을 채택하는 주권적 권리를 갖는다'라는 규정을 통하여, 민족국가의 문화주권을 강조하였다.[193]

<문화적 표현의 다양성 보호와 증진 협약>이 문화의 경제성과 민족국가의 문화주권을 강조한 데에는 신자유주의와 세계화의 영향이 있었다. 신자유주의 무역에서 문화를 경제적 논리에 적용하려는 미국과 문화의 특수성을 강조하며 자국 문화산업을 보호하려는 유럽·개발도상국 간의 갈등 속에서 <문화적 표현의 다양성 보호와 증진 협약>이 채택되었다.[194]

이처럼 권리의 내용적 측면에서 <세계인권선언>이 등장한 초기에는 개인의 휴가, 여가의 권리, 문화와 여가 활동의 참여 보장 중심으로 논의가 전개되다가 <시민적·정치적 권리에 관한 국제규약> 이후에 제3세계 국가의 언어와 문화유산, 소수민족문화의 보호를 목적으로 논의가 이뤄졌다. 개인 차원에서 문화생활에 참여할 권리 등으로 정의되던 문화적 권리가 집단의 문화적 권리에 대한 강조로 바뀌게 된 것이다.

문화적 권리는 문화다양성을 보호하고 확장하기 위한 필수적 조건이라고 할 수 있다. 문화다양성이 유지되려면, 모든 개인과 공동체가 자신들의 문화를 자유롭게 유지하고 발전시킬 권리, 즉 문화적 권리가 보장되어야 한다. 예를 들어 소수민족이나 원주민들이 자신들의 언어나 전통, 예술 등을 보호하고 계승할 수 있는 권리가 없다면, 그들의 문화는 점차 사라지고 문화다양성 역시 위협받게 될 것이기 때문이다. 또 문화적 권리가 보장되면, 다양한 문화적 표현이 자유롭게 이루어지고, 문화 창작과 교류가 활발해짐으로써 문화다양성이 더욱 확대될 수 있을 것이다. 특히 세계화로 인해 중심부의 문화가 강력한 영향을 끼치면서 세계적으로 문화가 동질화되는 현상이 나타나고 있다. 이런 상황에서 문화적 권리가 보호된다면 고유한 문화가 사라지는 것을 방지할 수 있을 뿐만 아니라, 이를 통해 문화다양성이 유지될 수 있을 것이다. 예를 들어 유엔은 2019년을 '세계 원주민 언어의 해'로 지정하고, 사라져가는 언어를 보호하기 위한 정책을 추진했다. 이는 원주민들의 문화적 권리의 일종인 자신의 언어를 사용할 권리를 보장함으로써 문화다양성을 유지하려 한 것이라고 볼 수 있다. 유네스코의 <문화적 표현의 다양성 보호와 증진 협약>에서는 모든 나라가 자국의 문화 정책을 독자적으로 결정할 권리를 보장했는데, 이는 각 나라가 문화적 주권을 지키고 문화다양성을 유지할 수 있도록 문화적 권리를 보장하는 것이 국제적으로 중요하다는 점을 강조한 것이라고 할 수 있다.

이렇게 볼 때 문화적 권리는 문화주권을 지키고 문화다양성 보호를 위한 필수적인 조건이라고 할 수 있다. 이러한 문화적 권리를 지키기 위해서는 문화적 권리가 어떤 요소를 포함하는지 이해할 필요가 있다. 앞의 논의들을 참고하면 문화적 권리에는 다음과 같은 요소들이 포함된다고 할 수 있다. 누구나 자신이 속한 공동체의 문화를 향유하고 다른 문화와의 교류에 참여할 수 있는 권리, 또 개인과 공동체가 자신들의 문화적 전통과 정체성을 보호하고 계승할 권리, 누구나 예술과 창작 활동에 자유롭게 참여할 수 있는 권리, 다문화 사회에서 차별 없이 문화적 다양성을 인정받을 권리, 전통문화, 예술, 언어 등에 대한 정보를 접하고 교육받을 권리 등을 포함한다고 할 수 있다. 따라서 문화적 권리를 지키기 위해서는 이러한 요소들이 지켜질 수 있도록 노력해야 할 것이다.

### 2) 생태학적 사고와 생태언어학

#### (1) 생태학적 사고

생태학은 1886년 헤켈(Haeckel)이 자연환경과 그 환경 속에서 살아가는 생물들 사이의 상호작용에 대해 연구하는 학문을 가리키는 용어로 처음 사용했다. 그 후 이 용어가 확산되는 과정에서 인간에 의해 자연을 변화시키고 판단하는 데에 대한 반대 운동에 이 명칭을 사용하게 되었다. 생태학은 상호작용이라는 관점을 중시하며, 전체에 대한 강조, 다른 것에 대한 가치 증대가 아니며 상호 발전 그리고 고립이 아니라 접촉을 의미하는 용어로 사용되고 있다. 생태학의 관찰 방법으로서 중요한 요소는 큰 것에 비하여 작은 것을 우대하고, 힘의 계속적인 팽창이 약한 것의 희생으로까지 미치게 되는 것에 대항하는 행동 같은 것에 대한 가치평가이다.[195]

학문적으로 볼 때 생태학은 힘의 상호작용이 가치중립적이라고 보지 않는다. 생태학에서는 여러 가지 억압에 때문에 발생하는 생태적 위기를 강조하여, 발전적이고 향상되는 것, 다수와 주류를 이루는 것에 비하여 정체되거나 위축되는 것, 소수와 주변적인 것을 보호하고자 한다. 다시 말하면 이는 생태계가 다수와 중심으로 단일화되는 것을 경계하여 다양성을 보호하고자 하는 것이다.

생태학이 주목받게 되면서, 생태학의 과학적 개념을 넘어 자연과 인간 사회를 상호 연결된 하나의 체계로 사유하고자 하는 움직임이 나타났다. 즉 인간과 사회, 경제, 환경 등의 요소들이 서로 긴밀하게 연관되어 있다고 보는 것인데, 이러한 사유 방식을 생태학적 사고라고 한다.

유네스코의 문화다양성에 관한 논의와 실천들은 이른바 생태학적 사고와 맞닿아 있다. 이러한 인식은 유네스코의 '언어, 생물, 문화 다양성'에 관한 논의와 실천들을 통해서도 잘 드러난다. 대표적으로 유네스코에서 발간한 『지구의 언어, 생물, 문화 다양성 이해하기』의 한국어판 서문[196]을 통해서도 이러한 부분이 직접적으로 드러난다.

> 급속한 경제성장 과정을 경험한 한국은 최근 들어 정보화 강국으로 부상하면서 그 어느 때보다도 빠른 정보 확산과 커뮤니케이션 시대에 살고 있습니다. 또 날마다 발전하는 교통수단은 사람과 물류의 이동을 훨씬 쉽게 만들었습니다. 그러나 이러한 속도와 편리함의 성장 이면에 우리의 언어, 문화, 생물 다양성이 훼손될 위험성 또한 커지고 있습니다.
>
> 이러한 위기 상황은 세계화 시대에 살고 있는 세계 각국, 지방 곳곳에서 나타나고 있습니다. 다양성 위기에 맞서기 위한 국제적인 노력은 생물 분야에서 먼저 일어났습니다. 1992년 유엔환경개발회의에서 세계 각국은 '생물다양성 협약'을 체결하고 심각한 생물 멸종 위기에 대처하기로 약속하였습니다. 이로부터 10여 년 뒤 유네스코는 '세계 문화다양성 선언'(2001)을 채택하여 언어와 문화의 동질화를 반대하는 행동을 촉구하였습니다.
>
> 유네스코가 테라링구아(Terralingua), 세계자연보전기금(World Wide Fund for Nature)과 함께 제작한 이 책자는 위험에 처한 우

리 지구의 언어, 생물, 문화 다양성의 가치와 중요성, 그리고 현재의 위기 상황에 대해 쉽게 설명하고 있습니다. 뿐만 아니라, 이 책은 특별히 이들 간의 상호연계와 작용을 강조하고 이를 여러 실례를 통해 잘 보여주고 있습니다. 대표적인 예인 '전통 생태지식'의 경우, 멀리 남미와 태평양 국가까지 가지 않더라도 우리 한국의 역사와 문화 속에서도 충분히 발견할 수 있습니다.

사람과 물류의 이동이 쉬워지면서 속도와 편리함의 성장 이면에 '언어, 생물, 문화다양성'이 훼손될 위험성이 커졌다. 멸종의 위기에 처한 생물들이 늘어나고, 소수 언어와 문화의 소멸이 가속화되면서 언어와 문화가 동질화되는 방향으로 변화하고 있다. 위기는 먼저 생물에서 나타났으며 이와 상호 연계되어 있는 언어와 문화에도 그 위기가 찾아왔다는 것이다. 이처럼 『지구의 언어, 생물, 문화 다양성 이해하기』의 서문에는 생태학에서 강조한 생물, 언어와 문화의 상호작용과 함께, '큰 것(중심)으로의 단일화'에 대한 경계가 드러나 있다.

**(2) 생태언어학**

언어학 분야에서도 생태학적 사고의 시각을 받아들여 생태언어학이 등장하였다. 하우겐(Haugen, 1972)은 생태언어학을 특정 언어와 그 환경과의 상호 관계에 대한 연구라고 정의하였는데, 작은 것과 위기에 직면하고 있는 것에 대한 보호 문제가 중심과제가 되었다. 이에 따라 정치·경제적, 사회·문화적으로 권력을 가진 언어에 의한 소수 언어의 억압, 소수 언어의 소외로 인한 언어 사회의 통일, 위기에 직면한 언어의 소멸이나 존속, 이중언어 화자와 다중언어 화자들에게 일어나는 언어의 (불)균형, 공용어(표준어)와 방언 사이의 관계와 상호작용 등이 생태언어학 연구의 주제들이 되었다.

생태언어학은 강하고 거대한 것보다는 약하고 작은 것들에 관심을 기울이면서, 언어 간의 경쟁과 갈등보다는 공생과 협력, 다양성을 추구함으로써 언어에 대한 인식의 전환과 공생하는 언어적 환경을 만들고자 한다.[197] 생태언어학적 관점에서 보면 언어 사용 환경의 변화 속에서 갈등 관계로 해석되어 온 세계어와 국가어, 다수어와 소수어, 표준어와 방언/지역어 역시 공생의 관계로 나아갈 수 있어야 한다. 이러한 사고의 확산에 따라 1960년대 이후 소수 언어, 소멸하는 언어들에 대한 관심이 증가하고 있다.

생태언어학적 논의는 한국에도 도입되어 특히 방언/지역어의 소멸 문제에 대한 관심을 불러일으키고 있다. 유럽에서 소수 언어의 소멸 문제가 국내의 지역어 문제와 궤를 같이 하는 것으로 보고, 지역어의 가치와 보전의 필요성, 육성 전략 등을 주된 논의 주제로 삼고 있다.[198] 지역어에 대한 관심의 증대는 지방자치제의 실시라는 사회적 환경 변화와도 관련을 맺는다. 지방자치제의 실시와 함께 지역인들의 정체성 형성 및 지역문화 자원의 발굴 측면에서 지역어가 가지는 가치에 대한 재평가가 이루어지고 있기 때문이다.

생태언어학적 관심의 증대와 지방자치단체의 관심과 지원 속에 지역어에 대한 인식의 전환이 싹트고 있다. 언어를 욕망 실현의 도구로 보고 자본으로서의 가치만을 인식하는 것에서 언어가 가지는 또 다른 가치에 대한 인식으로, 인식의 전환이 시작되는 것으로 볼 수 있다. 언어가 특정 장소에 몸담고 살아온 사람들의 문화와 사유 방식이 담겨 있는 표상체계이자, 단순한 정보 전달을 넘어 그 사용자들 간의 미세한 감정까지 전달할 수 있는 매체라는 점을 확인하고 인식하게 된 것이다. 이러한 인식의 전환은 지역어의 가치와 필요성을 재발견함으로써, 지역어를 단순히 국제어로서의 영어나 국가 공용어로서의 표준어와의 수직적 관계 속에서만 파악하려고 하는 것의 오류를 인식하게 한다. 즉 언어의 가치와 필요성에 대한 인식의 출발점이 자신에게 자명한 언어가 무엇인지에서부터 시작되어야 한다는 것을 인식하기 시작했다는 것이다.

### 4.2. 언어 권리와 지역어

#### 1) 언어 권리와 지역어에 대한 인식

##### (1) 언어 권리

1948년 <세계인권선언> 이후 사람들은 문화의 향유와 표현 활동을 특정 계층이나 예술문화 생산자만이 아니라 모든 사람이 누려야 할 보편적 권리로 인식하게 되었고, 이를 문화적 권리로 부르게 되었다. 그후 <시민적·정치적 권리에 관한 국제규약>을 통해 '인종적, 종교적, 언어적 소수가 존재하는 국가에서 소수에 속하는 사람은 공동체 내 다른 사람과 함께 자기 문화를 향유하고, 자기 종교를 고백하고 실천하며, 자기 언어를 사용할 권리를 거부당하지 않는다.'라는 내용을 명시함으로써, 문화적 권리의 내용이 좀더 상세화되었다. 1993년의 <민족적, 인종적, 종교적

또는 언어적 소수집단에 속하는 사람의 권리에 대한 선언> 역시 '소수집단에 속하는 사람이 어떤 방해나 차별 없이 자유롭게 자기 문화를 향유하고, 자기 종교를 고백하고 실천하며, 사적·공적 장소에서 자기 언어를 사용할 권리를 갖는다'라고 규정함으로써 종교와 언어, 문화에 대한 권리를 더욱 상세화하고 강화하였다.

최근 차이와 다양성의 문제가 부각되면서, 문화적 권리와 언어 권리에 대한 관심이 증대되고 있다. <세계인권선언>에서 보듯이 문화적 권리란 인간의 문화에 대한 권리로, 이는 인간의 기본적인 권리인 인권에 속한다.[199] 인권의 일차적 개념은, 모든 인간은 평등하며 자유롭다는 자연법적 원칙에 따라 일체의 사회적 차별과 불평등에 대항하여 인간본연의 존엄성을 지켜야 한다는 것이다.[200] 이렇게 본다면 문화적 권리란, 인간은 자신이 살아온 삶의 총체적 방식대로 삶을 영위할 권리를 가진다는 것과 다름 없다.

흔히 언어를 문화의 DNA라고 한다. 문화는 언어 속에 담지될 뿐만 아니라, 문화를 대표적으로 표상하는 것이 언어이기 때문이다. 따라서 문화적 권리가 인간의 기본적인 권리라면, 언어 권리 역시 인간의 기본적인 권리라고 할 수 있다. 언어 권리는 인간의 언어에 대한 권리로서, 인간이 누려야 할 기본적인 권리인 것이다.

여기에서는 언어 권리란, 인간이 자신에게 자명한 언어를 자유롭게 선택하고 사용할 수 있는 권리, 그리고 그것을 통해 어떤 불평등한 대우를 받지 않아도 될 권리, 자신이 선택한 언어를 사용하여 창조적으로 다양한 문화적 활동을 할 수 있는 권리라고 정의하겠다.

그렇다면 인간에게 자명한 언어란 무엇일까? 인간에게 있어 자명한 언어란, 인간이 자유로운 상태에서 사용하는 언어를 말한다. 즉 어떠한 외부적 압력이나 감정적 억압이 없는 상태에서 자율적으로 자연스럽게 발화하는 언어이다. 이런 관점에서 보면, 인간이 태어나면서부터 배운 언어는 자명한 언어라고 할 수 있을 것이다. 인간은 자신이 태어나고 자라면서 배우고 익힌 언어에 대해 애착을 가지고 있으며, 이것을 사용해 가장 자연스럽게 소통할 수 있기 때문이다. 그리고 인간은 누구나 이런 언어를, 아무런 제한 없이 사용하고 싶어 하는 욕망을 가진다. 언어 권리란 자명한 자신의 언어를 자유롭게 사용하고, 그 사용에 따른 배제나 소외, 차별 같은 불평등한 처우를 받지 않을 권리이다.[201]

이렇게 볼 때 언어 권리라는 개념에는 다양한 의미의 권리가 포함되어 있다. 첫째, 누구나 공적인 영역과 사적 영역에서 자신에게 자명한 언어인 모국어나 고향의 언어를 자유롭게 사용할 권리가 포함된다. 이때 사용이라는 개념 속에는 의사소통은 물론 창작 활동에서의 언어 사용이 포함된다. 이러한 권리를 언어 사용의 권리라고 할 수 있다. 둘째, 모국어로 교육받을 권리, 특히 소수민족이나 원주민, 이주민 등의 경우에는 이러한 권리에 대한 인식이 중요하다. 셋째, 공공 문서나 법률, 행정 서비스 부분에서 다양한 언어적 지원을 받을 수 있는 권리가 있다. 넷째, 소수민족이나 원주민의 언어가 사라지지 않도록 보호받고, 그 언어가 지속적으로 유지되고 발전될 수 있도록 도와주는 정책적 지원을 받을 권리 등이 포함된다.

언어 권리를 보호하기 위해 국제적으로 다양한 실천들이 이루어지고 있다. 먼저 유엔에서는 세계에서 사용되는 약 7,000개의 언어 중 40% 정도가 소멸 위기에 처해 있다고 보고하면서, 언어와 언어가 내포한 문화적 다양성을 보존하고 특히 소멸 위기에 처한 원주민 언어를 보호하기 위해 2019년을 '세계 원주민 언어의 해'(International Year of Indigenous Languages)로 지정했다. 캐나다에서는 2019년 원주민 언어 보호법(Indigenous Languages Act)을 제정하여 원주민 언어가 교육이나 방송, 공공 서비스에서 사용될 수 있도록 법적 보호를 보장하고 있다. 유럽연합(EU)은 다언어 병용(Multilingualism) 정책을 통해 언어 다양성과 문화 간 대화를 강화해 나가고 있다. 회원국 내 소수 언어도 공식적으로 보호하고, 유럽연합 시민 각자가 적어도 모국어 이외에 2개 외국어를 구사하도록 권장하는 '모국어 +2개 언어 습득' 정책을 시행하고 있으며, 유럽연합 시민 약 5천만 명이 사용하는 유럽연합 공용어가 아닌 유럽 지방어(지역어)·소수어의 사용 또한 지원하고 있다.[202] 우리나라에서도 다문화 가정의 자녀들을 위해 이중언어 교육 프로그램을 운영하며, 이주민들이 한국어와 모국어를 함께 배울 수 있도록 지원하고 있다.

언어 권리는 문화다양성과도 밀접한 관련이 있다. 언어는 단순한 의사소통의 수단만이 아니라, 그 언어가 사용되는 지역의 역사와 문화, 사람들의 사유 방식이 담겨 있다. 그런 점에서 다양한 언어들이 공존할수록 문화다양성 또한 풍부해진다. 소수 언어가 소멸된다는 것은 그 문화가 소멸된다는 의미이기도 하다. 따라서 소수 언어를 보호하고 발전시킬 수 있는 언어 권리가 보장되지 않는다면, 특정 언어가 지배적인 위치를 차지하면서 소수 언어와 그것에 담긴 문화가 사라질 가능성이 높아진다. 세계화로 인해 영어 같은 중심부의 언어가 확산되면서, 소수 언어와 주변부의 언어가 소멸의 길로 접어들고 있다. 이런 상황에서 언어 권리를 보장하는 것은 다양한 언어가 공존할 수 있도록 하는 중요한 방법이자, 문화 동질화를 막는 방법이기도 하다. 따라서 문화 다양성을 유지하기 위해서는 언어 권리를 보장하는 것이 필수적이라고 할 수 있다.

우리나라의 지역어 문제 역시 언어 권리의 관점에서 논의될 수 있다. 언어 권리 문제가 기본적으로 인권의 문제이며, 이것이 중심부와 주변부 언어의 관계 속에서 주변부 언어의 소멸 방지와 보호, 발전의 문제와 관련된다는 점, 또 문화적 다양성 유지의 문제와 관련된다는 점에서, 지역어의 문제 특히 배제와 타자화의 문제는 언어 권리의 문제와 연결될 수 있다. 언어 사용 환경이 중심부의 언어인 표준어와의 관계 속에서 주변부의 언어인 지역어의 사용을 제한할 경우, 지역어 사용자들의 언어 권리가 침해될 수 있기 때문이다. 우리나라의 표준어 제정 과정과 이후의 표준어 중심의 언어정책, 학교에서의 표준어 중심의 교육, 그리고 매스미디어에서의 표준어 우선 사용 규정과 정형화된 지역어 사용 방식, 언어가 자본으로 해석되는 사회적 인식 등, 오늘날의 언어 사용 환경은 지역어를 과거 그 어느 때보다도 주변화시키고 타자화시키고 있다. 2010년 유네스코에서 제주어를 소멸 위기 언어로 지정한 것도, 지역어 소멸 위기의 문제를 잘 보여주는 예라고 할 수 있다.

그런데 이렇게 주변부의 언어로서 사려져 갈 위기에 처한 지역어 역시, 그 언어를 사용하는 지역어 사용자가 존재하고, 그 언어에는 표준어와는 다른 다양한 지역의 역사와 문화, 지역인들의 사유 방식이 담겨 있다. 이런 점에서 지역어는 보호되고 발전되어야 하며, 이를 위해서는 지역어 사용자들의 언어권리가 보장되어야 한다.

그런데 역사적으로 볼 때 언어 권리는, 인간이 처한 역사적·사회적 환경에 따라 그 권리가 보장되기도 하고 그렇지 못하기도 해 왔다. 식민치하에서 피지배국의 국민은, 지배국의 언어를 강제로 사용하는 언어 전환을 해야 했고, 국가의 통합을 강조하는 국민국가 체제에서는 국가의 언어정책에 따라 개인의 언어 권리를 보장받지 못하기도 했다. 또 현재와 같은 거대한 세계화의 흐름 속에서는 주변부의 언어가 중심부의 언어에 밀려나 그 유지마저 어려운 상황으로 전락했고, 그 언어 사용자 역시 자신의 언어 권리를 보장받을 수 없게 되었다.

이렇게 언어 권리가 침해되는 상황의 기저에는 '언어적 차별(linguicism)'이 자리한다. 언어적 차별은 언어에 대한 인식과 태도, 언어의 위상과 문제와 관련이 있다. 언어의 위상은 언어에 대한 가치평가가 반영된 것으로, 이는 언어 외적 환경인 시대적, 사회적 상황에 따라 만들어지고 변화하기도 한다. 언어적 위상은 언어 가치의 수직적 배치를 전제로 한다. 사회 속에서 언어들의 수직적 배치 관계가 그 사회의 문화코드로 자리잡게 되면, 이는 그 언어 사용자들의 위상과도 직결된다. 곧 언어 사용자가 어떤 언어를 사용하는가에 따라 사회 속에서 그 언어 사용자들의 위계 관계가 형성된다는 것이다. 그리고 언어 사용자들은 언어를 매개로 한 이러한 문화코드를 강제적으로 혹은 자발적으로 내면화하게 된다. 이렇게 내면화된 문화코드는, 결국 주변부의 언어를 사용하는 언어 사용자들이 자신에게 자명한 언어를 사용할 수 있는 권리, 즉 언어 권리를 포기하거나 포기해야만 하는 결과

를 초래하게 된다.[203]

특히 지금과 같이 급속한 세계화와 문화, 자본의 중앙 집중화가 가속화 되고 있는 상황에서는, 주변부의 언어인 지역어를 둘러싼 언어 권리[204]의 포기가 가속화된다. 2장에서 살펴본 지역어의 현실이 단적으로 이러한 상황을 보여준다. 지역어 사용자들은 경제적 기회를 얻기 위해 학원에서 영어를 배우고 표준어를 배운다. 이런 상황에서 특정 지역을 기반으로 사용되는 지역어는, 국가의 언어 정책과 세계화라는 흐름 속에서 그 설 자리를 잃고 소멸의 위기로 접어들고 있다. 이는 지역어 사용자가 자신들의 지역어 사용을 포기함으로써 빚어진 결과이다. 지역인이 자신의 지역어를 사용할 권리, 즉 자신들의 언어 권리를 포기했다는 의미이다.

### (2) 지역어에 대한 인식[205]

지역어에 대한 우리 사회의 인식은 지역어 사용자들이 언어 권리를 포기하게 되는 요인 가운데 하나이다. 우리 사회의 지역어에 대한 인식을 비교적 잘 보여주는 것이 2005년 국립국어원에서 발간한 『국민의 언어 의식조사』 보고서이다. 이 조사는 지역어가 아닌 방언을 대상으로 조사하였지만, 넓은 의미에서 볼 때 지역어에는 지역에서 사용되는 방언도 포함된다는 점에서 여기에서는 이 보고서를 지역어의 관점에서 해석하기로 한다. 그리고 조사보고서의 문항에서는 방언이라는 용어를 사용하고 있어 여기에서는 문맥에 따라 방언과 지역어라는 용어를 함께 사용하기로 한다.

『국민의 언어 의식조사』 보고서에 따르면 "표준어와 방언을 어떻게 사용하는 것이 바람직하다고 생각하느냐?"는 질문에 "때와 장소에 따라 표준어와 방언을 구분하여 사용하는 것이 바람직하다."가 47.8%, "기본적으로 표준어를 사용하고 방언은 가능하면 사용하지 않는 것이 바람직하다."가 24.2%[206]로 나타나 응답자의 반 정도가 표준어와 방언의 역할을 구별하고 있고, 4명 중 1명 정도는 아예 방언 사용에 대해 부정적인 인식을 가지고 있는 것으로 나타난다.

이러한 인식은 공적 담화 상황에서의 언어 사용에 대한 물음에서 더욱 분명하게 드러난다. "방송에서 사용하는 언어에 대해 어떻게 생각하십니까?"라는 물음에 "응답자의 86.4%가 표준어를 사용해야 한다고 답했다.[207] 그리고 "텔레비전의 대담 또는 토론 프로에 나온 토론자가 표준어를 사용하지 않고 출신 지역 방언을 사용하는 것을 보았을 때 어떤 느낌을 가장 크게 받으십니까?"라는 질문에, 토론에 나온 사람이 왜 표준어를 사용하지 못할까 하는 생각이 든다가 31.4%, 방언을 통해 자신의 지역을 드러내는 것 같아 보기가 좋지 않다가 24.4%, 무슨 말인지 알아듣지 못해 답답하다가 4.7%를 차지해,[208] 응답자의 5명 중 3명꼴로 공적 담화 상황에서 표준어를 사용하지 못하는 것에 대해 부정적 견해를 보이고 있다.[209] 그리고 4명 중 1명꼴로 방언에 대해 지역색을 드러내 국민통합을 해치는 말로 인식하고 있음을 보여주고 있다.

이러한 조사 결과는 국민들의 의식 속에서 표준어와 방언 즉 지역어가 어떻게 구별되고 인식되는지를 보여준다. 표준어는 공적 담화에서 사용되어야 할 말로 국민통합에 기여하는 말이며, 지역어는 제한적으로 사적 담화에서 사용되거나 극단적으로는 사용하지 말아야 할 말, 국민통합을 해치는 말로도 인식되고 있다. 이러한 인식은 표준어는 그것이 언어 사용자에게 제1언어이든 아니든 상관없이, 모든 국민이 사용할 줄 알아야 하는 말로 받아들여지는 데 반해, 지역어는 '소통'을 위해 만들어지고 사용되는 말이지만, 오히려 소통을 저해하는 말로 받아들여지고 있음을 보여준다.

응답자의 53.4%가 평소 생활에서 지역어를 사용하고 있다고 답한 것[210]을 고려하면, 지역어에 대한 이러한 인식은 언어적 타자화의 일면으로 볼 수 있다. 지역인들이 자신이 일상에서 사용하는 언어에 대해 공적 담화에서는 사용해서는 안 되는 언어라는 부정적인 인식을 갖거나, 국민 통합을 해치는 언어 등으로 인식하는 것은, 지역어 사용자가 자신의 시선에서 자신의 언어를 바라보는 것이 아니다. 다른 시선, 즉 표준어와 지역어의 역할과 기능을 그렇게 구별하고 경계 지은 시선에 따라 바라보기 때문이다.

지역어의 타자화는 자녀들의 표준어 사용 희망을 묻는 질문에서도 강하게 나타난다. "자녀가 표준어를 구사할 수 있기를 바라십니까?"라는 질문에는 84.7%가 매우 바란다와 대체로 바란다고 응답한 것으로 나타났다. 이는 자신의 방언 사용에 대해 자랑스럽게 생각하는 경우(매우+대체로)가 26.3%, 자랑스럽지 않게 생각하는 경우(전혀+별로)가 25.2%로 나타났던 것과는 상이한 결과다.[211] 응답자들이 자신의 방언 사용에 대해서 자랑스럽거나 자랑스럽지 않다고 응답한 비율이 비슷한 만큼, 자식들의 표준어 사용에 대해서도 역시 비슷한 수치의 응답률이 나타날 것으로 기대되지만 그렇지 않다. 자식들이 표준어를 구사하기를 바라는 응답률이 압도적으로 높게 나타난다.

이러한 응답률은 무엇을 반영하는 것일까? 이는 언어 사용 문제가 단순하게 언어적 문제로만 국한되지 않는, 다른 사회·문화적 부분과도 연결되어 있기 때문인 것으로 보인다. 표준어의 기반이 된 서울말이 사용되는 지역인 서울은, 언어적 중심지일 뿐만 아니라 사회, 경제, 문화 등 거의 모든 분야의 중심이 되는 지역이다. 그래서 서울에서 살고 서울말을 사용한다는 것만으로도 한국 사회에서는 중심이 가진 특권으로 누리는 것으로 인식된다. 이러한 응답률은 자녀들이 중심이 가진 그러한 특권을 누리기를 바라는 의식이 반영된 것으로 볼 수 있다.

이처럼 지역어는 그 역할에 있어 소극적, 부정적으로 인식되고 있을 뿐만 아니라, 대다수의 국민들은 자녀들이 표준어를 사용하기를 바라고 있어, 언어적 타자화의 심각성을 보여준다. 그리고 이러한 언어적 타자 인식은, 지역어와 표준어의 역할, 기능을 구별짓고 규정한 사람들만의 의식이 아니라, 사회 전반에 걸쳐 나타나는 집단의식이 되었음을 알 수 있다.

그렇다면 이렇게 국민 대다수가 지역어의 소외와 타자화에 동조하고 이것을 내면화시키게 된 원인은 무엇일까? 일반적으로 어떤 문화가 새롭게 전체를 정비하고 통합적으로 조직화하는 상황에 놓이게 되면, 그 과정에서 주도적 기능을 담당하는 중심이 만들어진다. 이 중심이 만들어지는 단계가 바로 해당 체계의 규범이 만들어지는 단계이며, 관습과 법률이 코드화되는 시기다. 언어적 측면에서 보면 특정 지역어가 보편어의 지위를 획득하게 되는 단계로, 한 문화 내의 특정한 하위 그룹의 언어가 위세를 얻어 해당 문화를 기술하기 위한 메타언어가 되는 경우에 해당된다. 조직화 단계에서 규범이 만들어지면 이 규범들은 문화의 전

영역으로 확장된다.

이런 과정에서 특정 집단을 중심으로 한 중심과 주변, 주체와 타자를 가르는 구별짓기의 의식이 작동하게 되며, 그것은 개인이라는 개체적 차원에서부터 집단, 민족 문화의 차원에 이르기까지 정체성의 문제로 귀결된다. 중심은 '우리의', '문화화된', '세련된', '조화로운' 공간으로, 그 구성원들은 이 개념들을 자신의 정체성과 연결시키게 되며, 반면 '그들의', '비문화적인', '촌스러운', '혼돈의' 공간이 된 주변과 그 구성원들은 후자의 개념을 자신의 정체성과 연결시키게 된다.

이러한 조직화 단계에서 발생하는 현상들은 우리말의 표준어 사정 과정에서도 찾아볼 수 있다. 표준어 사정을 통해 서울말이 중심이 된 표준어와 지역어 사이에는 중심과 주변이라는 관계가 명시화되고, 이에 따라 구별짓기 의식이 작동하게 된다. 이렇게 형성된 의식은 이후의 표준어 정책, 표준어 중심의 언어 교육, 방송언어 사용 규정과 언어를 하나의 자본으로 인식하는 현상 등을 통해 더욱 강화된다.

그리고 언어 외적인 환경의 변화 역시 표준어와 지역어의 관계에 대한 인식에 영향을 끼친다. 1970년대 이후의 산업화는 정치, 경제, 사회, 문화의 모든 분야에서의 서울 중심화를 가속화시킴으로써, 언어 외적 분야에서의 서울과 지역의 구별짓기를 심화시켰다. 이러한 언어 외적인 중심화와 언어적 구별짓기가 상호작용함으로써, 언어를 통한 구별짓기는 지역과 지역어 사용자들에게 전이되어, 그것들을 동일한 방식으로 규정짓고 구별짓기 하게 되었다.

구별짓기와 관련하여, 사회적 집단의식이 사회적 불평등의 관계, 지배와 피지배의 관계를 재생산하는 기제로 작동하게 되면, 거기에는 '상징폭력'이 작용하게 된다. 여기서 상징폭력이란 구성원들이 지배와 피지배의 관계를 정당화하고 자연화하는 취향이나 평가 기준의 적용, 혹은 그것들의 재생산을 도모하는 의식적, 무의식적 상징 활동을 의미한다. 이러한 상징폭력이 구체화되는 중요한 방식 가운데 하나는 지배계급에 의한 '구별짓기'의 전략을 통해서다. 구별짓기가 상징폭력의 매개가 되는 것은 그것이 순수한 취향의 문제가 아니라 계급 간의 지배와 피지배의 관계를 자연화하거나 재생산하는 이데올로기의 기제로서 작용하기 때문이다.[212]

지역인들이 자신의 모어인 지역어를 사적인 담화 상황에서만 사용해야 하는 언어로 인식하거나, 자녀들은 표준어를 사용했으면 한다는 바람이 80%를 넘는다는 것은, 표준어와 지역어 사이의 언어적 지배 관계를 정당한 것으로 인식하는 사고가 이미 보편화되어 있음을 보여준다. 이는 언어적 구별짓기를 통한 상징폭력의 한 예라고 할 수 있다.

부르디외는 상징폭력 즉, 지배의 정당화와 재생산은 지배자들과 피지배자들 모두에 의한 '체계적 오인(systematic misrecognition)'을 통해서 이루어진다고 본다. 피지배자는 자신이 현실을 오인(misrecognition)하고 있다는 것을 알지 못하고, 오히려 그 오인을 올바른 인식이라고 생각하고 의식적·무의식적으로 행위함으로써 지배에 공모하고 있다는 것이다.[213] 우리 사회에서 지역 외부인들뿐만 아니라 지역인들마저도 지역어의 타자화를 자연스럽게 내면화하고 있다는 사실을 그러한 예로 볼 수 있다.[214] 지역어 사용자들은 표준어와 지역어의 대립적 구별짓기의 오인을 인식하지 못함으로써 지배에 공모하고 있는 것이다. 이런 점에서 상징폭력 같은, 사회의 집단의식과 이것을 중심으로 만들어진 질서에 의한 설득이야말로 가장 밀도 높은 회유방식이라고 볼 수 있다.

이처럼 표준어와 지역어를 구별하고 그에 따라 지역어를 타자화시키는 원리는, 사실은 중심의 시선을 통해 만들어져 사회의 지배적 담론이 됨으로써 구성된 질서이자 원리이다. 이러한 질서는 왜곡된 인식을 올바르게 전환시킴으로써 해체시킬 수 있다. 따라서 지역어 사용자가 언어적 타자 의식에서 벗어나기 위해서는 현재 우리 사회의 언어에 대한 인식과 태도, 언어에 대한 지배적 담론이 진리로 오인된 것임을 인식할 수 있어야 한다. 그와 함께 언어와 문화, 이를 주체적 입장에서 사유할 수 있어야 한다.

### 2) 언어 주체와 지역어 사용자

#### (1) 언어 주체

인간을 호모 로퀜스(Homo loquens)라고 한다. 인간이 언어적 존재라는 뜻이다. 이때 언어적 존재라는 말은 언어를 사용하는 사람을 의미한다. 인간이 언어를 사용한다는 것은 기본적으로 언어를 의사소통의 도구로 사용한다는 의미를 지니지만 인간에게 언어는 그 이상의 의미를 지닌다. 인간에게 언어란 의사소통의 도구이기도 하지만, 자신의 생각을 표현하거나 문학이나 예술에 참여하는 수단이기도 하며, 지식을 쌓고 사유의 세계를 넓히고 자기를 성장시키는 수단이 되기도 한다. 또 언어는 언어 사용자의 정체성을 담고 있으며 그래서 정체성을 드러내는 수단이

되기도 하고, 인간의 욕망을 실현하기 위한 수단이 되기도 한다. 이처럼 다양한 기능을 가진 언어를 어떻게 활용하는가에 따라 인간은 능동적인 언어 사용자가 될 수도 있고 소극적인 언어 사용자가 될 수도 있다.

여기에서는 언어 주체를 언어를 주체적이고 능동적으로 사용하는 인간이라는 의미로 사용하기로 한다. 언어를 주체적으로 사용한다는 것은, 자신이 속한 사회의 지배적인 언어 인식이나 언어 태도를 내면화하고, 그에 따라 수동적으로 언어를 선택하고 사용하는 것이 아니라, 자신의 정체성이나 사회적 관계, 문화적 배경 등을 고려하여 언어를 능동적으로 선택하고 활용하는 것을 의미한다.

언어를 주체적으로 사용하는 사람은 상황에 따라 자신이 가장 적절하게 의사소통할 수 있는 언어를 선택할 수 있다. 표준어 사용만을 중시하거나 지역어 사용만을 중시하기보다는, 지역어를 사용하는 것이 의사소통에 가장 적절한 상황이면 지역어를 사용하고, 표준어를 사용하는 것이 적절한 상황이면 표준어를 사용할 수 있는 것을 말한다. 예를 들어 고향의 친구나 가족 같은 가까운 사람들과의 대화에서는 지역어를 사용하여 서로 의사소통하고 감정을 공유하지만, 공식적인 자리에서는 표준어를 사용하는 식으로 언어 선택을 조절할 수도 있다.

언어 주체는 능동적으로 언어를 선택하고 사용하는 사람이다. 언어 사용자가 언어를 선택할 때는, 언어 사용 환경과 언어공동체의 언어에 대한 인식과 언어 태도 등에 영향을 받기도 한다. 신자유주의의 확대와 세계화가 가속화되는 언어 사용 환경은 국내외적으로는 영어 사용을 확대시키고, 특히 국내적으로는 지역어를 소멸시키는 방향으로 변화하고 있다. 특히 앞에서 보았듯이 지역어에 대한 우리 사회의 부정적인 인식과 태도는 지역어 사용자의 언어 선택에 많은 영향을 끼친다. 그리고 이러한 언어공동체의 언어 태도는 언어 사용자가 자신의 언어 권리를 지키지 못하는 이유가 되기도 한다. 그런 점에서 주체적으로 언어를 사용하기 위해서는 먼저 언어 권리에 대한 인식이 확립되어 있어야 한다. 언어 사용자가 스스로 자신의 언어 권리에 대해 인식하고 지역어에 대한 편견을 극복하는 것이 주체적인 언어 사용자의 모습이라고 할 수 있다. 다시 말하면 자신이 어떤 언어를 선택하여 어떻게 사용할지를 다른 사람의 시선이나 언어 사용 환경의 억압에 따라 결정하는 것이 아니라, 자신의 생각과 감정을 가장 자연스럽게 표현하고 소통할 수 있는지를 주체적으로 판단하여 결정하는 것이 언어를 주체적으로 사용하는 것이라고 할 수 있다. 특히 지역어에 대한 부정적 언어 태도와 타자화가 심화되어 가는 오늘날, 지역어 사용자들의 주체적인 언어 사용에 대한 인식의 확립이 더욱 요구된다. 지역어 사용자들은 자신에게 익숙한 언어를 자유롭게 사용할 권리를 가지며, 이를 통해 자신의 정체성을 표현하고 문화를 유지할 수 있는 언어 권리를 가진다는 인식이 그 어느 때보다 필요한 시기라고 할 수 있다.

**(2) 언어 주체와 탯말두레**

지역어에 대한 부정적 인식과 태도가 사회의 지배적인 담론이 된다고 하더라도, 사람들의 반응은 모두 동일하게 나타나지는 않는다. 물론 대부분이 이상적이고 바람직한 언어로서의 표준어와 교양 없고 순화되어야 할 비표준어로서의 지역어를 구별 짓는 담론에 동조하는 모습을 보이겠지만, 모두가 그렇지는 않다는 것이다. 어떤 사람들은 스스로를 표준어 중심의 담론을 구성하는 집단과 동일시하여, 그러한 구분에 자발적, 적극적으로 동참하기도 하지만, 어떤 사람들은 그러한 표준어와 지역어 사이의 구별짓기에 대한 부당함을 인식하면서도 개인적 필요성에 의해 그에 동조함으로써 공모하기도 하고, 혹은 뒤에서 비난하거나 조소를 보내기도 할 것이다. 그런가 하면 어떤 사람들은 표준어 중심의 지배적 담론의 부당성을 적극적으로 알리고 비판하는 행동을 보이기도 할 것이다. 적극적인 비판에 참여하는 세 번째 부류의 사람들은 표준어와 지역어 사이를 불평등하게 구별 짓는 기준이 절대적 진리가 아니라는 것, 그 언어적 불평등 관계가 또 다른 관계의 왜곡을 낳는다는 것에 대한 인식을 가지고 있는 것으로 볼 수 있다.

세 번째 부류에 속하는 사람들은 표준어 중심의 담론과 지역어에 씌워진 부정적 인식과 태도가 부당함을 지적함으로써, 현재 우리 사회의 지배적인 언어 태도와 언어 인식에 대해 저항한다. 이를 통해 표준어와 지역어에 대한 언어 인식과 태도를 재편하고 새로운 방향으로 인식의 전환을 유도할 수 있다. 즉 이들은 언어에 대한 우리 사회의 지배적 담론의 변화와 재생산 과정에 개입하여 새로운 변혁을 창조할 수 있는 가능성을 지닌 사람들이자, 자신들의 인식을 실천적 행위로 옮김으로써, 언어적 지배 구조의 변혁을 꾀하는 사람들이다. 따라서 이러한 부류의 사람들은 사회의 지배적 담론의 오류를 인식하고, 그것을 해체하려는 적극적인 태도를 보인다는 점에서 언어를 주체적이고 능동적으로 사용하는 사람들, 즉 언어 주체라고 할 수 있다.

우리 사회에서 언어 주체의 모습을 보여준 대표적인 사례를 탯말두레의 지역어 운동을 통해 살펴보겠다. '탯말두레'는 2005년 결성된 탯말 연구, 보급 모임이다. 원래 탯말두레는 고향말로 글쓰는 사람들의 모임이었으나 활동 중에 탯말의 가치를 재인식하게 됨으로써 점차 그 활동 영역을 확장시켰다. 2006년 '탯말두레'는 현행 표준어 정책이 지역인들의 행복추구권 및 교육권 등을 침해한다는 취지의 헌법소원을 내기도 했다. 이러한 탯말두레의 활동은 지금까지 표준어 중심의 언어 정책을 당연한 것으로 받아들이고 지역어를 배제하고 타자화시키는 우리 사회의 지배적 언어 인식과 태도에 문제를 제기하고 이를 변화시키기 위한 실천적 활동이라고 볼 수 있다.

한 사회가 대상의 정체성을 부여하는 효과적인 방법은 그것에 대한 명명이라고 할 수 있다.[215] 이런 관점에서 보면 지역어를 사투리로 명명하는 것은 지역어의 정체성을 '교양 없는, 순화되어야 할, 국민의 의사소통을 저해하는'이라고 규정하는 것이다. 이러한 명명은 우리 사회의 언어에 대한 지배적 담론을 반영하고 있는데, 탯말두레에서는 지역어를 '사투리'로 명명하는 일반적 방식과는 달리 '탯말'로 명명한다. '탯말'이라는 새로운 명명을 통해 지역어를 새롭게 규정함으로써 정체성을 부여하려는 것이다.

탯말두레에서는 '탯말'이라는 용어에 대해 다음과 같이 밝히고 있다.

(1) '탯말'이라는 단어는 우리 '탯말두레'가 만든 신조어로서 각 지방에서 사용하고 있는 방언, 이른바 어머니의 태속에 있을 때부터 듣고 배우며 사용해 온 사투리를 말한다.(『전라도 우리 탯말』)

(2) 이 방언이야말로 그 지방의 역사와 전통, 문화와 혼이 담

겨 있는 언어라고 할 수 있다. 사람들은 대부분 어머니의 뱃속에서부터 고향이 정해지며, 그 뱃속에서 어머니가 들려주시는 고향의 말을 듣고 자란다. 따라서 탯줄을 달고 배우기 시작한 말, 그것이 탯말이다. 고향의 언어이자 어머니의 언어인 것이다.(『전라도 우리 탯말』)

(3) 어머니의 몸 밖으로 나와 세상에 태어난 순간부터 나를 에워싼 가족과 주변 사람들과 교감을 나누고 심성과 사고까지도 형성하게 만드는 것이 탯말이다.(『전라도 우리 탯말』)

탯말두레에서는 탯말을 '어머니의 태 속에 있을 때부터 듣고 배우며 사용해 온', '어머니의 언어', '세상에 태어난 순간부터 나를 에워싼 가족과 주변 사람들과 교감을 나누고 심성과 사고까지도 형성하게 만드는'이라고 표현함으로써, 탯말이 지역인들의 모어 또는 제1언어라는 점을 강조한다. 모어 또는 제1언어로서의 지역어는 지역인들이 태어나면서부터 부여받은 조건이나 환경으로, 태어나면서부터 자연스럽게 습득한 언어다. 이런 점에서 지역인들이 가장 자연스러운 화자(주체적 언어 사용을 할 수 있는 화자)가 될 수 있는 것은 지역어의 사용을 통해서다.

탯말두레가 지역어를 '탯말'로 명명함으로써 지역어에 새로운 정체성을 부여한 것은, 지배적 언어 담론이 국가중심적 시각에서, 언어를 전체의 효율적 소통을 위한 소통의 수단으로 보는 시각과 차이가 있다. 표준어 중심의 언어 정책은 국가 전체의 원활한 의사소통을 위한 국가 중심적 사고와 그로부터 파생한 의식이라면, 위의 인용문에서 나타나는 언어 의식은 특정한 장소에 발 디디고 사는 인간과 언어의 관계에 초점을 맞춘 것이다. 즉 개별 지역에서 살아가는 지역인과 언어에 관한 논의이다. 이러한 관점에서 보면 개별어는 비표준적인 말도, 교양 없는 말도, 순화되어야 할 말도 아니다. 그것 자체로서 지역인들에게 자명한 언어일 뿐이다. 이처럼 탯말두레는 지역어를 탯말로 명명함으로써 기존의 지배적 언어담론과 언어적 인식과 태도를 거부하고, 이를 변화시키려는 언어 주체의 모습을 보이고 있다.

(4) 탯말은 … 그 지역 사람들의 고유한 사고와 문화가 잠재되어 있다. 언어와 인간을 같이 본다면 사람의 성격을 규정하며 지역의 탯말은 그 지역 사람의 정체성을 구성한다.(『경상도 우리 탯말』)

(5) 전라도 사람이 '전라도 사람다운' 것은 그가 탯말을 사용하기 때문이며, 경상도 사람이 '경상도 사람다운' 것은 역시 경상도 탯말을 사용하기 때문이다. 충청도와 제주도 이북사람도 마찬가지이다.(『전라도 우리 탯말』)

(4), (5)에서는 언어를 사고와 문화의 담지체로, 그리고 인간의 심성과 사고를 형성함으로써 정체성을 구성하는 것으로 본다. 지역인의 심성과 사고가 지역어를 통해 형성되므로 동일한 지역어를 사용하는 지역인들은 유사한 심성과 사고를 가지게 됨으로써, 지역어는 지역인들의 정체성을 형성한다고 보는 것이다. 이러한 입장은 사피어-워프가 인간과 언어, 문화의 관계를 언어상대성 가설로 설명했던 입장과 상통한다.

탯말두레에서는 지역어/탯말을 지역인들의 모어이자 지역인들의 정체성을 구성하는 말, 지역의 문화가 담지되어 있는 말로 봄으로써, 개별 지역에 따라 지역어가 존재한다고 보는 언어의 다양성을 인정하는 입장을 취하고 있다. 이러한 입장에서는 어떤 특정 지역의 언어가 중심의 위치를 점유하거나 다른 지역의 언어가 주변으로 밀려나 타자화 되지도 않는다. 각각의 지역에서 지역어는 자연스러운 소통과 교감의 통로이자 문화를 담고 보존하며 지역인들을 지역인답게 만드는 역할을 수행한다. 지역어를 지역인들이 자연스럽게 말할 수 있을 때 지역인들은 바람직한 언어 사용의 주체가 된다.

텟말두레는 표준어 중심의 언어 사용의 문제점을 지적하고 표준어 중심의 언어 정책과 언어 인식에 반기를 들고 이를 적극적 실천 행위로 옮긴다.

> (6) 만약 자신이 태어난 지역의 텟말을 사용하지 않고 표준어만 사용한다면 의식이나 사고도 이미 표준화돼 버렸다고 해도 과언이 아닐 것이다. 이것은 그 사람의 정체성에 관한 문제이기 때문이다.(『전라도 우리 텟말』)

(6)에서는 지역인들이 지역어를 잃고 표준어만 사용하게 되었을 때의 문제점을 지적하고 있다. 표준어만 사용하는 지역인들의 의식과 사고는 표준화됨으로써, 더 이상 지역적인 심성을 가지거나 지역적인 사유를 하지 않는다는 것이다.

지역은 다른 지역들과 구별되는 고유의 공간이기도 하지만, 표준어가 표상하는 중심의 공간으로부터 물리적, 심리적으로 주변화되고 배제된 공간이기도 하다. 지역에는 지역인들의 생생하고 구체적인 일상의 현실들이 자리한다. 이 현실들은 구조화된 중심이 부여한 규범들과는 차이를 보이는 경우가 많아서, 중심의 언어인 표준어는 이러한 지역의 일상, 지역인들의 심성과 사유, 문화를 오롯이 반영할 수가 없다. 따라서 표준어만을 사용하는 지역인들은 자신이 발 딛고 사는 지역의 일상과 언어, 의식 사이에 괴리를 경험하게 됨으로써 정체성의 혼란을 경험하게 된다.

또한 표준화된 의식의 확산과 지역인의 정체성의 혼란은 결국 지역어의 소멸과 함께 지역문화의 소멸로 이어져 문화적 다양성을 없애는 결과를 초래한다. 획일화되고 표준화된 의식과 사고, 획일화 문화에서는 새로운 문화의 창조와 발전을 기대하기 어렵다. 동종 교배로부터는 우수한 종을 얻어내기 어렵다는 생물학적으로 사실처럼, 다양한 문화의 교류와 유통, 혼종을 통해 새로운 문화의 창조와 발전이 가능하기 때문이다. 이러한 점에서 (6)의 표준어만을 사용하는 지역인의 의식의 표준화는 문제가 된다.

탯말두레는 효율적인 의사소통 이면에 자리한 다양성의 소멸과 획일화의 위험성을 드러냄으로써, 효율적인 의사소통을 위해서는 표준어를 사용해야 한다는 우리 사회의 언어 인식과 그에 따른 표준어 중심의 언어정책에 문제를 제기한다. 이러한 문제 제기는 지배적 담론의 문제점을 부각시킴으로써 담론의 변화를 꾀한다는 점에서 언어적 주체로서의 가능성을 엿볼 수 있게 한다.

(7) 방언의 반대되는 말이 표준어는 아니다. 우리나라 정부가 서울 방언 중에서 일부 계층이 사용하는 언어를 단지 표준말로 규정했을 뿐이다. 그런 의미에서 표준말은 '서울 방

> 언'인 것이며 이 책에서 말하는 경상도 탯말은 '경상도 방언'을 의미한다. 따라서 이 책의 필진들은 처음부터 우리 경상도 탯말, 곧 경상도 방언이 서울 방언과 동등한 가치와 지위를 지닌다는 입장을 견지한다.(『경상도 우리 탯말』)

(7)에서는 표준어 규정에 의해 서울 방언의 일부가 표준어가 되었지만, 가치와 지위 면에서 본다면 서울 방언과 경상도 방언은 동등하다고 기술하고 있다. 이러한 입장은 사회의 지배적 담론을 그대로 인정하거나 받아들이는 수동적인 모습이 아니다. 지배적 담론이 가진 의미를 간파하고, 그 이면에 자리한 언어의 본래적 가치에 주목하여 지역어의 가치와 지위를 자리매김한 것이다.

탯말두레의 언어 주체로서의 인식과 행위는 담론적 차원에서뿐만 아니라, 헌법소원이라는 실천적 행위를 통해서도 드러난다. 탯말두레는 2006년 5월 "지역 언어의 특성과 기능을 무시한 채 서울말만 표준어로 쓰도록 한 현 국어정책이 위헌"이라며 헌법소원을 제출했다. 국어기본법 14조와 18조에 의하면, 공문서를 작성할 때 그리고 교과서를 편찬할 때 어문규범(표준어규정과 한글맞춤법, 외래어표기법 등 준수)을 따르게 되어 있다. 이에 탯말두레를 중심으로 한 123명은 "지역 언어의 특성과 기능을 무시한 채 서울말을 표준어로 규정하고 교과서와 공문서를 작성토록 한 국어기본법이 행복추구권과 평등권 및 교육권을 침해한다."라고 헌법재판소에 헌법소원을 냈다. 헌법재판소는 2년 동안의 심리를 거쳐 2009년 5월 28일 이를 기각했다.[216]

탯말두레의 헌법소원은 언어 사용에 대한 사회의 지배적 규범이자 담론인 표준어 정책에 대한 전면적 저항이다. 기존의 학계나 언론 등에서 담론 차원에서 논의되던 지역어의 가치와 지위 회복을 실천적 차원으로 옮겨 놓은 것이다.

이러한 적극적인 실천 행위는 탯말두레의 언어에 대한 의식을 반영한다. 인간은 자신이 태어나고 자란 장소에서 습득된 언어로 자연스럽게 말하고 사유할 수 있을 때, 스스로의 존재를 확인하고 행복할 수 있으며 그럴 권리가 있다는 것이다. 하지만 탯말이 아닌 표준어 사용을 강요 받고, 탯말 사용을 부끄러워 하게 만드는 표준어 중심의 언어정책은 소박한 화자들을 타자화시키고 불행하게 만드는 요인이 될 수 있다는 점을 인식하고 있는 것이다. 언어의 지배적 담론의 문제점을 깨닫고, 이를 변혁시키고 개선하기 위한 실천적 행위를 시도했다는 점에서 탯말두레의 언어로서의 가능성을 읽어낼 수 있다.

사회의 지배적 구조나 규범, 집단적인 언어 인식과 언어 태도는 개개인 의식의 전환이나 노력만으로 변화를 기대하기 어렵다. 이 지점에 소통과 연대[217]의 필요성이 자리한다.

표준어 중심의 지배적 담론과 언어 태도에 대한 저항 역시 개별적 저항보다는 소통과 연대를 통해 효과적으로 수행될 수 있다. 탯말두레는 이러한 저항의 출발점에서 소통과 연대의 방법을 선택하였다. 탯말두레의 다양한 저항 방법 중의 하나가, 지역어의 확산과 보존을 위해 탯말 도서를 발간하는 것이다.

탯말두레에서는 탯말 도서를 발간하는 과정에서, 인터넷 블로그와 카페를 통해 많은 사람들과 소통하면서 자료를 수집했다고 한다. 탯말두레에서 인터넷 블로그에 전라도 탯말이나 경상도 탯말을 올리면, 네티즌들이 거기에 댓글로 또 다른 전라도 탯말이나 경상도 탯말을 올림으로써 탯말 자료 수집에 네티즌들이 동참했다고 한다. 뿐만 아니라 수시로 광주와 목포, 화순 등지를 오가면서 나이 드신 어른들을 만나 자료를 수집했고, 향우회와 동창회 등 고향사람들과의 자리를 만들어서 서로 토론하며 도움을 받기도 했다고 한다.[218] 이렇게 탯말을 수집하는 과정은 지역 내부인들 간, 그리고 지역어를 공유하는 사람들 간의 소통의 과정이었다. 이 소통의 과정을 통해 지역어 자료가 수집되었을 뿐만 아니라 지역어의 가치에 대한 재인식이 이루어지고, 그것이 다시 주변으로 확산되었으며 표준어 중심의 언어 인식과 태도에 대한 비판 의식도 공유하게 되었다.

탯말두레의 소통과 연대를 위한 노력은 동일한 지역어를 공유하는 사람들만이 아니라, 지역 간 즉 다른 지역어를 사용하는 사람들 사이에서도 나타난다. 연대는 다른 사람들과 함께 속해 있는 집단의 운명을 공유하겠다는 의식을 전제로 한다. 이를 위해서는 차이의 중요성을 인지하고 서로의 개별성을 인정하며, 상호작용을 통해 서로 책임지는 것이 필요하다.

이와 같은 연대 의식을 바탕으로 한, 지역 간 연대 활동의 대표적인 결과물이 연속적으로 발간된 탯말 도서이다. 탯말두레에서는 전라도 탯말의 보존과 확산을 위해 첫 번째 발간 도서인 『전라도 우리 탯말』(2006)을 발간하였고, 이어 『경상도 우리 탯말』(2006)을 발간하였다. 각 지역어를 담은 동일한 성격의 탯말 도서를 발간하기 위해, 서로 다른 지역에 사는 지역인들이 지역어에 대한 인식을 소통하고 공유함으로써 서로 연대하였다. 개별 지역어들은 서로 차이를 지니며, 이 차이는 지역들의 고유한 특성을 반영하는 것으로 그 차이 중 어떤 것을 기준으로 중심과 주변이 구별되거나 주체와 타자가 구별될 수는 없는 동등한 가치를 지닌다는 인식, 그리고 표준어 중심의 언어정책과 언어에 대한 인식과 태도를 포함한 지배적 담론의 문제점 등에 대해 인식을 공유하고 있다. 이러한 인식의 공유는 탯말 도서들의 서문에 잘 나타나 있다.

탯말두레가 개별 지역과 지역어들이 동등한 가치를 지닌 것으로 인정하고 서로 연대하는 것을 통해 읽어낼 수 있는 것은, 세계와 타자에 대한 열린 자세이다. 나와 다른 타자를 구별지어 배제하거나 소외시키는 것이 아닌, 타자와의 공존을 모색하기 위해 타인의 타자성을 적극적으로 인정하는 태도이다. 나/우리와 다름 즉 타자성을 그 자체로 인정하는 것이다.

탯말두레의 연대의 의식은 주체와 타자, 중심과 주변을 가르는 이분법적 의식에서 벗어나 연대하고 소통하는 주체, 타자를 받아들이는 주체, 개별성을 인정하고 차이와 다양성의 중요한 가치를 인지하는 생태학적 시고에 기반한다. 이런 의미에서 탯말두레를 통해 진정한 의미의 언어적 주체의 형성 사례를 엿볼 수 있다.

### 3) 지역어 사용자의 언어 주체 형성

지역어 사용자가 언어 주체가 되기 위해서는 인간과 언어의 관계, 즉 인간에게 언어란 무엇인가를 올바르게 이해해야 한다. 특히 언어가 자신의 생각과 감정을 표현하는 수단이며, 이를 통해 자연스럽게 의사소통을 할 수 있어야 한다는 것을 이해해야 한다. 그런 의미에서 인간은 자신에게 자명한 언어를 사용함으로써 편안하고 자연스럽게 소통할 수 있으며, 그것을 통해 정체성을 드러낼 수 있다는 것을 인식해야 한다. 이것은 지역어 사용자가 자신의 언어 권리를 인식해야 한다는 의미이기도 하다. 언어 권리를 인식한다는 것은 단순히 지역어를 사용할 수 있다는 사실을 아는 것이 아니라, 그것이 인권으로서 인간이 누려야 할 정당한 권리이자 보장받아야 할 권리라는 것을 깨닫는 것이다.

모든 사람은 자신의 언어를 자유롭게 사용할 권리가 있으며, 지역어 사용자 역시 공적인 자리나 교육 환경에서 지역어를 사용할 권리를 가지며, 이를 억압하거나 금지하는 것은 언어 권리를 침해하는 행위가 될 수 있다는 것을 인식해야 한다. 또 방송이나 문학, 예술 같은 분야에서 지역어를 자유롭게 사용할 권리와 교육 과정에서 지역어를 배울 수 있는 권리가 있다는 것, 이와 함께 지역어 사용을 통해 사회적으로 불이익을 받지 않을 권리가 있다는 것에 대한 인식도 필요하다.

언어 주체는 언어 권리에 대한 인식을 가지는 것과 함께, 그것을 실천적 행위로 옮기는 언어 사용자이다. 언어 권리에 대한 인식이 실천으로 이어질 수 있도록 하기 위해서는, 무엇보다 지역어 사용이 불이익으로 돌아오는 사회적 환경을 개선하려는 노력이 필요하다. 이는 먼저 지역어에 대한 부정적 인식과 태도가 잘못된 것임을 드러내는 것이다. 즉 지역어는 그것이 사용되는 지역에 가장 적합하게 만들어진 말, 즉 그 지역의 역사, 사회와 문화, 지역인들의 사유 방식 등을 가장 적절하게 표상하는 체계라는 점, 그래서 지역 사람들이 가장 자연스럽고 적절하게 소통할 수 있는 언어 수단이라는 점을 드러내는 것이 필요하다. 이는 한편으로 표준어가 완벽하고 이상적인 언어라는 오해를 해소시키는 방법이기도 하다. 또한 지역어가 가진 가치 중의 하나가, 지역어의 보호와 유지, 발전이 문화다양성을 확보할 수 있는 중요한 방안이라는 점을 드러내고 알리는 것이다. 지역어가 지역의 다양한 문화와 가치를 반영한다는 점에서 지역어를 보호하고 발전시키는 것은 우리 문화의 다양성을 높이고, 이를 통해 창의적인 문화 발전이 가능하다는 것을 드러낼 필요가 있다. 이렇게 지역어 사용자는 지역어의 가치를 인식하고 자연스럽게 지역어를 사용함으로써 주체적인 언어 사용자가 될 수 있다.

또한 지역어 사용자는 학교나 직장, 방송매체 등에서 지역어를 사용하는 것이 부당하게 제한을 받게 될 경우, 이에 문제를 제기하고 개선을 요구하는 등 지역어 차별에 대해 적극적으로 대응해야 한다. 지역어가 단절되지 않고 지속적으로 사용되기 위해서는 다음 세대가 이를 자연스럽게 배울 수 있는 환경이 마련되어야 한다. 따라서 가정에서 지역어를 자연스럽게 사용할 수 있도록 해야 한다. 지역어 사용자들이 주체적인 언어 사용자가 되기 위해서는 개인적 차원의 실천을 넘어 탯말두레의 예에서처럼 지역어 사용자들 간의 소통과 연대 또한 필요하다.

마지막으로 언어 주체의 형성을 위해서는 지방자치단체나 국가의 역할 또한 중요하다. 지방자치단체에서는 지역어 교육 프로그램을 운영하는 등 지역어 보전을 위한 다양한 정책 방안을 마련하고, 지역어를 쉽게 접할 수 있도록 도서나 문화콘텐츠를 제작하여 보급함으로써 지역어를 확산시키고, 지역어 사용이 활성화 될 수 있는 방안을 강구하는 것도 필요하다. 국가적 차원에서도 지역어의 가치와 언어 권리에 대한 인식이 확립될 수 있도록 교육이나 정책적 차원에서의 방안을 수립하고, 방송 관련 규정 등에서도 지역어를 차별하는 일이 없도록 언어 사용 환경을 조성하는 방안이 마련될 필요가 있다.

지역어 사용자가 언어 권리를 인식하는 것은 단순한 이론적 개념이 아니라, 실제 삶에서 지역어를 긍정적으로 받아들이고, 자유롭게 사용할 수 있도록 하는 실천적인 태도와 연결된다. 이러한 인식을 바탕으로 언어를 주체적으로 사용한다는 것은 사회적 편견을 극복하고 자신에게 가장 적합한 언어를 능동적으로 선택하고 활용함으로써 자신의 언어를 지키는 것이며, 지역어를 보존하고 발전시켜 다음 세대에 전승하는 것이 될 수 있다. 그리고 이러한 언어 주체의 형성을 위해서는 지역어 사용자의 개인적 차원으로부터 지방자치단체나 국가적 차원까지 다양한 차원에서의 노력과 지원이 필요하다.

# 주석

1) 로컬리티에 의해 특정 지역이 다른 지역과 구별된다고 해서 로컬리티가 특정 지역의 속성 중 다른 지역과 구별되는 차이점만을 가리키지는 않는다. 다른 지역과의 유사성 역시 로컬리티에 포함된다. 즉 로컬리티는 특정 지역이 가진 속성으로서 다른 지역과의 유사성과 차이점을 모두 포괄하는 개념이다. 그래서 특정 지역이 다른 지역과 유사성을 가지기도 하지만 구분되는 차이점을 갖고 있으므로, 이에 의해 두 지역은 구별된다.

2) 권오혁(2018), 「현대 과학의 공간 개념과 인문사회 학문에의 함의」, 『대한지리학회지』 53(3), 305-326쪽.; 이우평(2012), 『고등학교 사회』, 비상교육.; 권오혁(2023), 「지역 관련 연구 및 정책에 있어서 지역 개념의 부정합성에 관한 검토」, 『한국지역개발학회지』 35(1), 179-198쪽.

3) 황희연·김영모(2004), 「국토계획 및 지역계획의 개념과 성격」, 『국토·지역계획론』, 보성각, 27-66쪽.

4) 박종화(2017), 「지역개발의 의의」, 『지역개발론』, 박영사.

5) 이-푸 투안, 윤영호·김미선 역(2020), 『공간과 장소』, 사이, 58-90쪽.

6) 지역의 특성, 로컬리티의 개념과 유형 부분은 차윤정(2017), 「로컬리

티의 개념적 이해와 언어 표상」, 『로컬리티 담론과 인문학』의 일부분을 발췌, 기술 의도에 맞게 수정하여 실었다.

7) 마루타 하지메, 박화리·윤상현 옮김(2011), 『'장소'론 웹상의 리얼리즘과 지역의 로멘티시즘』, 심산, 22-23쪽.

8) 물론 이것이 존재론이나 인간중심주의를 복권시키려는 것은 아니다. 단지 우리의 삶이 개체들을 토대로 한다는 점에서 이에 기반한 사유가 담론이나 실천에 기여할 긍정적 영향을 유념한 것이다.

9) 이진경(2010), 「코뮨주의에서 공동성과 특이성」, 『탈경계인문학』 6, 이화인문과학원, 303쪽.

10) 질들뢰즈·펠릭스 가타리, 김재인 옮김(2001), 『천 개의 고원』, 새물결, 59-82쪽.

11) 여기서 사용하는 '여럿-하나'는 다양체를 표현하는 이정우의 방법을 빌어다 쓴 것이다. '동일성'이라는 용어가 가져오는 오해를 피하기 위한 선택이다. 조정환·황수영·이정우·최호영(2011), 『인지와 자본』, 갈무리, 113-190쪽.

12) 신경란(1992), 『동래 사람은 팔만 올리도 춤이 덴다 캤어』, 뿌리깊은 나무.

13) 이때 외부는 다자, 내부는 주체라는 등식 관계가 아닌, 개체라는 분절 단위의 경계를 중심으로 지역 외부와 지역 내부라는 개념으로 사용한다.

14) 부산대학교 한국민족문화연구소(2010), 「로컬리티의 인문학」, 2쪽.

15) 『철학사전』(2009),중원문화, http://terms.naver.com/entry.nhn?docId=388122&cid=41978&categoryId=41985(검색일: 2015.8.20.)

16) 차윤정(2015),「비동일성의 관점에서 본 로컬리티와 표상」,『한국민족문화』 57, 부산대학교 한국민족문화연구소, 331-361쪽.

17) 부산대학교 로컬리티인문학 연구단에서는 로컬리티의 구성요소를 공간, 시간, 사유, 표상, 문화의 5가지로 범주화하였다.

18) 조현수(2013),「들뢰즈의 '차이의 존재론'과 '시간의 종합'이론을 통한 그 입증」,『철학』 115, 한국철학회, 78쪽.

19) 언어, 영상, 그림, 조각, 음악 등의 표상의 형식을 의미한다.

20) 이러한 표상들이 등장할 것으로 예측한 국면의 예들은 하나의 경우일 뿐이지 항상 그렇다는 의미는 아니다.

21) 김영희(2007),「들뢰즈의 비재현주의에 관한 연구: '재현에서 추상으로의 이행'을 중심으로」, 부산대학교 박사학위논문, 26-27쪽.

22) 이 글에서는 류지석(2009), 이상봉(2009)에서 제시한, 로컬리티의 구분에 기초하여 논의를 확장시켜 전개한다. 류지석(2009),「로컬리톨로지를 위한 시론」,『한국민족문화』 33, 부산대학교 한국민족문화연구소, 143-144쪽.; 이상봉(2009),「인문학의 새로운 지평으로서 '로컬리티 인문학'연구의 전망」,『로컬리티 인문학』 1, 부산대학교 한국민족문화연구소, 54-55쪽.

23) Nancy Bonvillain, 한국사회언어학회 엮음(2002),『문화와 의사소통의 사회학』, 한국사회언어학회, 59-82쪽. 여기에서는 Sapir의 파이유

트어와 영어의 비교 연구의 예를 들어 두 언어가 어휘를 분화하는 전략의 차이는, 언표주체들이 주변 환경에 대해 부여하는 상대적 관심과 중요성의 차이라고 언급하며, 서로 다른 언어의 어휘가 특정 분야에서 전문화가 어느 정도 이루어졌는지에 따라 그 문화의 태도에 대해 결론을 내릴 수 있다고 한다.

24) 남경란(2003), 「경북 동해안 방언의 어휘적 특징-울릉군 지역의 방언 어휘를 중심으로」, 『민족문화연구총서』 27, 영남대학교 민족문화연구소, 250쪽.

25) 울릉도의 초기 이주민들 대부분이 이주하면서 농기구를 가지고 온 것으로 보아 언표주체들이 울릉도에 이주할 당시에는 벼농사와 관련된 어휘들을 사용했을 것이다. 하지만 120여 년 동안의 세월을 거치면서 그들의 농경문화에서 벼농사가 차지하는 비중이 미약함에 따라, 벼농사에 꼭 필요한 것들만 어휘로 남아 전승되고 나머지는 기억에서 사라지고 어휘 체계에서 삭제된 것이다.

26) 물론 여기서 말하는 다양성이나 특수성은 소통이 불가능한 개인별 차이를 의미하는 것은 아니다. 언어는 본질적으로 사회성을 가지기 때문이다. 적어도 같은 문화를 공유하는 집단의 공유망(하나로 동일하다는 의미가 아닌)으로서의 차이다.

27) 조태린(2006), 「'국어'라는 용어에 대한 비판적 고찰」, 『국어학』 48, 국어학회, 369쪽.

28) 이희승(1937), 「표준어 이야기」, 『한글』 5(7), 한글학회, 16-17쪽.

29) 반동일시 행위자와 역동일시 행위자의 의미변별을 돕기 위해, 이하에서는 역동일시 행위자를 대안적 행위자로 사용하기로 한다.

30) 강내희(1992), 「언어와 변혁-변혁의 언어모델 비판과 주체의 '역동일시'」, 『문화과학』 2, 문화과학사, 40쪽.

31) 강내희(1992), 위의 논문, 40쪽.

32) 이상봉(2008), 「탈근대, 공간의 재영역화와 지역. 로컬리티」, 『한국민족문화』 32, 부산대학교 한국민족문화연구소, 2쪽. 지역은 전체에 대한 국지적 영역을 의미하는 말로 지역, 또는 지방이라는 용어와 유사하게 사용된다. 지역이라는 말이 비교적 가치중립적으로 사용된다면, 지방이라는 용어는 국가 내지 중앙과 대비되어 위계성을 나타내는 개념으로 사용되는 경향이 있지만, 이러한 구분 역시 학문 분과에 따라 뒤섞여 사용되고 있다. 지역은 양자를 포괄하는 용어로서 사용한다.

33) 최재헌(2005), 「세계화 시대의 지역과 지역정체성에 대한 개념적 이해」, 『한국도시지리학회지』 8(2), 한국도시지리학회, 2쪽.

34) 차윤정(2009), 「언어학에서 로컬리티 연구의 방향성 모색」, 『로컬리티 인문학의 새로운 지평』, 혜안, 217-218쪽.

35) 이와 달리 독일이나 이탈리아어의 경우는 수도의 말이 아닌, 튀링겐 방언과 피렌체시의 상류 사회 언어가 표준어의 역할을 하고 있다.

36) 한국사회언어학회(2012), 『사회언어학 사전』, 소통, 229쪽.

37) 조태린(2006), 「'국어'라는 용어에 대한 비판적 고찰」, 『국어학』 48, 국어학회, 369쪽.

38) 임칠성(2001), 「지역어와 국어교육」, 『국어교육학 연구』 13, 국어교

육학회, 29-57쪽.

39) 차윤정(2009b), 「지역어의 위상 정립을 위한 시론-1930년대 표준어 제정을 중심으로」, 『우리말연구』 28, 우리말학회.

40) 이러한 방언의 개념 안에서도 방언 연구의 역사를 살펴보면 방언에 대한 시선의 변화를 읽을 수 있다. 50~60년대를 아우르는 초기의 방언 연구는 특정 지역의 언어체계 전반이 아닌, 표준어와 대비해 볼 때 그 지역 언어에만 있는 특유의 언어 요소를 대상으로 한 연구나 중세어 연구를 위한 보조 자료로서의 방언 연구가 중심이 되었다. 물론 이러한 연구가 방언에 대한 부정적 함축을 포함하고 있지는 않지만, 방언이 지역에 기반한 독립적 체계를 지닌 지역인이 사용하는 언어라는 점으로까지 확장되지 못했음을 알 수 있다. 70년대 이후의 연구에서 방언은 지역을 기반으로 독자적인 역사와 체계를 지닌 언어체계 전반을 가리키는 것으로 사용된다. 이런 의미에서 서울 지역에서 사용되는 말은 경기도 방언에 속한다. 이때 방언은 표준어보다 못하다든가 세련되지 못하다든가와 같은 부정적 함축을 동반하지 않으며, 서열관계를 떠난 중립적 의미로 사용된다. 서울은 방언의 공간적 기반이 되는 하나의 지역이 되어 다른 지역들과 평등한 관계를 형성한다. 하지만 엄밀한 의미에서 보면 이때 각 지역들은 평등한 관계를 확보한 것이라기보다, 객관적 연구대상물로서 방언 자체만 남고 지역은 단순한 배경적 공간으로 추상화되거나 삭제된 상태라고 보아야 할 것이다. 왜냐하면 이러한 연구에서는 방언과 그 방언이 사용의 기반으로서의 지역의 사회적, 문화적 특성, 지역인의 의식 등과 관련된 심도 있는 논의가 이루어지지 않고 있기 때문이다.

41) 국립국어원, https://stdict.korean.go.kr/search/searchView.do

42) 차윤정(2009b), 위의 논문, 390쪽.

43) 강윤희(1994), 「제주사회에서의 두 방언 사용에 대한 민족지적 연구」, 『제주도 연구』 11, 제주학회, 83쪽.

44) 전병선은 언어 환경을 포괄적인 의미에서 언어문맥과 언어 행위의 배경을 포함한다고 보았다. 전병선(2000), 『언어환경 연구』, 박이정, 63-76쪽.

45) 제4차 교육령(1943년)에 따른 중학교 교육 방침 중 일어 교수 요지는, "국어(일어)의 사용을 정확하게 하고 그 응용을 자재(自在)케 하여 순정한 국어(일어) 생활을 철저하게 하도록 한다."고 되어 있다. 이를 좀더 구체적으로 밝힌 부분에서는 "정확한 일본어의 이해와 발표의 능력을 기름과 동시에 고전으로서의 일본문(日本文)과 한문을 습득시켜 국민적 사고(思考), 감동을 통해 국민정신을 함양하고 일본문화의 창조 발전에 기여하도록 한다."고 되어 있다. 이성연(1988), 「열강(列强)의 식민지(植民地) 언어정책에 관한 연구」, 전남대학교 박사학위 논문, 136쪽.

46) 기술적 환경은 언어 사용에 영향을 끼치는 기술 발전과 정보 통신 기술 등의 환경을 말한다. 그런데 이 글에서는 TV나 영화 매체의 기술적인 부분을 언어 사용과 관련시켜 살피는 것이 아니라, 이들 매체를 통해 발표된 텍스트의 내용과 관련하여 언어 사용의 문제를 살핀다. 따라서 이 글에서 언어 사용 환경으로서 TV나 영화 등의 매체를 다루는 부분은 언어 사용자들의 언어 태도와 관련된다는 점에서 매체의 기술적 환경이 아닌, 사회·문화적 환경이라고 할 수 있다.

47) 이성연(1988), 위의 논문, 141쪽.

48) 장태진(1981), 「일제 침략과 한국어의 사회언어학적 지위-국어정책사의 공백기 기술에 관하여-」, 『국어국문학』 86, 국어국문학회, 301-

302쪽.

49) 이성연(1988), 앞의 논문, 141쪽.

50) 이 글은 부산의 로컬리티에 대한 논의라는 점에서 계층적 변이형인 사회 방언에 관한 문제는 논외로 하겠다.

51) 한국사회언어학회(2012), 『사회언어학 사전』, 소통, 153쪽.

52) 서울신문, 2021.3.27., https://v.daum.net/v/20210327194601998(검색일:2024.7.27.)

53) 부산일보, 2013.2.18., https://www.busan.com/view/busan/view.php?code=20130218000057

54) 이 부분은 차윤정(2009b)의 내용을 일부 발췌, 글의 목적에 맞도록 수정하여 사용하였다. 차윤정(2009b), 「지역어의 위상 정립을 위한 시론-1930년대 표준어 제정을 중심으로」, 『우리말연구』 28, 우리말학회.

55) 조태린(2007), 「표준어 정책의 문제점과 대안 모색」, 『한말연구』 20, 한말연구학회, 217-218쪽.

56) 조선어학회(1936), 『사정한 조선어 표준말 모음』, 2쪽.

57) 이익섭(2000)에서는 표준어의 기능을 통일의 기능, 우월의 기능, 준거의 기능, 권위의 기능으로 나눈다.

58) 과테말라에서도 '중심지 사람/도시 사람'과 '촌사람/산사람'의 구

분이 언어에 대한 담론에서도 반복 재생산되어, 끼체어와 스페인어를 이분법적으로 구분 짓는다고 한다. 최진숙(2005), 「과테말라 마야 정체성의 이데올로기적 형성: 코드 전환에 의한 언어적 편견의 재생산」, 『한국문화인류학』 38(2), 한국문화인류학회, 9-11쪽.

59) 당시의 표준어 제정이 지역어를 완전히 배제한 것은 아니었다. 『조선어 표준말 모음』의 표준말 사정 방법에서도 "가장 보편성 있는 시골말도 적당히 참작할 필요로"라고 밝히고 있듯이, 지역어지만 표준어에 포함시킨 것도 있고, 서울어지만 서울지역에 한해서만 사용되는 것을 배제시킨 것이 그렇다. 하지만 이러한 지역어의 참작이란 서울 지역어를 표준어로 선정할 때 문제가 생긴 부분에서의 고려 정도라고 할 수 있다. 이는 표준어 사정을 위해 만들어진 '표준어 사정 위원회'의 표준어 사정 방식에서도 유추해 볼 수 있다. 지방 출생 위원들을 과반수 정도로 삼은 것은 시골말도 적당히 참작할 필요 때문으로 보이나 지방 출생 위원들은 이의가 있을 때만 재심리를 통해 참여할 수 있었던 것으로 보아 실상은 지역어를 표준어 사정의 대상으로서가 아닌 보충의 대상으로 인식했던 것 같다.(차윤정(2009b), 앞의 논문, 400-401쪽.)

60) 홍기문, 標準語 制定에 대하야, 조선일보(1935.1.16.).

61) 교육과정을 시기별로 구분해 보면 다음과 같다. 1차 교육과정기는 1954년부터 1963년, 2차 교육과정기는 1963년부터 1973년, 3차 교육과정기는 1973년부터 1981년, 4차 교육과정기는 1981년부터 1987년, 5차 교육과정기는 1987년부터 1992년, 6차 교육과정기는 1992년부터 1997년, 7차 교육과정기는 1997년부터 2007년 개정 이전까지이다. 1차부터 7차까지의 교육과정의 시대 구분과 지역어와 관련한 자료는 조규태에 기댄다. 조규태(2003), 「표준어교육과 지역 언어 교육」, 『한글』 262, 한글학회, 262-265쪽.

62) 제1차부터 7차까지의 교육과정과 관련된 내용은 차윤정(2011)의 내용 중 일부를 참조하였으며, 2007년부터 현재까지의 교육과정에 관한 내용은 새로이 기술하였다. 차윤정(2011), 「언어권리와 로컬의 주체형성-제주로컬어 부흥운동을 중심으로-」, 『한국민족문화』 40, 부산대학교 한국민족문화연구소, 10-12쪽.

63) 교육과학기술부(2012), 국어과 교육과정, 교육과학기술부 고시 제2012-14호[별책5]

64) 이 글의 내용 중 일부는 차윤정(2010)의 내용을 참조하였으며, 2014년 이후 현재까지의 「방송법」과 「방송심의에 관한 규정」에 관련된 내용은 새로이 기술하였다. 차윤정(2010), 「자갈치 아지매를 통해 본 지역의 경계 허물기 방식에 대한 고찰」, 『한국민족문화』 36, 283-290쪽.

65) 방송언어 사용의 규범으로서 「방송법」과 「방송심의에 관한 규정」은 엄밀한 의미에서 언어 정책과 관련된다. 따라서 정치적 사용 환경 부분에서 다루는 것이 더 타당할 수 있다. 하지만 방송 언어 사용이 끼치는 사회문화적 영향의 중요성을 다루기 위해서 여기에서는 방송언어 사용의 근간이 되는 「방송법」과 「방송심의에 관한 규정」을 사회문화적 사용 환경에서 다루고자 한다.

66) 방송심의소위원회(1990), 제86차 방송위원회 자료집.

67) 최경봉(2006), 「표준어 정책과 교육의 현재적 의미」, 『한국어학』 31, 한국어학회, 356쪽. 방송 프로그램이라고 해서 모두 공적인 언어 사용 영역에 들어가는 것은 아니다. 드라마 같은 분야는 사적인 언어 사용 영역에 포함시킬 수 있다.

68) '좀[쫌]'은 이미 특정 지역어에서만 보이는 언어 현상이라고 볼 수 없을 정도로 분포가 확산되어 있으며, '음성[엄성], 나오잖아요[노오자나요]'도 문맥이 전제된 의사소통 상황에서 의미를 왜곡시키는 경우는 거의 없다.

69) 실제로 거부감을 주거나 의사소통에 문제가 있었다면, 그 진행자는 교체되었어야 한다.

70) 지역의 정체성 찾기가 강조되면서 지역 방송에 지역어로 진행하는 프로그램들이 제작되었다. 대표적인 프로그램이 부산의 <자갈치 아지매>와 마산의 <아구할매> 등이 있다. 부산의 <자갈치 아지매>는 2024년 현재까지 방송이 진행되고 있지만 마산의 <아구할매> 는 1994년부터 2015년 1월까지 방송되다가 폐지되었다. 방송 중간에도 마산 <아구할매>는 폐지의 압력을 받은 적이 있다. <아구할매>가 부패한 정치권·지역토호 등에게 반말 사투리로 걸쭉하고 시원하게 욕을 해주자 '윗선'에서 <아구할매>를 폐지하라는 압력이 내려왔던 것이다. 담당 피디가 대기발령을 받은 일주일간 <아구할매>는 중단됐지만, 청취자들의 항의로 방송이 재개 되었다. 이에 대해 담당 피디는 "대한민국에는 중앙(서울)만 있고 지역은 없나봐요. 사투리가 그 지방주민들에게 얼마나 애착이 가는 말인데, 지역방송에서도 온통 서울말을 쓰라고 하데예."라고 하면서, 자신이 <아구할매>를 시작한 것은 이런 이유 때문이었다고 밝히고 있다.
연합뉴스, 2004,12,17., https://v.daum.net/v/20041217090930029 (검색일:2024.10.20.)

71) 이 글의 내용 중 일부는 차윤정(2017b)의 내용 중 일부를 발췌, 수정하여 사용하였다. 차윤정(2017b), 「언어를 통한 로컬리티 연구-대상과 방법을 중심으로」, 『우리말글』 75, 우리말글학회, 56-68쪽.

72) 이 글에서는 '방언'이 아닌 '지역어'라는 용어를 주로 사용하고, 선행 연구를 언급하는 과정에서 논자의 용어를 기술할 때는 '방언'이란 용어를 사용하기로 한다. '방언'이 한 언어의 하위단위로 언어체계의 차이에 따른 구분을 전제로 한다면, 지역어는 언어체계의 차이에 따른 구분을 전제하지 않고 특정 지역을 배경으로 사용되는 언어를 일컫기 때문이다.

73) 영화, 문학작품, 간판, 상호명, 신문, 방송 등은 층위는 다르지만 모두 매체라는 점에서, 매체 속의 언어를 지역어와 구분하여 하나로 묶었다.

74) 이 글에서는 지면의 한계와 필자의 한계로 인해, 방송매체 속의 언어에 대해서는 논의를 전개하지 않는다.

75) 언어 연구에서 담화라는 뜻으로 사용하는 'discourse'는 인접 학문인 문학이나 문화연구에서는 담론이란 말로 번역한다. 담론은 특정 사건이나 현상과 관련된 맥락이나 의미 작용을 따지는 행위 또는 그를 통해 형성된 논의들을 아우르는 개념 정도로 이해할 수 있다.

76) 이외에도 다양한 연구들이 있다. 강희숙(1994), 「음운 변이 및 변화에 관한 사회언어학적 연구: 전남 장흥 방언을 중심으로」, 전북대학교 박사학위논문.; 전병철(1997), 「금산 지역어의 음운현상에 대한 사회언어학적 연구」, 충북대학교 박사학위논문.; 오종갑(2005), 「동해안 어촌 지역어의 음운론적 비교-영덕, 울진, 삼척, 강릉 어촌 지역어를 중심으로」, 『울릉도·동해안 어촌지역의 생활문화연구』, 경인문화사.; 오재혁·김미미(2016), 「정선 지역어의 말소리」, 『정선 지역어: 우리말 보존을 위한 지역어 조사 연구』, 월인.; 배혜진·이혁화(2010), 「대구 지역 어두청음화의 사회언어학적 고찰」, 『민족문화논총』 46, 영남대학교 민족문화연구소.; 장승두(2005), 「울산 공단 지역어의 음운에 대한 사회언어학적 연구」, 대구대학교 박사학위논문.

77) 이태영(2004),「문학 작품에 나타난 방언의 기능」,『어문론총』 41, 한국문학언어학회, 48-52쪽.

78) 김규남(1998),「전북 정읍시 정해마을 언어사회의 음운변이 연구」, 전북대학교 박사학위논문, 153-182쪽.

79) 음운이나 어휘를 대상으로 한 연구에 비해 상대적으로 연구가 많지 않은 편이다. 이정복(1993),「하동 지역에서의 경어법의 사용 양상」,『사회언어학』 1, 한국사회언어학회.; 김봉국(2011),「부산의 지역어와 언어 문화」,『석당논총』 50, 동아대학교 석당학술원. 김봉국은 부산 지역어의 음운현상과 높임법, 친족어휘, 관용적 표현 등을 통해 부산 지역의 언어 문화를 설명하고자 하였다.

80) 강우원(2004),「경남 방언에 나타난 문화적 특성 연구」,『우리말연구』 15, 우리말학회, 1~3쪽.

81) 이 외에도 어휘와 지역사회의 관련성을 살피려고 한 다양한 논의들이 있다. 홍기옥(2014),「바다 생물어의 의미장 구축-남해안 어촌 지역을 중심으로-」, 경북대학교 박사학위논문.; 김유범(2016),「지역어의 시간적 변화를 통해 본 언어 변화의 실제와 양상- 1990·91년과 2013년 정선 지역어의 비교를 중심으로」,『국어국문학』 176, 국어국문학회.; 최창원·오새내( 2017),「서울지역어와 경기지역어의 어휘 대비 연구- 어휘 사용의 경향성과 어휘 사용에 미치는 사회문화적 요인을 중심으로-」,『서울학연구』 66, 서울시립대학교 서울학연구소.; 한성우(2014),『인천 연안도서 토박이말 연구』, 인천대학교 인천학연구원.

82) 이기갑(2003),「지역문화와 방언」,『새국어생활』 13(4), 국립국어원.

83) 눈을 가리키는 어휘는 크기에 따라 '넙디기눈, 똥골눈, 진갈비' 등으로 세분화되며, 벼랑을 가리키는 어휘도 경사의 완만에 따라 '청석(완만)', 절방(급경사), 뱅치(급경사), 산삐알/산빈달(보통)로 세분화된다. '소라'를 가리키는 어휘는 크기에 따라 '뿔고디(대), 새고디(중), 비단고디(소)' 등으로 세분화되며, '오징어'를 가리키는 어휘는 잡는 시간에 따라 '이까(오징어를 통칭할 때), 아시이찌(아침에 잡은 것), 요이찌(저녁에 잡은 것), 낮바리(낮에 잡은 것) 등으로 세분화된다. 남경란(2003), 「경북 동해안 방언의 어휘적 특징-울릉군 지역의 방언 어휘를 중심으로」, 『민족문화연구총서』 27, 영남대학교 민족문화연구소, 250쪽.

84) 차윤정(2009a), 「로컬언어 다시보기」, 『한국민족문화』 15, 부산대학교 한국민족문화연구소, 200-207쪽.

85) 홍기옥(2004), 「남해안 어촌지역 어획물 명칭 연구-해남, 남해, 욕지도 지역의 명칭을 중심으로-」, 『방언학』 16, 332-333쪽. 멸치는 크기에 따라 '시랭이, 씨레이, 지리매'(2.5cm),'떡시랭이'(3cm), '실배쟁이'(5cm), '큰배쟁이'(5.5cm), '소사리, 고주바'(6cm), '중사리, 고바'(6.5~7cm), '대사리, 주바'(7.5~8cm), 생김새와 성에 따라 '반짝이, 은멸치'로 '맛과 질'에 따라 '기름치, 지름치'와 '줏멸치'로 나뉜다.

86) 차윤정(2009a), 위의 논문, 205-206쪽

87) 대표적으로 박육현(2004), 「언어 갈등에 관한 연구-표준어와 방언을 중심으로-」, 『독일어문학 』 26, 한국독일어문학회.; 조태린(2007), 「표준어 정책의 문제점과 대안 모색」, 『한말연구』 20, 한말연구학회.; 이상규(2007a), 『방언의 미학』, 살림.

88) 이는 부산에서 태어나 평생을 살아온 지역어 화자가 50여 년 동안

기록해 온 『대천일기』를 통해 살펴본 결과이다. 『대천일기』의 저자는 현재까지 '부설비'로 발음하고 있다.

89) 차윤정(2016), 「로컬리티 연구의 관점에서 본 언어 접촉과 지역어 변화의 한 양상」, 『호남문화연구연구』 60, 전남대학교 호남학연구소, 289-296쪽.

90) 로컬리티의 역동성은 '한 곳에 포획되지 않고 끊임없이 동일성 아래로 미끄러지는 로컬의 변화무쌍함을 만들어내는 성질, 그리고 이를 통해 동일성에 균열을 일으키고 변화를 만들어내는 성질'을 가리킨다.

91) 차윤정(2016), 위의 논문, 297-299쪽.

92) 국립국어원, https://korean.go.kr/kornorms/regltn/regltnView.do?regltn_code=0002&regltn_no=346#a346 그러나 4항 [붙임]에서는 "'ㅚ, ㅟ'는 이중모음으로 발음할 수 있다"고 규정하고 있고 실제 발음도 거의 이중모음이 통용되므로 표준어가 8모음 체계를 이루고 있다고 보기도 한다.

93) 김영송(1963), 박지홍(1977, 1991), 이근열(1996), 김영선(2001), 김봉국(2011)에서는 부산 지역어의 모음이 '이, 애, 어, 아, 우, 오'의 6 모음체계로 이루어진다고 밝히고 있다. 김영송(1963), 「경남 방언의 음훈」, 『문창어문논집』 4, 문창어문학회.; 박지홍(1977), 「부산 방언」, 『한글』 159, 한글학회.; 김영선(2001), 「부산 방언의 음운론적 연구」, 『동남어문논집』 12, 동남언어학회.; 이근열(2005), 「경남방언의 홀소리 체계 변화」, 『우리말연구』 17, 우리말학회.: 김봉국(2011), 「부산의 지역어와 언어 문화」, 『석당논총』 50, 동아대학교 석당학술원.

94) 김봉국(2011), 앞의 논문.

95) 양순임(2014), 『한국어 발음교육의 내용과 방법』, 태학사, 80쪽.

96) 김영송(1963)과 박지홍(1977)에서는 최소대립쌍을 통한 의미 대립 관계의 확인을 통해 'ㅅ'와 'ㅆ'가 변별성이 없다는 것을 밝히고 있다. 하지만 현재의 부산 지역어를 사용하는 40대 이하의 젊은층은 대체로 'ㅅ'와 'ㅆ'의 변별이 가능하다.

97) 이근열(2024), 「부산말과 부산 문화교육 방안」, 『동남어문논집』 58, 동남어문학회, 15-16쪽.

98) 이에 비해 최명옥(1998)에서는 이 단어들이 주격조사와 결합한 곡용형을 제시하며 '말이(HL), 말이(HH), 말이(LH)'로 파악하였다.

99) 이근열(2005), 「경남방언의 홀소리 체계 변화」, 『우리말연구』 17, 우리말학회.

100) 양순임(2015)에서는 음운변동의 원인을, 첫째 음절구조 제약과 음소 결합 제약으로 인한 변동, 둘째 말할이가 발음을 편하게 하기 위해서 일어나는 변동, 들을이에게 똑똑하게 전달하기 위해 일어나는 변동으로 구분한다. 양순임(2015), 『학교문법의 이해 말소리』, 월인, 171쪽.

101) 허웅(1981), 『언어학』, 샘문화사, 341쪽.

102) 이러한 현상에 대해 김봉모(2005)에서는 /ㅕ/가 /ㅐ/로 바뀐 후 다시 /ㅣ/로 바뀐 것이라고 본다.
김봉모(2005), 「<모래톱 이야기> 속의 방언 연구」, 『한국민족문화』 26, 부산대학교 한국민족문화연구소, 20쪽.

김인택·이근열(2011), 「부산 방언의 문화 콘텐츠론」, 『우리말연구』 29, 우리말학회, 46쪽.

103) 김영송(1973)에서는 서울 방언과 김해 방언의 비교를 통해 이러한 현상을 설명하고 있다.

104) 이러한 현상을 /ㄴ/가 분절음의 자격을 잃고 [비음성] 자질만 남아 인접 모음과 결합하여 비모음으로 실현된다고 보기도 한다.

105) 이근열(1997)에서는 경남방언의 말머리 된소리 되기가 /ㄱ/가 다른 /ㄷ, ㅂ, ㅈ/보다 된소리되기 빈도가 높다고 보았으며, 오종갑(2011)에서는 /ㄱ, ㄷ, ㅂ, ㅈ/의 경음화는 영남 전역에서 그 적용률이 높은 데 비해 마찰음 /ㅅ/의 경음화는 서부 경남에서는 적용률이 높으나 동부 경남과 경북 지역에서는 그 적용률이 낮다고 밝혔다. 그리고 동일한 경음화인데도 폐쇄음의 경음화와 마찰음의 경음화가 적용률에서 차이를 보인 것은, 두 개신파의 개신지가 서로 다르고, 또 개신파의 주류가 서로 다른 방향으로 흘러갔기 때문인 것으로 보고 있다. 이근열(1997), 『경남방언의 음운론』, 세종출판사.; 오종갑(2011a), 「국어 방언에 반영된 어두경음화」, 『한민족어문학』 58, 한민족어문학회.

106) 이기문(1972)에서는 어두 경음화의 원인을 ①표현의 강화, ②사이시옷과 결합된 발음의 일반화, ③후행 음절의 경음에 의한 역행동화 등으로 보고 있다. 53-55쪽. 이근열(1997)에서도 어두 경음화를 표현 강화를 위한 현상으로 보고 있다. 이근열(1997), 위의 책, 144쪽.

107) 김봉모(2005)에서는 '라꼬'를 문법화한 형태로 보고 있다. 김봉모(2005), 앞의 논문, 172쪽.

108) '싱굽다(싱겁다), 아숩다(아십다), 질겁다(즐겁다), 칩다(춥다), 애럽다(어렵다)'에서 괄호 속의 어형을 제시한 것은 원래 부산 지역에서 사용되던 방언이 표준어의 영향을 받아, 표준어와 같은 어형이나 그와 유사한 어형으로 변화하는 경우들이 있기 때문이다. 그런데 이렇게 표준어 어형이 들어왔다고 하더라도 활용에 있어서는 표준어에서 이들 어휘들이 'ㅂ' 불규칙 활용을 하는 것과는 달리, 부산 지역어에서는 여전히 'ㅂ' 규칙 활용을 한다 .

109) 박지홍(1974), 「부산 방언의 연구 -방언권 설정과, 어휘·말본에 대하여-, 『부산교육대학 연구보고』 10(1).; 김영선(2012), 「부산 방언 연구와 관련된 몇 문제」, 『배달말』 50, 배달말학회.

110) 권재일(1982), 「경북방언의 문장종결조사 {이}에 대하여」, 『인문과학연구』 1, 대구대학교 인문과학연구소.

111) 박지홍(1991), 『부산시사』 4, 부산직할시 시사편찬위원회.; 박유경(2021), 「부산 지역어 '-대이'류 문장종결 표현의 의미·화용적 기능에 대한 연구」, 『한국어 의미학』 73, 한국어 의미학회.

112) 김봉국(2011), 앞의 논문, 147쪽.

113) 백두현(2006), 『국수는 밀가루로 만들고 국시는 밀가리로 맹근다』, 커뮤니케이션북스, 17-18쪽.

114) 김미영(1996), 「국어용언의 접어화에 관한 역사적 연구」, 동아대학교 박사학위논문, 111쪽.

115) 신경란(1992), 『동래 사람은 팔만 올리도 춤이 덴다 캤어』, 뿌리깊은나무, 14쪽.

116) 정철(1980), 「경상도 방언의 음운론적 축약 현상에 대하여」, 『어문론총』 13-14, 경북대학교.

117) 이 부분은 단어 형성의 문제를 다룬다는 점에서 문법적 특성에서 다루는 것이 좋을 수도 있지만, 여기에서는 단어 형성법을 통해 만들어진 어휘들의 특성이라는 점에서 어휘적 특성 부분에서 다루기로 한다.

118) 부산 지역어는 방언 분류상 동남 방언권에 속한다. 따라서 부산 지역어에서 사용되는 많은 어휘들은 동남 방언권으로 분류되는 경상도 지역에서도 나타나는 경우가 많다. 하지만 부산 지역어에서 사용되는 어휘들 중, 부산 지역어에서만 나타나는 어휘를 골라내는 작업은 여기서 다루기에는 한계가 있다. 따라서 여기에서 부산 지역어와 경상도 방언에서 사용되는 어휘에 대한 엄밀한 구분 없이, 부산 지역에서 사용되는 어휘를 부산 지역어로 다루기로 한다.

119) 김봉모(2006)에서는 '우' 불규칙 용언의 예들을 제시하고 있다. 여기에서는 이 예들을 분석에 활용한다. 김봉모(2006), 앞의 책, 354-356쪽.

120) 김봉모는 부산 지역어에 어간이 '우'로 끝나는 어휘가 많은 것은 사동과 피동 어간에 '우, 후'가 많기 때문이라고 보고 있다. 김봉모(2006), 앞의 책, 354쪽.

121) 한국민족문화대백과사전, https://encykorea.aks.ac.kr/Article/E0016392

122) 한국민족문화대백과사전, https://encykorea.aks.ac.kr/Article/E0016392

123) 신경란(1992), 앞의 책, 68-70쪽.

124) 김승찬(1989), 『동래들놀음』, 부산민속예술보존협회.
기영회(耆英會) 이사장이었던 김인호씨와 동래야류의 기능보유자였던 신우언씨의 증언에 의하면 동래학춤의 유래는 19세기 중반 동래기영계(東來耆英契)에서 봄 회합 때 계원자제들이 어른에게 술과 음식을 올려 효성을 익히는 '밥상놀음'에서부터 시작되었다고 한다. 한지현(2004), 「동래학춤의 유래와 움직임의 예술적 특성에 관한 연구」, 『무용예술학연구』 14, 3쪽 재인용.

125) 덧배기춤은 인간에게 피해를 주는 나쁜 귀신, 부정적인 것을 없애버리는 춤으로, '덧배기'란 말은 탈을 쓰고 보여준다는 덧뵈기나 나쁜 귀신을 베어버린다는 '덧베기'에서 유래를 찾을 수 있다.
부산민속예술보존협회, https://www.busanminsok.or.kr/bbs/content.php?co_id=hakintro

126) 박선영(2006), 「경남지역의 학춤에 관한 연구」, 『한양대학교 우리춤연구소』 2, 131쪽.

127) 국악사전, https://www.gugak.go.kr/ency/topic/view

128) 신경란(1992), 앞의 책, 68쪽.

129) 한국민속대백과사전, https://folkency.nfm.go.kr/multimedia/photo/73463/6410(검색일:2024.10.14.)
동래 지역의 문둥이춤은 다른 지역에 비해 세련된 기교와 멋을 지니고 있다. 두 문둥이가 소고를 들고 비틀거리며 등장하는데 흰 바지저고리와 푸른 조끼를 입고 맨발에 짚신을 신었다. 동래야류의 덧배기춤을 바탕으로 하여 배김사위가 일품이며 앞배김과 뒷배김, 겨드랑

배김 등 형태도 다양한데, 비틀사위, 덩굴사위, 근질사위, 소고춤사위 등을 대표적인 춤사위로 꼽는다. 이 춤은 1937년에 중단되었다가 1962년 동래야류가 다시 연희되면서 가끔 추어지고, 1973년 김온경에 의해 복원, 현재까지 전승되고 있다.

130) 부산역사문화대전, https://busan.grandculture.net/Contents/Index?local=busan

131) 한국민족문화대백과 사전, https://encykorea.aks.ac.kr/Article/E0016381

132) 국립국어원, 『표준국어대사전』, https://stdict.korean.go.kr/search/searchView.do?pageSize

133) 국립국어원, 지역어종합정보 구술발화조사자료, https://dialect.korean.go.kr/dialect/pub/trans
이 외에도 "청주에서 꼼장어를 먹거나 서울 가서 꼼장어를 먹어도 이 맛은 절대 못 느끼겠더라고요.", "먹거리가 너무, 부산이 너무 좋으니까 가서 꼼장어 먹고 머" 같은 발화들이 있었다.

134) 1949년 10월 '대한조선공사'로 사명이 변경되었다가 1989년 한진중공업으로 변경되었고 다시 2025년 HJ중공업으로 사명이 변경되었다.

135) 정이근, 부산역사문화대전(검색일:2024.12.3.) https://www.grandculture.net/busan/toc/GC04214529

136) 깡깡이예술마을, http://kangkangee.com/index.php/kangkangeeinvestigate/kangkangeelooksvillage(검색일:2024,12.8.)

137) 김정하, 향토문화전자대전, https://busan.grandculture.net/Contents?local=busan&dataType=01&contents_id=GC04219153

138) 윤영준, 향토문화전자대전, https://busan.grandculture.net/Contents?local=busan&dataType=01&contents_id=GC04219011

139) 손진호, 어문기자의 말글 나들이, 도떼기 시장과 삼팔따라지, 동아일보, 2015.1.22.

140) 장진원, 볼거리·먹거리 가득한 '국제시장'에 오이소, 한경비즈니스, 2015.2.16.

141) 차철욱(2010), 「한국전쟁 피난민과 국제시장의 로컬리티」, 『한국민족문화』 38, 부산대학교 한국민족문화연구소, 7-8쪽.

142) Edward T. Hall, 최효선 옮김(2000), 『침묵의 언어』, 한길사.

143) 강우원(2004), 「방언에 나타난 문화적 특성 연구」, 『우리말연구』, 우리말학회, 4-5쪽.

144) 강우원(2004)에서는 경남 방언에 부정적 표현이 많이 사용됨을 밝히면서, 이 두 가지 표현 중에서 친밀한 사이에는 '밥 무쩨?'보다는 '밥 안 무쩨?'가 보편적으로 많이 쓰인다고 했다. 그 이유로 '밥 무쩨?'는 상대방이 밥을 먹었을 것이란 전제에서 말하는 것이지만, '밥 안 무쩨?'는 상대방이 밥을 먹지 않았다는 사실을 전제로 하면서 하게 되는 인사말이기 때문이라고 밝히고 있다. 그리고 '밥 안 무쩨?'처럼 말하는 것은 상대방에게 음식을 주고 싶은 마음이 전제되어 있다고 밝히고 있다. 하지만 실제 대화에서는 '밥 안 무쩨?'보다 오히려 '밥 무쩨?'가 더 친밀한 관계에서의 인사말로 사용될 수 있다.

145) 어머니와의 대화에서 자녀는 존대말을 사용해야 하지만 부산 지역어에서는 친밀성을 바탕으로 높임말을 사용하지 않는 경우도 많다. 따라서 이 예에서는 친밀한 관계임을 드러내기 위해 예문에서 높임말을 사용하지 않았다.

146) 강우원(2004), 앞의 논문, 7-8쪽.

147) 이 글은 차윤정(2012b)「영화 속의 지역어 사용과 지역 정체성 만들기 -부산 배경 영화를 중심으로-」의 내용을 새로운 자료를 보강, 수정한 글이다.

148) 정근식(2001)은 지역 정체성을 논의하면서, 지역 정체성은 주민들의 자기 정체성과 외부에 의해 규정되는 외부 정체성 간의 관계에 의해 규정되고 이것은 한번 형성되면 그대로 굳어지는 것이 아니라 끊임없이 재해석되고 재구성된다고 보았다. 정근식(2001),「지역사회의 장기구조사의 구상」,『호남문화연구』28, 전남대학교 호남학연구소, 78쪽.

149) 그래엄 터너, 임재철 외 옮김(2017),『대중 영화의 이해』, 한나래, 183쪽.

150) 김필남(2009),「부산 영화로 보는 부산 공간의 의미-영화에 비친 부산 모습을 중심으로」,『로컬리티 인문학』2, 부산대학교 한국민족문화연구소, 188-190쪽.

151) 김인택·이근열(2011:46)에서는 부산방언에 대해 '촌스럽다, 퉁명하다, 투박하다'라는 부정적 인식이 있다고 밝히고 있다. 하지만 이 글에서 언어 사용을 통해 논의되는 '거칠다'는 속성은, 방언적 특성으로서의 거   을 말하는 것이 아니라 욕설과 폭력적인 표현들을 사용함으로

써 만들어지는 것으로 언어적 폭력성에 가까운 의미를 말한다. 김인택·이근열(2011), 「부산 방언의 문화 콘텐츠론」, 『우리말연구』 29, 우리말학회, 46쪽.

152) <국제시장>의 등장인물 덕수는 부산 태생은 아니다. 하지만 어린 시절 피난을 와서 파독 광부 시절과 월남전 파병을 제외하고는 죽을 때까지 수십 년 간을 부산에서 산 인물이며, 부산을 대표하는 공간인 국제시장에서 삶을 보낸 인물로 등장하고 있다, 부산 지역어를 사용한다는 점에서 부산 지역어 사용자로 보아도 무방할 것이다.

153) 김인택·이근열(2011)에서는 부산을 비롯한 경남 사람들의 언어 사용의 특성으로 직설적인 대화 방식을 들고, 이러한 언어 사용 방식은 상대와의 친밀도가 전제가 되어야 가능하다고 보았다. 김인택·이근열(2011), 앞의 논문, 45쪽.

154) 국제신문, 2011.1.3.. 국제신문사와 신라대 부산학센터, 동의대 선거정치연구소에서 설문조사한 '부산, 부산 사람' 시민의식조사에서는 영화 '친구'가 부산을 대표하는 영화냐는 물음에 부정적인 응답이 49.1%(그렇지 않은 편이다 31.4%, 전혀 그렇지 않다 17.6%)로 긍정적 응답 33.3%(매우 그렇다' 7.2%, '그런 편이다' 26.1%)에 비해 높게 나타났다. 그리고 부산을 대표하는 영화로 보는 요인에 대해서도 '사투리나 배경 등에 부산의 정서가 배어 있어서가 66.3%로 나타났다. 즉 부산 시민들은 영화의 내용적 측면보다는, 사투리나 배경이라는 장치를 통해 친구라는 영화 속에서 부산을 읽어내고 있는 것이다.

155) 손숙경(2009), 「격동기 시장이 여성들과 여성상」, 『근현대 속의 부산 여성과 여성상』, 부산여성가족개발원, 382쪽.

156) 김형균(2021), 『부산정신 부산기질』, 호밀밭, 93-95쪽.

157) 부산광역시, 부산시보, 2023.5.16., https://www.busan.go.kr/news/specnews/view?dataNo=68045&curPage=1&srchThemeNo=269&srchPeriod=Total

158) 김필남, 앞의 책, 197쪽.

159) 조관연은 영화 <팔도강산>을 통해 1960년대 영화 속의 부산에 대해 논의하고 있다. 부산은 서울과 함께 조국 근대화의 양대 축으로, 경제적 측면에서 서울의 라이벌이자 근대화의 성공적 모델로이지만, 민족 주체성이 약한 도시로 그려지고 있는데, 이는 서울이 부산에 대해 가지고 있던 멸시와 질시의 시각이 반영되어 있다고 보고 있다. 조관연(2009), 「극영화 <팔도강산>(1967) 속의 조국근대화 담론과 로컬리티」, 『인문콘텐츠』 14, 인문콘텐츠학회, 273-274쪽.

160) 물론 일치하는 부분도 있다. 이것은 영화가 가진 리얼리티적 특성 때문이다. 만약 영화에서 대중들이 납득할 수 없는 인식을 재현하고 있다면, 그 영화는 대중들을 설득할 수 없기 때문이다. 이런 점 때문에 영화에서는 현실의 특정 부분을 선택해 과장하거나 단순화하고 그것을 일반화함으로써, 대중들에게 사실처럼 믿게 하는 것이다.

161) 조태린(2015), 「언어경관에 대한 언어 정책적 접근-다언어사용 정책의 문제를 중심으로」, 『일본학』 40, 동국대학교 일본학 연구소, 28쪽.

162) Landry, R. & Bourhis, R.Y.(1997), Linguistic landscape and ethnolinguistic vitality: an empirical study, Journal of Language and Social Psychology 16,; 조태린(2015), 위의 논문 재인용, 23-28쪽.

163) 강은지·김태호(2024), 「부산 지역 대학가 주변의 언어경관 고찰-부산대학교 장전캠퍼스 주변을 중심으로-」, 『우리말연구』 76. 우리말학회.

164) 이 조사는 2024년 11월부터 12월 말까지 한 달 동안 실시하였다.

165) 동래구청 홈페이지, file:///C:/Users/USER/AppData/Local/Temp/_AZTMP0_/%EB%B3%B5%EC%82%B0%EB%

166) 차윤정(2012b), 「언어 표상을 통한 로컬리티의 구성-동래 지역을 중심으로」, 『한국민족문화』 44, 부산대학교 한국민족문화연구소, 153-155쪽.

167) 동래구청 홈페이지, https://www.dongnae.go.kr/board/list.dongnae?boardId=BBS_0000109&menuCd=

168) 지역N문화, https://ncms.nculture.org/market/story/3331

169) 이 글은 차윤정(2017), 「기호 '센텀'의 확산 현상에 반영된 사회문화적 의미 읽기」, 『한국민족문화』 63에 실린 글을 기반으로, 2024년도 12월까지의 자료를 새로 조사하여 보충하고, 부산의 로컬리티를 밝히는 목적에 맞도록 내용을 새로 고쳐 썼다.

170) 대표적 철학자로는 하이데거와 블로우가 속한다. 강학순(2010), 「하이데거의 거주론」, 부산대학교 한국민족문화연구소 콜로키움 발제문.; 강학순(2007), 「볼노우의 인간학적 공간론에 있어서 '거주'의 의미」, 『현대유럽철학연구』16, 한국하이데거학회, 14-15쪽.

171) 강학순(2007), 위의 논문, 20쪽.

172) 앙리 르페브르, 양영란 옮김(2011), 『공간의 생산』, 에코리브르, 86-97쪽.

173) 앙리 르페브르, 양영란 옮김(2011), 앞의 책, 102쪽.

174) 2000년 11월 센텀시티로 명칭을 확정, 착공식을 갖고 공사가 진행되어 2005년 11월 30일 기반 조성 공사가 준공되었다. 초기 센텀시티라는 명칭을 두고 '센텀'이라는 단어의 존재 여부에 대해 논란이 많았다. 최근 인터넷 영어사전에는 '센텀'이란 영어 단어를 수록하고 있다.

175) 물론 현재 '센텀'이라는 단어는 센텀시티 주변뿐만 아니라 타 지역에서도 사용되고 있다.

176) 한국학중앙연구원, 향토문화전자대전, http://busan.grandculture.net/Contents?local=busan&dataType=01&contents_(검색일: 2016.12.30.)

177) 한국학중앙연구원, 향토문화전자대전, http://busan.grandculture.net/Contents?local=busan&dataType=01&contents_(검색일: 2016.12.30.)

178) 서울신문, 2014.9.20., http://www.seoul.co.kr/news/newsView.php?id=20140920015001#csidxb559b557c010381a646dd6eed9e8d14 (검색일:2017.3.20.)

179) 물론 이러한 예들 외에도 다양한 업종의 상호명에도 '센텀'이라는 단어가 사용된다.

180) 채완(2010), 『광고와 상표명의 언어 연구』, 지교, 338쪽.

181) 김상훈(2007), 『부동산 시장에서 아파트 브랜드가 갖는 경제적 가치

에 대한 연구』, 안양대학교 석사학위논문, 28쪽.

182) 김상훈(2007), 앞의 논문, 28쪽.

183) 김찬호·황관석(2005), 「주택 브랜드전략 수립방안 연구」, 주택산업연구원.

184) 이러한 명칭 변경은 기업으로부터 아파트 브랜드명 사용 승낙을 받고 주민 80% 이상의 동의를 받아 관할구청에 명칭변경 신청을 하면 되어서 입주민들이 원하면 비교적 쉽게 개명이 이루어질 수 있다. 국제신문, http://kookje.co.kr/news2011/asp/(검색일:2017.3.20.)

185) 한국경제, http://land.hankyung.com/news/app/newsview.php?aid=2015093074731(검색일:2017.4.1.); 국제신문 http://kookje.co.kr/news2011/asp/(검색일:2017.3.20.)

186) 한국경제, http://land.hankyung.com/news/app/newsview.php?aid=2015093074731(검색일:2017.4.1.)

187) 물론 센텀은 원래 '100'을 의미하는 단어이지만, 이 글에서는 센텀시티로 조어된 이후부터를 논의의 대상으로 삼는다.

188) 한국경제, http://land.hankyung.com/news/app/newsview.php?aid=2015093074731(검색일:2017.4.1.)

189) 문화다양성 아카이브, https://cda.or.kr/IntruduceCDA(검색일:2024.10.30.)

190) 유네스코 위원회(2005), 『지구의 언어, 생물, 문화다양성 이해하기』,

21쪽.

https://dl.nanet.go.kr/detail/MONO1201038153(검색일:2024.10.30.)

191) 세계인권선언 제27조에서는 '모든 사람은 공동체의 문화생활에 자유롭게 참여하고, 예술을 감상하며, 과학의 진보와 그 혜택을 향유할 권리를 가진다. 모든 사람은 자신이 창조한 모든 과학적, 문학적, 예술적 창작물에서 생기는 정신적, 물질적 이익을 보호받을 권리를 가진다.'고 밝히고 있다.

192) 김남국(2010), 「문화적 권리와 보편적 인권」, 『국제정치논총』 50(1), 한국국제정치학회, 271쪽.

193) 이동연(2018), 「개헌과 문화권」, 『문화과학』 94, 문화과학사.

194) 김용섭(2017)은 문화다양성 개념은 세계화에 따른 도구적 개념으로, 문화적으로 통합된 유럽을 만들려는 방향과 미국과의 국제통상적 마찰 과정에서 유럽의 문화 및 문화산업의 보호를 위해 등장한 개념이 바로 문화적 예외 개념으로 보고 있다. 김용섭(2017), 「UNESCO 문화다양성 협약을 둘러싼 법적 문제」, 『행정법연구』 51, 행정법이론실무학회, 198쪽.

195) 박육현(1999), 『생태언어학』, 한국문화사, 11-12쪽.

196) Linda King[외저], 심숙경·이선경·박혜경 역(2005), 『지구의 언어, 생물, 문화 다양성 이해하기』, 유네스코한국위원회.

197) 박육현(1999), 앞의 책, 21~24쪽.; 채영희(2003), 「생태학적 언어관에 의한 국어어휘 교육」, 『배달말』 33, 배달말학회. 366-368쪽.

198) 강정희(2007),「생태학적 관점에서 본 제주 사회 변화와 제주 방언의 변화1」,『새국어생활』, 국립국어원.; 이상규(2007a),『방언의 미학』, 살림,; 이상규(2007b),「절멸 위기의 언어 보존을 위한 정책」,『새국어생활』, 국립국어원.

199) 강내희(2007),「신자유주의 체제와 문화적 권리」,『문화연대 토론회 자료집』 17.

200) 김성재 외(2002),『인권의 시대를 향하여』, 나남출판사, 18-20쪽.

201) 차윤정(2011), 앞의 논문, 5-6쪽.

202) 이복남(2014),「유럽연합(EU)의 언어 정책」,『새국어생활』 24(2), 국립국어원, 134쪽.

203) Louis-Jean Calvet, 김병욱 옮김(20004),『언어와 식민주의-언어 포식 이야기』, 유로서적, 68-69쪽. '방언'에 대한 경멸은 실제로, 방언을 타인의 언어로 간주할 수 있는 사람들에게만 나타나는 사실이 아니라, 때로는 이데올로기의 압력에 굴복한 방언 사용자들 자신에게 나타나는 사실이 된다.

204) 유럽에서는 일반적으로 언어 권리를 어떤 영역에서 화자의 민족성, 국적, 규모에 관계없이 공·사의 영역에서 의사소통을 위해 언어를 선택하는 권리로서 사용하고 있다. 특히 소수민족의 보호라는 맥락에서는 강제적인 문화적 동화와 언어제국주의에 저항하는 수단으로도 사용되고 있다. 하지만 이를 모든 개인이 인간이라는 이유만으로도 가지는 권리인 인권으로 인식한다면, 소수민족의 언어와 유사한 상황을 겪고 있는 지역어에 대한 지역인들의 언어 권리문제로도 전유가 가능할 것이다. 소수언어와 지역어가 유사한 차별과 배제를 당

한다는 예는, 한국뿐만 아니라 다른 언어의 경우에도 나타난다. 비근한 예로 방언의 차별과 관련하여, 발자크가 『Les Chouans』에서 브르타뉴 언어에 대해 인종차별주의에 관련되는 경멸을 표현하고 있다고 밝히고 있는 Louis-Jean Calvet의 기술에서도 살필 수 있다.

205) 이 부분은 차윤정(2011), 「지역어에 대한 인식과 언어주체 형성-'탯말두레'를 중심으로」, 『우리말연구』 29의 일부를 인용하여 새롭게 수정하였다.

206) 국립국어원(2005), 『국민의 언어 의식 조사 보고서』, 103쪽.

207) 국립국어원(2005), 위의 보고서, 134쪽.

208) 국립국어원(2005), 위의 보고서, 109쪽.

209) 표준어를 사용하는 것보다 방언을 사용하는 것이 더 솔직해 보인다는 긍정적인 답변은 18.3%에 그쳤다.

210) 국립국어원(2005), 위의 보고서, 99쪽.

211) 국립국어원(2005), 위의 보고서, 106-108쪽.

212) Pierre Bourdieu, 정일준(1995), 『상징폭력과 문화재생산』, 새물결, 45-138쪽. 그는 언어의 수행적 역할을 통해 장(Field) 내의 동의의 형성과정을 설명한다. 그에 의하면 지배자와 피지배자에게는 각각의 언어가 있는데, 사람들은 언어를 습득하면서 지배자와 피지배자의 관계를 습득한다. 지배자는 세련된 언어 자본을 통해 상대방에게 공모를 강요하며, 이러한 공모는 아비투스로 각인된다. 권위를 부여받은 자의 언어는 수행적 언어와 비수행적 언어의 물리적인 차이를 넘

어 담화과정, 언술, 담론형성에서 우월한 위치를 행사한다. 이러한 것들의 의례적인 행사는 이러한 관계를 자연적이고 보편적인 것으로 보이도록 기능하며, 이것은 다시 사회적 계급관계로 구조화되고 다시 재구조화한다.

213) Pierre Bourdieu, 정일준(1995), 앞의 책, 65-77쪽.

214) 한새암·최병두·조희범·박원석·문틈(2006), 『전라도 탯말』, 70쪽. 우리 전라도 사람들이라면 누구나 이런 경험을 갖고 있겠지만 사실 나 역시 그동안 사람들이 많이 모인 자리에서나 타지방에 가게 되면 의식적으로 우리 탯말을 피한 채 어설픈 표준말을 구사하려고 애써 노력하곤 했다.

215) Diane Macdonell, 임상훈(1992), 『담론이란 무엇인가?』, 한울, 60쪽.

216) 판시 내용을 요약하면 다음과 같다. 공문서에 사용되는 국어가 표준어로 통일되지 않는 경우 의사소통상 혼란을 가져올 수 있다는 점에서 필요불가결한 규율이며, 교과용도서의 경우 각기 다른 지방의 교과서를 각기 다른 지역의 방언으로 제작할 경우 각 지역의 방언을 사용하는 학생들은 표준어를 체계적으로 배울 기회를 상실하게 되고, 국가 공동체 구성원의 원활한 의사소통에 적지 않은 영향을 미칠 것이라는 점에서 공익을 위하여 필요불가결한 규율이다. 그리고 서울의 역사성, 문화적 선도성, 사용 인구의 최다성 및 지리적 중앙성 등 다양한 요인에 비추어 볼 때, 서울말을 표준어의 원칙으로 삼는 것이 기본권을 침해하는 것이라 하기 어렵고, 또한 서울말에도 다양한 형태가 존재하므로 교양 있는 사람들이 사용하는 말을 기준으로 삼는 것은 합리적인 기준이라 할 수 있다. 결국, 이 사건 심판대상인 이 사건 법률 조항들이 과잉금지원칙에 위배하여 행복추구권을 침해하는 것으로 보기 어렵다고 보았다. 이에 반대하는 의견을 요약하면 다음

과 같다. 지역어 가운데 특정 지역어를 표준어로 정하는 경우 그 지역 이외 지역의 방언을 사용하는 사람들의 언어생활에 상당한 위축을 가져오며, 국어의 표준화와 교육의 질적、양적인 성장, 매스컴의 발달 등을 통하여 오늘날 전국적인 방언 차이는 국민적 의사소통에 별다른 어려움을 주지 않을 만큼 약화되었다. 이와 같은 우리나라 현재의 언어 환경에 비추어 볼 때, 과거의 기준을 엄격하게 고수함으로써 표준어의 기준이 보수적이고 타성적인 규범으로서 작용하도록 한다면 오히려 표준어와 우리 언어의 발달을 저해하게 된다고 할 것이다. 또한 모든 지역어를 표준어의 범위에서 배제해 해당 지역민에게 문화적 박탈감을 주는 것은 표준어 선정의 합리적 방법이라 할 수 없다. 서울 지역의 언어라고 하는 기준은 표준어의 범위로서 원활한 의사소통을 위하여 기준이 되는 범위라고 하기에는 지나치게 좁고 획일적인 기준으로서, 국민의 문화적 통합에 장애를 초래할 수도 있으므로 이 기준은 서울 이외 지역민의 기본권을 제한할 합리적 기준이 될 수 없다.

217) 강용수(2009), 「문화담론과 연대성: 사랑, 정의, 법의 차원에서 같음과 다름의 사회적 구성」, 『사회이론』, 한국사회이론학회, 111쪽. 연대성은 원래 독일에서 법률적 의미에서 채무에 대한 '연대책임(in solidum)'의 뜻으로 사용되었던 말인데 "결속, 사회적 결합, 공속감"을 포괄하게 되었으며, 좁은 의미에서는 공동의 목적을 위한 실천적, 감정적 참여를 말하지만 넓은 의미에서는 "부정의에 맞선 싸움"(Kampf gegen Unrecht)이자 "전체 책임"과 "공동 책임"에 대한 윤리적 호소를 담고 있다.

218) 한새암·최병두·조희범·박원석·문틈(2006), 앞의 책, 260쪽.

# 참고문헌


강내희(1992), 「언어와 변혁-변혁의 언어모델 비판과 주체의 '역동일시'」, 『문화과학』 2, 문화과학회.

강내희(2014), 『신자유주의 금융화와 문화정치경제』, 문화과학사.

강우원(2004), 「경남 방언에 나타난 문화적 특성 연구」, 『우리말연구』 15, 우리말학회.

강윤희(1994), 「제주사회에서의 두 방언 사용에 대한 민족지적 연구」, 『제주도 연구』 11, 제주학회.

강은지·김태호(2024), 「부산 지역 대학가 주변의 언어경관 고찰-부산대학교 장전캠퍼스 주변을 중심으로-」, 『우리말연구』 76, 우리말학회.

강정희(2001), 「소설 속에서 만난 낯선 제주방언-현기영과 현길언의 작품을 중심으로-」, 『문학과 방언』, 역락.

강창덕(2011), 「서울시 토지가격의 시공간 구조 연구(1996~2007):지가함수와 공간통계의 적용과 해석」, 『부동산 연구』 21(3), 한국부동산연구원.

강학순(2007), 「볼노우의 인간학적 공간론에 있어서 '거주'의 의미」, 『현대유럽철학연구』 16, 한국하이데거학회.

강학순(2010), 「하이데거의 거주론」, 부산대학교 한국민족문화연구소 콜로키움 발제문.

강희숙(1994), 「음운 변이 및 변화에 관한 사회언어학적 연구: 전남 장흥 방언을 중심으로」, 전북대학교 박사학위논문.

곽충구(2001), 「이용악의 시에 나타난 방언과 시문법의식」, 『문학과 방언』, 역락.

구모룡(2023), 『문학 속의 부산』, 부산대학교 출판문화원.

권오혁(2018). 「현대 과학의 공간 개념과 인문사회 학문에의 함의」, 『대한지리학회지』 53(3), 대한지리학회.

권오혁(2023), 「지역 관련 연구 및 정책에 있어서 지역 개념의 부정합성에 관한 검토」,『한국지역개발학회지』 35(1), 한국지역개발학회.
권재일(1982),「경북방언의 문장종결조사 {이}에 대하여」,『인문과학연구』 1, 대구대학교 인문과학연구소.
그래엄 터너, 임재철 외 옮김(2017),『대중 영화의 이해』, 한나래.
김경용(1994),『기호학이란 무엇인가?』, 민음사.
김규남(1998),「전북 정읍시 정해마을 언어사회의 음운변이 연구」, 전북대학교 박사학위논문.
김규남(2011),「생애사 기록물《冊平日記》와《月波遺稿》에 나타난 정체성과 언어의식」,『방언학』 13, 방언학회.
김남국(2010),「문화적 권리와 보편적 인권」,『국제정치논총』 50(1), 한국국제정치학회.
김동현(2015),「'표준어/국가'의 강요와 지역(어)의 비타협성-제주 4·3문학에 나타난 '언어/국가'의 문제를 중심으로」,『한국민족문화』 57, 부산대학교 한국민족문화연구소.
김봉국(2011),「부산의 지역어와 언어 문화」,『석당논총』 50, 동아대학교 석당학술원.
김봉모(2005),「<모래톱 이야기> 속의 방언 연구」,『한국민족문화』 26, 부산대학교 한국민족문화연구소.
김봉모(2006),『지명과 방언 연구』, 세종출판사.
김상환·홍준기 엮음(2002),『라깡의 재탄생』, 창작과비평사.
김상훈(2007),「부동산 시장에서 아파트 브랜드가 갖는 경제적 가치에 대한 연구」, 안양대학교 석사학위논문.
김성재 외(2002),『인권의 시대를 향하여』, 나남출판사.
김영배(2001),「백석시의 방언에 대하여」,『문학과 방언』, 역락.
김영선(2001),「부산 방언의 음운론적 연구」,『동남어문논집』 12, 동남언어학회.
김영선(2011),「방언 자료의 언어학적 가치」,『우리말연구』 29, 우리말학회.
김영선(2012),「부산 방언 연구와 관련된 몇 문제」,『배달말』 50, 배달말학회.
김영송(1963),「경남 방언의 음훈」,『문창어문논집』 4, 문창어문학회.
김영희(2007),「들뢰즈의 비재현주의에 관한 연구: '재현에서 추상으로의 이행'을 중심으로」, 부산대학교 박사학위논문.
김용섭(2017),「UNESCO 문화다양성 협약을 둘러싼 법적 문제」,『행정법연구』 51, 행정법이론실무학회.

김용직(2001), 「방언과 한국문학-문학작품에 나타난 방언의 문제-」, 『문학과 방언』, 역락.
김유범(2016), 「지역어의 시간적 변화를 통해 본 언어 변화의 실제와 양상-1990·91년과 2013년 정선 지역어의 비교를 중심으로」, 『국어국문학』 176, 국어국문학회.
김인택(2004), 「부산의 언어문화」, 『한국민족문화』 23, 부산대학교 한국민족문화연구소.
김인택·이근열(2011), 「부산 방언의 문화 콘텐츠론」, 『우리말연구』 29, 우리말학회.
김찬호·황관석(2005), 「주택 브랜드전략 수립방안 연구」, 『연구보고서』, 주택산업연구원.
김필남(2009), 「부산 영화로 보는 부산 공간의 의미-영화에 비친 부산 모습을 중심으로」, 『로컬리티 인문학』 2, 부산대학교 한국민족문화연구소.
김형균(2021), 『부산정신 부산기질』, 호밀밭.
남경란(2003), 「경북 동해안 방언의 어휘적 특징-울릉군 지역의 방언 어휘를 중심으로」, 『민족문화연구총서』 27, 영남대학교 민족문화연구소.
Louis-Jean Calvet, 김병욱 옮김, 『언어와 식민주의-언어 포식 이야기』, 유로서적.
류지석(2009), 「로컬리톨로지를 위한 시론」, 『한국민족문화』 33, 부산대학교 한국민족문화연구소.
류지석(2010), 「로컬리티와 인문학」, 『대동철학』 53, 대동철학회.
마루타 하지메, 박화리·윤상현 옮김(2011), 『'장소'론 웹상의 리얼리즘과 지역의 로멘티시즘』, 심산.
문재원 외(2017), 「로컬리티의 개념적 이해와 언어표상」, 『로컬리티 담론과 인문학』, 소명.
박유경(2021), 「부산 지역어 '-대이'류 문장종결 표현의 의미·화용적 기능에 대한 연구」, 『한국어 의미학』 73, 한국어 의미학회.
박육현(2004), 「언어 갈등에 관한 연구-표준어와 방언을 중심으로-」, 『독일어문학』 26, 한국독일어문학회.
박정자(2008), 『시선은 권력이다』, 기파랑.
박종화(2017), 「지역개발의 의의」, 『지역개발론』, 박영사.
박지홍(1977), 「부산 방언」, 『한글』 159, 한글학회.
박지홍(1991), 「제6절 방언」, 『부산시사』, 부산직할시 시사편찬위원회.

배혜진·이혁화(2010), 「대구 지역 어두청음화의 사회언어학적 고찰」, 『민족문화논총』 46, 영남대학교 민족문화연구소.
백두현(2006), 『국수는 밀가루로 만들고 국시는 밀가리로 맹근다』, 커뮤니케이션북스.
변정민(2006), 「언어활동의 사회문화적 고찰-간판 언어와 광고 언어를 중심으로」, 『새국어교육』 72, 한국국어교육학회.
부산대학교 한국민족문화연구소(2007), 「로컬리티의 인문학」.
사회언어학회(2012), 『사회언어학 사전』, 소통.
손숙경(2009), 「격동기 시장이 여성들과 여성상」, 『근현대 속의 부산 여성과 여성상』, 부산여성가족개발원.
신경란(1992), 『동래 사람은 팔만 올리도 춤이 덴다 캤어』, 뿌리깊은나무,
앙리 르페브르, 양영란 옮김(2011), 『공간의 생산』, 에코리브르.
양순임(1996), 「현대국어의 사잇소리 덧나기와 된소리되기」, 『우리말연구』 6, 우리말학회.
양순임(2015), 『학교문법의 이해 말소리』, 월인.
오재혁·김미미(2016), 「정선 지역어의 말소리」, 『정선 지역어: 우리말 보존을 위한 지역어 조사 연구』, 월인.
오종갑(2005), 「동해안 어촌 지역어의 음운론적 비교-영덕, 울진, 삼척, 강릉 어촌 지역어를 중심으로」, 『울릉도·동해안 어촌지역의 생활문화연구』, 경인문화사.
오종갑(2011a), 「국어 방언에 반영된 어두경음화」, 『한민족어문학』 58, 한민족어문학회.
오종갑(2011b), 「시어와 방언, 『한국민족어문학』 58, 한민족어문학회.
이근열(1997), 『경남방언의 음운론』, 세종출판사.
이근열(2005), 「경남방언의 홀소리 체계 변화」, 『우리말연구』 17, 우리말학회.
이근열(2024), 「부산말과 부산 문화교육 방안」, 『동남어문논집』 58, 동남어문학회.
이기갑(2003), 「지역문화와 방언」, 『새국어생활』 13(4), 국립국어원.
이기문(2001), 「소월시의 언어에 대하여」, 『문학과 방언』, 역락.
이동연(2018), 「개헌과 문화권」, 『문화과학』 94, 문화과학사.
이상규(2007a), 『방언의 미학』, 살림.
이상규(2007b), 「절멸 위기의 언어 보존을 위한 정책」, 『새국어생활』 17(4),

국립국어원.
이상봉(2009), 「인문학의 새로운 지평으로서 '로컬리티 인문학' 연구의 전망」, 『로컬리티 인문학』 1, 부산대학교 한국민족문화연구소.
이성연(1988), 「열강(列强)의 식민지(植民地) 언어정책에 관한 연구」, 전남대학교 박사학위논문.
이성하(2016), 『문법화의 이해』, 한국문화사.
이우평(2012), 『고등학교 사회』, 비상교육.
이정복(1993), 「하동 지역에서의 경어법의 사용 양상」, 『사회언어학』 1, 한국사회언어학회.
이진경(2010), 「코뮨주의에서 공동성과 특이성」, 『탈경계인문학』 6, 이화여자대학교 이화인문과학원.
이태영(2001), 「채만식 소설 『천하태평춘』에 나타난 방언의 특징」, 『문학과 방언』, 역락.
이태영(2004), 「문학 작품에 나타난 방언의 기능」, 『어문론총』 41, 한국문학어문학회.
이향천(2015), 「언어 변화의 양상과 원인」, 『배달말』 57, 배달말학회.
이현승(2012), 「백석 시의 로컬리티」, 『한국근대문학연구』 25, 한국근대문학회.
이희승(1937), 「표준어 이야기」, 『한글』 5(7), 한글학회.
임석진 외(2009), 『철학사전』, 중원문화.
임칠성(2001), 「지역어와 국어교육」, 『국어교육학 연구』 13, 국어교육학회.
장 보드리야르, 임문영 역(1998), 『소비의 사회』, 계명대학교출판부.
장승두(2005), 「울산 공단 지역어의 음운에 대한 사회언어학적 연구」, 대구대학교 박사학위논문.
장태진(1981), 「일제 침략과 한국어의 사회언어학적 지위-국어정책사의 공백기 기술에 관하여-」, 『국어국문학』 86, 국어국문학회.
전병철(1997), 「금산 지역어의 음운현상에 대한 사회언어학적 연구」, 충북대학교 박사학위논문.
전병선(2000), 『언어환경 연구』, 박이정.
정철(1980), 「경상도 방언의 음운론적 축약 현상에 대하여」, 『어문론총』 13-14(합본), 경북대학교.
조규태(2003), 「표준어교육과 지역 언어 교육」, 『한글』 262, 한글학회.
조선어학회(1936), 『사정한 조선어 표준말 모음』.

조정환·황수영·이정우·최호영(2011), 『인지와 자본』, 갈무리.

조태린(2006), 「'국어'라는 용어에 대한 비판적 고찰」, 『국어학』 48, 국어학회.

조태린(2007), 「표준어 정책의 문제점과 대안 모색」, 『한말연구』 20, 한말연구학회.

조태린(2015), 「언어경관에 대한 언어 정책적 접근-다언어사용 정책의 문제를 중심으로」, 『일본학』 40, 동국대학교 인문학연구소.

조현수(2013), 「들뢰즈의 '차이의 존재론'과 '시간의 종합'이론을 통한 그 입증」, 『철학』 115, 한국철학회.

질 들뢰즈·펠릭스 가타리, 김재인 옮김(2001), 『천 개의 고원』, 새물결.

차윤정(2009a), 「로컬언어 다시보기」, 『한국민족문화』 15, 부산대학교 한국민족문화연구소.

차윤정(2009b), 「지역어의 위상 정립을 위한 시론-1930년대 표준어 제정을 중심으로」, 『우리말연구』 28, 우리말학회.

차윤정(2009c), 「언어학에서 로컬리티 연구의 방향성 모색」, 『로컬리티 인문학의 새로운 지평』, 혜안.

차윤정(2010), 「자갈치 아지매를 통해 본 지역의 경계 허물기 방식에 대한 고찰」, 『한국민족문화』 36, 부산대학교 한국민족문화연구소.

차윤정(2011), 「언어권리와 로컬의 주체형성-제주로컬어 부흥운동을 중심으로-」, 『한국민족문화』 40, 부산대학교 한국민족문화연구소.

차윤정(2012a), 「언어표상을 통한로컬리티의 구성-동래 지역을 중심으로」 『한국민족문화』 44, 부산대학교 한국민족문화연구소.

차윤정(2012b), 「영화 속의 지역어 사용과 지역 정체성 만들기-부산 배경 영화를 중심으로-」, 『우리말 연구』 30, 우리말학회.

차윤정(2015), 「비동일성의 관점에서 본 로컬리티와 표상」, 『한국민족문화』 57, 부산대학교 한국민족문화연구소.

차윤정(2016), 「로컬리티 연구의 관점에서 본 언어접촉과 지역어 변화의 한 양상」, 『호남문화연구연구』 60, 전남대학교 호남학연구소.

차윤정(2017a), 「기호 '센텀'의 확산 현상에 반영된 사회문화적 의미 읽기」, 『한국민족문화』 63, 부산대학교 한국민족문화연구소.

차윤정(2017b), 「언어를 통한 로컬리티 연구-대상과 방법을 중심으로」, 『우리말글』 75, 우리말글학회.

차철욱(2010), 「한국전쟁 피난민과 국제시장의 로컬리티」, 『한국민족문화』

38, 부산대학교 한국민족문화연구소.
채영희(2003), 「생태학적 언어관에 의한 국어어휘 교육」, 『배달말』, 배달말학회.
채완(2010), 『광고와 상표명의 언어 연구』, 지식과교양.
최경봉(2006), 「표준어 정책과 교육의 현재적 의미」, 『한국어학』 31, 한국어학회.
최명옥(1998), 「현대국어의 성조소체계」, 『국어학』 31, 국어학회.
최병두(2011), 「신자유주의의 불균등 발전과 국토 및 도시 공간 정책의 변화」, 『국토지리학회지』 45, 국토지리학회.
최병두(2015), 「탈산업 자본주의의 발전과 도시공간의 재편」, 『황해문화』 86, 새얼문화재단.
최전승(2001), 「시어와 방언」, 『문학과 방언』, 역락.
최창원·오새내(2017), 「서울지역어와 경기지역어의 어휘 대비 연구-어휘 사용의 경향성과 어휘 사용에 미치는 사회문화적 요인을 중심으로-」, 『서울학연구』 66, 서울시립대학교 서울학연구소.
F. de Saussure, 최승언 역(2006), 『일반언어학 강의』, 민음사.
한성우(2011), 「서울·경기방언과 현대문학」, 『영주어문』 21, 영주어문학회.
한성우(2014), 『인천 연안도서 토박이말 연구』, 인천대학교 인천학연구원.
홍기옥(2004), 「남해안 어촌지역 어획물 명칭 연구-해남, 남해, 욕지도 지역의 명칭을 중심으로-」, 『방언학』 16, 방언학회.
홍기옥(2014), 「바다 생물어의 의미장 구축-남해안 어촌 지역을 중심으로-」, 경북대학교 박사학위논문.
황희연·김영모(2004), 「국토계획 및 지역계획의 개념과 성격」, 『국토·지역계획론』, 보성각.
허웅(1981), 『언어학』, 샘문화사.

<인터넷 자료>
국립국어원, 『표준국어대사전』, https://stdict.korean.go.kr/search/searchView.do?pageSize
국립국어원, 지역어종합정보 구술발화조사자료, https://dialect.korean.go.kr/dialect/pub/trans
깡깡이예술마을, http://kangkangee.com/index.php/kangkangeeinvestigate/kangkangeelooksvillage

서울신문, https://www.seoul.co.kr/news/newsView.php?id=20210327500063&wlog
동래구청 홈페이지, file:///C:/Users/USER/AppData/Local/Temp/_AZTMP0_/%EB%B3%B
문화다양성 아카이브, https://cda.or.kr/IntruduceCDA
부산역사문화대전, https://www.grandculture.net/busan/toc/GC04214529
부산일보, https://www.busan.com/view/busan/view.php?code
연합뉴스, https://v.daum.net/v/20041217090930029
유네스코 위원회, https://dl.nanet.go.kr/detail/MONO1201038153
지역N문화, https://ncms.nculture.org/market/story/3331
한국민속대백과사전, https://folkency.nfm.go.kr/multimedia/photo/73463/6410
한국학중앙연구원, 향토문화전자대전, http://busan.grandculture.net/Contents?local=busan&dataType

# 색인

우리시대 질문총서 24

부산의 로컬리티
언어로 읽다

초판 인쇄 2025년 2월 14일
초판 2쇄 2025년 12월 24일

저자 차윤정
기획 우리시대 질문총서 제작위원회
간사 김효정 · 김다령
교정·교열 정연숙
디자인·편집 배영미
발행인 최재원
펴낸곳 부산대학교출판문화원

출판등록 제1983-000001호 1983.11.10.
부산광역시 금정구 부산대학로 63번길 2 (우편번호46241)
대표전화 051-510-1932 팩시밀리 051-512-7812
www.press.pusan.ac.kr



ISBN 978 - 89 - 7316 - 824 - 8 (04700)
978 - 89 - 7316 - 650 - 3 (세트)

※ 이 총서는 부산대학교 국립대학육성사업(PNU-The PIONEER)의 지원으로 제작되었습니다.